明清教师研究

张学强◎主编

中国社会科学出版社

图书在版编目（CIP）数据

明清教师研究/张学强主编．—北京：中国社会科学出版社，2014.10
ISBN 978 - 7 - 5161 - 4980 - 5

Ⅰ.①明… Ⅱ.①张… Ⅲ.①教师—教育史—研究—中国—明清时代
Ⅳ.①G529.4

中国版本图书馆 CIP 数据核字（2014）第 241821 号

出 版 人	赵剑英
责任编辑	凌金良
责任校对	王 斐
责任印制	王炳图

出　　版	中国社会科学出版社
社　　址	北京鼓楼西大街甲 158 号（邮编 100720）
网　　址	http://www.csspw.cn
	中文域名:中国社科网　　010 - 64070619
发 行 部	010 - 84083685
门 市 部	010 - 84029450
经　　销	新华书店及其他书店

印　　刷	北京君升印刷有限公司
装　　订	廊坊市广阳区广增装订厂
版　　次	2014 年 10 月第 1 版
印　　次	2014 年 10 月第 1 次印刷

开　　本	710×1000　1/16
印　　张	19.25
插　　页	2
字　　数	328 千字
定　　价	58.00 元

前　言

在人类社会发展史上，教师这一群体所发挥的作用是巨大而持久的，人才的培养、文化的传承、知识的进化、思想的传播等，都与教师这一重要的知识分子群体密不可分，而从历史场景中研究这一群体则为我们了解与认识这一群体打开了一扇"好"窗户。客观地说，近些年来国内学术界在教师史领域的研究工作虽已展开，也有零星著作及一些研究论文发表，但教师史的研究并未受到足够的重视，专题性的或个案的教师史研究成果还不多见，整体上看教师史的研究仍处于起步阶段，还有很多的问题需要我们去探讨。

从 2003 年开始，由于课题研究的需要，我们开始关注中国古代教师群体。最初的计划是对中国古代教师进行整体性、通史性的研究，随后经过反复酝酿，考虑到原先研究计划所涉时期长、朝代多，问题繁杂且不易说清、说透，最终确定以明清时期的教师作为我们的研究对象，这样可使我们的研究与讨论更深入一些。在研究问题与分析框架初步确定后，包括资料收集整理、分析梳理及文稿撰写等在内，前后研究时间持续了近十年，《明清教师研究》就是我和研究团队相关研究成果的最终呈现。

将明清两个朝代的教师群体发展放在一起进行分析，有我们的一些基本考虑。明清作为我国历史上最后的两个封建王朝，一个是汉族政权，另一个是满族政权，虽在政治统治具体策略与行政架构上有各自的特殊之处，但在统治意识形态、基本政治制度、社会文化与结构等方面基本一致，是中国封建制度的成熟期，并最终在清代后期被迫迈入近代社会。从文化教育领域看，清代与明代一脉相承，清代的教育基本上是对明代教育的大继承与小改造，教师职业的发展亦不例外。明清时期的教师群体既有中国古代社会教师群体的一般特征，也深深地打上了明清时期的时代烙印，有其时代特殊性，也是中国封建教育制度与教师制度的成熟期，与明清以前的社会相比，教师来源构成、经济待遇、社会地位与社会作用更为复杂，对教师的管理相对也更为完善。同时，伴随着清代后期中国社会近代化的步伐，教师这一知识分子群体开始了一系列的转型，封建教育制度下的教师群体开始向服务于近代教育体制的教师群体转变。

对明清教师的研究如何展开可以有不同的思路，我们的基本思路是基于明清教师构成的复杂情形，主要根据明清学校构成的类型对明清教师进行分类研究，即分别对明清官学教师（涉及国子学及地方儒学等学校的教师群体）、明清书院中的教师、明清职业学校中教师及明清塾师展开研究，并对晚清至民国时期教师群体的近代化转型进行了初步探讨。另外，鉴于明清时期以小说为主体的多种文学作品中有大量关于教师的描写，可以帮助我们进一步认识明清教师群体，因此专辟一章来分析明清文学作品中的教师群体。

本书共六章。第一章"明清官学中的教师"由张学强撰写，主要对明清官学教师管理、功能、职业出路及清代官学教师的捐纳制度进行了分析；第二章"明清书院中的教师"由党亭军撰写，主要对明清书院教师的来源、聘用方式、教学特点、社会经济地位等进行具体阐述；第三章"明清职业教育机构中的教师"中第一、二节由许可峰撰写，第三节由王双利撰写，主要对明清各种专科学校中的教师进行分析；第四章"明清的塾师"由滕志妍撰写，主要对明清塾师群体的兴盛、构成及其执教原因、延请与辞退、经济状况、后期转型等问题进行了具体探讨；第五章"明清文学作品中的教师"由张晓冬撰写，主要对明清文学作品所描绘的教师形象、教师的生活与交往及其人生理想等问题进行了分析；第六章"清末民初（1862—1918年）教师群体近代化历史演进考略"由王江荷撰写，着重对中国教师群体近代化转型的诸多问题展开讨论。本书由我确定基本的研究框架并进行整体修改与统稿，除第一章及第三章外，均由各位学生在其硕士学位论文的基础上修改而成，如今他们大多已博士毕业并在国内各高校任教。

本书的出版得到了西北师范大学博士点专项建设经费的资助。

张学强

2013 年 11 月于西北师范大学

目 录

第一章

明清官学中的教师

第一节　任职前后：明清官学教师的选拔与管理

根据明清时期各级官学的数量及教师配备规定，我们可大致推断出在明清时期国子监与地方府、州、县儒学中共有数千至万余名在职儒学教师，他们是明清两个庞大帝国官学教育得以顺利运转的关键性力量，对于地方治理与教化及科举制度的推行的作用亦不可小觑，他们也是各级官僚机构的重要来源。由于这一庞大群体在国家政治、社会及文化教育领域中具有重要影响，如何对其进行有效的管理从而使其发挥更大作用，明清政府一直比较留意。这一问题主要包括合格师资的选拔，教师的任职前试用、任职中业绩考核及俸满考核，教师的行为准则及其他一系列教师管理中的具体问题，如待遇、告假、退休、丁忧、赴任给凭、交接、委署、改补、回避及科举等问题。由于篇幅所限，我们主要以占官学教师数量绝大多数的地方官学教师①为例，对明清官学教师的管理问题进行探讨。

一　明清地方官学教师的选拔、任职前考核与试用

明代府学一般设教授 1 人，训导 4 人；州学设学正一人，训导 3 人；县学设教谕 1 人，训导 2 人。但实际上由于种种原因，往往达不到这一数量。明初，教职多由举荐儒士担任，洪武二年（1369 年）规定儒学教授、学正、教谕由各处守令选择有才德、学问并通晓时务的儒士担任，而训导

①　本书中地方官学主要指府、州、县地方儒学，并不包括武学、阴阳学等专科学校在内。

则根据其所教科目从符合条件的儒士中选取。监生也是地方儒学教师的来源之一，早在洪武年间，监生已担任地方儒学教职，如洪武八年（1375年），选国子生林伯云等366人分教北方学校，洪武二十六年（1393年）令国子祭酒胡季安选国子生年三十岁以上能文章者341人，命吏部除授教授等官①，洪熙元年（1425年）因行在吏部奏称天下学官缺员达1800多人，因此从两京国子监中推选500人，送翰林院考试，分别等第而除授教职。另外，在明代初期，也通过举荐的方式选拔了一批地方官学教职，如洪熙元年（1425年）八月，"巡按江西监察御史陈宪举明经儒士二人堪任教职，上命行在吏部取用"。② 从洪武末年开始，明代地方儒学的教师基本上由以下四类人物构成：进士愿就教职者、会试副榜举人及会试下第乞恩就教者、各类贡生（主要为岁贡及恩贡）和由科举出身的各类官员改任教职者。在永乐之前，监生不需要通过考试即可出任地方府、州、县学教官，而永乐以后，则必须通过翰林院组织的考试。成化四年重新规定，凡监生愿就教职者，必须严试三场始准。会试下第举人担任府、州、县学教职，亦始于洪武年间，洪武十八年（1385年）六月，令会试下第举人全部授予学正、教谕，正统八年（1443年）又明确规定，科举取中副榜举人年龄达到三十岁者才能授予教职。永乐以后地方学校教职缺员甚多，景泰元年（1450年），明中央政府又令岁贡生员愿就教职者，经翰林院确认合格后授教谕、训导，③ 但由于岁贡生员学问疏浅，实际上并不适宜担任教职，岁贡之选教职，一方面使教职的质量受到影响，另一方面也使本已颓废的岁贡之法更加败坏。张萱《西园闻见录》引谢铎言，谓："岁贡一途，近来提学等官，类从姑息。试廪之初，不以势听，则以贿行；不以济贫，则以优老。及其来贡之际，又听其自乞愿授教职，往往名为陞考，

① 《南雍志》卷一，《事纪一》。

② 《明宣宗实录》卷八。

③ 《明会典》卷二，《吏部一》。即使如此，贡生出任地方官学教职也绝非容易之事。生员从进学到补廪再到出贡，往往要熬过十数年甚至数十年光景，出贡后仍需经过四次考试：士贡于廷，廷考之；廷考中，业于国子监，国子监考之；中，送吏部，吏部考之；中，再上于廷，廷再考之，中，始得授教官。（参见陈宝良《明代儒学生员与地方社会》，中国社会科学出版社2005年版，第279页）。明叶向高曾言岁贡就教职之惨状云："举人、岁贡选除教职者，经今二十余日，未蒙允发。此辈皆穷苦贫儒，年多衰耄，希望一官，朝不及夕。京师桂玉之地，度日甚艰。当此隆冬之时，饥寒迫切，尤为可悯。前岁曾有一次停滞，遂致饿死病死有十余人。"（见叶向高《纶扉奏草》卷十一，《条陈各项急务疏》）

而实则虚文，上下相蒙，迄无可否，而岁贡之法益坏矣。宜敕礼部将岁贡生员愿授教职者，先关翰林院、国子监按月考试，期年之间，择其果通三场者方许陞考，授以职事，庶几前弊稍革而教官亦不至甚滥矣。"① 同时由府、州、县学教职位卑俸薄，且一旦成为教职，就失去了参加科举的机会，因而很难对举人产生吸引力，诸多的原因导致明中后期教职数量不多、质量不高。

清代各地官学，府学设教授1名，训导1名；州学设学正1名，训导1名；县学设教谕1名，训导1名，教职由朝廷委派。康熙三年（1664年），府、州及大县省去训导，小县省去教谕，至康熙十五年（1676年）又复置，此后教职便有正教官与复设教官之分。清代地方儒学教职主要由以下几类人构成：进士愿就教者、会试下第举人大挑二等者②、各类监生及贡生、各类科举出身的官员（尤以知县为主）改教职者等。③

在明代，只有岁贡生员授教职前需要接受进一步的考试，其他人员则无此要求。到清代时，原则上所有教官在任教前，都须通过督抚的考试，康熙四十三年（1704年）谕吏部："教职官员必文义明通，方称厥职。近见直省教职官内不谙文义者甚多，如此何以训士！著行文直省巡抚，将各属教职通行考试，分别具题。嗣后俱照此例不时考试寻定一、

---

① 张萱：《西园闻见录》，卷四四，《礼部》三，《科贡·前言》。

② 举人大挑始于乾隆丙戌科，于每次会试后举行，一等者用为知县，二等者以学正、教谕用，借补训导，取中与否主要看其相貌。大挑之过程，徐珂在其《清稗类钞》中记："每届大挑，钦派王大臣在内阁举行。每二十人为一班，既序立，先唱三人名，盖用为知县三人。既出，继唱八人名，乃不用者，俗谓之八仙，亦皆出。其余九人不唱名，皆以教职用，自出，更一班进。大挑论品貌，以'同田贯日身甲气由'八字为衡。同则面方长，田则面方短，贯则头大身直长，日则肥瘦长短适中而端直，皆中选。身则体斜不正，甲则头大身小，气则单肩高耸，由则头小身大，皆不中选。"（徐珂：《清稗类钞》，中华书局1985年版，第1351页）

③ 清代进士出身任教职者为数不多，举人出身者很多人往往并不情愿任教，当其年老而无望出仕时，才将目光转向教职，如浙江海宁陈氏族人陈其元在其《庸闲斋笔记》中称其伯祖父陈廷献，为乾隆三十六年（1771年）辛卯科举人，"弱冠登科，意气豪迈，十上春官不第，选就兰溪教谕"，而有的举人连担任教职也要等待很长时间，如"宣城汤鹏千伟，康熙二十九年领乡荐，至乾隆初始得选江宁教谕，年已七旬"（余金：《熙朝新语》卷十二）。五贡出身（岁贡、恩贡、拔贡、优贡及副贡）任教职最多。如清代江苏阳湖县庄氏家族自顺治至同治年间五贡出身者约28人，除4人未入仕外，另24人全部入仕，任教职者9人，候选教谕1人，由教职改州判者1人（见张杰《清代科举家族》，社会科学文献出版社2003年版，第42—43页）。

二、三等者给凭赴任，四、五等者解任，学习三年再行考试，六等者革职。"①

　　明清时期，各类人物选授地方儒学教职后，还需经过一段时间的试职方能实授。永乐元年（1403 年）规定："署学正事举人，任内若有科举中式二名，又有岁贡中式一名者实授；署教谕事举人，任内有科举中式一名，又有岁贡中式一名者实授；署训导事举人，任内若有科举中式或有岁贡中式一名者俱与实授，所教生员若岁贡不及数，科举比例数多者亦与实授，其岁贡虽多科举不及数不与实授。"② 宣德元年（1426 年），行在吏部奏山东等处儒学署职学正、教谕、训导的举人侯显等 50 余人所教生员有科举、岁贡中式，例当实授，获得批准。③ 至清代又特别强调捐纳教职必须经过试俸，不经过试俸便不能实授。

　　明清时期对于地方官学教职的选拔还是相当重视的，朝廷也曾多次颁布诏谕进行规范，中央及地方官吏也曾多次上书就如何解决教官缺乏及提高教官质量献计献策。

二　明清地方官学教师的任职中考核

　　明代地方官学教师的考核在洪武初年主要以教师所教学生的学业进展状况为依据，据洪武二年（1369 年）的立学格式，凡监察御史、按察司官巡历所到之处，必须对各府州县学的教师进行考核，如果府学、州学、县学学生分别有 12 人、8 人及 6 人学业没有取得进步，除当地守令罚俸半月外，对教授、学正、教谕及所教课目的训导各罚俸 1 个月；如果府学、州学、县学学生分别有 20 人、16 人及 12 人学业没有取得进步，则下令罚俸 1 月，教授、学正、教谕及该科训导均予黜退；如果府学、州学及县学学生分别有 20 人、16 人、12 人以上学业没有进步，则学校所在地的守令要受笞 40 下。当后来推行岁贡及科举后，这种以学生学业进步与否为标准对地方官学教师的业绩进行考核的方式发生了一些变化，教师的俸满考核主要以其所教学生乡试中式多寡而定，而对教师的任职中考核主要以岁贡生员是否合格而定，"太祖时，教官考满，兼核其岁贡生员之

---

① 《皇朝政典类纂》卷二百二十，《学校八·直省学》。
② 《考功一》，《吏部职掌》，《续修四库全书》史部第 258 册。
③ 《中国教育制度通史》（第四卷），第 242 页。

数，后以岁贡为学校常例"。①

洪武十六年（1383 年）二月，谏官关贤建议："宜令府州县学岁贡生员各一人，如考试中式，则赏及所司、教官，否则所司论如律，教官、训导停其廪膳，生员罚为吏。如是则士有劝惩，学有成效。从之，命礼部榜谕天下府州县学，自明年为始，岁贡生员各一人，正月至京从翰林院试经义、四书各一道，判语一条，中式者入国子监，不中者罚之。"② 同年十二月，"礼部奏：岁试岁贡生员文字中式者，送国子监，监官再考等第，分堂肄业。不中者，生员、教官、提调官各罚如制。从之"。③ 洪武十八年（1385 年）七月，礼部又奏准，府州县岁贡生员不中式者，提调官吏论以贡本非其人律，教官训导罚俸一年，贡不如期者以违制论。洪武二十四（1391 年）年，鉴于以前的规定对教官及生员处罚太重，重新规定："不中者，有司官任及三年论如例，二年者停俸半年，一年者停俸三月。学官无分久近罚如例。"洪武三十年（1397 年）二月，岁贡生员有 118 人因考不中式而遣归本学，停廪肄业，教官、训导及提调官皆罚职例。当然在一些特殊情况下，也可能减轻或免除对教官及提调官等人因岁贡生员考不中式的处罚，如永乐七年（1409 年），因战乱的原因而免除了对北京地区儒学教官及提调官的处罚。

以岁贡生员是否中式及乡试中举生员数量进行的考核是一种间接考核，而自正统年间后，则更加注重对教官进行直接考核，正统元年（1436 年）颁发的提学官敕谕中，明英宗朱祁镇明确要求："今之教官，贤否不齐，先须察其德行，考其文学，果所行所学皆善，须礼待之。若一次考验学问疏浅，姑且诚励，再考无进，送吏部黜罢。若贪淫不肖显有实迹者，即具奏逮问。"④ 天顺六年（1462 年）又进一步规定："若再考所学无进，又不改过，送吏部别用。其贪淫不肖实迹彰闻者，即拿送按察司、直隶送巡按御史问理，吏部别选有学行者往补其缺。"⑤ 至万历三年（1575 年），又明确规定，"儒学教官，士子观法所在。按临之日，考其学行俱优者，礼待奖励。其行履无过，但学问疏浅

---

① 《明史》卷六十九，《选举一》。
② 《明太祖实录》卷一百五十二。
③ 《明太祖实录》卷一百五十八。
④ 《明英宗实录》卷十七。
⑤ 《明英宗实录》卷三百三十六。

者，一次考验，姑行戒饬，再考无过，送吏部别用，有老病不堪者，准令以礼致仕。若卑污无耻，素行不谨者，不必试其文学，即拿送按察司问革"。①

至明朝后期，由于朝政腐败，吏治大坏，而提学专督学校之政，不理钱粮刑名，权力相对较轻，在弘治年间已经被看作闲职了。李东阳指出："今之论世官者，或谓其为剩员泛秩，无与乎学校之务。此虽过论，或有使之然者。"② 权轻利少，任官自然难得其人，为官者不安其位，也难以勤尽职责。这样，督学制度逐渐被削弱、破坏了。"其后，督学官稍轻，柄其任者，非必有卓行实学，压士心如异时。高者虚谈沽誉，劣者安禄养交，下者至开幸门，听请托不忌。又巡历或二三岁一至，至不过浃旬月，独品所谓校试文而止，不复关行能，考察他道艺。即甄考德行，亦独案郡县学官所报三等簿奖汰之，不复有案质。甚乃惮巡行劳苦，独高坐，引日月，至大比，独委府、州、县类考而合试之，故士习玩而人骛于奔趋。"③ 如是提学，其对地方教职的考核情况可想而知。

清朝从顺治开始不断强调提学（包括督抚）对地方官学教师的考核。顺治九年（1652年）规定，学政按临之日考核儒学教官，学行兼优教有成效者，除礼待奖励外，仍据实列荐，其行履无过但学问疏浅者，姑行戒饬，责令勉进，而老病不堪教学者，令其以礼致仕。而对于那些钻营委署、横索束脩、卑污无耻、素行不谨者即行参奏，对于那些学霸生员、书役门斗、行私诱惑者，一并追究惩治。顺治十三年（1656年）又强调，提学应严考教官，除文行兼优及文平而行无亏分别应荐应留外，对那些文行俱劣者由提学开送抚按题参罢黜。康熙十八年（1679年）又进一步规定："学政于官员贤否，遵照敕谕，例应品核。文到，各府州县掌印官即照旧式备造僚属履历，及以前戒饬奖励缘由，填注考语事实，教官更分年力、志行、学识、教规四款，内有贤、不肖之尤者别具揭帖，限一月内送阅。按临再造，新任及改节、改过者季终续报，并将任内作兴学校事迹备

---

① 《明会典》卷七十八，《学校》。又见《张太岳文集》卷三十九，《请申旧章饬学政以振兴人才疏》，明万历刊本。

② 《李东阳集》卷一，《送选副李君提学浙江序》。

③ 孙承泽：《春明梦余录》卷五十五，《府学》。

申报夺。"① 康熙四十三年（1704 年）鉴于各省教职素质较低，下令各省巡抚对各属教官通行考试甄别。

从雍正元年开始，清朝中央政府又进一步加强了对地方府州县官学教师的管理，具体措施主要包括：对先前捐纳出身的教师（廪生出身者除外）令其以县丞或主簿改用，不准其继续担任教职，对于正途出身的教授、学正、教谕、训导要求其设立课程，实心教习，对有抑勒孤寒行为的教师由学政题参，对教习卓有成效者进行题荐；针对那些因不胜牧民之任而由县令改授的教师志气颓废、怠忽职业者，由学政查处，从重议处，雍正四年（1726 年）谕："凡县令改授教职者，因其不胜牧民之任，例当罢黜。念其读书攻苦，选授一官，不忍遽令废弃，是以改为教职。俾居师儒之席以展其所学。此朕格外之恩也，况教官有化导士子之责，较理民之任关系尤重，伊等自汉殚心竭力心尽职守，倘因改授教职之故志气坠颓，诸凡怠忽著各学政查参，从重议处。"②

乾隆六年（1741 年）又下令对年老体弱及庸劣无能的教师进行甄别，"该督抚会同学政严饬所属教官，务以实心实力劝学兴文，恪尽课士之责，其有处力衰颓及庸劣不称师儒之席者，秉公甄别，咨部罢斥，庶训迪得人，而于造士育才之道实有裨益。各督抚、学政仍当时刻留心，永久奉行，不可苟且塞责"。③ 学政按临时对教官的考核效果如何，则视不同学政的严勤程度而论，如果学政本人怠忽职守，三年不能遍历所辖府州县学校，或经常对教官网开一面，则其效果可想而知。乾隆七年曾规定："各省学臣考试教官量与寻常考试一体封门，不许携卷归寓，以杜代倩，并分别等次，移明督抚，以为大计考核之实据。"④ 但各省学政考试教职，并未完全按此规定执行，徐珂《清稗类钞》对学攻考核教官有一生动记载：

> 学使按临各郡，例有考试教官之举，然皆携卷以归，非扃试也。咸丰癸丑，万藕舲尚书青藜视学浙江，忽改为扃试，于是年老荒疏者皆大惧，乃预订同僚之年少未荒者某代作，某代书，以期完

① 《钦定大清会典事例》卷二百九十七。
② 《皇朝政典类纂》卷二百二十，《学校八·直省学》。
③ 《钦定大清会典事例》卷二百九十七。
④ 《皇朝政典类纂》卷二百二十，《学校八·直省学》。

卷。万亦颇虑其曳白也，乃合优生与教官为一场。又下令曰，"若老师目昏手颤，不能端楷，可交优生代誊"。于是大半托优生捉刀矣。试至金华，九学教官正副十八人。试之日，人给方桌一，列坐堂上，优生则散坐敞中。文成，交卷，教官尚得例宴，饱餐而散。秀水陈星坨广文皋言文素敏捷，一挥而就，又作七律一章以呈同僚。万微闻之，亦一笑而已。其诗曰："接谈散卷久通行，谁料今番忽变更。高踞考棚方桌子，俯求优行老门生。牢笼一日神都倦，安枕三年梦再惊。共说阿婆都做惯，者回新妇礼难成。"①

三　明清对地方官学教师的考满

除了学政按临时的考核外，考满也是对地方官学老师进行监督与管理的重要制度。明初，原先一直保持到宋、元时期的官员满岁一考、三年一任的制度发生了重大变化，形成"内外官满三年为一考，六年再考，九年通考黜陟"的基本规定，② 而对于地方官学教师，由于其工作性质的特殊性，则规定九年考满，教官一律历俸九年给由到吏部接受考核，吏部要会同翰林院出题加以考试，同时还要考查其执教业绩。需要注意的是，明初科举与岁贡之制，皆欲得人，未有轻重之分。但教官九年考满之制，以举人有、无及多、寡为黜陟，遂重科举而轻岁贡，鉴于这种情况，正统七年（1442 年），国子监祭酒李时勉建议"教官考满，岁贡皆中，科举虽不及数，亦本等用；科、贡俱中者，升用；科贡俱不中者，降用"，得到明英宗的认同。③ 但明代中后期教官考满，不仅不重岁贡，连科举也不重视，只是论资排辈、等待升转而已。

明代官员考满制度是几经调整于洪武二十六年（1393 年）得以基本定型的，而教官的考满制度则始于此时。④

---

① 徐珂：《清稗类钞》，中华书局 1985 年版，第 1802 页。
② 万历：《大明会典》卷十二，《吏部十一·考核一·官员》。
③ 《明英宗实录》卷九十。
④ 明代规定，教官俸满至京，例该查问的事项主要包括："一，教官给由公文全无上司考语者参问起送官吏，其教官免收考。若虽有考语又无称否字样者，免行查问，即照有司例定拟其考语，及称职字样者收考；一，公文无府州县执结者行查，隐匿过名及洗改紧关字样者俱送问；一，冒报举人者送问，有举人不明者行查；一，九年考满，教官历俸一百零八个月，若少历俸一月送问，仍选补满日方准收考；一，违限照有司科例行；……一、丁忧不交牌册者送问。"（见《考功一》，《吏部职掌》，《续修四库全书》史部第 258 册）

表 1—1　　　洪武二十六年（1393 年）地方官学教职俸满考核标准（单位：人）

类型	学额	9 年内举人数	本人学术考核	工作评价	升降规定
教授	40	9	通经	称职	升用
		4	通经	平常	本等用
		4 人以下	不通经	不称职	降黜别用
学正	30	6	通经	称职	升用
		3	通经	平常	本等用
		3 人以下	不通经	不称职	降黜别用
教谕	20	3	通经	称职	升用
		2	通经	平常	本等用
		2 人以下	不通经	不称职	降黜别用
训导	分教 10 人	3	通经	称职	升教谕
		2 或 1	通经		原职
		0	不通经		降黜别用

资料来源：《明会典》卷十四。

对于考试的内容及对不通经者的处罚，明代亦有明确规定："凡教官考满，初场考四书、本经义各一篇，二场论、策各一道，教授、学正、教谕俱本部定中否，训导送翰林院定中否，考不通经系举人出身者，教授改吏目，学正等官改典吏，监生、儒士出身者，教授改税课司大使，学正等官降河泊所官。"①

由于科举名额有限而地方官学数量较多，因此洪武二十六年的规定对地方官学教师显得非常苛刻，至宣德五年（1430 年），重新修订了这一考满规定：教授九年内举人 5 名即为称职，3 名为平常，不及 3 名为不称职；学正 3 名为称职，2 名为平常，不及 2 名为不称职；教谕 2 名为称职，1 名为平常，训导 1 名为称职，不及者皆为不称职，称职者升，平常者本等用，不称职者则降。正统元年（1436 年）对教授、学正、教谕、训导九年考满举人的数量分别规定为 5 名、2 名、2 名及 1 名；正统九年（1444 年）又一次降低了要求，教授、学正、教谕九年任满无举人者，考

_____

① 《明会典》卷十四。

试学问确实优秀仍可任教官，但一律降为训导，训导调边远地区；考试不通过者仍降杂职。虽然弘治二年（1489 年）规定，教官九年考满，考试通经、举人及数方升，但嘉靖初年又规定，只要考试通经、无过错，即使无人中举，亦算合格而不加降黜，而到了万历前后，教职任职一定年限后即可自动升转，据万历十六年（1588 年）沈鲤《议处教职疏》称：贡士教职，"近年以来，则一任分教，再任掌教，概从劣转"，① 又《涌幢小品》称："（教官）今勒为定法，积三四年为一转"，② 天启元年山东道御史傅宗龙上疏亦称"旧例，教职之选，尚凭考语，而后乃一例序转，以为此辈途穷日暮，取束脩以糊口耳，且安所分别而敝敝焉阅其考之高下乎？"③

　　明代地方官学教官九年考满，清代则为六年考满。清代之考满自顺治朝始，地方官学教师主要由府州县官出具考语，送督抚、学政共同甄别。雍正四年（1726 年）议准：各省教职六年俸满，该督抚、学政保题引见，奉旨以知县用者归于双单月举人班次之后各选用二人。④ 同年又规定，地方官学教师果能尽心训导，六年之内所属士子无倚恃衣顶、抗欠钱粮并捏辞生事唆讼陷人等事，该督抚、学政据实保题，准其以应升之官即用，现任教官以雍正五年为始，俸满六年卓有成效者准其一例保题。⑤ 乾隆十四年（1749 年）又进一步强调，"教职六年俸满，该督抚、学政严加甄别，如果才具出众、应行举荐者，即行具题，其寻常供职之员，分别去留，俱出具切实考语，具题请旨。如有不应保留之员滥行保留者，即将该督抚、学政严加议处"。⑥ 乾隆十六年（1751 年）又鉴于教职一员关系紧要，而

① 《礼部志稿》卷四十九。
② 朱国祯：《涌幢小品》卷十一。
③ 《明熹宗七年都察院实录》卷一。
④ 《皇朝政典类纂》卷二百四。
⑤ 《皇朝政典类纂》卷二百二十，《学校八·直省学》。
⑥ 《钦定大清会典事例》卷二百九十七，《礼部·学校·考核教职》。教官考满之看语主要涉及德行与学术两方面，如《文武金镜》载教官考满看语两条，一为，"教官刘芳蘅考满看语"，其内容为："考得本官操履清纯，学术渊茂，葺学墙而庀祭器，式妥圣灵，勤讲贯而严校雠，振兴秀髦，以至学租之出入，铢两无私，士类之寒贫，蠲赈不吝。向经宪核，屡有褒嘉，兹已政成，可无优叙。所当备陈劳绩，以俟报最者也"；一为"教官吴存恕考满看语"，其内容为："看得本官学行素优，师资罔愧，助宜教泽，能襄赞乎作人，补葺宫墙，常乐输乎廉俸。如盘中苜蓿，亦以课艺而分，每几上豆笾，每藉增修而告备。可谓一毡清苦，五载勤劳者矣。"（见《文武金镜》卷十二，《旌奖类》）

各省教职昏耄龙钟、滥竽恋栈者实所不免，而教职向例六年甄别，期限太宽，因而又规定："嗣后除俸满保题仍照六年旧例外，其题留供职之员应请定为三年澄汰，实在年力就衰者即行汰退，咨部汇题。"① 乾隆二十二年（1757 年），又鉴于一些偏远省份路途遥远，来往不便，规定云南、贵州、四川、广西、福建、湖南、甘肃等省教职俸满甄别改为八年举行一次，其余较近省份仍照旧例行。

清代各地对地方官学教师俸满甄别各地实施并不严格，以至于乾隆十八年（1753 年）下谕旨：

> 向例各省教职六年俸满，该督抚、学政共同甄别，堪膺荐举者保题送部引见，其年力衰迈者咨部休致。但督抚陋习，既不肯轻荐，又不肯多革，是以保题者固属寥寥，而休致者亦不多见，惟使龙钟之辈滥竽恋栈，无所区分，盖视教职为无足轻重，初不计及为造士之根本也。前以选拔贡生为教职，曾降旨训谕，各督抚、学政令其加意慎重。②

要求以后教谕除有劣迹者随时参劾外，教职六年俸满堪膺民社者保题，年尚强壮精力未衰可以留任者出具考语送部引见，如批准留任等六年再满仍照例甄别，如教职年老即令咨部休致，有愿来京引见者照大计之例督抚声明给咨引见。而训导照只升县佐，而上司尤多忽略，以后甄别之例与教谕同著为令。

在清代地方官学教师俸满保题中，有时也会出现督、抚专权的现象。乾隆五十七年（1791 年）因督臣梁肯堂咨送年满保荐教职二员，并未与学政协商，遂下令："各省教职系学政专管，其保荐堪膺民社之员升任知县后，如才具平常不能胜任，原保之学政定例处分甚严。各省保荐教职时自应与学臣会商，择其才具优长者会衔保题。今梁肯堂所保荐教职二员并未先与学政酌商，于会衔具题后始行钞疏知照备案，殊非慎重保荐之道，竟以梁肯堂不以学政为事，率臆径行。国家简任学政，岂不竟同虚设乎！梁肯堂着严行申斥。后遇有甄别保荐教职等事，均应照例会同学政先行酌

---

① 《皇朝政典类纂》卷二百二十，《学校八·直省学》。
② 《清朝文献通考》卷六十一，《选举十五》。

商，秉公办理，联衔具题，毋庸仍前径行专办，以符体制。"①

由于俸满教职保题往往出任县令等牧民之职，关系紧要，因此对于督抚会同学政保题俸满教职，清廷也尤为关注，对于保题教职不能胜任牧民之责者，朝廷对督抚及学政的处罚也很严厉。乾隆三十五年（1769 年）下令将江苏阳湖改教知县邓世让带领引见后，乾隆认为其人平庸，实应改教，又查其履历，为从前系由教职保举堪膺民社而补授县缺。在乾隆看来，邓世让系由教职俸满保题知县，其改教与其他知县改教者不同，人之心术、操守虽不易知，但其才能否堪任牧民之职，督抚等稍能留心察看不难立辨，出现此种情况，实由督抚等人未能实心甄核，"徒以姑息市恩、虚应故事不惜贻误地方所致，倘不将原举之人加以处分，谁复知所惩儆"。遂下令"嗣后由教职六年俸满保举知县人员内如有复行改教者，即将原保之督抚、学政一并议处，著该部定例具奏，其从前保举邓世让之督抚、学政等并著查明，即照新例行。寻议嗣后由教职俸满保举知县复请改教者，将原保举之督抚、学政照保荐不实例降二级调用，加级记录不准抵销"。②

教职俸满保题知县或俸深教职截取知县而不能胜任，又复改任教职的情况并非个案。在乾隆四十五年（1779 年）谕：

> 昨因袁守侗奏请将文安县知县资原庚改教，朕阅该员出身，系在教职任内由举人本班截取，经该抚给咨赴选得缺，后又经特派大臣验看，何以复行改教。因令军机大臣详查原验之督抚、大臣并降旨交吏部酌定处分。随据查明，资原庚甫于本年二月经该抚李湖验看给咨，四月选授文安县，后系派出之绰克托等验看，则资原庚系属近日之事，其年力衰壮可以一望而知，非数年后渐觉衰颓始请改教者比，嗣后教职截取选授州县人员，其到任五年后督抚以衰老甄别者，则原验之督抚、大臣竟毋庸置议，若未届五年即以衰老被劾，则距验看时甚近，何至遽行衰迈，其察验之不实可知，即将该督抚及派出验看之大臣均照例议处，著为令。③

---

① 《清朝续文献通考》卷九十一，《选举八》。
② 《清朝文献通考》卷五十八，《选举十二》。
③ 同上。

四　清代大计中对地方官学教师的考核

大计之法为明、清考核外官的制度，由吏部考功司主持，三年举行一次，自州、县至府、道、司逐级考核属员，再经督、抚考核后送吏部。凡才、守均优者经皇帝接见后可加一级回任，劣者劾以八法（贪、酷、浮躁、不及、老、病、疲、不谨），加以处分，成绩一般者为"平等"，不受举劾。明代只有府学教授为从九品，其他地方教师为不入流，因此基本上没有对地方官学教职进行三年一次的考核。清代府学教授为正七品，州学学正及县学教谕为正八品，训导为从八品，皆为大计之对象。康熙十八年（1679 年）题准，学政于官员贤否遵照敕谕例应品核，文到各府州县，掌印官即照旧式备造僚属履历及以前荐奖、戒饬缘由，填注考语事实，教官更分年力、志行、学识、教规四款，内有贤不肖之尤者别具揭帖，限一月内送阅按临再造。新任及改节、改过者季终续报，并将任内作兴学校事迹备申报夺儒学掌印官。

对于大计中各省荐举官员包括地方教职之名额，顺治十八年（1661年）曾有明确规定（见下表），应荐人数总计为 262 人，其中教官大约为89 人，占三分之一。

表 1—2　　　　　　　　各省荐举官员分配表　　　　　（单位：人）

地区（巡抚）	应荐方面官数	应荐有司佐贰官数	应荐教官数	备注
顺天巡抚	1	3	3	
保定巡抚	1	5	5	
江宁巡抚	2	3	3	
操江巡抚	1	3	3	
凤阳巡抚	2	4	4	
山东巡抚	2	6	6	
河南巡抚	3	7	6	
陕西巡抚	4	7	6	
甘肃巡抚	1		2	有司佐贰教官共 2 人
延绥巡抚	1	2	1	
宁夏巡抚	1		2	有司佐贰教官共 2 人
浙江巡抚	3	6	5	

续表

地区（巡抚）	应荐方面官数	应荐有司佐贰官数	应荐教官数	备注
福建巡抚	2	4	4	
江西巡抚	3	5	5	
南赣巡抚	2	3	2	
郧阳巡抚	1	2	2	
湖广巡抚	4	7	6	
偏沅巡抚	2	4	3	
广东巡抚	3	6	6	
广西巡抚	2	4	4	
四川巡抚	3	7	6	
贵州巡抚	2	3	2	
云南巡抚	3	4	3	
漕运总督	7	22		有司16人，佐贰6人
总计	56	117	89	

（数据来源：《清朝文献通考》卷五十五，《选举九》。）

　　乾隆五十年（1785年）又定，各省大计应行卓荐人数按各省省份大小、缺分多寡定额，并裁去附荐之名。州、县以上至道员计十五员内准荐一员，教职、佐杂合为一途，计一百三十员内准荐一员，不得全举教职或杂佐。其中关于各地保荐教职之数，直隶保荐教职、佐杂四员，奉天保荐教职、佐杂一员，江苏保荐教职、佐杂三员，安徽保荐教职、佐杂二员，江西保荐教职、佐杂三员，浙江保荐教职、佐杂三员，福建保荐教职、佐杂三员，湖北保荐教职、佐杂三员，湖南保荐教职、佐杂三员，河南保荐教职、佐杂三员，山东保荐教职、佐杂三员，山西保荐教职、佐杂三员，陕西保荐教职、佐杂、大使二员，甘肃保荐教职、佐杂二员，四川保荐教职、佐杂四员，云南保荐教职、佐杂二员，贵州保荐教职、佐杂二员，广东保荐教职、佐杂四员，广西保荐教职、佐杂二员，总计共保荐教职、佐杂五十二员。[①]

　　在大计中，对各省教职进行参劾也有一定的比例，对参劾不及数及无

---

① 《皇朝政典类纂》卷二百一十二，《选举十二·考绩》。

应参劾教职应申明而不申明者将督抚及学政议处。嘉庆五年（1800 年）规定："甄别教职、佐杂各按该省额缺以百之二三为率参劾，及数者免议，如该省果无衰庸恋缺应行参劾之员，令该督抚、学政将无可参劾缘由切实声明，亦免其议处，如未经声明照应申不申律罚俸六个月，偿因别案参劾查系衰庸贻误将该督抚、学政降二级留任。"①

尽管朝廷将大计视为激扬大典，每逢考核必定三令五申，当然在实际中，各省督抚、学政并未很好地贯彻朝廷的规定，有时各省大计地方官员，所参年老一条，多开教职充数，如乾隆七年（1742 年）下谕：

> 近来各省计典，颇有视为具文、苟且塞责者，或贤员不荐，或劣员不纠，或就目前之一端而不察居官之素，或徇一己之爱憎而不参舆论之同，又或庇护私人瞻徇情面而使贪墨不职之人姑容在位，只将教职及佐杂微员草草填注以充其数，所谓旌别淑慝者安在乎！②

在《钦定六部处分则例》中明确提出"各省举行计典，教职佐杂等官除实系庸劣衰老有干六法者照例填注外，若朴实勤谨、尚堪供职者勿得任意填汰，苟且塞责，倘违例填注，将填注之上司降二级调用"。③ 有时也经常出现以教职为微员闲职而少举、少参的情况。由于在大计中地方府、州、县行政长官对下属官吏的考语起着十分重要的作用，为了防止这些地方行政长官以官学教职为闲职而优容包庇，雍正四年（1726 年）特别强调："凡计典教官贤否，皆由知府具报，则知府原有稽查之责。恐以教官闲员微职，不无优容，行令各省督抚转饬各府，必从公考核，如有姑息容隐，将各该知府照徇庇例题参议处。"④ 但直到清朝晚期，这种情况并未得到真正改观，如同治年间就有官员奏称："近来地方大吏于州、县

---

① 《钦定六部处分则例》卷四。

② 《清朝文献通考》卷六十一，《选举十五》。

③ 《钦定六部处分则例》卷二。

④ 《钦定大清会典事例》卷二百九十七，《礼部·学校·考核教职》。大计中地方府、州、县行政长官报送所属官吏申文格式据《牧令须知》所载为："为申送事，某年某月某日奉宪台札开、奉道宪札开、准藩宪移开：窃查定例，内开各省官员（照原文云）等因，奉此，遵将卑州县暨所属教杂各官年岁履历及任内行过事实，造具五花格册，填注考语，具文申送宪台俯赐查核加转，为此备由具申，伏乞照验施行，须至申者，计五花格册若干本。"（见《牧令须知》卷二）

之贤不肖尚能据实荐劾，而于教职一官则概未齿及，老迈恋栈而过示优容，年少轻浮而不知甄劾，以致为是官者颓废是甘，不知振作。"①

从总体上看，地方教职在大计中保荐的比例（一百二三十人中保荐一人）要远远小于参劾比例（百分之二三），并在大计中由于职轻权微而往往充当替罪羊，有时三年之大计亦不能按时进行，对于其升迁也造成了不利影响。如雍正八年（1730 年）本为大计之年，山东总督田文镜因省内司道府厅官员查灾散赈公出而州县及教佐杂职也忙于分办赈务，奏准将山东本年之大计展限一年，次年，巡抚岳浚准备奏请再展限一年，田文镜认为"大小属员惟知县以上可以不时保荐，至于佐贰首领及教杂等微员例必届大计之期方得选举，一经停止，则此等微员中即有合例应举之贤员已不能仰邀卓异，其虽不合例而堪膺附荐者更何所希冀"，② 因此奏准当年进行大计。

五　明清时期对地方官学教师的行为管理

明清时期地方官学教师承担着课士育才之责任，同时又与府、州、县地方官吏、学政（提学官）、督抚等有着或密或疏之关联，因此对于他们的行为有着较为明确且严格的规范。

1. 应行之职责

（1）勤于教学，按期课士。教师的主要职责在于教学育士，明代前期，地方官学教师尚能尽职，而到了明代后期，教官倦怠于职业，荒于教学、疏于课士已是普遍现象。至清代，对于教官之教学、课士，亦时常强调，如顺治十二年（1655 年）下谕："各学生员令提学御史、提学道严饬府州县卫各学教官月加课程，不得旷废，亦不得假借督课凌虐诸生。"③ 雍正元年（1723 年），又令各直省学臣通饬府州县卫教授、学正、教谕、训导，务立课程，令其时至学宫，面加考试；雍正十二年（1734 年）规定："教官不力行课试，经上司察出揭报咨参，计其月课季考废弛次数每次罚俸三月，若视为具文竟不举行者革职。"④ 乾隆九年（1744 年）又下

---

① 《皇朝政典类纂》卷二百二十，《学校八·直省学》。
② 《朱批谕旨》卷一百二十六，《四库全书》第 421 册。
③ 《皇朝政典类纂》卷二百二十，《学校八·直省学》。
④ 同上。

令以后各学教官训迪士子，每月照例面课四书文外，即于赴课时将士子专经令其分册诵习纲目，必分年详解，面加谆劝。务其实力讲贯，或间月或每季试以本经及史策并二声表判，仍将课期及取列优等试卷按月按季报学政查核。① 《钦定六部处分则例》中亦规定："教官造送学册内将各生年貌及廪增附字样并丁忧、病故等项事故遗漏舛错，或册卷互异者俱罚俸六个月。"②

（2）严管生徒，举优报劣。对于不能严格管理学生，致使学生有种种不端行为发生者，或不行举优报劣而包庇隐瞒者，或散赈贫生有失公允者皆进行处分。顺治八年（1651年）规定："现在衙门应役之人，冒应童试，严察重治，廪生、教官扶同保结者并行议处"；③ 顺治十五年（1658年）规定，各学劣生有不遵守条例者，教官揭报学道，严行褫革，如教官徇情不报，罚俸六月，徇庇至三名者将该教官革职，举优行者当以孝弟为先，不得以操履平常者充数，如有扶同受贿情弊，查出将教官重处；雍正元年（1723年）下令教官在举优报劣时务必举核心确实，如有通贿滥举或挟仇妄劾者，学政查出，即将该教官题参议处，教官举劾得当者，于计典内声明列荐；雍正四年（1726年）鉴于学政每年举报生员优劣，名册由教官造送，而教官有时畏顽劣之徒挟仇报复而不敢举报，因此规定，如果以后被褫劣生敢挟仇肆横以图报复，而该教官任其为害不行揭报者，一经告发或被上司访出，除将被褫劣生治罪外，将该教官一并严加议处。雍正五年（1727年）要求各府、州、县教官应认真履行其选贤荐能之职责，如有轻忽之心，如果虚应故事、滥举非人者，照溺职例革职。④ 雍正七年（1729年）申定详报劣生例，规定如果各学教官所属文武生员、贡监中，有窝匪抗粮、捏辞生事、唆讼陷人、灭伦悖理者，该教官应即行通详，免其议处，若被府、州、县访出及他人首告审实，不准补揭，正副教官并革职。⑤ 雍正十二年（1734年）又定：如有生员罢考事件发生，则将该教官照溺职例革职，如果在生员罢考之时该教官畏惧处分，或有同城武弁从中调处寝息其

① 《皇朝政典类纂》卷二百二十，《学校八·直省学》。

② 《钦定六部处分则例》卷十三。

③ 《钦定大清会典事例》卷三百六。

④ 同上。

⑤ 《皇朝政典类纂》卷二百二十，《学校八·直省学》。

事者，均照私和公事例治罚。① 乾隆二十四年（1759 年）规定，贡监生员改由地方官管辖，教官不再管理捐纳生员，如该贡监生员犯细事应戒饬者，仍由地方官会同教官面行扑责，其余事件教官不再干预。对于生员捏称游学随任，该教官失于查察者罚俸一年，徇情结报者降三级调用。同时对于地方州、县及各学教官在结报节孝进失于查实者降一级调用。②

（3）查核申报，公平散赈。关于公平散赈，康熙八年（1669 年），规定，各学教职主要负责核查事实、造具清册、散给贫生，如有虚捏滥报及私自侵占者，教官及相关人等一并查处。康熙二十七年（1688 年）又定，如册报隐漏迟延，赈贫虚名无实及教官学霸豪强之家私据侵占者查出按法追究。③ 乾隆三年（1738 年）明确规定，凡遇地方赈贷，各督抚、学政下令教官将贫生名籍开送地方官核实详报，视人数多寡将银米移交教官均匀散给，如教官开报不实，散给不均，及为吏胥中饱者，交督抚、学政稽查，即以不职参治。④ 乾隆十年（1745 年）又定，如教官等如有滥开混报等弊，亦易查出参处。⑤

2. 严禁之行为

（1）禁止干预地方事务。明清时期地方官学教师广泛地参与到地方事务中，如散给赈灾、寻访圣裔、为地方政府出谋划策等，而且有的帝王如朱元璋等明确要求地方官学教师了解民情，向上汇报。⑥ 而实际上，朝廷并不希望地方官学教师过多地参与到地方事务中，除了明确要求他们进行协助的事务外，一般均要求不得干预地方事务，清代对此曾数次下诏强调。雍正七年（1729 年）禁止直省教官干预地方事：“教官之职，专司训迪士

① 《钦定大清会典事例》卷三百六。
② 《钦定六部处分则例》卷十三。
③ 《皇朝政典类纂》卷二百二十二，《学校十·直省学》。
④ 《钦定大清会典事例》卷二百九十七，《礼部·学校·考核教职》。
⑤ 《清朝文献通考》卷七十一，《学校九》。
⑥ 如洪武二十五年（1392 年）秋七月，岢岚州学正吴从权、山阴教谕张恒给由至京师，朱元璋问民间疾苦，皆对曰：“不知也，而非职事。”朱元璋很不满意，讲：“宋儒胡瑗为苏湖教授，其教诸生皆兼时务。圣贤之道，所以济世也。民情不知，则所教何事，其窜之极边。”同时命刑部榜谕天下学校。次年冬十一月，天下学官入觐，朱元璋亲自询问民间政事得失（见《明史纪事本末》卷十四，《开国规模》）。教官关心时务并不意味着要求其参与地方事务，洪武十四年（1381 年）十一月朱元璋下诏禁止地方有司差遣教官。当时松江府华亭县儒学教谕曹宗儒屡次为府、县差遣，朱元璋得知此事后，下令：“教官训导所以作养生徒，为国储才，尔者往往委以公务，使不得尽心教训，非所以崇儒重道之意，其禁止之。”（见《礼部志稿》卷十）

子，除钱粮拆封比较生员拖欠钱粮并州县会审案件有关戒饬生员之处仍令赴州县衙门公同办理外，其一切地方事务均不得干预，倘州县不遵定例仍传教官同办地方事务，教官违例前往干预者，州县官将照将事务交于不应交之人例，议处，教官照不应得为之例分别议处。违者照不应为而为例议处。"① 乾隆二十六年（1761 年）又下令，教官所辖只系文武生员，如生员遇有事犯未经查出详报者自应照例参处，至捐纳贡监惟些小过犯州县仍会同教官朴责，其一切事件教官不得干预。② 道光十七年（1837 年）内阁御史巫宜禊在所奏振兴学校一折中称各直省儒学、书院教官大率不能振作，竟有干预地方公事者，而劣生莠士因之效尤，以致包抗钱粮，起灭词讼，士风人才日益污下；③ 同治六年（1867 年）又"谕禁教职、佐杂干预公事"。④

（2）禁止迎送钦差上司。凡遇钦差上司经过地方，教官不得率领生员道旁迎送，违者参处。乾隆二年（1737 年）禁止各学教官率领文武生员迎送官司之习。嘉庆五年（1800 年）鉴于"遇有大员过境，亦有教官率迎道左之习"，又强调了这一规定。

（3）禁止包庇生事生员。"教官所属士子内，除受诬被告，及实有冤抑，切己不得已之事，许申诉控理外，其有倚恃衣顶、抗欠钱粮并捏辞生事、唆讼陷人等情，该教官纵容徇庇不行申报者，事发照溺职例革职。"⑤

（4）禁止把持学校、勒索生员。⑥ 顺治九年（1652 年）规定，教官

① 《皇朝政典类纂》卷二百二十，《学校八·直省学》。
② 同上。
③ 《清朝续文献通考》卷九十七，《学校四》。
④ 《皇朝掌故汇编》，《内编卷一·官制一》。
⑤ 《钦定礼部则例》卷五十六，《仪制清吏司·教官事例》。
⑥ 明时教官收受学生贽仪可能是一种比较普遍的现象，嘉靖时王樵《赠王学训序》载：嘉靖乙卯，御史周君按部至，将大计群吏之治而诛赏之。乃咨于廷曰："吏不廉，平民之殃也。二千石不察廉，为不胜任，当免，故事也。凡尔所知，毋我隐。"金以金坛训导王某对。问其状，曰："自昔广文号冷官，诸生岁时有所馈问以为礼，而学官借以为禄。凡得此官者，先问其生徒之多寡，以为其地之美恶。至则能颇以礼自将，不以有无疏数为嗔喜，不假教督为贵望者，已为贤矣。而某则曰：'国家之禄我者，正以为教其弟子之报也，而复私受于弟子？是以教为货也！'一无所受。且时视弟子之贤而甚贫者，与之共有无，曰：'我为官也，视尔则不啻有余矣。'其廉如是。"御史叹曰："诚良吏哉！使斯人为郡县，其肯渔于民耶！"命从事具束帛，宴于公堂以旌之。李乐在其《见闻杂记》中也记："湖郡庠教授万先生凤，宣城人，自县令谪之，任未久，奉府檄试本庠遗才生。公严搜检，封锁各门甚固，具夜饭，诸生不许自馈，有生自馈，痛惩其家僮，生跪谢罪，不少贷。时录不佞为首，初未尝识面也。他生有以厚贿干进，悉却之。"（见李乐《见闻杂记》卷三，上海古籍出版社 1986 年版，第 265 页）

如果钻营委署横索束脩、卑污无耻素行不谨者学政即行参奏，分别究革，其有把持学校生员及书役、门夫行私诱惑者一并究拟重治；雍正二年（1724年）又定各学教官应设立课程，实力教习，如有抑勒孤寒等弊，该学政题参处分；乾隆三年（1738年）规定："教官为多士之楷模，宜洁清自爱，不得因循旧习，令吏胥、门斗索取生员贽见节仪。至举报优劣，乃甄别大典，如有冤滥，于士习关系非轻。嗣后各省教官有仍前勒索贽见规礼，以致举报优劣不公者，令督抚、学政核实严参，照籍师生名色私相馈送例革职"，① 若教官有受贿徇隐及借端勒索诸弊仍革职究拟，府、州、县不行申报者亦照徇庇例议处。②

（5）不得擅离职守。"教职官员擅离职守者，照刑律擅离职役笞四十，私罪例罚俸九个月。"③

六　明清地方官学教师管理中的其他一些具体问题

明清时期尤其是清代在地方官学教师的管理中还有其他一些具体问题也都有着较为明确的规定，如教官的委署、交接、回避、丁忧、复任、退休、改补、告假、品秩待遇及教官与其他上司官员的相见礼节等，下文分别就这些问题做一简要说明。

1. 教官委署。由于中举、保题、参劾、病休、病故或丁忧等原因，教官调任后会留下空缺，为了不影响正常的教育、教学秩序，暂由别人委署。顺治八年（1651年）规定，"学官不宜悬缺，致旷职业，抚臣务按缺题请，下吏部铨补。其有不由科贡出身滥冒教职者一并题明送部别用，若署事，教官止用本学及别学，不得滥委杂流从之"；康熙十八年（1679年）又规定：教职由科贡出身人员担任，有不由科贡出身者题明送部别用，如果部选教职未到任，只许本学及其他学校教职署事，不得滥委杂流，如遇有升选及会试等事故，提调即以年深训导委署，一学皆缺，即将别学附近者详委，凡经手书籍、器具、学粮、文卷交盘明白，申报批允方准离任；乾隆二十九年（1764年）定督抚委署教官咨明学臣例，规定："嗣后教官缺出，毋论暂署、委署，督抚均于委署时咨明学臣存案，该员

---

① 《钦定大清会典事例》卷二百九十七。
② 《皇朝政典类纂》卷二百二十，《学校八·直省学》。
③ 《钦定六部处分则例》卷八。

仍将到任日期报明学臣备案。"① 乾隆三十三年（1768 年）又废止了由本学或别学教官代理的规定，下令各省以挑选二等举人在籍候选教职之中由督抚会同学政挨次派委实署："嗣后督抚考验务须详慎甄别，不得稍事姑容，其新选之员有迟逾定限久不到任者即照例严参，开缺另选。至教职遇有悬缺，向来率委别学教官代理，此等司铎微员两任岂能兼顾，现在各省有挑选二等举人在籍候选教职之员，伊等得缺尚迟，如有情愿及时自效者，即赴本省督抚处报明，遇有缺出，需人听候。该督抚会同学政挨次派委实署，则员缺既不至久悬，而需次者亦不令闲旷，自为一举两得，该部即遵谕行。"②

2. 教官交接。乾隆六年（1741 年）规定，以后凡各学正副教官离任时，全部按照州县官交接例，将曾奉颁发存贮书籍器物、一切经手学田租谷之项，造册出结，交于接任之员查明接受。造册出结由该府县核明加结详司，转送督抚学臣存案，同时将交明缘由报部。如果离任之员有心隐匿者，查明题参，缺失者责令其赔补，如果接任之员不行查明而混出册结接受，即令接受之员与加结之府州县赔还，逾期交代不清者也按照州县官例咨参议处。同时又规定教官交代具体指新旧接任而言，至于同一学校正副署摄者，由于接任之教官原系经管之人，因此不需要造册交代。③ 乾隆十五年（1750 年）鉴于教官交代不过书籍、祭祀、学田等项，不像州县官交代那样烦琐，原定两月交接期限太长，酌减一月，限一月完结，次年又规定，以后各学训导新旧交卸，如果专管正教官在任，不需要造册交代，如果只有训导而无正教官，仍需造册交代。④

3. 教官回避。回避，是中国古代文官任用中的一项重要制度，是为了防止因某些特殊的社会关系而影响到公务的正常执行。明清时期的任官回避制度十分细致，主要包括亲属回避、籍贯回避、师生回避及特殊回避等类型，而教官任用中的回避主要是指籍贯回避。总体上看，出于任职便利、语言相通等方面的考虑，教官之回避由早期的隔省回避改为后来的隔府回避。明朝建立之初，就开始实行籍贯回避，洪武元年（1368 年）的

---

① 《皇朝政典类纂》卷二百二十，《学校八·直省学》。

② 同上。

③ 同上。

④ 同上。

《大明令》中就有"流官注拟，并须回避本贯"的规定，到洪武四年（1371 年）"南北更调，已定为常例"，当时有人喜近厌远，往往以南籍改冒北籍，以北籍改冒南籍，朱元璋"谕吏部禁治之"①。洪武三十一年（1398 年），明太祖朱元璋"以天下学官多避贯除授，有北平、山西籍而选在两广，两广籍而选在山东、北平者，语言不通，难于讲授，命吏部悉召至改授旁近郡县"。②明代中叶以后，对两类官职的籍贯限制有所放宽：先是准许某些边远地区的某些官职可以用本地人，出现了包括云南的教官可选用本省人等一些惯例；后来又允许教官及某些杂职在本省隔府地方任职，隆庆五年（1571 年）吏部奏称"国家用人，不得官于本省，盖以亲族所在，难于行法，身家相关，易于为奸。此惟有民社之责者则然耳。若夫学、仓、驿、递、闸、坝等官，其所司者，不过训诲、出纳之常，供应、启闭之役，初非有民社之寄者，而又其官甚卑，其家甚贫，一授远地，或弃官不能赴，或去任而不能归，零丁万状，其情可矜"，建议"酌量隔府近地铨补"，得到批准，③此后教官任用只避本府。

清代继承明代的做法，规定教授、学正、教谕、训导等教官，皆任本省之人，但不得任职于籍贯府之内。由于在清代地方官学教职往往由本省之人担任，有些地方家族文化教育水平较高，家族内担任地方府、州、县教职的人较多，如自康雍之际兴起的安徽婺源程允中家族中便有多人曾担任地方官学教职，④乾隆三十七年（1772 年）又增加了教官亲属回避的规定："同族近支兄弟，司铎一县，一遇公务，彼此瞻顾容隐，必致徇私滋弊，嗣后铨选教职发凭，该督抚查明，如系亲族俱照例回避，咨部

---

① 《明太祖实录》卷七十。
② 《明太祖实录》卷二百五十六。
③ 《明穆宗实录》卷五十九。实际上早在明初时就有教官请求在本省任教并得到了批准，如明代著名教育家胡俨洪武年间以举人授华亭县教谕，能以师道自任，"母忧，服除，改长垣，乞便地自养，复改余干。学官许乞便地自俨始"（见《明史·胡俨列传》）。
④ 如岁贡生程震曾任安徽省巢县训导，任教期间"课士有方"，不仅不收学生礼物，"间资诸生匮乏，且捐俸为巢立学"（乾隆《婺源县志》卷十七）；举人程肇祺受邀主讲河南西平书院，任浙江省德清县训导，讲学所在"文风丕振"（光绪《婺源县志》卷二十五）；廪贡生程道南（程氏第 6 代），先署铜陵县教谕，后任无为州学正，"按月课勤宣讲，士风因加厚"（光绪《婺源县志》卷三十）；廪贡生程祖训（程氏第 7 代）"历任滁州学正，海州、凤台县训导"（见《清代珠卷集成》第 155 册，第 9 页）。

调补。"①

4. 教官休致。明清时文官休致的原因主要有老、疾、处分、养亲等原因，分为自愿与强制两种，自愿休致称为"告休"、"乞休"，等等，强制休致称为"勒休"，官员因老、疾、养亲等休致，可以乞休，也可能被勒休，因处分休致，则都为勒休，告休属正常退休，而勒休属于行政处分，教官休致有告休、乞休，亦有勒休。

关于中国古代文官的退休年龄，《礼记·曲礼》说："大夫七十而致事。"又说："五十而爵，六十不亲学，七十致政。"《尚书大传》也说："大夫七十而致事，老于乡里。"明初曾规定："凡内外官员年七十者，听令致仕。其有特旨选用者，不拘此例。"洪武十二年（1380年）又下令"文武官年六十以上者听致仕，给以诰敕"，弘治四年（1491年）又下诏："自愿告退官员，不分年岁，俱令致仕。"清朝文官的退休年龄基本上沿用历代标准，但呈现出降低的趋向，官员一般以七十岁为致仕年龄，但在七十岁之前，亦可以"老"为由乞休，但对于教官由于其工作性质的特殊性，其退休年龄则较为灵活，主要根据其精神及身体状况决定是否退休，七十以下有老病不堪者准令以礼致仕，七十以上精力健旺者亦可任职。如乾隆九年（1744年）规定，所有现任教职，令学政确查年岁清册，七十以上即知会督抚咨部令其休致，乾隆十年（1745年）又对这一规定做了修改，要求"直省考验教职及应选教职人员，勿以限年勒休"，乾隆认为："古来申公伏生老而传经，人之可用与否未可以年齿论。譬如年逾七旬而强健者亦不可铨选乎？未至七十而病惫龙钟者亦可姑容乎？惟当视其人之可用与否以为去取，不当以七十为限。总在督抚学政秉公实心办理，庶有裨益。"② 清朝法律规定，教职人员若年过七十仍然精力健旺，可以展延五年休致："年逾七十之教职内有精力尚健、堪以留任者，亦止准展限五年，概行令其休致"③，而其告休（包括告假）程序为："教职、首领、佐杂等官告病告休，由督抚咨明吏部，俱由考功司移付稽勋司入于半月汇题。"④

5. 教官告假。乾隆五年（1740年）规定，各省教官，食俸三年以

---

① 《钦定大清会典事例》卷三十九。

② 《皇朝政典类纂》卷二百二十，《学校八·直省学》。

③ 《钦定六部处分则例》卷四。

④ 《钦定六部处分则例》卷九。

上，如有父母在家而不能迎养，欲回籍省亲及葬亲、省墓等事，准其咨明州、县官，转详该管上司查明，如确系事实，取具州、县印结，按其路途远近酌给假期，报明存案，不得开选补缺，但同一学校的两名教官不得同时请假，也不能在告假之后再行告假。如果一所学校只有一名教官，亦准一例给假，勒限回任，而该州、县暂代其职，如逾期不到，该督抚照例咨参。乾隆十二年（1747 年）规定，教官告假期内，听其食俸，如果假期已满而病尚未痊愈，由原籍地方官验明结报，延长一月假期，痊愈回任。如一月后病情未能痊愈，令原籍地方官照告病例验明出结通详，咨部别选，如果有捏造、拖延等情况，将该教官及地方官照例分别参处。同年又规定，内外官员全部按照到任日期较俸升转，如有调任事故，按日扣除，以后遇有教官告假，该督抚酌情给定假期，并将起程回任日期报吏部注册，升转时照离任事故之例按日扣除，如果遇到教官论俸应升时而该教官正在告假，应停其升转，等其假满回任咨报到部之日再行升用。①

6. 教官应试。明清时期对于地方官学教职的应试问题也有许多规定，包括教官能否参加科举、应试后的回任及中举后的安排等。从总体上看，明代对于教官的应试资格是逐步放宽的，对于他们从事教师职业起到一定的促进作用。明洪武十七年（1385 年）规定，"学官及罢闲官吏、倡优之家、隶卒之徒与居父母之丧者并不许应试"；② 天顺八年（1464 年）又规定："教官由举人署职、任满该升、年四十以下愿会试者听"；成化二十三年（1487 年）下令由举人任教职者满六年且教有成效者许参加会试；③ 弘治十二年（1499 年）"令署职教官照成化二十三年例两科准算六年，愿会试者听，其任满该升，如遇会试将近，不拘年岁亦许会试。若给假或捏病久不入选，窥伺会试者不准"；弘治十九年（1506 年）"令教官由举人九年考满不拘署职、实授及功绩有无愿入试者听"；嘉靖六年（1527 年）又下令由岁贡出身的教官在历任三年且教有成效、经过提学官考试文学优长者在就职之地参加乡试，但每省不得超过五人。④

清代允许直省教官应试，顺治二年（1645 年）即规定："直省现任教

①　《钦定大清会典则例》卷十四。
②　《礼部志稿》卷二十三。
③　同上。
④　《明世宗实录》卷七十七。

职年力精强、文学优长者准提学考送应试，临场均不准改名、改经，其假满、病痊事结未经补考者不得录。"① 无举人资格者准应乡试，但降为杂职者则不准应试，"各省教职，愿就本省乡试，呈报学政考送，其有缘事降为杂职者，不准乡试"；② 有举人资格者准应会试，但有年老、患病、勒休及降为杂职者则不准应试，"（举人）教官及候补教职，均由督抚咨送，其因年老、患病、勒休与缘事降为杂职者俱不准会试"。③ 同时规定，知县奉旨改为教职，无论现任或候补选者，俱不准其应试，但举人大挑试用知县，因补缺尚远，到省后自行呈明改为教职且未经委署者，在遇会试时可由原籍督抚给咨参加会试。④ 乾隆三年（1738 年）鉴于教官中举前后离品级相差悬殊，因此教谕中进士、训导中举人、副榜后便离原有之任以等铨补，而铨补往往迟延，动辄数载，一中之后反而退居闲散，而所留空缺无法及时填补，因此又规定：

今教职品级既已加增，则离任之例亦应酌量变通，以示鼓励。嗣后现任教谕会试得中进士、例应归班者仍令回任，以教授衔管教谕事，现任训导乡试得中举人、副榜者，仍回原任，以教谕管训导事。若遇该员本班应选用时，仍照常铨选，遇卓异荐举亦照衔升转，将此永著为例。⑤

嘉庆六年又规定："举人出身知县缘事革职降捐教谕候选应准其会试。"⑥

教官应乡、会试后还波及一个回任的问题。清代规定，教官会试报罢，礼部于揭晓后五日内按省份远近填给限照，并于回任后将原照送吏部查核，

---

①　《清朝文献通考》卷四十七，《选举一》。清代教官中举并不容易，在清时徐珂著《清稗类钞》中所载"改神童诗"一则中可窥一斑："'久旱逢甘雨，他乡遇故知。洞房花烛夜，金榜挂名时。'四句，见于世俗流传之《神童诗》，极言人生之乐事也。有以为不足者，于每句各增二字，曰：'十年久旱逢甘雨，万里他乡遇故知。和尚洞房花烛夜，教官金榜挂名时。'"（见徐珂《清稗类钞》，中华书局 1985 年版，第 1840 页）

②　《钦定礼部则例》卷八十五，《生监科举乡试》。

③　《钦定礼部则例》卷八十六，《举人起送会试》。

④　同上。

⑤　《清朝文献通考》卷五十，《选举四》。

⑥　《清朝续文献通考》卷八十五，《选举二》。

如回任迟延则照赴任违限之例办理，有不候给照先自出京者照违令公罪律罚俸九个月。至于由贡生出身应本省乡试之教官，该管上司也应于揭晓后五日内按各府、州、县路程远近令其按期回任，迟延逾期者照例参处。①

值得一提的是，清代在教职降调杂职而不准应乡、会试这一问题上态度是比较坚决的，这一规定对于现任教官有很大的约束力，它意味着教官一旦降调为杂职，则有可能永远失去了参加科举以图上升的希望。在嘉庆八年（1803 年）礼部呈进科场条例，在"起送会试"条下提出，教官在降为杂职而未得缺以前，请按照候补、候选人员之例，由举人出身者准其会试，由贡生出身者准其乡试。嘉庆对这一改动甚为不满，下诏："教职一项降调佐杂等官，向不准其乡、会试，原因其缘事镌级，已挂吏议，与在部候补、候选人员例得应试者迥不相同，况节年各省教官降为杂职遇有呈请应试者均经批驳有案，若因其由举贡出身降调辄准其应试，与定例不符，礼部堂官于条例内率行增入，未免心存邀誉，俱著传旨申饬。此后教官降为杂职人员，不准应试，仍著照旧例行。"②

7. 教官给凭、赴任、离任。明清时期对于包括教官在内的在京、在外官员给凭、赴任有着严格规定。明代吏部设文选清吏司，由其负责开选官吏之给凭："大选官文凭印号完备，本司主事请堂印到吏科用号印候吏科定限送到，录限登簿，用堂印，押本司判给，其急选及就教官员，本部用号印送吏科定限其验封司付到除授。"③ 清代规定，凡已除官员，在京城者以除授日为始，在外者，以领文凭限票日为始，各自按照定程限赴任，若无故退限者，一日笞一十，每十日加一等，最多杖八十，但准其留任。如赴任途中阻风、被盗、患病、丧事，不能前进者，听于所在官司给状，以备照勘。若有规避诈冒不实者从重论处；当该官司扶同保堪者，罪同。④《钦定六部处分则例》对教佐等官领凭、赴任期限作了明确规定：

> 在籍候选、候补之教职，文凭到省，该督抚即转饬布政使严催，以文凭到司之日起，该司于十日内行知该员，该员以接奉知之日起限

---

① 《钦定六部处分则例》卷七，《教职乡会试回任》。
② 《清朝续文献通考》卷八十五，《选举二》。
③ 《吏部职掌·文选二·给凭》。
④ 《大清律例》卷六，《吏律》，载《中华律令集成》（清代卷），第 86 页。

二十日内赴省考验，准其扣除程限，如不即赴省考验照不领凭赴任例议处。系该司不行严催以致违限，将该司罚俸六个月。其考验后该司于十日内给凭，该员领凭后于二十日内起程赴任，如该司给凭逾限照钦办事件迟延例处分，如该员领凭后不即赴任照赴任违限例处分。①

清代对于离任教官因贫困且路途遥远无法回籍者也给予一定的资助。《钦定六部处分则例》中规定：各省文职县丞以下佐杂微员并教官，在家乡五百里以处离任后，实系穷苦不能回籍者，除因贪酷劣绩参革人员不得给予路费外，其有因公挂误、并非实犯贪劣，以及丁忧、解任、休致、病故等官，该州、县查明结报，由该管府、州核实申详藩司，于该省存公项下按照该员家口多寡、程途远近酌给路费，倘将有力之员捏称无力冒领，事发除将冒领银两著落结报不实之州、县赔补外，仍罚俸一年。②

8. 教官品秩。明代府学教授为从九品，学正、教谕及训导为未入流。③ 清代，为了激励作为士人表率的师儒之官，将府、州、县学教官品级加以提高，定京府教授、四氏学教授、各府、卫儒学教授为正七品官，各州学正、各县教谕为正八品官，各府、州、县、卫训导为从八品官。④ 乾隆元年（1736 年）下谕自当年起给教官以全俸："教职乃师儒之官，有督课士子之责，素蒙皇考宪宗世皇帝加恩优待，屡次训勉，且与有司一体赏给封典。朕即位以来，念其官职卑微，恐以冗长散自居，不思殚心尽职，特加品级以鼓励之。按旧例教职两官同食一俸，未免不敷养廉，著从乾隆元年春季为始，各照品级给予全俸，永著为例。"⑤

9. 教官服饰。教官属文官系列，按品使用文官服色，但他们为人师

① 《钦定六部处分则例》卷七。

② 《钦定六部处分则例》卷十三。

③ 明时训导尽管为未入流，但于公会时往往居于杂班之首，这不仅是一种习惯，且得到了朝廷的首肯。洪武二十四年（1391 年），宁波府象山县僧会司奏称："儒学训导于公会，每欲班前列及坐于上，其儒学、税课局、河泊所、僧、道衙门一体杂职，训导何得独居于前？"礼部侍郎张智奏："训导为国育才，教化之本，学校兴则风俗美，师道立则善人多，国朝稽古崇文，设训导，岂同杂职？"朱元璋赞成张智的观点，当年定训导班杂职之首。在洪武二十六年（1393 年）命天下府、州、县儒学冠带（见《礼部志稿》卷七十）。

④ 《皇朝政典类纂》卷二百二十，《学校八·直省学》。

⑤ 同上。

表、教授生徒，职业属性与一般文官有所不同，需要有所尊重，在服饰上也另有规定。明初，府、州、县学官的冠服与士人未入仕者相同，而阴阳、医学等技艺之流却有冠带。洪武二十五年（1392年），朱元璋规定，教官上任都赐衣服，"使之所重"；洪武二十六年（1393年），朱元璋又下诏，给学校训导冠带。

除此之外，明清时期还对教官之俸禄、应用之皂役、回任还职、议叙、丁忧、见上级礼节等都有相关的规定，对于保证教育质量及教师队伍的稳定起到了一定的积极作用。

第二节　教学内外：明清儒学教师的功能

明清儒学教师在全国数千万人口中所占比例虽小，但由于这一群体由于文化素质较高，多由科举中式者及优秀儒学生员出身者担任，承担培养未来高级官僚及维护社会风教之重责，因而在国家政治、文化及社会生活中扮演重要角色。

一　立德考课、管理生员

其一，德教为先，以德育士。儒家历来主张以德治国，极为提倡道德教育，以培养明体达用之人才，明清时期的统治者也不厌其烦多次下令国子监及地方儒学教师以德育士，一再要求儒学教师不仅要有广博知识传授于学生，更要以身作则，身体力行封建社会道德规范，通过教师之模范造就合格之人才。

国子监作为全国最高学府，统治者对其关注也格外多些。洪武二十九年（1396年），明太祖朱元璋敕谕国子监教师，称："太学，国家育才之地，天下人才所聚。为之师者，不专务记问博洽，在乎检身饬行，守道尊严，使之敬慕，日化于善，则贤才众矣。盖师严则道尊，道尊则德立。昔胡翼之为太学师，严条约，以身先之，此最可法。"[①] 永乐三年（1405年），明成祖朱棣也对祭酒胡俨说："为师范者，当务正己以先之，讲学渐摩以养其心，以淑其身。"[②] 在洪武三十年（1397年）颁定的监规中也

---

① 《南雍志》卷一，《事纪一》。
② 《南雍志》卷二，《事纪二》。

明确要求"各堂教官，所以表仪诸生，必当躬修礼节，正其衣冠，率先勤谨，使其有所观瞻，庶几模范后学"，有怠惰而失威仪者，"许监丞纠举，以凭区处，若监丞故不举觉及怀私纠举不当者，从监官奏闻区处"。①

清代对国子监教师在德行方面也提出了很高的要求，多次敕谕礼部及国子监，强调国子监教师要模塑士子，循循善诱。如雍正二年（1724 年）敕谕国子监师生："尔监臣宜严督诸生，善为导诱；尔诸生亦当殚心肄业，实践躬行。秉端方以立身，敦忠孝以兴谊。勿营奔竞，勿事浮华。文必贵乎明经，学务期乎济世。俾吕成诣进，以副朕教育至意。"② 明清时期在国子监也出现了一批经学宏深、德行纯正的教师，明代的胡俨、李时勉、陈敬宗、湛若水等人便是典型。

明清时期对于地方儒学教职在德行与学识上亦有较高要求。由于地方儒学生员在数量上大大超过国子监生员，他们是国家最重要的官僚后备力量，地方儒学教育质量的高低尤其是生员道德品质好坏直接影响到未来中央及地方各级官吏的素质，并直接影响到全国各地的社会秩序及习尚，因此对地方儒学教师在德行上有严格要求，特别是在明、清中后期为了挽救颓废士风，对儒学教师德行要求更为严格。如正德十五年（1520 年）监察御史朱裳奏称，学校生儒多尚文艺，不以德行为重，教之者亦然，请下令提调及学官于考试诸生时兼取德行、文艺，各立五等，定为升降之法；③ 万历三年（1575 年）明神宗给提学官的敕谕中强调，"儒学教官，士子观法所系。按临之日，考其学行俱优者，礼待奖励。其行履无过，但学问浮浅者，一次考验，始行戒饬，再考无过，送礼部别用。……若卑污无耻、素行不谨者，不必试其文学，即拿送按察司问革"。④

尽管明清时期朝廷三令五申，国子监和地方儒学也出现了一批学问高

---

① 《南雍志》卷九，《谟训考》。

② 《钦定国子监志》卷一，《圣谕·天章》。

③ 《明武宗实录》卷一百八十九。

④ 《大明会典》卷七十八，《学校》。由于儒学教师对未来官僚道德素质及社会风化的重要影响，有些人将其看作是风化之官，《明职》一书中称："官之重，无如教官，官之坏，亦无如教官矣。国初以学校为首善之地，教职为风化之官，每选上令，俾为郡邑师，考其立身端谨、学政精严，作养人才，堪为世用。……今日士习习何如乎？使为教官者，正其心术，端其趋向，教以立身行己之示，迪以济世安民之要，使居乡则为端人正士，出仕则为良吏忠臣，一言而乡党相传，一行而家邦取法，不愧俊士之才，堪为社稷之重，一学得此数人，翘然出色，其余皆小心谨畏，不辱其身，教官如此，可谓称职矣。"见《四库全书存目丛书·史部》第 262 册，第 6 页。

深、德行纯正的教师，但由于种种原因（如科举考试的影响、不良社会风气的熏染、教育管理制度的松懈及教师自身道德问题），以德育士的效果并不显著，如明代后期谢存儒在《选师儒以敦教化疏》中所称："近世师儒，仪范不立，开导无方，惟知勾校簿书，不复精专道艺。考课业仍其抄录，计积分准其班资。监生则苟度岁时，游玩博弈，其幸以学业自勤者，则又揣摩剿窃，以应时用，僻裂轻艳，理义支离，不过假此以阶显荣，其于立身行政，曾未推行。"①

其二，实施教学，日课月考。除了对学生进行道德教育外，明清儒学教师的主要工作是对学生进行教学和课试。在明代的国子监中，博士、助教、学正、学录是负责具体教学与考试的人员，博士最初有 5 员，按《易》、《书》、《诗》、《礼》、《春秋》五经教训六堂学生，后来由于博士往往不足 5 人，所以就根据实际人数分管六堂教学。助教、学正、学录则直接负责各堂各班的教学按规定应为 32 人，分管六堂 32 班，但由于人数亦往往不足，因此也是根据实际人数分任六堂各官，随各堂管理所属班级。由于教学课程有限，且国家对国子监的教育与教学内容严格控制，加上科举考试的指挥棒的作用，所以明代国子监的教学与考试形式比较单调，主要有会讲、复讲、作课、背书等几个方面。

会讲指的是面对全校学生进行的集体讲授，参加者包括国子监全部官员及学生，主讲者由六堂官轮流担任，每次 2 人，从主管教学的司业到各堂的教师，都有所参与，其中司业负责确定讲题及修改讲稿，鉴于会讲效果不好，故吕柟担任北监祭酒时，设《易》、《书》、《诗》、《春秋》、《礼》、《乐》六馆，称为讲经馆，根据六堂官的实际人数，分立各经讲官，分日聚讲②；复讲指由主持复讲的教师先抽签确定当日要讲的题目，然后再抽签决定当日出讲的监生，复讲的主讲者虽不是教师，但通过这种方式来促进和检查学生的学习；作课③每月进行一次，作课之日，博士厅拟定当天所作题目，送祭酒裁定，然后发六堂监生当天在班作完，本堂教官批改，每月结束时，各堂堂长将其送往博士厅，由博士详加批

---

① 《钦定国子监志》卷七十，《艺文志四》。
② 《明太学志》卷七。
③ 关于作课的要求，洪武三十年颁定的监规中有明确规定："每月务要作课六道：本经义二道，《四书》义二道，诏、诰、表、章、策、论、判语内科二道。不许不及道数。仍要逐月作守送改，以凭类进，违者痛决。"可见作课的内容与科举考试是完全一致的。

阅，再送司业查看；背书也由各堂教官负责，背书时由六堂官各抽一签，然后将 6 名选定的学生集中于博士厅，逐名试背，其目的在于检查学生对经书的熟悉程度。除此之外，明代国子监也推行积分法及春秋二考，在各个方面与科举考试没有什么差别，只不过主考者为国子监教官而已。

地方儒学之考试可分为课、试二法，"课兼教养，学宫宜之，试列高下之取，省闱宜之"。明代兼用二法，"学宫月课，郡邑季考，加之劝率，督学宪司岁一试，乡省三岁一大试，高下去取定焉"。① 由此可见，教官之日课、月考，府、州、县提调官之季考，提学之岁、科考，是明代生员课试的基本形式，清代地方儒学生员之考试大致类此。

日课、月考是地方儒学教职的基本职责，"教官之于生员，日课月考，日夕与处者也"，② 所谓日课指学官每日对生员的例行课业，其内容，以王廷相督学四川时所定章程为例，主要包括以下三个方面：（一）教官逐日务要升堂坐斋，钤束生员，背授经书，讲明义理，习作课业；夜则巡视号房，点阅诸生诵读。（二）生员每季各置课簿一扇，该学用印钤记。每月以三、六、九日作课，初旬《四书义》三篇；中旬经义三篇；末旬论、策各一篇，表、判同日各一篇，诏、诰候次月作表、判日期，一月共作文十篇，立为定规。（三）未成材及初学生员，教官令日习仿书一张，笔法学古人名家法帖，写毕送本斋教官验判。所谓月考，即在日课及三、六、九日作课的基础上，每至月末，教官会集生员，当堂考试一次；每季终，各学将月考过诸生优者、劣者各一二送提调官，由提调官连同季考试卷一并解送至提学院道官员处。雍正六年（1728 年）又规定，府学生员在百里以内者其月课仍在府学，百里以外者在州从州，在县从县，由州县学教官代理月课，同时这些府学生员如违反学规也由州县学教官严加约束，但其岁、科考试及帮补、出贡、丁忧、起复等仍由府学管理。③

当然训迪诸生、严行课试并非轻易就能做到。在明清儒学尤其是府、州、县地方儒学中，由于教师贪图禄位安逸无心训迪或年迈昏聩无能虚应

---

① 杨时乔：《新刻杨端洁公文集》卷五，《刻教育录序》。
② 海瑞：《海瑞集》，中华书局 1981 年版，第 93 页。
③ 《皇朝政典类纂》卷二百二十，《学校八》。

故事，既做不到以德育士，也做不到按期严行课试，从清代前期至后期，朝廷及各省提学屡次下令各地儒学定期课试诸生，如顺治十二年（1655年）下诏："各学生员，令提学御史、提学道严饬府、州、县、卫各学教官月加课程，不得旷废，亦不得假借督课陵虐诸生。"① 雍正元年（1723年）又令直省学臣通饬府、州、县、卫教授、学正、教谕、训导，务立课程，面加考试。顺治至康熙二十三年间某提学道下令地方儒学饬修学宫、定期课试，其中明确要求所辖儒学定期课试诸生，称："至于月课一条，原系教官本等职业，不烦本道详夺。但视为故事，遥授题目，假笔赝文，经时候缴，不置甲乙，无所观感，虚名难期实效。今特限每月朔望日，教官率诸生瞻谒圣庙，兼习礼仪。初二、十六两行课试，务要师生齐集一堂，本日交卷，将课文随即封解，听本道序次选刊。一切社文，恪遵功令，尽行禁止。凡月课不到，生员或饬降罚，以次重轻，三次不到，竟行黜革；其余暇日，仍仰该学教官各就所见，或会文艺，或讲经史。设几置坐，考钟伐鼓，振励盛脩，无辍厥业。一月之终，将行过规条、试过课题，详计一单目，某日行某事，勤者几人，怠者几人，实心实政，凿凿呈报。本道考察学职，即以是分别优劣。有称职表异者，即与特题优叙；如怠毳自安，犹然故套，本道绳之以法，无辞推诿。"② 嘉庆十七年（1812年）御史辛从益上奏，称各省地方儒学久不举行月课，有师生之名而无训诲之实，文风难望整饬，所关非浅，奏请朝廷下令各省学政实心董率以昭厉而崇教化，清仁宗即下令通谕各省学政各率所属，实心整顿。③

对于无故不参加课试的学生朝廷也给予严厉处罚。乾隆二年（1737年）更定月课三次不到者详革之例。原来规定月课不至者戒饬，三次不到者详革，至此又规定三次不赴课者严传教饬，其有并无事故终年不到者详请褫革。乾隆十年（1745年），为了解决儒学生员欠考积弊，明确规定，"凡系病假生员，其上届开报者下届果系游学未归、患病未痊，该教官查验确实再行详请展限一次，俟病痊回籍即送补考。如欠至三次以外俱不准展限，径行黜革。倘有扶同捏报不行详请展限者，该学政严查，将教

① 《钦定学政全书》卷二十八，《季考月课》。
② 王庆成编著：《稀见清世史料并考释》，武汉出版社1998年版，第293页。
③ 《皇朝政典类纂》卷二百二十一，《学校九》。

官参处以专责成"。①

明清时期对于儒学的教学内容有其明确的要求，以培养明体达用之实用人才为其教育目标，明清儒学考试也是为这一培养目标服务的，如洪武二十五年（1392 年）规定的地方儒学教学内容为："一、朝廷颁行经史、律诰、礼仪等书，生员务要熟读精通，以备科、贡考试；一、遇朔望，习射于射圃……一、习书依名人法帖，日五百字以上；一、数务精通九章之法。"② 雍正七年（1729 年）议准"律例内刑各钱谷各条无不备具，乃莅政临民之要务，士子允宜奉为章程，预先学习以为他日敷政之本。应令各省学政转饬各学教官，每当月课季考之次日，将律内开载刑名钱俗关系紧要者详为讲解，使之熟读淹贯，预识政治之要"。③ 对培养实用人才的倡导也体现在对儒学考试的要求中，明清时期鉴于学生往往专尚文词而不务实学，屡次明确规定考试也应验其实际之才能。特别强调儒学教师在考试生员时要注意对生员的实际才能进行考察，如洪武二年（1369 年）的立学格式中，明确要求"每月考验生员，观其进退揖拜之节，听其言语应对之宜。背读经史，讲通大义；问难律条，试其处决。讲礼务通古今，写字不拘格式；审音详其所习之乐，观射验其膂力，又能中的；稽数明其乘除，口手相应"；④ 雍正五年（1727 年），鉴于"各学季考月课但试文艺，不及策论，恐士子专场尚文词，不务实学，于政治事务殊无裨益"，下令"学政严饬教官，季考月课时于书文一篇外，或试以策，或试以论，务期切近时务，通达政治，严立课程，分别优劣，以示惩劝"。⑤

其三，严立章程，管理学生。明清时期出于培养合格官吏及整顿社会秩序的需要，对儒学生员的管理是非常严格的。对国子监学生实施管理的主要是国子监中的祭酒、司业、监丞、典簿、典籍、掌馔和国子监中直接实施教学的博士、助教、学正及学录等。

明代国子监教师对监生的管理较多涉及教学方面的事务，也包括对监生的行为管理，据《明太学志》记载，国子监中助教、学正、学录对监

---

① 《清朝文献通考》卷七十一，《学校九》。
② 《明太祖实录》卷二百一十六。
③ 《皇朝政典类纂》卷二百二十一，《学校九》。
④ 《明立学设科分教格式》，（嘉靖）《沈丘县志》卷二。
⑤ 《皇朝政典类纂》卷二百二十一，《学校九》。

生的具体管理事项有（1）每日至堂，班生画卯毕，课读监规及《四书》、《五经》、《大诰》、律令、《为善阴骘》、《孝顺事实》、《性理大全》、《通鉴》、《说苑》、《大学衍义》等书，随其问难，辄为讲解；（2）会讲期间轮当主讲时，按出好的讲题撰写讲章，送呈西厢裁正；（3）生员课业未通则详为批教，仿书可否，逐一圈改；（4）生员患病各画请假，奉祭酒、司业批条查核，并亲自带该生至祭酒、司业厢房申请假期，转假亦然；（5）生员告给廪馔、衣粮等项，发堂长核算，送绳愆厅复查，转呈东厢；（6）凡生员免班、认历、依亲、省祭、送子、养病、丁忧、改监、就教，先告知本堂官，而后再告诉两厢，以便批查，如事属不可行，本堂官即予制止；（7）生员年甲、籍贯、经书、住号、出差、长假、复监、罚旷、压拨等事，俱详书于《通知簿》；（8）生员告上序，则由本堂官查算有无旷压年月，若符合条件，才准赴绳愆厅递序单，拨历及告长短假亦然。清代国子监管理制度更为严格，国子监教师对监生的管理职责也更为明确，如顺治元年（1644 年）制定的国子监规制中，六堂教师要严查监生身份，以防冒名顶替："诸生到堂日，本堂严查年貌、籍贯、经书，务取连名保结，以防冒名顶替之弊"，并规定"各监生凡一应事务，先于本堂教官廪知，率领赴厢廪复，毋得径行"，"监生遇丁忧，须呈送本堂转堂上官批准，回籍守制"。① 乾隆二年（1737 年），孙家淦对国子监的教学制度进行了改革，同时奏定"国子监规条"，乾隆四年（1739 年）管理监事大臣赵国麟制定"南学规条"，重申并增加了管理制度，这些规章制度对国子监教师的管理职责有了更严格的规定。

明清时期对地方儒学生员实施管理的人员主要包括各省学政、府州县地方官员及教授、学正、教谕及训导等学校教师。由于学政负责一省之学校教育，事务繁杂，甚至于往往一年不能遍历所辖学校，而地方府州县官吏忙于自己的行政事务因此无力顾及学校，而儒学教师直接负责生员的日常教学与管理，与生员的关系最为紧密，因此他们承担着对生员的实质性管理。

明代设三等簿考核生员。成化年间敕提学各分督所属各学教官，以三等簿考核诸生：簿录诸葛亮生德业为三等："德行优、文学赡、治事长者，为上等；有德行而经义、治事稍劣者，次之；即经义优、治事长而德

---

① 《清朝文献通考》卷六十五，《学校三》。

行确玷者，列下等。岁课月考，非上等，毋得应贡举。"① 明代关于地方儒学生员的行为管理比较集中地体现在《卧碑》的有关规定上，如不许轻至公门，父母"欲行为非"则生员应加以劝阻，凡军民一切利病不许生员建言，生员应尊敬教师等，《明会典》中也记载有一些规定，如正统四年（1439年）规定，生员若犯奸盗诈伪、挟制官府、殴骂师长、教唆词讼、说事过钱、包占人财物田土等项，廪膳追粮解京，增广附近军民衙门，俱赎罪充吏，其犯赃奸盗，不分廪、增，照例运砖运炭、纳米摆站等项，满日发回原籍为民。尽管明代对地方儒学生员的行为有一些规定，但并未对教师对生员的管理职责有明确规定。② 整体上看，明代前期对于地方儒学生员的行为管理是比较严格的，许多提学使及教官能够严立章程，检束生徒。明后期纲纪陵夷，法制废弛，社会风气丕变，"少陵长，贱陵贵，属官陵上官"，生员嘲讽、欺凌教官已不是新鲜之事，③ 教官对生员也听之任之，不再严加管束，李乐在其《见闻杂记》中称："余少及见邑庠先生笞责诸生，无敢抗逆者。盖自嘉靖壬子、甲寅以后，而此风浸衰矣。"④

出身教职而以清廉耿介著称的海瑞如此评价其时之教官：

> 教官掌一邑之教。一邑之臃肿薄质，俱赖其陶成。况门下皆俊杰之秀乎？所事事，比俗吏簿书词讼不同，虽不能如尼父设教洙泗，人三千；王通演教河汾，士八百。即淳邑缨济济，不为少矣。掌学教者，谓可安闲以自旷乎？应将经书、性鉴、子史、诸集与群弟子朝朝讲习，月日会课，切磋琢磨，使之义理明而心性醇，异日登之仕路。文章由道德发出，事功从学问做来，有裨于国家，有济于生民，亦以见学优则仕之明验也。瑞仕淳邑，一载有奇矣。见诸生唱饮、呼卢，

① 冯应京：《皇朝经世实用编》卷十一，《取士议》，《四库全书存目丛书》影印明万历刻本，史部第267册，第214页。

② 明代地方生员外出亦需向教官告假，郎瑛在其《七修类稿》中称："嘉靖甲申，予游南都，有事于学官。适值叶教谕相新至，如而言曰：'汝能作诗则行，否则当受吾教。'"郎瑛：《七修类稿》卷三十六，《诗文类·芙蓉诗》第1册，第186页。

③ 如翟永龄，号海槎，武进人。平日不居学宫肄业，教官将其责罚，罚其论一篇，以"牛何之"命题，翟操笔立就，结语云："考'何之'二字，两见于《孟子》之书：一曰先生何之，一曰牛何之。先生也，牛也，一而二，二而一者也。"蒋一葵：《尧山堂外纪》卷八十四，《翟永龄》，转引自陈宝良《明代儒学生员与地方社会》，中国社会科学出版社2005年版，第397页。

④ 《见闻杂记》卷二。

逐膻蝇营则有之，所谓经义治事斋，忠臣孝子录，懵然罔闻也。是谁之过与？若寄空名于诸士子之上，典籍无传，模范不端，虚靡岁月，为身谋为家计，初入学则索其赞见之仪。既入学则需其送节之礼。于诸士子无毫末补焉，亦何以克称广文之职也哉？非教官也。①

清代则制定了专门的律令《教官事例》，根据《教官事例》，地方儒学教师主要管理工作大致包括：

（1）朔望宣讲，传集诸生于明伦堂，恭诵圣祖仁皇帝《御制训饬士子文》及《御制万言广训》，世宗宪皇帝《御制朋党论》及卧碑各条，令诸生恭听恪遵。遇督抚到任及学政按临祗谒先师之日，该教官亦率诸生宣读如仪。

（2）季考月课，除实在丁忧、患病及有事故外，严传各生面加考试。季考月课之次日，教官将律内开载刑名、钱谷关系紧要者，与诸生详为讲解，所有课期，俱按季送学政备查。

（3）府学生员除由附郭州县拨入者仍归府学管束外，其余无论里数远近，即令本州县学严加管束，该府学教官仍一体查察，不得借词推诿，倘有徇纵情弊，将该教官等一体查参。

（4）凡生员丁忧起复，由各教官查明取结，径报学政。

（5）教官专司训迪，凡有关戒饬生员之处，令赴州县衙门会同办理，不得干预地方事务，违者州县官照将事务交于不应交之人例、教官照不应得为之例分别议处，若捐纳贡监行止或有不法，俱责成州县，其应戒饬者仍会同教官扑责。

（6）教官所属士子内除受诬被告及实有冤抑切己不得已之事，许申诉控理外，其有倚恃衣顶、抗欠钱粮并捏辞生事、唆讼陷人等情，该教官纵容徇庇不行申报者，事发照溺职例革职。

（7）教官董率无方，所属生员内有聚众罢考等，事照溺职例革职，其有畏惧处分从中寝息者照私和公事例议处。

（8）教官举报优劣，如有通贿滥举及挟嫌妄报者，照祖庇营私例参处，或邀誉沽名纵容劣衿听其危害地方者，照溺职例分别参处。②

① 《教官参评》，见吴建伟等编著《回回古文观止》，宁夏人民出版社 2000 年版，第 132 页。
② 参见《钦定礼部则例》卷五十六，《仪制清吏司·教官事例》。

清代地方儒学教师对生员的管理，重点在于防范生员包揽词讼、滋生事端，明末清初学者顾炎武在《生员论》中称：

> 今天下之出入公门以挠官府之政者，生员也；倚势以武断于乡里者，生员也；与胥吏为缘，甚有身自为胥吏者，生员也；官府一拂其意，则群起而哄者，生员也；把持官府之阴事，而与之为市者，生员也。①

费密更是将生员看作是明季五蠹之一：

> 各州县闻风，群起除五蠹：一曰衙蠹，谓州县吏胥快皂也；二曰府蠹，谓投献王府武断乡曲也，三曰豪蠹，谓民间强悍者也；四曰宦蠹，谓缙绅家义男作威者也；五曰学蠹，谓生员之喜事害人也。②

为了加强对生员的管理，清代也制定了不少针对生员的规章制度，如《大清律例集要新编》中明确规定：

> 文武生员抗粮生事、灭理悖伦等事，教官失察革职。如府州县于事发之后，令教官补开详揭者，降三级调用。
> 生员串通窃盗、窝顿牛马、代作词状、阴为讼师、诱人卖妻、作媒图利者，教官失察，降二级调用，其犯奸、酗酒、斗殴致成人命者降一级调用，无关人命者降一级留用。州、县官曲为回护降三级调用，承审官于犯事廪生不得稍为宽纵，如有回护降二级调用，不行驳诘之府、州降一级调用，司道降一级留在，督抚罚俸一年。
> 生员有代作枪手、顶名冒考等弊，教官故纵者革职，失察者降一级调用，若在他处犯案，原籍教官罚俸一年。③

明清时期学变四起，聚众闹事、罢考殴师、包漕抗粮等事件屡有发

---

①　顾炎武：《亭林文集》卷一，《生员论》中，见顾炎武《顾亭林诗文集》，中华书局1983年版，第22页。
②　费密：《荒书》，浙江古籍出版社1983年版，第153—154页。
③　《大清律例集要新编》卷五，《吏律职制》。

生，因此明清政府一直强调对儒学生员的管理，^①道光十五年（1835年）下令：

> 从来民风之醇朴，由于士习之端谨，凡有教士之责者不徒课以文艺，务在敦崇实行严为旌别，以树风声。若如该御史所奏，近来各地方官于贡监生员并不随时稽察，教官举报优行人数日增，不无冒滥，其有素行不端者类皆徇隐不报，刁劣之徒肆无顾忌，往往出入公庭，勾串胥吏，或以他人漕粮出名包揽，或以不干己事联名讼讦，逞笔舌以玩法，恃衣顶为护符，甚至欺压乡间、挟制官长，犯法滋事，日积愈多，于风俗人心大有关系，不可不严行甄核，著各督抚府尹学政严饬该地方官暨各教职，务须随时训诫，认真稽查，举优者勿徇虚名，报劣者毋许姑息，倘仍瞻徇隐匿致酿事端，将各该地方官及教职从严参办。^②

咸丰九年（1859年）因江苏学政孙葆元奏请责成教官、提调襄理考试一折，又下令："各省设立教官原以整饬学规训迪诸生，俾各安分敦品以图上进，若如所奏江苏生监多有不安本分包漕抗粮种种恶习，教官并不

---

① 万历四十四年（1616年）三月，在松江府华亭县发生民变，数万民众将名宦董其昌家产抄烧，这一事件的起因为董氏与生员范启宋构讼。事件发生后，董其昌为避民抄之嫌，欲以学变之名杀诸生而平事端，松江府及督学御史下令府学开报首倡及协从之生员，松江府学在回复理刑厅公文中称："今据始末根由，为生员范启宋称冤éc/五学之生员，火烧董宦者，三县之百姓，廪府申理，并无首难……今蒙信牌查究倡首一二人，因事起一时，议出众口，并非纠众狂逞，实难妄指首从"，"士子彬彬雅训，遵奉学规者，家至户到，屡奉宪札行宣，焉敢绝无一报，诚以纵之既未得首事之人，枉之适以重滥及之害，实难以为首曲徇妄报者得也"。但督学御史对此并不满意，要求各学教官"将肇乱青衿，多多开报，一面先行报院，一面解道，确招详解"，府、县两学教官不得已开报郁伯绅等五生为首犯，姚瑞徽等五生为协从。督学御史王宪对于府、县学教官在处理这一事变中的态度极为不满，称"松江各学生员，弁髦法纪，传札聚众，当堂要挟，如董宦一事，业已明犯敕旨矣。该学教官，犹谓与诸生无与，不知所职何事？所遵奉者是何学政？试问考行簿为何而设？札查再三，如聋如哑，如抗违不报，溺职殊甚。凡教官不职者，轻则戒饬，重则提问，钦定教条内开载甚明，本院岂敢一再姑息，废附职掌，合行提考。牌仰本府，即提本府及华亭县两学教官，限五日内解院考察，以凭面审，毋得迟延"（以上见《民抄董宦事实》）。这一事件的最终结果据《景船斋杂记》卷上所载："吾郡董香光为京卿时，以范氏事得罪乡党，乡人焚其居。有诸生十人为之主，董欲杀之。侗初先生力为排解，诸生得不死，至今士人犹颂其德云。"（见郑威编著《董其昌年谱》，上海书画出版社1989年版，第107页）

② 《清朝续文献通考》卷九十七，《学校四》。

能稽查约束，此等庸懦之员何以整顿学校，嗣后各属生监滋事，教官不能认真约束，即著该学政指明严参惩办"。①

除此之外，清查寄籍生员也是地方儒学教师的重要职责。明清时期各地儒学生员冒籍是一个比较突出的问题，因此清查寄籍生员成为各地儒学教师的一个重要任务，如万历十五年（1587年）六月，礼部覆礼科都给事中苗朝阳疏，称"冒籍生儒，先年累奉明旨发行禁革，今该大比之年，本部已曾通行申饬去后，兹据该科建议，犹恐人情易玩，合候命下，移咨都察院行各监临御史、各提学，严督所属提调及儒学官，将应试生儒逐一查核保勘。但有冒籍、来历不明之人，一概不准送考。已在取中者，即据实申报，不准入试。如有疏略容隐，或被人报讦，或中后事发，本生照例黜退，教官并保勘生员、邻里人等坐赃究问如律，有司及提调官参奏罚治"。②

明清时期，无武学的武生也归文学教官管理。此外，在清代，地方儒学教师也曾一度管理捐纳贡监。起初捐纳贡监统归地方官约束，但各省贡监因不受学臣约束，妄自尊大，后礼部议准，下令督抚学臣转饬州县会同教官将所属贡监照生员例一并归学举报优劣，严加约束。后来安徽学政刘埔奏称捐纳贡监与生员迥不相侔，责成教官约束，按规定需由州县造册移咨教官，州、县既觉烦琐，在教官不能综核，一柄两操，不但有名无实，亦且体制不符，应请停止，礼部覆议后认为应如所请，因此在乾隆二十四年（1759年）停止捐纳贡监归教官约束旧例。③

二　赈给贫生、优恤孤寒

明清时期已有大量的寒庶子弟进入太学（国子监）及地方府州县儒学读书，如何从经济上保证他们的生活、学习的正常进行是一个急需解决的重要问题。明代太学生在学期间，除本身免除杂泛差徭外，在永乐后还

---

① 《清朝续文献通考》卷九十七，《学校四》。当然清代地方官学教职对生员的教导与管理也并非很有成效，清末宋恕称："童生入学，进身始基。今之教官，所教何事？横索册费，罔恤破家。教之贪酷，乃无遗义。优劣生员，匪文匪行，惟爱惟憎；屈膝道府，乞怜州县，无所不至；庶几称职，吾见罕矣！"宋恕：《教官章第二》，见郑大华选注《砭旧危言——唐才常、宋恕集》，辽宁人民出版社1994年版。

② 王世贞：《弇山堂别集》卷八十四，《科试考四》。

③ 《清朝文献通考》卷六十七，《学校五》。

享有免其家两丁差徭之待遇，另外还有廪粮、冬夏衣、灯油课纸及其他如赏赐等待遇；而在清代，国子监学生亦有膏火、奖赏及赒助，所以对于占全国生员总数之小部分的太学生来说，在生活及学习条件上应该没有什么大的问题，有问题的是大量的府州县学中的贫寒子弟。

明代儒学学生在学期间享受的待遇因其身份的不同而有一定的差异，廪膳生享有国家提供的津贴，而增广生与附学生则没有；廪膳生与增广生不仅本人享受免除杂泛差徭的待遇，而且其家庭还可以免除两个男丁的差徭，而附学生则没有这些待遇。清代在顺治时期即仿明代之制，继续给地方生员廪膳和免丁粮的优待，顺治元年（1644年）制定"直省各学支给廪饩法"："在京者户部支给，在外者州县官支给"，"各省府州儒学，食廪生员仍准廪给，增、附生员仍准在学肄业，俱照例优免"，①保证各省府州县学生员原有的经济利益和免去丁粮、免派官役差徭的特权。后来，清政府为了生员能安心学业，不受地方官府差徭之干扰，又多次下诏强化这一规定。

除此之外，为了保证各省府州县学中贫困生员学业的顺利进行，又有"赈给贫生"之规定，如顺治二年（1645年）平定陕西，即下"恩诏"："本省各学廪、增、附生照例优免，廪生内每学贡二名，提学官于学田内动支钱粮，赈给贫生"，②康熙八年，"恩诏直省儒学贫生于学田内动支银米赈给"，③各学教职主要负责核查事实、造具清册、散给贫生。康熙二十七年议准，"学田租赋应给赡贫生，务在严核举行，俾沾实惠，毋听奸胥冒滥侵欺。除通稽各学田原额若干、每年额租若干先造清册报部外，每年终将用过某费若干项、赈过贫生某某若干名……造册报部"。④乾隆三年（1738年）定赈给贫生例。起先规定各省学田银粮原为散给廪生、贫生之用，但数量不多，如果地方遭遇歉年，则贫生不与贫民一例散赈，至此又下诏："凡遇地方赈贷之时，著该督抚、学政饬令教官，将贫生名籍开送地方官核实详报，视人数多寡即于存公项内量拨银米，移交教官均匀散给，资其饘粥。"⑤关于赈给贫生之日期，旧例学臣散给学租，在各处考

① 《清朝文献通考》卷六十九，《学校考七·直省乡党之学》。
② 同上。
③ 《皇朝政典类纂》卷二百二十二，《学校十·直省学》。
④ 同上。
⑤ 《清朝文献通考》卷七十一，《学校九》。

试结束后由各学册报结发，乾隆十年（1745 年）又下诏定"散给学租之法"，要求学政、学官严格执行，违者严加惩处："散赈于考试事竣之日，保如散给于士子云集之时。嗣后学政、学官确查极贫、次贫，造具细册，于按临之日投递学臣核实，即于三日内逐名面赈，则贫生均沾实惠。"①

在各处地方儒学中，也有一些品德高尚之教师能慷慨解囊资助贫生者，如康熙年间安徽贵池县学教谕钱墫"尤好提奖孤寒，时加赈恤，有贫而不能输粮而重受累者量为代输，每除夜斋厨，萧然念诸生中贫无为度岁，辄给少钱与买米薪，叹曰不能遍及也……殁之日，囊无一钱，上官僚友及诸生共相资助，丧始克举"。② 乾隆年间徐州砀山县学教谕谢晋"在砀山八年，训课不倦，贫者恒赈给之，有汪凤翥者幼孤，黄图文者本农家子，此两子尤贫困，以童子来请益，先生掎致官廨衣食而教诲之"。③ 道光年间安徽望江倪模任凤阳教授时，诸生"其有志读书而为贫所苦者，教授招之学舍，予以膏火之资，士多赖以成立"。④

三　举报优劣、荐举人才

从明代开始，尤其到了清代，为了有效地培养统治人才，体现政府的办学宗旨，中央政府推行学政教官举报优劣制度。明代洪武十五年由礼部向全国颁发学校禁例十二条，是为著名的《卧碑》，其第四条规定，如果生员内果有才富学优、深明治体，且所习精通、年龄在 30 岁以上愿意出仕的，允许他们讲论治道，并将自己的主张写成文章，由本学教官审查合格，签名送提调正官，再由学生带所作文字，赴京奏闻面试。

清代关于教官举报优劣的制度更加严格、具体。顺治八年（1651 年），议准优劣生的标准和举报方法：

> 士子有敦本尚实、行谊表著者，提调官细加体察，取具本学师生及本族邻里甘结，申送学政核实，即加奖赏。若有平日不务学业，嘱托把持，武断包揽，或捏造歌谣，兴灭词讼及败伦伤化、过恶彰闻

---

① 《清朝文献通考》卷七十一，《学校九》。
② 《碑传集》卷一百一十一，《钱广文墫传》。
③ 《碑传集》卷一百一十一，《砀山县教谕谢先生晋行状》。
④ 《碑传集补卷》卷二十七，《又倪教授行状》。

者，体访得实，不必品其文艺，即行黜革。但行优者不许通同贿冒；行劣者不许徇情姑息，并不许轻信开送，致被挟私中伤，违者从重参处。①

　　而在现实中，教官往往由于徇情而不举报劣生，或以操守平常者充任优行，为此，顺治十五年又进一步规定："各学劣生，有不遵条例者，教官揭报学道，严行褫革，如教官徇情不报，罚俸六月，徇庇至三名者革职。……至举优行者以孝弟为先，不得以操履平常充数，如有扶同受贿，情弊察出，将教官重处。"② 康熙二年（1663 年）又进一步加大了处罚的力度，规定教官徇情不报劣生者一名即革职，徇庇者，一名降四级，三名革职。尽管有严格之规定，但由于优劣的标准、程度比较模糊，在操作中很难掌握，日久未免视为虚文，每当学政按临之时，教官多以"无优无劣"搪塞。

　　雍正元年（1723 年）定优生升国子监肄业之制，大大加强了奖优的力度，要求各省学政务必对生员细加查核，如生员有品行端方、行谊表著，即奖赏列荐送入国子监，其品劣败伦者，即行黜革，"各教官务举核确实，如有通贿滥举、挟仇妄劾者，学政察出，即题参议处"。③ 雍正四年（1726 年），针对被革生员挟私报复而教官不行揭报者，又议准："学政每岁举报生员优劣，皆由教官造送，但恐顽劣之徒，教官或畏其仇恨，不敢举报，嗣后被褫劣衿，如有挟私肆横以图报复者，该教官任其为害不行揭报，一经告发，或被上司访察，除将被褫劣衿治罪外，该教官一并严加议处。"④ 雍正五年（1727 年）又下令各知州、知县等官会同各学教官将府州县学生员中居家孝友、行己端方、才可办事者而文亦可观者秉公确查，一学各举一人，于当年秋末冬初申报上司奏闻请旨，如偏远中学、小学实无人可举者令知县、教官出具印结，各省督抚查实奏闻。又核准：贡监生员举报优劣时，有司教官务将确实事迹明白指实，以凭督抚、学政秉公查核。

---

① 《钦定大清会典事例》卷三百六。
② 同上。
③ 同上。
④ 同上。

雍正六年（1728 年），鉴于当时各省学政三年任满后才造册举报优劣，许多学政瞻徇顾忌、市恩沽誉，举报优行并无一人，而开报劣行者不过将缘事已革者造报搪塞而已，因此下令："嗣后各省学政每考一处，各学教官即将所属文武生员优劣款迹秉公据实开报，其府州县亦呈送优劣密单，该学政再细加访察，倘该府州县及教官开报不实或有通贿滥举、挟嫌妄报者，即以祖庇营私参处，……该学政于三年任满时，具疏汇题，优者升入太学，劣者褫革。"① 为了使举报优劣更为规范可行，雍正六年又规定：

> 举报优劣，载在定例，但有司、教官视为故事，并不实力奉行。即偶有举报，亦难凭信。应设立科条，开明款项，务将确实事迹填注申报，以凭督抚、学臣秉公查核。督抚、学臣仍亲加访查，经杜欺诓。凡学臣报满之日，将核定优劣贡监生员，榜视通衢，使之荣辱攸分。②

雍正七年（1729 年）下令："嗣后教官沽名邀誉，纵容劣生不行举报者，经学臣指参，将教官照溺职例革职，若学臣瞻徇情面不行纠参者，将学臣照徇庇例降调，永著为例。"③ 雍正八年（1730 年）鉴于各省造报优生少则二三名，多者八九十名，请升入太学者并无优行实迹，而未声明应否升入太学者亦参差不齐，因此要求各省学政再行确查，取府州县官及儒学印结，其文行兼优者照原议升入太学，而所报劣生有悔改自新者勿议外，其余劣生照原议斥革。

至乾隆年间，对举报优劣又进一步规定，学政岁考时，行令州县教官，查报生员优劣，各开事迹，封送学政，俟学政三年任满时，将优生会同督抚验看具题，择其行谊卓著者升入太学，大省不超过五六名，中省不过三四名，小省不过一二人，由礼部汇题复核，令其赴部朝考。由廪、增报优者准作贡生，由附生报优者准作监生，赴监肄业，其余次者准作优生，学政量给奖赏，劣生褫革，而改过自新者则免于黜革。乾隆三年

---

① 《钦定大清会典事例》卷三百六。
② 《钦定学政全书》卷二十七，《举报优劣》。
③ 《钦定大清会典事例》卷三百六。

（1738 年）申严优生改行之条，规定"凡优行生员，如举优注册之后，该生改弦易辙，实有劣迹可指者，该府州县官及教官仍应据实申详，该学政咨部黜革"。①

举报优劣之制经过上述一系列改革变得更加具体、规范，在乾隆以后继续实施，但弊病不断，主要表现为举优有余而报劣不足，因而难以达到预期的效果，② 道光十五年（1835 年）因御史俞焜奏称各地方官于贡监生员并不随时稽查，教官举报优生人数日增，不无冒滥，其有素行不端者类皆徇隐不报，刁劣之徒肆无顾忌，下令"著各督抚、府尹、学政严饬该地方官暨各教职，务须随时训诫，认真稽查，举优者勿徇虚名，报劣者毋许姑息，倘仍瞻徇隐匿致酿事端，即将各该地方官及教职从严参办"。③

四　维护风教，参与教化

在明清时期，地方府州县学教官与地方官员、乡绅及生员等构成了当地推行社会教化的主要力量。封建时代维护风教有三项主要措施：举行"乡饮酒礼"、"宣讲圣谕"与"旌表事例"，即旌表贞洁忠孝、名宦乡贤、殉难官民、百年耆寿及五世同堂等，地方官学教师都参与其中。

"乡饮酒礼"为古代尊老之礼，其目的是使"民知尊长养老"。《礼记》称"乡饮酒之礼，六十者坐，五十者立侍，以听政役，所以明尊长也。六十者三豆，七十者四豆，八十者五豆，九十者六豆，所以明养老也。民知尊长养老，而后乃能入孝弟，民入孝弟，出尊长养老，而后成教，成教而后国可安也"。④ 乡饮酒礼举行于地方官学及乡间里社，明太祖洪武五年（1372 年）诏定乡饮酒仪，规定有司与学官率士大夫之老者

---

① 《清朝文献通考》卷七十一，《学校九》。

② 《醒世姻缘传》中曾提到一事例，绣江县学增广生员汪为露平素不甚端方，喜讼，且武断乡曲，因馆中几位生徒改投另一馆师程英才门下，而于学政按临时投呈诬告生徒殴师。宗师问说："这样人怎么不送他行劣？"教官说："因他一向也还考起，所以也还怜他的才。"宗师说："他昨日考在哪里？"教官说："昨日考在二等。"宗师说："这样无赖的人，倒不可怜他的才。万一侥幸去了，贻害世道不小！这是杀两头蛇一般。出去叫他改过，还可姑容。"见《醒世姻缘传》，岳麓书社 1994 年版，第 311 页。

③ 《清朝续文献通考》卷九十七，《学校四》。

④ 《礼记·乡饮酒义第四十五》。

行于学校，民间里社亦行之；① 洪武十六年（1383 年）颁乡饮酒图示于天下，每年正月十五日、十月初一日于儒学举行，具体做法为：以府州县长吏为主，以乡之致仕官有德行者为僎，选择年高有德者为大宾，其次为介宾，其次为三宾，又其次为众宾，教职为司正，赞礼、赞引、读律皆使能者，里中举行乡饮酒礼其法略同。洪武二十二年（1389 年）又规定乡饮礼，以善恶分列三等，为座次序不许混淆，如有不遵图序坐及有过之人不行赴饮礼者以违制论。

清代之乡饮酒礼大致同于明代，由地方行政长官主持，教职充任司正，"乡饮酒礼立一人为司正，主扬觯以罚失仪者，以教官充"。② 顺治元年（1644 年）规定："京府及直省府州县每岁于正月十五日、十月初一日举行乡饮酒礼，设宾、介、主人、众宾之席，顺天以府尹为主，直省府以知府、州以知州、县以知县为主，大宾择乡里年高有德之人，位于西北，介以次长，位于西南，三宾以宾之次者为之，位于宾席之西，众宾序齿列坐，司正以教职为之，主扬觯以罚失仪者。"③ 明清时期关于乡饮酒礼曾有详细之规定，有些地方亦时有举行，如据《重修蒙城县志书》卷五载，蒙城之乡饮酒礼于"每岁正月朔日及十月朔日举行"，由本县教谕向年高德劭的绅士中选出的大宾、介宾和耆老中选出的众宾汇报，并设宴，经费由该县政府从正项中支出。由于地方行政官吏不甚重视及有人借机要挟索取等原因，许多地方多视乡饮酒礼为具文而不复举行，或有司、生员及教官所举之人名不副实，这几乎是明清数百年之通弊。明代礼部尚书沈鲤鉴于乡饮酒礼"近来有司视为故事"，建议将所请之人慎加推择，举行乡饮酒礼后即将所请职名逐一开送抚按及提学分巡道备加查访果否允协舆情，"如有前项罢闲有过之人滥与乡饮者追究原举，师生一并罚治，有官职者与注劣考"。④ 清乾隆二十七年（1762 年），内阁学士李因培在奏折中亦称："各省繁剧，地方视（乡饮）为不急之务，数十年间并不举行"，至于所聘请之大宾、僎、介宾及众宾，皆名不副实，"其弊皆由生员、教官

---

① 《仕学全书》称："洪武三年，令天下府州县皆立学，学皆设官，……各掌一学之教事以听于提学宪臣。凡岁举、乡饮酒礼、月吉行香、春秋二仲上丁祭祀先师，皆率诸生以听于郡邑守宰。"

② 《钦定礼部则例》卷四十九。

③ 《钦定大清会典事例》卷三百二十五。

④ 沈鲤：《覆十四事疏》，《礼部志稿》卷四十五。

徇情滥举"。①

　　"宣讲圣谕"为地方官学教师维护风教之另一重要措施，地方府州县教官除了有时宣讲外，主要配合地方官对各乡镇之宣讲进行稽查。宣讲圣谕主要依托于乡约这种民间基层形式来进行。乡约之起源可追溯到北宋熙宁九年（1076 年）陕西蓝田吕氏兄弟制定的《吕氏乡约》，其兴盛则在明清。明时全国许多地方也曾建立乡约所，在地方行政长官的组织下，也有地方官学教师参与到圣谕的宣讲中，如嘉靖年间，许州守运司张幼养"于州治之东辟地一区，建为乡约所，行令儒学官会同诸生于公堂同举致政敦德一员为约正；经帅约士……每月朔望赴乡约所厅，约正副宣圣训"。② 但所建之乡约所多废弛不行，万历年间礼部尚书沈鲤曾上疏建议设立乡约所，由教官等人仿效古代巡行阡陌之意，每月一次，分投各所，集众前来听讲《圣训》《律例》，使之家喻户晓。③ 与明代相比，清代乡约的管理权限有所下降，而服务于宣讲圣谕的官方色彩和强制性更为明显，成为宣讲圣谕及清政府律令的工具，士绅、州县地方官员及教职因有强制性的宣讲责任与义务而开始直接参与到乡约的教化体系中去。清顺治九年（1652 年）颁行"六谕卧碑文"，④ 顺治十六年（1659 年）正式建立乡约制度：凡直省州县、乡村巨堡、土司地方，设立讲约处所，挑选老成者一人，以为约正；再择朴实谨守者三四人，以为直月。每月朔、望，齐集百姓，宣讲《钦颁六谕》，地方官及教官不时巡查。康熙九年颁行"圣谕十六条"⑤，下令各省督抚转行府州县乡村人等切实遵行。雍正二年（1724 年），颁行"圣谕广训"，要求直省督抚、学臣转行各地文武教职、衙门军民生童人等通行讲读。乾隆元年（1736 年），又下谕"严饬地方官及教官不时巡行讲约之所，实力宣谕，使人人共知伦常大义。如有虚立约

　　① 《内阁学士李因培为请严乡饮之滥举并明定服色章程事奏折》，载《乾隆朝乡饮酒礼史料》，《历史档案》2002 年第 3 期。

　　② 吕柟：《许州乡约记》，载（嘉靖）《许州志》卷四，明嘉靖刻本。

　　③ 沈鲤：《覆十四事疏》，《礼部志稿》卷四十五。

　　④ 具体内容为"孝顺父母、恭敬长上、和睦乡里、教训子孙、各安生理及毋作非为"，初由明太祖朱元璋所定，顺治帝沿用。

　　⑤ 具体内容为："敦孝弟以重人伦，笃宗族以昭雍睦，和乡党以息争讼，重农桑以足衣食，尚节俭以惜财用，隆学校以端士习，黜异端以崇正学，讲法律以警愚顽，明礼让以厚风俗，务本业以定民志，训子弟以禁非为，息诬告以全善良，诫诸逃以免株连，完钱粮以省催科，联保甲以弭盗贼，解仇忿以重身命。"

所，视为具文者，该督抚即以怠荒废弛题参。"① 乾隆十年（1745 年）准刑部所奏，将乾隆五年所奉谕旨训饬士子文通行颁发直省学宫，令教官一体宣讲，永远遵行，又下令"州县官员每年于境内通行遍历，逐一体察，不必限以一月一次，首府大员按季巡查，随时随地加以教化，不必以教职代行，徒滋烦扰"；② 乾隆十一年（1746 年）因三齐等三十六寨番民归隶茂州管辖，议准于各寨适中地方设立讲约处一所，"每月朔望该州暨儒学等官轮流前往督帅"。③ 道光十五年（1835 年）下谕"御史豫泰奏请整饬学校以励人才一折。学校为培养人才之地，士品克端，斯民风日茂，亦惟训迪有术，斯士习益淳。定例每于朔望，敬谨宣讲圣谕广训，并分派教官亲赴四乡宣讲，俾城乡士民共知遵守"。④

清政府反复强调通过乡约组织选择约正、月副等人宣讲圣谕，并由地方官与教官定期巡查，实际上很多地方仍很难实施，如孙鈜《为政篇第一》中称："《圣谕十六条》颁行已久，化民成俗莫切于此……今但恨阳奉阴违，视为故事"，建议"有志于循良卓异之政者，任后即将《圣谕》刊单遍示市镇乡村，附以简括讲解……其教官、衙官亦各于朔望分派城乡公所，照式力行"。⑤ 至于近代，江南地区由于太平天国战争之打击，各类社会基层组织及社会保障体系破坏殆尽，为重建江南社会秩序，同治年间江苏巡抚丁日昌一方面关心"城乡正人君子有无举行乡约"，另一方面"通饬各州县及所属教职，按月督率讲生，宣讲《圣谕》"，并将宣讲之效果与各州县官员的业绩挂钩，作为奖惩依据。并规定"自戊辰年（1868年）九月起，每月终逐一胪开清折二分，送交该州县转报，将来披上年终汇计之期，即以此事之能否认真，定各教职之功"。后因宣讲尽职记大功一次者有新阳县训导殷元善、奉贤县训导黄振均，记功一次者有南汇县训导杨骧、川沙厅汪祖绶，因宣讲不力而记大过、记过者有丹徒、上海、金山、吴江等县训导。从整体执行上看，"各学官始则多方推诿，继则敷

---

① 《钦定学政全书》卷七十四，《讲约事例》。
② 《皇朝政典类纂》卷三百三十六，《学校二十四·修明风教》。
③ 《钦定学政全书》卷七十四，《讲约事例》。
④ 《清朝续文献通考》卷九十七，《学校四》。
⑤ 孙鈜：《为政篇第一》卷二，《讲圣谕》，见《四库全书存目丛书·史部》第 262 册，第414—415 页。

衍塞责，若以非分内事也者"，① 甚至于"各属教官讲生，往往有但领薪水，而未能按期宣讲者，玩忽欺蔽，殊堪诧异"。②

在清朝，数次有人上书奏请地方教职定期赴各乡宣讲圣谕，但大多并未被朝廷采纳，如乾隆五年（1740 年）因云南按察使张坦熊奏请令州县教官每季周行各村镇宣讲《圣谕广训》一事，考虑到州县辖区较大，教官平日忙于训课诸生，因此下令仍照前例，由地方官及教官不时巡查：

> 查月正、值月原于举贡生员内拣选，即古闾师党正之遗意，至教官虽有化导之责，但各州县抽辖乡村镇市势难遍及，且训课诸生，尚有不时讲课之事，若令每季周行村镇，必至不能兼顾，应照原议，令约正等勤加宣讲，仍饬地方官与教官不时巡行稽察，毋庸更易章程。③

道光二年（1822 年），给事中王松年又奏请教授、学正、教谕等教官分期轮流至四方宣讲圣谕，道光皇帝没有采纳这一建议，称"教授、学正、教谕等官分期轮流四乡宣讲，并遴选邑绅每乡数人于各乡朔望宣读，岁一更换官为稽覈，则闾阎之供亿、绅士之贪缘在所不免，流弊滋多，且恐日久仍归具文，于端本善则之治又何裨乎！"④ 道光十九年（1839 年），御史焦友麟又上书奏请地方教职专司稽查劝谕，称"守令日不暇给，教职向属闲曹，请令专司稽查劝谕，再择品学兼优之生员，每乡数人，将《圣谕广训》、《直解》按期宣讲，仍著教官考察，倘有偷惰废弛，维予戒饬，如查有习教烧香者许会县孥究。倘有扶同隐匿，生员连坐，教官参处"，随后，贵州巡抚贺长龄上书反对，称"有司果能协恭训迪，自可渐致敦庞，不必因职业繁简遂分畛域也。查教官每月有课，又随时接见生徒，以每学一二教官为一学数十百人之师，果能穷经考业，必将继晷焚膏，恐无暇稽查化务。其教官中之毫无所事者，乃昏庸鹍茸之员，急宜罢斥，尤不当付以稽查之责也。……守令、教职无分彼此，协力奉行，并严饬各道府不时稽查，偷惰者立予罢黜，其各学生员有能正己率物化及一乡

---

① 丁日昌：《抚吴公牍》卷三十三，《各学月送宣讲清折汇别等第分记功过》。
② 丁日昌：《抚吴公牍》卷三十四，《教官讲坐月领薪水饬令印官加结报明》。
③ 《钦定学政全书》卷七十四，《讲约事例》。
④ 《皇朝政典类纂》卷三百三十六，《学校二十四·修明风教》。

者许守令、教官不时举报以待奖励,其行止有亏以致乡曲效尤、贻害风俗者立即褫革"。①

旌表有孝行节义者为维护地方风教之另一重要措施,主要旌表民间孝子顺孙、义夫节妇、五世同居、名宦乡贤等为维护风教之模范者。明代对旌表事例非常重视,经常下令对相关之人进行表彰,其具体做法一般为由里老呈告,各地方官申报,经风宪官核实即予旌表:"国初,凡有孝行节义为乡里所推重者,据各地方申报,风宪官核实奏闻,即予旌表。其后止许布衣编民委巷妇女得以各闻。其有官职及科目出身者,俱不与焉。"②在明代之旌表活动中,地方府州县教官亦参与其中,如嘉靖十三年(1534年)因巡按直隶御史郑坤奏,礼部下令"各该巡按衙门行令提学官着落府州县掌印正官及儒学师生,备查各处名宦乡贤,果有遗爱在人,乡评有据,未经表彰,即便及时兴立祠祀,以励风化"。③ 万历三年(1575年),在大学士张居正的奏请下,从天顺六年(1462年)颁发、已实施了一百多年的提学官敕谕被作了重大修改后重新颁发给各地的提学官,在新的敕谕中,重新加强了提学官及教职在推举名宦乡贤、孝子节妇等方面的责任:

> 名宦乡贤、孝子节妇及乡饮礼宾,皆国之重典,风教所关。近来有司忽于教化,学校是非不分,滥举失实,激励何有?今后提学官宜以纲常为己任,遇有呈请,务须核真。非年久论定者不得举乡贤名宦,非始终无议者不得举节妇孝子,非乡里推服者不得举乡饮宾傩,如有妄举受人请求者,师生人等即以行止有亏论。④

有清一代建立伊始,即重表彰节孝,与明代相比,地方官学教职更多地参与到地方表彰事例中,主要承担查核保举之职责。顺治元年(1644年)定旌表孝行节义之例,下令地方官吏咨访查实孝子顺孙、义夫节妇,申送巡按御史复核,奏闻朝廷建祠旌表,顺治九年(1652年)又继承明代之做法,强调提学官之责任,同时规定官学师生不得妄举乡贤名宦、节

---

① 《皇朝政典类纂》卷三百三十六,《学校二十四·修明风教》。
② 《大明会典》卷七十九。
③ 《礼部志稿》卷八十五下。
④ 《明会典》卷七十八。又见《张太岳文集》卷三九,《请申旧章饬学政以振兴人才疏》,明万历刻本。

妇孝子、乡饮宾僎，否则追究其责任："禁滥举名宦乡贤、孝子节妇、乡饮宾僎。提学官遇有呈请，务须核实，确非年久论定者不得举乡贤名宦，非始终无议者不得举节妇孝子，非乡里推服者不得举乡饮宾僎，如有受人请求妄举者师生等人即以行止有亏论。"①《钦定六部处分则例》中更明确规定："地方州县及各学教官结报节孝失于查实者降一级调用，转详之府州罚俸一年，若于本籍绅衿公举后地方官借端需索故为批驳，久因需索不遂竟延搁不报者，将地方官降三级调用。"②

乾隆元年（1736 年）吏部议准凡府州县卫保举孝廉方正，悉由地方绅衿耆庶邻佑里党合词具呈，该州县探访公评，详稽事实，如所举系在学生员，会同该学教官查核，造具清册，加具印甘各结申详，各督抚核实保题，照恩诏内开事例给以六品顶戴荣身。③

清代旌表之程序及教官在其中的作用，《牧令须知》中有详细的说明。其程序为"报节孝，应由学查明事实取结加看，牒州（县）加结，速详督抚、学政，报明藩司"。其申报节孝之文本格式为：

一、《汇造事实清册》：

某府某州（县）儒学为公举节孝，详请旌表，以励风俗化事，遵将现存（已故）孀妇某氏守节年岁事实、造具清册，呈请查核，须至册者，计开：

现有（已故）孀妇某氏，系某州（县）民人某人之室女，生于某年，至某年氏年若干岁，适某人为妻。某年夫故，相夫几载，氏年若干岁，矢志守节，计扣至某年，其守节几年，现年若干岁（已故者矢志守节下改写该氏于某年病故，计守节几年，亡年若干岁）。

具甘结族邻某人今于台前投甘结，实结得现存（已故）孀妇某氏（云云，照清册现亡）年若干岁，该氏实系青年守志，皓首完贞，年例已符，旌扬以励风化，中间并无虚捏违碍情弊，理合出具甘结是实。

　　　　　　　　　　　某年某月某日具甘结族邻某人

某府某州（县）儒学今于与印结实结得现存（已故）孀妇某氏

①　《清朝文献通考》卷六十九，《学校七》。
②　《钦定六部处分则例》卷三十，《结报节孝》。
③　《清朝文献通考》卷五十三，《选举七》。

（照甘结写），中间并无虚捏违碍情弊，理合出具印结是实。

某年某月某日学正（教谕、训导）某

某府某（州）县今于与印结实结得现存（已故）孀妇某氏（照学结写），中间并无虚捏违碍情弊，理合出具印结是实。

某年某月某日知州（县）某①

二、《备文申详》：

某府某州（县）为公举节孝，详请旌表，以励风化事。案准卑州（县）儒学牒称，据绅耆某人等呈称，查得现存（已故）孀妇某氏（云云，照清册现亡）年若干岁，理合出具族邻甘结，呈请查核加转等情，据此，散学查看得现存（已故）孀妇某氏（加看语）合将投到甘结，加结加看，备文牒请查核加转等因，准此，卑职查看得现存（已故）孀妇某氏（加看语）合将儒学送到册结，加结加看，具文详请宪台俯赐会核具题，除详抚（督、学）宪外，为些备由具册（详），伏乞照详施行，须至册（详）者，计申册结若干套、书册若干本。②

明清时期，确有一些地方儒学教师积极宣扬风教并化解社会矛盾，如乾隆年间徐州砀山教谕谢晋：

> 出行城南，遭子母相殴者，停肩舆问之，其子傲然曰："素非相属，能难我耶！"先生怒执而挞之，令缚送县令治其罪，其人始惧而求免，先生为开示大义，反复训谕而去。县令闻之，晨造先生，自以化导无素引咎愧谢。然其人感悟，更为善良，娶妻成家，供养有加，闻先生归，母子追送出郊，郑重拜谢。③

乾隆年间河北内邱县学教谕李国硕：

> 会五十年奉旨蠲畿辅民粮，乃内邱令以比岁不登，多逋赋，催科加亟，日敲扑，民鼎沸，相率运坏木砌县衙门，令仓皇无措，君闻，

---

① 《牧令须知》卷四。
② 同上。
③ 《碑传集》卷一百一十一，《砀山县教谕谢先生晋行状》。

急往视，谕以上下大义，民乃解。①

五　充任考官，参与取士

科举考试作为抡才之大典，对封建社会之政治运转及社会文化之发展产生了极其重要的影响，而选用考官是科举考试能否公正、客观地选拔大量真才实学之士的关键环节之一。由于明清时期包括国子监，地方府、州、县学在内的教职系统在国家的知识分子系统中数量较大、文化程度较高，自身往往又是科举出身，且长期在儒学中从事儒家经典的传授和对生徒的考核，因此成为科举考试考官的最佳来源之一，尤其在明代，各省乡试主考官与同考官大多以地方官学教职充之，其社会作用与影响显而易见。

明初开科取士，教职即参与其中，洪武四年（1371年），京畿乡试，兵部尚书吴琳与国子司业宋濂主试，同年会试，宋濂为同考，誊录由苏州教授贡颖之担任，廷试，祭酒魏观与博士孙吾为读卷官。明初会试同考八人，三人用翰林，五人用教职。景泰四年（1453年），礼部尚书胡濙奏称："翰林院及春坊以文艺为职业，宜专作同考。京官由科第有学行者，宜兼职以充，勿再用教官。着为令。"② 景泰五年（1454年）从其请，会试俱用翰林部曹而不用教职。

明代各省乡试之考官、同考官多从各地教职中选聘。洪武十七年（1384年）颁布的科举程式规定：乡试主考官二人，同考官四人，"皆明经公正之士，于儒官、儒士内选用。"③ 这些考官由各地自行聘请，聘资由官府提供。景泰三年（1452年），下令布、按二司会同巡按御史，共同推保现任教职中年龄三十至五十年之间，"平日精通文学、持身廉谨者，聘充考官"，④ 于是，乡试教官主考遂为定例。⑤

---

① 《碑传集》卷一百一十一，《内邱县儒学教谕李君国硕墓志铭》。
② 《弇山堂别集》卷八十二，《科试考二》。
③ 《明会典》卷七十七，《科举·乡试》。
④ 同上。
⑤ 在嘉靖之前，地方各省乡试之考官与同考官几乎全部由教职担任，如正德十一年（1516年）浙江乡试两名主考官为福建兴化府儒学教授彭流、直隶淮安府山阳县儒学教授陈艮山，八名同考官为直隶河间府景州儒学学正林汝舟、直隶太平府繁昌县儒学教谕萧绰、河南开封府许州临颍县儒学教谕卢溥、直隶真定府真定县儒学教谕顾钦、河南河南府偃师县儒学教谕王冕、江西饶州府德兴县儒学教谕廖梯、直隶淮安府盐城县儒学教谕蒋鎏及陕西西安府华州渭南县儒学教谕刘诏。（彭流等编：《正德十一年浙江乡试录》）

教职充任乡试考官，属内帘官，多能恪尽职守，但钻营者也大有其人，①且教职官品卑微，对于担任外帘官（提调、监试等官，由各省布政司及按察司官吏充任）的不合理要求也不敢拒绝，因而导致录取的不公正，成化、弘治、正德等年间均有大臣提出派京官赴各省主考，均未采纳。成化十五年（1479 年），御史许进奏请"各布政司乡试考官，有司徇私聘取，或非其人，监临官又往往侵夺其职掌，请视两京例，特命翰林主考"，②此建议虽未被采纳，却将这一问题揭露出来。弘治七年（1494 年）又下令，"考官不许听嘱滥请，各将举主职名，咨呈礼部"。③弘治十四年（1501 年），国子监祭酒谢铎又以"考官皆御史方面所辟召，职分既卑，听其指使，以外帘官预定去取"为由奏请"两京大臣各举部属等官素有文望者，每省差二员主考"，孝宗仍不予采纳；至正德八年（1513 年）六月，广东道监察御史杨时周言："国家每三年取士，除两京外，其浙江诸省主考官类以教职充之，滥竽者不少。自今宜于两京进士出身官员内访求才学、为士论攸归者，往膺主考之任，庶得真才。"章下礼部覆奏，谓旧制未可尽改。且诸省乡试、校文虽属于教官，而监临实统于御史，请申饬巡按者，会布按二司，预访教职有学行者，以礼聘取，不胜者，御史纠举，则旧制不失而真才可得矣。从之。④

乡试内帘官的选任的变化出现于嘉靖年间。嘉靖六年（1527 年），张璁上疏奏请"各省乡试主考，临期许令吏、礼二部查照旧例，访举翰林、科部属等官有学行者疏名上请，分命二员以为主考"，⑤这一建议被明世

---

①　也有教职担任外帘官者，如正统元年（1436 年）在山东乡试中，训导江振为外帘官，因受士子馈代其答策而受到惩处。（见《明英宗实录》卷十六）

②　《明会要》卷四十七，《选举一》。监临官除了对这一时期主要由教官担任的内帘官职掌的侵夺外，对内帘官也不甚尊重，弘治四年（1491 年），礼科给事中林元甫奏称："各处乡试所请考试官，多不得其人，致去取悉从外帘，甚至为监临等官所斥辱，甚非宾礼儒臣之意。"见《礼部志稿》卷七十一。

③　《明会典》卷七十七，《科举·乡试》。

④　《明武宗实录》卷一百一十三。时隔一年，正德十年（1515 年）七月，给事中范洵又重提此事，称"各布政司乡试，皆用教官，多不得人，用是监临官恒委其事于帘外而自专进退之权，请如两畿例，主考用翰林院六品以下官及事简衙门五品以下官为之，同考教官先期于各外提学官听其选择以充"，后礼部议覆，称用京官主考乡试，提出此建议的人很多，也曾短暂试行，但群议纷纷，建议"宜如旧例，令各布政司照旧访取教官供事，如不及数，令提学官以平日考居优等充之"。由此可见，是否用京官代替教官主考地方乡试在当时是一个相当敏感之话题。

⑤　张璁：《张文忠公集》奏疏卷三，《慎科目》。

宗采纳，从次年开始，工科给事中陆粲等人分往浙江、山西、广东、陕西等处取代教职主持乡试。后来，派遣京官到各省主考乡试的做法因主考现监临官"礼节小嫌"而曾一时被废止，一度恢复教职主考乡试的旧例，到了万历十三年（1585 年），由于科场弊端愈演愈烈，又不得不采用张璁之法，由京官主持各省乡试，"同考亦多用甲科，教职仅取一二而已"。①嘉靖十二年（1533 年）规定，各处乡试之考试官由布按二司会同巡按御名公开访求学问老成、行止端谨之士，以礼聘请，不得听从嘱托徇私将年龄六十以上到任养病之府州县官员及不由科目出身之教官滥请，也不许越数多请，若所请之考官临时有事不能脱身，容许差人赴所在提调学校官处改请相应教官。②

各省乡试之考官、同考官不仅从本省教职中选用，也从他省教职中调用。弘治四年（1491 年），下令各地提学官平日巡历地方，将教职考定等第，以备科举聘请，若本地教职不堪聘用，则从其他各地聘用。嘉靖六年（1527 年）又奏准各省乡试除主考官由大臣会举外，其同考官，由巡按御史移文别省请取，只准写明某经所需同考官员数，不许明列姓名，由他省巡按御史会同提学官推举开送。嘉靖十年（1531 年）都给事中张润身上奏条陈科举事，其一为"处考官以绝私嫌"，主张"各处同考试官聘取徇私，宜令督学先廉所属教职年壮端行者，糊名考选，类造手册，分经编号，下实其姓名、官籍，自存备照。别置一册，不书名籍，第以所编字号密切钤封，送巡按处，以待隔省来聘，旋填姓名、官籍。或应回避，则用次人，以次应聘。其预泄私通及滥举充数者，听御史参究"，这一建议得到了朝廷的批准。③

明初规定，两京之乡试，主考皆用翰林，同考则用教职，后来，翰林、科部及地方科甲出身官吏亦担任同考，如正统七年（1442 年）会试，同考则有永新知县陈员韬、京卫武学教授纪振，俱进士；正统十年（1445 年）会试，同考中有一教授、二教谕；正统十三年（1448 年）会试，同考中有二教谕、一训导；景泰元年（1550 年）会试，同考有翰林

①　《明史》卷七十，《科举二》。查慎行《人海记》亦谓："各省乡试专遣京官，始于万历乙酉。旧，正副俱教职，由监察御史所聘，布政使提调，按察使监试，弥封誊录，受卷皆有司。"（见查慎行《人海记》卷上，《乡试差京官》，北京古籍出版社 1989 年版，第 53 页）

②　《礼部志稿》卷七十一。

③　同上。

侍讲刘俨、广东参政罗崇本，又有教授、训导各一。① 嘉靖六年，又下令同考官由礼部会同吏部于两京六科部属等官内访举，每经一员，随考试官入院，各总校本房，其余仍用教职。嘉靖四十三年，又从南京御史奏，两京同考用京官进士，《易》、《诗》、《书》各二人，《春秋》、《礼记》各一人，其余参用教职；万历四年，"复议两京同考，教官衰老者遣回，北京取足于观政进士、候补科甲，南京于附近知县、推官取用，至是教官益绌"。②

由于教职官职卑微易受外帘官的干扰，从而影响考试录取的公正性，因而教职充任考官遭到许多人的质疑，担任主考及同考的教职数量在明代呈明显的下降态势，另外，教职作为国家最重要的考试的考官也会因出题、阅卷等责任重大而面临很大的风险，如成化二十二年（1486 年），礼部尚书周洪谟等奏："本年天下乡试录文多乖谬，乞将考试官训导黄奎追夺聘礼，行巡按御史提问。"从之。③ 嘉靖十六年（1537 年）因礼部尚书严嵩奏称"广东所进试录，字如'圣谟'、'帝懿'、'四郊'、'上帝'俱不行抬头，及称'陈白沙'、'伦（迁）迁冈'之号，有失君前臣名之义。且录中文体大坏，词义尤为荒谬，宜治罪"。得旨："学正王本才等、布政陆杰等、按察司蒋淦等，俱命巡按官逮问。本才等夺其礼币，御史余光命法司逮问。仍通行天下提学官，严禁士子，敢有肆为怪诞、不遵旧式者，悉黜之。"④ 嘉靖二十二年（1543 年），明世宗朱厚熜览山东所进乡试小录，手批其第五问"防边御虏策"曰："此策内含讥讪，礼部其参看以闻。"于是尚书张璧等言："今岁虏未南侵，皆皇上庙谟详尽，天威所慑。乃不归功君上，而以丑虏餍饱为词，诚为可恶。考试官教授周矿、李弘，教谕刘汉、陶悦、胡希颜、程南、吴绍曾、叶震亨、胡侨，率意为文，叛经讪上，法当重治。"⑤

至清代，国子监及地方官学教职亦出任顺天及各省乡试同考，但数量与作用已无法与明代尤其明代前期相比。顺治二年（1645 年），"定直省房考，取本省科甲属官，不足聘邻省科甲，推知及教官必选取治行最、年力

① 见《弇山堂别集》卷八十一，《科试考一》。
② 《明史》卷七十，《科举二》。
③ 《弇山堂别集》卷八十二，《科试考二》。
④ 同上。
⑤ 同上。

强、学识兼到之员"。① 顺治十七年（1660年）又规定，顺天同考各官除了郎中不差外，吏部取各部员外郎、主事、中书、评事、博士、国子监科甲出身官及近京廉慎素著科甲推知，开列题请钦定，而各省同考则由督抚将本省或邻省才望素著之推知及科甲教职等官，数倍密取至省，当日抓阄入闱。乾、雍间，顺天房考停用京官，止用直隶科甲知县，而各省房考停用本省现任知县，专调用邻省在籍候选进士、举人，至乾隆间，各省复用本省科甲属官。

六　起草奏章，撰写公文

除此之外，儒学教师也时常代地方官吏起草奏章、公移等。宋代洪迈在《容斋随笔》中便称："所在州郡，相承以发表奏书启委教授，因而饷以钱酒。予官福州，但为撰公家谢表及祈谢晴雨文，至私礼笺启小简皆不作。然遇圣节乐语尝为之，因又作他用者三两篇，每以自愧。邹忠公为颖昌教授，府守范忠宣公属撰兴龙节致语，辞不为。范公曰：'翰林学士亦作此。'忠公曰：'翰林学士则可，祭酒、司业则不可。'范公敬谢之。前辈风节，可畏可仰如此。"② 此一做法在明初时亦大量存在。

赵翼在《廿二史札记》便引用了许多明初地方官学教职代地方政府起草奏章等而受到文字株连的事例：

> 据《朝野异闻录》载，三司卫所进表笺，皆令教官为之，当时以嫌疑见法者：浙江府学教授林元亮，为海门卫作《谢增俸表》，以表内"作则垂宪"诛。北平府学训导赵伯宁为都司作《万寿表》，以表内有"垂子孙而作则"句诛。福州府学训导赵伯璟为按察使撰《贺冬表》，以表内有"仪则天下"句诛。桂林府学训导蒋质为布、按作《正旦贺表》，以表内有"建中作则"句诛。常州府学训导蒋镇为本府作《正旦贺表》，以表内有"睿性生知"句诛。澧州学正孟清为本府作《贺冬表》，以表内有"圣德作则"句诛。陈州州学训导周冕为本州作《万寿表》，以表内有"寿域千秋"句诛。怀庆府学训导吕睿为本府作《谢赐马表》，以表内有"遥瞻帝扉"句诛。祥符县学教谕贾翥，为本县作《正旦贺表》，以表内有"取法象魏"句诛。亳

---

① 《钦定大清会典则例》卷六十六。
② 《容斋随笔·容斋四笔》卷十五，《教官掌笺奏》。

州训导林云为本府作《谢东官赐宴笺》，以笺内有"式君父以班爵禄"句诛。尉氏县教谕许元为本府作《万寿贺表》，以表内有"体乾法坤，藻饰太平"句诛。德安府学训导吴宪为本府作《贺立太孙表》，以表内有"永绍亿年，天下有道，望拜青门"句诛。①

除此之外，地方官学教师在学校的建设及祭器、乐器、图书等教学设备的购置中发挥了积极作用，② 许多国家及地方图书包括卷帙浩繁的四库全书及数量庞大的地方志书中都留下了他们的影子，③ 他们也积极参与地方事务，为当地政府出谋划策。④ 应该说，明清时期儒学教职既是后备官僚队伍和文化精英的培养者，又是封建风教宣传员和社会矛盾的调解员，他们是课试举士的教师，又承担和发挥着许多本职外的职责和功能。

第三节　为官与为师：明清官学教师的出路

明清时期，官学教师是国家的文职官员，官学教师管理是国家文官管理制度的有机组成部分。明清时期官学教师的管理主要包括三个方面：选拔、日常常规性管理及出路。选拔主要解决的是将大量的符合一定要求的

---

① 参见赵翼《廿二史札记》卷三十二，《明初文字之祸》，中华书局1984年版，第740页。

② 如雍正十一年（1733年）规定："凡府、州、县文庙、学宫有应行修理之处，该地方官据实估，详明督抚、学政，于学租银内动支修理，俟工竣日委员验明，责令该教官敬谨守护。遇有残缺即会同地方官查验详明，酌量修补，地方官及教官遇有升迁事故，离任时文庙、学宫照社稷各坛例造入交盘项内，接任官验明并无倾圯，出结接受，如有损坏、失修之处，即行揭报参处。"（《钦定学政全书》卷一，《学宫事例》）

③ 如庞乃明在《明代河南儒学与方志编纂》一文中称，明代河南儒学师生通过独立编纂、受命独纂、集体编纂、搜集资料、誊录校正、讨论作序等形式参与地方志的编写中，为地方文化的传承及社会教化的开展作出了重要贡献。（参见《洛阳师范学院学报》2002年第1期）

④ 张仲礼在《中国绅士》（李荣昌译，上海社会科学院出版社1991年版）一书中也列举了一些包括地方儒学教师在内的绅士阶层参与地方事务的例子。在《碑传集》中也有一些典型的事例，如陈鹤龄为正定县学教谕时，"滹沱泛滥，尝奉檄视沿河村堡水灾，有密授意，谓宜不成灾报者，先生诣其地，蹙然曰：'百姓嗷嗷待哺，吾目击情形而讳不以告，负此心矣'，卒以灾报，蒙赈恤全活者数千家"（《碑传集》卷一百一十，《陈鹤龄传》）；谢曹为砀山县教谕时，"尝受郡记与令分道捕蝗，当至南乡，祷于猛将庙而往。于时群飞蔽空，声如殷雷，乃命召徒众掘沟堑，设置网具竿梃，须黎明毕。会及旦视之，蝗尽坠地，死数十里，无一飞者"。（《碑传集》卷百一十，《砀山县教谕谢先生晋行状》）

科举中式者（进士、举人、副榜举人等）和官学学生（包括中央和地方官学的贡生、监生等）以及其他已仕者选为教职使其首次取得执教资格从而成为官学教师的问题，日常常规性管理主要为督抚、学政及府州县地方行政官吏对教师定期的、不定期的管理，而出路问题解决的则是已为教职者在其任满后的职业去向以及由于特殊需要而对部分官学教职进行的职业变动问题。明清时期官学教师出路问题不仅反映了政府及社会对官学教师这一群体的职业性质的认识，而且也直接影响到这一群体的职业声望，决定着官学教师这一职业对已仕者和准备入仕者的吸引力，因而深刻地影响官学教师的选拔。研究明清官学教师的出路问题对于我们认识中国封建社会晚期教师职业的性质、社会地位及其发展历程等都具有重要价值。

一　对明清官学教师出路问题的一些说明

从内涵上看，教师的出路指教师职业所能提供给从事这一职业的教师本职业或其他职业的发展机会，它关系到对教师职业的专业性质、数量与难度、复杂性及与其他职业关系的认识。现代社会将教师界定为专业人员，将教师职业看作是专门职业并对教职进行较为繁杂的层次与级别划分（如将教师分为大学教师、中学教师、小学教师及幼儿教师等不同层次，而大学教师又分为教授、副教授、讲师与助教四个级别），教师主要是在教师这一职业系统内尤其是某一特定层次内升任。但在明清时期，官学教师的职业出路则要广泛得多，教师职业系统内的流动及从教师职业向其他职业的流动成为一种常态，具体分为两种情况，一是在教职系统内升任、降黜或复职，即由低一级教职向高一级教职升任，或复职，或由高一级教职降为低一级教职或开除教职；二是由教职升任至品级、待遇及前途更好的其他官职或因秩满考核不及而改补他官。除此之外，还有少数前两种情况的结合，即先在教职内部升任，再由教职升迁至其他官职。[①]

从性质上看，教师的出路指国家对从事教师这一职业的人员的出路进行的可以长期实施的带有激励或惩罚性质的制度性安排，是因任期已满且工作质量达到或未达到一定要求，或因其他原因而对教师进行的非偶然性的升任或降黜或改补，而主要方向是升任而辅之以降黜和改补，不是因为

---

① 由于官吏致仕是每个在任官吏必然面临的结果，而非教职所特有的出路，同时致仕也意味着其官吏生涯的终结，因此在此不将其作为官学教师的出路来进行论述。

偶然事件而对教师所进行的拔擢、降级或开除等处分。与现代社会中主要依据《教师法》及其他一些法律及各级政府文件等解决教师的晋升、晋级不同（如在《教师法》第二十五条中规定，国家建立正常的晋级增薪制度，具体办法由国务院规定），在明清时期，官学教师升任或降黜、改补的依据可以是皇帝的口谕、圣旨尤其是朝廷律令等，它们在很大程度上决定着教职升任或降黜、改补的速度与范围。

二　明清官学教师的教职内升任、复职和降黜

教职内的升任与降黜是教职系统内两种最基本的出路，而升任更普遍和稳定；与由教职升任至其他官职不同，明清时期官学教师在教职内的升任虽然少一些荣耀，同样更普遍和稳定。明清时期对教职内的升任与降黜有明确的规定，升任是主要的，复职也比较常见，降黜则较少，因此下文论述以升任和复职为主，涉及降黜。一般的升任方式有三种，一为地方官学教职内由低到高的升任，即按训导→教谕、学正→教授的方向升任，二是由地方官学教职升为国子监教职如国子监学录、学正、助教、博士及监丞等，三是国子监教职内由低到高即从学录、学正向助教、博士、监丞、司业和祭酒的升任。

（一）地方官学教职内的升任和降黜

明清地方官学教师教职内的升任与降黜主要是通过考满的形式进行的。由于教师的教学效果要经过较长时间段才能显示出来，其工作性质决定了对他们的考核不能像其他官员一样三年初考、六年再考、九年通考。明代规定教官一律历俸九年然后到吏部接受考核，吏部要会同翰林院出题对其加以考试，同时对其教学业绩进行考察，作为升任、降黜的根据。[①]

对于府州县儒学教师来说，教学业绩主要指在其任内学生考中举人数量的多少："府州县儒学教官九年考满，不论有无过名，俱以任内教成举人名数多少定拟升降。"[②] 对于其数量，明代曾有不同的规定，如明初规定，府学教授、州学学正、县学教谕考试通经，九年任内分别有 9 名、6

---

① "凡教官考满，初场考四书、本经义各一篇，二场论、策各一道，教授、学正、教谕俱本部定中否，训导送翰林院定中否，候手本送卷回例具奏人选。"见《吏部职掌·考功一》，《教官考满》。

② 《吏部职掌·考功一》，《教官考满》。

名、3 名学生考中举人则为称职，考试通经，学生考试中分别为举人 4 名以上、3 名以上及 2 名者为平常，考试不通经，学生考中举人分别不及 4 名、3 名及 2 名者为不称职，称职则升用，平常则本等用，不称职则降黜。后因乡试数额的限制，所以宣德时期又减少了对中举数额的要求，达到要求者升用或本等用，达不到要求的则进行降黜：

> 教授有举人五名者升用，三名、四名本等用，二名以下降学正；学正有举人三名者升用，二名本等用，一名降训导；教谕有举人二名者升用，一名本等用；训导有举人一名者升用，若全无举人，考通经者不分教授、学正、教谕俱降训导，训导于边远学校内降用。①

其后又屡次降低对教官的要求，到嘉靖初年规定，教官只要考试通经、素行无过，即使任期内无人中举，亦算合格而不加降黜。另外对岁贡出身的地方官学教师的升任也有具体规定：

> 其岁贡，训导升教谕、学正，递升府、卫学教授，府教授亦升卫教授，府卫学教授升王府教授，若贡行有荐或考语优异者间同举人例升，其衰落有疵者不分举贡俱升王府教授，间升纪善，俱每年三、九月选除教职前推升。②

在清代地方官学教师的教职内升任与降黜在很大程度上延续了明代的做法，只不过教职任满期限由明代的九年改为六年。教授除了选任进士担任外，主要是从学正与教谕中选拔的，"教授专用进士就教之人，无人，将学正教谕论俸推升"③，而学正与教谕除了以举人选用外，也主要是从训导中升用。以目前所见集中记载有清代地方官学教师个人传记数量最多的《碑传集》为例④：《碑传集》有"校官"一类，集中记载了清代 38

---

① 《吏部职掌·考功一》，《教官考满》。
② 《吏部职掌·文选四》，《开设》。
③ 《皇朝政典类纂》卷二百四。
④ 除了《碑传集》外，尚有《续碑传集》、《碑传集三编》、《碑传集补》等，都有"校官"一类，集中收集了清代康熙至光绪年间数十位地方官学教师的生平传记，这些传记为我们进一步研究清代官学教师的家庭背景、教育教学、职业生涯及社会作用等提供了非常有价值的资料。

位地方官学教师的个人传记，真实地反映了他们在地方官学教职内的升任状况，其中有 29 位从未升任过，有的卒于任上，有的以原职致仕，也有的由于丁忧起复等原因以恢复原职或改补其他地方官学相同教职；有 9 位经历一次或数次升任，其具体情况如下：

1. 吴之骏，徽州歙县人，康熙年间初授绩溪县教谕，历俸四年，接丁内外艰，六年后服满补英山县教谕，后升镇江府学教授；

2. 程鹏举，河南孟县人，康熙年间以明经举为夏邑训导，后升上蔡教谕；

3. 陈鹤龄，直隶安州人，康熙年间以举人选授正定县教谕，后迁顺天府武学教授；

4. 韦前谟，安徽芜湖人，以岁贡选为泗州训导，历金坛训导，后升溧阳教谕；①

5. 李歧生，河南襄城人，乾隆年间以举人权裕州学正，又权西平教谕，补汝州学训导，登进士第，加授教授衔，返汝州学任；

6. 潘中吉，甘肃河西人，乾隆年间以举人除沔县教谕，迁庆阳教授，后补巩昌教授；

7. 张德巽，岁贡，乾隆年间官都匀开泰训导，后迁定番学正；

8. 吴槐炳，广东人，乾隆年间选英德县训导，后选补新会县教谕；

9. 郑兼才，乾隆拔贡，嘉庆年间选闽清教谕，历台湾县学教谕，后推升泉州府学教授。②

通过对《碑传集》所载教师个人传记的分析，我们可大致了解当时地方官学教师的升任状况：大部分教师在其官学教师的职业生涯中并未得到升任，能升任的只是其中一小部分；升任基本上是沿着训导→教谕、学正→教授的路线进行，如果教职能中举的话，对于其升任会起到一定的促进作用，并且许多地方官学教师在其任职前或致仕后也有设馆讲学或主持书院教席的经历。

（二）由地方官学教职向国子监教职的升任

除了地方官学训导→教谕、学正→教授的升任方式外，地方官学教职向国子监教职的升任也是教职内重要的一种升任方式，明代规定，"教

---

① 参见《碑传集》卷一百一十一。
② 参见《碑传集》卷一百一十二，这九人中潘中吉后因举人行取知县事例而挈签山东即墨知县。

授、学正、教谕系举人出身三年以上中间荐考学行优者推国子监监丞助教等官",“教官九年考满,考功司付到该升者,府学教授升国子监监丞、助教、学正等官",① 《明会典》卷二也称:“凡国子监监丞、博士、助教、学正、学录,于教官内升用。"有相当数量的地方官学教师也是由于任职期间工作业绩突出而升任为国子监教职的,如嘉靖二十三年,令学臣于现任教官有学行者,量升两京国子监学正等官;成化四年,国子监祭酒邢让也称:“南北两监教官,俱府州县学教官升用。近者,在外教官,已蒙激劝。"② 实际上有一些教职的升任往往是先在地之官学教职内升任,然后再由地方官学教职升任至国子监教职,或直接以训导或教谕超迁至国子监教职,以《明实录》中所载为例:

> (张)美和,名九韶,以字行,江西清江人。洪武三年,用荐为县学教谕。十年召升国子助教,继迁翰林编修。③
>
> (开)济,字来学,洛阳人。元季尝为罕帖木儿掌书记,入朝为河南府学训导,擢国子助教,以病免。④
>
> (晁)铸,郓城人,元国子生,为人简静端实。洪武初,举县学训导。建文中,用荐国子助教。⑤
>
> (贝)泰,金华人,由乡贡任教谕,进国子助教,升司业。以大臣荐,升祭酒,善教。⑥

在清代,由地方官学教职向国子监教职的升任与明代没有太大的不同,国子监教职有相当数量是由地方官学教职升任的,不过,清代对文官的选拔和任用有更为严格、复杂的规定,如对于国子监博士,乾隆十一年议准捐纳之人与升班之人间用,嘉庆十六年奏准博士缺出,用科甲捐纳一人、外升府教授一人、京升一人,⑦ 这实际上意味着国子监博士缺出,地

① 《吏部职掌·文选四》,《开设》。
② 《宪宗实录》卷五十六。
③ 《太祖实录》卷一百三十一。
④ 《太祖实录》卷一百四十六。
⑤ 《太宗实录》卷一百四十五。
⑥ 《英宗实录》卷八十。
⑦ 《皇朝政典类纂》卷二百四。

方府学教授要想取得这一职位，就必须同科甲出身捐纳者及国子监学正、学录等展开竞争。

（三）国子监内教职的升任

明清时期国子监教职的选用，除了以科甲出身选授及由地方官学教职升任外，由国子监教职升任也是非常重要的一种途径。

在明清国子监中，祭酒和司业为正官，其他官员则为属官。国子监祭酒与司业有少量是由国子监其他教职升任（主要为司业升用祭酒，如明代南京国子监祭酒中，乐韶凤，洪武十二年由司业升任；王瓒，正德五年由司业升用；林庭机，嘉靖三十三年由司业升用等，也有由助教、博士等教职升任司业的，如明代第一任北京国子监祭酒贝泰曾由助教升为司业，清乾隆十八年国子监助教曹洛裡加恩授为国子监司业等），大多由当时的社会文化名流担任，从而保证国子监在国家文化教育事业中的影响力。据《南雍志》和《明太学志》的祭酒和司业名录，在明代南北两监的祭酒和司业大多由出自翰林院和左右春坊、左右谕德的人担任，而清代国子监祭酒在应升各官内遴选人品学问可为师范者，非用科甲出身不可。

与祭酒、司业相比，明清国子监属官如监丞、博士尤其是助教则更多地由国子监较低教职升用，如据《明会典》卷十四记载，国子监属官"历任三年，听于本衙门正官察其行能、验其勤惰，从公考核，明白开写称职、平常、不称职词语，送监察御史考核"，再由吏部进行复考，任满九年，则对其九年任内的工作业绩进行全面考核，经考核结果作为其升降的根据。明《南雍志》所列 63 位南京国子监监丞中，共有 33 位由国子监博士、助教及学正、学录升用，具体为：由博士升用者王资等 14 位，由助教升用者熊得昭等 11 位，由学正、学录升用者诸质等 8 位；博士在监内主要由助教、学录、学正升用，助教则主要由学正和学录升用。

尤其值得一提的是，由国子监学正、学录升任助教是清朝在助教选用制度上经过数次变化最终确定下来并得以长期实行的一种行之有效的制度。助教最初实行考选制，后又决定采用考选与升任相结合的办法，吏部将考取人员咨补四缺后，以正途出身之现任官推升一缺。雍正元年（1723 年）又决定采用最常用的升任制，于进士、举人出身之教授升补，但在实行中又发现，外省教授升补监职循资论辈，轮到时已年力衰迈，到任羁迟，严重影响到国子监的教学，故雍正五年（1727 年）决定以学正、学录补用。雍正八年（1730 年），祭酒孙家淦奏准助教由"九卿于进士、举人内择其文行兼优者各举所知保送吏部引见补授，其外省教官升授助教之例永行停止"，① 乾隆十七年（1752 年）祭酒观宝、陆宗楷奏准助教缺出，如无应补应用人员，由学正、学录选择正陪引见请旨升授，乾隆三十四年（1769 年）又准学正、学录留监题补助教："吏部议覆，管国子监事侍郎德保奏称国子监学正、学录等员向例历俸期满，准其咨部以各衙门典簿、司务等官补用，原以策励微员，俾上进有阶，各知黾勉。但其中有文理优长训课有方，著有成效者，或遇推升别缺，伊等在各衙门仍不过循分办公，于本监转一称职之员，似于公务未见裨益，嗣后遇有应升人员准臣等酌量请旨留监，俟助教缺出，照例题补，得旨允行。"②

清代国子监"向例由外省府教授推升，而府教授多系论俸升转，资深年老之员往往不能赴京供职"，因此在嘉庆十六年（1811 年）对于博士之选补又有新的规定，一方面要求"嗣后遇有教授推升博士之员，该督抚于接到部文后勒限三月给咨赴部引见"，如有迟延超过期限者，吏部即行开缺另选，将违限之教授议处；另一方面，注意从学正、学录中升补博士："学正、学录应升助教，而博士与助教俱系从七品，品级相等，六年俸满，俱系内升主事，外升同知，升阶亦复相同，且俱有训士之责。助教既由学正、学录升任，其博士轮用京升时，亦应由学正、学录升任，则其人与缺相宜"，③ 从而使国子监内部教职的升任制度更加完备。

（四）教职复职

教职复职指官学教师在其任满后留任原职，它分为升衔增俸复职（既升衔又增俸）、增俸复职与仅复原职等几种情况。教职复职有众多原因，或因官缺较少，或因教职考核仅堪供职，或出于稳定官学教师队伍而久任其职，或因教学效果突出而要求留任等。

明清时期，官学教师任满复职也是比较普遍的，以国子监教职复职为例：在明代，起初国子监博士、助教九年任满，止加从七品俸复职，九年再满只复职不加俸。鉴于此种情况，宣德四年（1429 年），北京国子监助教王仙奏请考满博士助教加衔增俸复职："乞如诸司职掌，赐应升从七品

---

① 《钦定国子监志》卷三十一，《官师四》。
② 《清朝文献通考》卷五十八，《选举十二》。
③ 《钦定国子监则例》卷二十五，《典簿厅》。

散官敕命，仍掌博士、助教事，得承显父母之恩，当益励忠孝之道。"①
宣德五年（1430 年）九月，"行在吏部定旧例国子监官九载考满者但复职
增俸。上曰：'国子监官有例复职，固是优待儒者，但他官九年俱升职，
学官独不可升乎？'令量加翰林史职仍理教事。又曰：'教官中有学术才
识出众者，尤当不拘资格拔擢，勿谓儒者不可用。'"宣德六年（1431
年）夏四月，助教郭俊、张山观九载考满，升翰林院检讨，仍管助教事。
宣德八年（1433 年）助教王仙会先以九载考满升从七品俸，至是又复九
载考满，升翰林院检讨，仍管助教事。②

　　清朝在制度上也鼓励优秀教官复职久任，乾隆五年（1740 年）祭酒
谢承道升任内阁学士，大学士兼管监事大臣赵国麟奏称谢承道在其祭酒任
内教导有方，国子监学生因不愿其升迁而恳求留任，乾隆答应了国子生的
要求，仍令谢承道兼任祭酒；乾隆九年（1744 年）兼管监事大臣刘吴龙
带领即将离任之优秀博士黄施锷朝见高宗，高宗下诏：

　　　　黄施锷著仍留国子监博士之任，令其启迪诸生。如果勤于训课，
　　尔监具奏，请旨加以升衔，示之鼓励。朕观今之秉铎者与肄业者，唯
　　以成均为仕路之捷径，所谓古之学者为己者，百无一二。尔祭酒等亦
　　应知，此为世道人心之害。使博士与诸生沉潜践履，则天爵修而人爵
　　随之矣。如惜其材品或致沦弃，且别无鼓舞之方，殊不知天下之大，
　　州县之多，岂少此一二能干之县令乎？加之升衔而不离其任，则其身
　　已荣，是化一二而百十矣也，尔监其永遵之。③

---

　　①　《宣宗实录》卷五十八。王仙会在奏折中称："学古入官忠孝为本；重禄劝士宠命
为先。稽诸古，昔九品官人之法，自三载至于三考明者，咸有进秩，幽者各有降黜。……伏睹诸司职
掌，凡在京五品以下官，已实授者，三年考满即给诰敕、封赠，永为成规。今国子监博士、助教
从八品，三考任满，职止加从七品俸，俾之复职，散官仍旧。及至六考任满，称职，又不加俸升
用，老于学官，情实可怜。"
　　②　《南雍志》卷二。
　　③　《钦定国子监志》卷四十四，《官师志》（道光刻本）。值得一提的是，在明初，明太祖
朱元璋已认识到教职荐升他职对教育的发展带来的负面影响，因而曾下令禁举州县教职："洪武
十四年九月礼部尚书李书正言：'州县儒学训导多以贤良方正等科荐举至京，致师范缺员，生徒
废业。'上曰：'学校人才所出，朕方以未得明师为忧，而有司又拔而举之，甚失教育人才之意，
其即禁之，著为令。'"见《太祖实录》卷一百三十九。

可以说，教职之加衔增俸复职是解决官学教师出路问题的一个比较好的方法，一方面能够激励教职，另一方面能稳定教师队伍并充分发挥教师尤其是优秀教师的优势。

教职复职还有种特殊情况：一为现任之教职中举者加衔回任；二为官学教职升迁至府州县地方行政官员后由于无法胜任新职而要求重新改为教职；三为丁忧服满复职。现任之教职中举者加衔回任开始实施于乾隆三年。乾隆元年（1736 年）之前，由于教职中举前后所应得之官品相差悬殊，因此各省现任教谕若考中进士、现任训导若才中举人、副榜，则有应用之缺，便离原有之任以等铨补，而铨补往往迟延，动辄数载，所以教职中举之后反而退居闲散，因此乾隆三年（1738 年）下诏，令中举之教职加衔复职回任："今教职品级既已加增，则离任之例亦应酌量变通，以示鼓励。嗣后现任教谕会试得中进士、例应归班者仍令回任，以教授衔管教谕事，现任训导乡试得中举人、副榜者，仍回原任，以教谕管训导事。若遇该员本班应选用时，仍照常铨选，遇卓异荐举亦照衔升转，将此永著为例。"①

丁忧服满复职丁内艰或外艰三年服丧期满后继续其教职生涯，丁忧离职服丧是古代官吏的通行做法，它体现了古代国家以孝治国的原则，由于官学教师为师儒之官，因此在这一方面要求就格外严格一些。

三　明清官学教师的教职外升迁和降改

"官师合一"是中国古代官学教师身份的典型表现，如果说中国古代最早的官学教师是由官吏兼任而体现了浓厚的官僚特征的话，汉代以后的中国封建社会的官学教师则专业化的色彩更重一些。尽管如此，他们依旧没有从官僚队伍中独立出来而成为专业人员，他们仍然有官品，政府对文官权力与责任的规定仍然适用于他们。明清时期官学教师的教职外升迁和降改最为明显地体现了中国古代官学教师所具有的"亦官亦师"或"由师入官"这一身份特征。②

---

① 《清朝文献通考》卷五十，《选举四》。

② 在永乐年间，吏部也曾经提出将任满称职之教职仍以教职升用的建议，如果这一建议能得到批准，便意味着教职的升用出路只有教职一条途径，一日为师便终身为师，教职与官员之间的升迁联系便会阻断。但明成祖并未采纳这一建议，坚持"校官果然称师范之任者，于教职内升。如才能堪抚民及剸繁者，亦当随才任使，不可执一。自今凡教官考满，吏部同六科都给事中选其有才识者留六科理事，一年后从本科都给事中考其高下用之"。（见《明太宗实录》卷八十）

（一）明清官学教师的教职外升迁

明清官学教师的教职外升迁与教职内升任相比，对教师的吸引力更大，所升迁的范围也更广一些，教职外升迁概率的大小、所升官位品级与职权的高低轻重、俸禄的厚薄以及所升官职的前途及社会声望等直接影响到教师的选拔及其工作状态，对于相当多的官学教师来说，吸引他们的不是教职本身，而是通过教职这一跳板向教职外的其他官职升迁，当升迁顺利时，就会吸引很多的准备入仕者选择教师这一职业，而当升迁变得困难重重时，教师的选拔便也变得异常艰难起来，这在明代前期与后期的教师选拔的变化中体现得非常明显。具体地说，明清时期官学教师的教职外升迁主要体现在以下几个方面：

1. 升选科道官员

"科"指六科，即吏、户、礼、兵、刑、工六科；"道"指都察院系统及下属各道，为明清督察系统，而科道官员主要指六科给事中及各道监察御史。明代，御史组织为国家三大府之一："国家立三大府，中书总政事，都督掌军旅，御史掌纠察。朝廷纲纪尽系于此，而台察之任尤清要。"① 清承明制，朝廷也主要依靠监察机关实现对行政及文官的监督，监察机关在国家机构体系中处于举足轻重的地位。

在明代，都察院与六科分设，都察院正官的职掌为：纠劾百司、考察百官、辨明冤枉、提督各道及巡抚各地，而都察院所属十三道御史的主要职责为察纠内外百司之官、谏诤、预议大政、内外监察、朝会纠仪和祭祀监礼、追问公事及参核狱案等；六科的职掌主要为兼谏议及补阙与拾遗之职、封驳章奏、会同九卿议政、稽查六部百司、考察官吏及督理刑狱等。清初沿用明制，由都察院和六科组成监察系统，都察院设有十五道监察御史，主要负责对全国各地的监察，而六科也为独立的监察机关，而雍正初年，将六科并入都察院，监察系统由科道分设变为科道合一。②

由于科道监察机关在国家政治运作中起着纠察百官、整饬吏治等重要

---

① 《明史·职官二》。

② 关于明清科道监察系统的设立及其功能等问题可参阅邱永明《中国监察制度史》（华东师范大学出版社 1992 年版）、张显清等《明代政治史》（广西师范大学出版社 2003 年版）及艾永明《清代文官制度》（商务印书馆 2003 年版）相关内容。

责任，对能力及品德的要求很高，是以明清对科道官员（主要为六科给事中及各道御史包括提学御史）的选拔任用尤为关注，包括地方官学与国子监学官在内的一批科目出身的具有一定工作年限和较为突出的工作业绩的封建官僚队伍的中坚力量成为科道官员的最重要候选者，下面主要以明代为例说明这一问题。关于以官学教师等考选科道官员，《续文献通考》谓：

> 给事中、御史谓之科道官：科五十员，道百二十员。明初至天顺、成化间，进士、举、贡、监生皆得选补。其迁擢者，推官、知县而外，或由学官。其后监生及新科进士皆不得与；或庶吉士改授，或取内外科目出身三年考满者考选。内则两京五部主事、中、行、评、博、国子监博士、助教等，外则推官知县。①

明代尤其在其前期对于从官学教师中考选科道官员是比较重视的，也有许多官学教师通过俸满考选成为科道官员，《明实录》所载有个人传记的 2350 人中，起家学官者 63 人，其中由学官升迁至礼、户、兵等科给事中及各道监察御史者占三分之一，共 21 人。永乐六年（1408 年）明成祖朱棣下谕："自今教官考满，吏部同六科都给事中选其有才识者，留六科办事。一年后，从本科都给事考其高下用之。"② 正统二年（1437 年），北京国子监"学录李奎以考满至行在，被荐，擢监察御史"。③ 正德十三年（1518 年），南京国子监祭酒贾咏奏准照两京行人、太常博士及府州县行取事例，凡遇风宪及两京部属有缺，移文本监，择取行实、年貌、才力相应者或一二人或三四人赴部擢用，以励其余，以复祖宗崇儒重道之典。吏部会议后决定以两京助教、博士等官曾经一考以上，贤能素著者行取考选风宪，命南监掌印官每遇年终将所属助教、博士等官从实开报年岁，注

---

① 《续文献通考》卷三十六，《选举三》。对于官学教师考选科道官员，也有一些不同意见，认为不应由教官考选科道："陈都御史智以教官多猥茸，且锋芒略尽，难称激昂之任，是以不得任御史。有轻薄者恨之，作诗曰：'陈智如何量不宽，斯文不许入台端。谁知今日为民去，曹泰分明是教官。'以智去坐泰言异故也。夫无人不可用，况教官乎，顾其人如何耳。教官如今之魏尚书骥、年尚书富、何可少也。"（见叶东《水东日记》卷六）

② 《明会要》卷四十一。

③ 《辟雍纪事》卷五。

明文学才行，开具揭帖，责令顺差人役齐送本部查照，以备斟酌行。一年后，吏部以急缺风宪行取南京国子监助教杨林、李继宗等。① 嘉靖十三年（1534 年）南京国子监祭酒费采奏准："科道员缺，乞将南监博士、助教等官一体行取，以备选用。"② 嘉靖二十六年（1347 年）由于两京国学教官员缺，下令于举人出身教官优等及进士奏愿降除国学者斟酌升补，待任满奏续与行人等官一体考选风宪。③ 由于自嘉靖三十八年（1559 年）以后并无教职考选科道官员，因此鉴于由教职等升迁科道官员甚少而科道缺多的状况，隆庆三年（1569 年）吏科都给事中郑大经题该本部复准以后行取科道官员每年举行一次，"遇该行取，备查内外应取官员开具名姓送堂，发四司咨访开具回报题知本下，备将在外推官知县及教官堪以行取者开具名次，本司主事亲送都察院议同会题给劄，定限赴部"。同时，"国子监博士、助教、学正、学录查系科目出身历俸一考以上称职无过及不系改调者行令起送"。④

2. 升迁内阁、翰林院及詹事府等中央机构官员

内阁始置于明代，洪武十五年（1382 年）置华盖殿、武英殿、文渊阁、东阁诸大学士，以备顾问，又置文华殿大学士以辅导太子，秩皆正五品。仁宗时其位渐崇，实掌宰相之权，世宗时定为四殿（中极殿、建极殿、文华殿、武英殿）二阁（文渊阁、东阁）大学士之制。清代沿置，设大学士、协办大学士、学士、侍读学士、侍读及内阁中书等官职，品级从正一品至正七品不等；翰林院，唐代始置，宋代沿置，明代时将修史、著作、图书等事务归并翰林院，正式成为外朝官署。清代时掌编修国史、记载皇帝起居注、进讲经书、草拟册立、制诰等文书，其长官有掌院学士，下有侍读学士、侍讲学士、侍读、侍讲、修撰、编修、检讨、待诏、庶吉士、五经博士等；詹事之设始于秦，为太子僚属，至唐设詹事府，后历代沿置。明代詹事府官多由翰林院充任，至清顺治九年（1652 年）置詹事府，设詹事、少詹事、主簿、录事、通书舍人，置左右春坊，设庶子、谕德、中允、赞善，置司经局，设洗马、正字等。清光绪二十八年

---

① 《南雍志》卷四。

② 《续南雍志》卷二。

③ 《世宗实录》卷三百二十。

④ 《吏部职掌·文选三》，《求贤》。

（1902 年）裁撤詹事府，其事务归入翰林院。由于翰林院、詹事府及国子监互多兼职，有时可将其看作是三位一体的。

除了升迁科道官员外，官学教职依其品秩升迁内阁、翰林院及詹事府等中央机构官员也是其重要出路之一。《明太学志》谓："祭酒或升卿亚，或宫詹，或内阁学士。司业升祭酒，或坊局五品官。监丞、博士、六学诸师学博行修者，以补馆职。"① 明代国子监祭酒所升者多为太常寺卿、六部侍郎、詹事府詹事（以上均秩正三品）及内阁学士（秩正五品，但因其参与朝廷重要政务，往往可升迁至尚书、侍郎甚至加衔至"三公"即太师、太傅、太保，故其位甚重），明南京国子监祭酒中如周洪谟由祭酒升礼部侍郎，刘宣由祭酒升吏部侍郎，吴一鹏由祭酒升南京太常寺卿，黄佐由祭酒升詹事府少詹事兼学士，郭正域由祭酒升詹事府詹事、礼部右侍郎、侍读学士等；司业除升任祭酒外，又可升迁至左右春坊左右赞善、左右谕德及司经局洗马（秩正五品）等，而博士、助教及学正、学录等主要升迁至翰林院修撰（秩从六品）、编修（秩正七品）及检讨（秩从七品）等。

正统十四年（1449 年）明代宗朱祁钰登基不久，户部尚书兼翰林院学士陈循鉴于翰林院员缺较多的情况，特奏准通过推升本院馆职以及从官学教师中考选来解决这一问题，称"本院自讲读以至五经博士等官，俱多缺员，钦惟皇上嗣登大宝，正用人之际，况文学侍从之臣，尤当精选，以备顾问，资益圣学。乞敕吏部，于本院见任官及庶吉士内推选升补讲读等官员缺，其五经博士及典籍、侍书、待诏之缺，俱于教官内推举，送院考补，如此庶几官不旷职，近侍得人"。② 《明实录》也记载了许多由官学教职尤其地方官学教职升迁翰林院及詹事府官员的例子，如朱善，南昌丰城人，初为郡学教授，因荐除翰林修撰，后任文渊阁大学士；吴沈，浙江金华人，初为县学训导，荐授翰林待制，后任国子博士；门克新，巩昌秦州人，初为秦州儒学训导，擢左春坊右赞善，后任礼部尚书；徐善述，浙江天台人，初为桂阳州学学正，后擢左春坊左司直郎，曾任左春坊左赞善等。

清代对官学教师俸满应升之内外官职有明确的规定，如国子监教职中

---

① 《明太学志》卷十一。
② 《典故纪闻》卷十二。

祭酒应升为内阁学士、詹事府詹事、太常寺卿、光禄寺卿等官，司业应升为除祭酒外，还有通政司左通政、大理寺少卿、詹事府少詹事及庶子、内阁侍读学士、侍讲学士等，国子监博士、助教则内升主事，外升同知，学正、学录等例应推升各衙门典簿、司务等官。在清代，除国子监和司业可升迁至较高职位外，其他教职所升中央官职通常为较低官职，尤以内阁中书和各部主事为主。

清代对教职捐升内阁中书有明确规定，在同治五年新纂《增修筹饷事例条款》中对国子监教职捐升内阁中书曾作如下规定：由现任举人出身之国子监学正、学录捐银七百三十八两，候补候选者捐银八百八十二两，准以中书双月选用；同时规定，五贡出身之学正、学录等官捐内阁中书，应令比照举人出身之学正、学录捐升中书银数，分别现任、候补、候选报捐，仍照未拣选举人捐中书银数，补交三成例，银三百九十五两；俸满教谕准捐升内阁中书，除由举人出身之教谕捐升者仍按例定银数办理外，如系五贡出身之教谕捐升内阁中书，历办成案系于例定双月银数上再照未拣选举人捐中书银数加三成，银三百九十五两，作为捐升内阁中书例定银数。现任教谕捐银一千四百二十一两，候补、候选者捐银一千五百六十五两，均准以内阁中书双月选用，而廪膳生、增广生出身之教谕，仍不准报捐。①

关于官学教师升迁六部主事，明代已有先例，如：

（易）英，湖广澧州人，洪武中，自州学训导擢工部虞衡司主事，寻升郎中。永乐初，升河南布政司左参议，调浙江，十六年升礼部左侍郎。②

（王）道，山东武城人，正德辛未进士，改庶吉士，授应天府儒学教授，升南京礼部主事，改吏部，历员外郎、郎中。③

清代时官学教职中主要由国子监监丞、博士、助教等升补主事，康熙

---

① 参见张友渔、高潮主编《中华律令集成》（清卷），吉林人民出版社 1991 年版，第 317 页。
② 《太宗实录》卷二百一十二。
③ 《世宗实录》卷三百二十五。

五年（1666年）曾对国子监升补主事之班次有明确规定：国子监博士、助教与行人司司副、内院典籍办事中书、兵马司指挥、光禄寺署正、銮仪卫经历及知县为一班，国子监监丞与大理寺评事、太常寺博士、中书科中书、行人司行人、内院撰文中书、顺天、奉天推官、通政司经历及上林苑监丞为一班，分推补用主事。①

3. 推升布政司及府州县等地方行政官员

布政司，明代始置。洪武九年（1367年）撤销行中书省，后陆续分全国为十三个承宣布政使司，每司设左布政使各一员（从二品），与按察使同为一省之行政长官，同时设有左右参政各一员（从三品），左右参议各一员（从四品）；清代沿置，每省设布政使一员（从二品，江苏设二员），又设经历、理问、都事。明清时府为布政司下属行政建置，长官为知府，为正四品，属官则有同知、同判等；州县则为明清基层行政建置，长官为知州与知县，明代知州为从五品，知县为正七品，其属官有同知、通判、县丞、主簿等，清代直隶隶州知州为正五品，散州知州为从五品，知县为正七品，掌一州县之学校、刑狱、赋税等事，其属官有州同、州判、县丞、主簿等。

明初官署始设，缺员甚多，官学教职多有升布政司官员者，如洪武十四年（1381年），以助教赵新为山西布政使，郝仲诚为陕西布政使司左参政，马懿为江西布政使司左参议，王景范为湖广布政使司右参政，试司业张励为山东布政使司右参议，② 后也有由官学教职擢知州及布政使等地方高级官员者，但明代后期则少见，而清代时教官几无此殊荣。③

---

① 《清朝文献通考》卷五十五，《选举九》。

② 《南雍志》卷一。据余继登之《典故纪闻》载："太祖命助教赵新等为布政使，谕之曰：'今布政司，视古之州牧，其任甚重。所以重者何？在承流宣化、通达民情也。若上德不下究，则郁而不彰，下情不上达，则塞而不通，为政郁塞，则远近乘隔，上下不亲，得失无所闻，美恶无所见，如此则弊政百出，民不可得而治矣。朕所以用卿等，冀儒术有异于常人也。'"（见余继登《典故纪闻》卷四）

③ 陈康祺《郎潜纪闻初笔》卷四载："海阳吴文伯，雍正丙午以训导引见，奏对称旨，特授河南禹州知州。文伯父隆，尝以奉化丞权县事，时方养疴奉化，得家书，伏床褥北向叩头，勤及之。隆盖孝子，鞠逊行曾为作传。帝简循良，天酬纯孝，则我宪皇帝之圣则神也。"《郎潜纪闻三笔》卷二载："榆次李方伯如兰，初官泽州儒学训导。世宗初年，以例当改主簿，与同辈三十六人见，奏对独当上意，径授高邮州知州，累迁至四川布政司使。近百年来广文冷秩，鲜兹奇特之遭逢矣。"

与升布政司官员相比，官学教师升迁知州、知县等则更为常见、更为稳定，不仅明代所升甚多，清代甚至成了官学教师最主要的教职外升迁途径，有更为严格的资格和程序要求。

明代曾数次下谕，要求将国子监教职及地方官学教职考选地方州县官吏，如成化五年（1469 年），"定国子监属官，曾经考满，果才堪政事者，量升长史、知州同知，以示激励"；①嘉靖、隆庆年间又定岁贡教官考升州县正官之法："嘉靖四十二年（1563 年）该本部题准：各处州县正官缺多，欲将岁贡出身教官不拘资俸曾经荐举及考语优者升补，以后仍照年资叙迁，不为例。隆庆六年七月（1572 年）本部议得两京十三省州县正官缺多，大选、急选每选不过数人，通行抚按官会同将所属府教授、州学正、县教谕、训导，但系岁贡出身者开举数人，各于前作下定注考词以凭议处升补。"②崇祯六年（1633 年），"令国子监博士并外特荐教官，一体考选，分别等第，补翰林员缺，次补科道以及部寺，又次者补同知、通判"。③明代有众多的官学教职升迁至州县官吏，如李叔正由国子学正迁渭南县丞，后仕至礼部尚书；成班由代州儒学学正荐升蔚州知州，官至北京布政司参议；王景由县学教谕迁知州，后升至翰林院学士；贺银由桃源县学教谕荐升宛平知县，曾官通政司通政使；赵季通由儒学学官举任吉水知县，仕至北京国子司业；以刚正不阿而著称的海瑞由南平教谕升淳安知县，官至南京右佥都御史等。

在清代，除了现任训导俸满保题，照例以州判、府经历、县丞、州学正、县教谕五项注册，归于双单月选用外，而京府汉教授、官厅教授、州学正、县教谕考满例得迁知县。雍正十年（1732 年）议准：

> 应升知县之教职以及经历等官，由部按其俸次最深、任内无参罚案件及下第举人补授教职按其科分名次轮班应选者酌量截取，令该督抚详加验看，择其年力才具可胜民牧之任者出具考语给咨该员，赴部照例升选，与月选官一例考试引见补授。其有年力就衰办事平常自揣不胜县令之任者该督抚咨部注册，除正印官不准升用外，其应升教职

---

① 《钦定国子监志》卷四十四，《官师志》（道光刻本）。
② 《吏部职掌·文选四》，《开设》。
③ 《钦定国子监志》卷四十四，《官师志》（道光刻本）。

佐贰等官仍照例升用。至教职等官有题定三年或五年俸满即升者，该督抚报满，部议准其即升后，给咨赴部，仍照即升月分升用。以上截取人员将次用完，再行酌量截取，傥离任后原任内有降罚事故均照离任官例议处，将降罚之案带于新任。其俸次在前应截取之员现任内有参罚事件未获截取，续经销案即补行截取，仍较俸升用。①

乾隆十七年（1752年）奏准，各地俸深应升之教职在遇应行截取时，督抚验明人才堪胜民牧之任，出具考语，咨部注册，在任候选，等掣签得缺后，行文该督抚给咨赴部引见。② 乾隆五十二年（1787年），为防止各省督抚验看不确，将应升知县之举人出身教职不升，又下谕令各省督抚将不甘就教之教职给咨送部引见，或由邻省之督抚复加验看，如原验看督抚确有不实之处，由邻省督抚奏明给咨送部引见："嗣后直省举人教职由本班截取知县，经该督抚验看难胜民社，如该员不甘就教，情愿赴京引见者，仍著该督抚照例给咨送部，候朕鉴定。其或因路远跋涉维艰不能赴京者，准其赴邻省督抚呈明，复加验看，傥系年力未衰，验看督抚果不甚确之处，即由邻省督抚奏明，再行给咨送部引见，以示朕用人行政一秉至公，即微员亦不使稍有向隅之意。"③

清朝对拟选知县之俸满教职所处班次也有明确规定，如乾隆十一年（1746年）奏准"月选知县于正选人员外以其次应选人员各照双单月分按班备拟。双月将进士、新进士、举人、俸满教职、捐纳等五班各拟一人，单月将应补、捐纳、进士、新进士、举人、俸满教职等六班各拟一人。如本班无人，即将例应抵选人员照例拟抵，与本月分月官一同考试验看，附于月官之末，别为一班"。④

（二）明清官学教师的教职外降改

对于那些不通经书、不堪训士且教学效果差但年力尚壮的官学教师，经考核后可降黜杂职或以对品改补。如明代对于教授、学正、教谕与训导

---

① 《钦定大清会典事例》卷五十五，《钦定大清会典事例》卷三十五内有记有具体截取数目："轮班应选者，预行截取二十人。乾隆三年奏准酌量截取，不拘二十人之数。"
② 《钦定大清会典事例》卷五十五。
③ 《钦定大清会典事例》卷三十五。
④ 《皇朝政典类纂》卷二百四。

九年俸满，既无举人，又考不通者俱降河泊所等官，① 这即是"别用"，"但不令复为教官，而以相等官内改用也"，举例而言，教授应改任为从九品的税课司大使、仓大使、司狱巡检等官，学正、教谕、训导应改任未入流的河泊所官，在景泰、天顺年间，教授有改任税课司大使等官者，学正、教谕、训导也有改除仓官、河泊等官的例子。其后，不分教授、学正、教谕、训导全改除河泊所官，② 这对于教授而言，实为降等使用，"有乖别用之制"。弘治十年（1497 年）考察南京庶官，翰林院检讨仍管助教事俞智等七员皆罢。③ 嘉靖十年（1531 年），吏部考复国子监监丞等奏，国子监教职中当留者十五人，当黜者五人，称"国初设立国子监官，志取学问优常、德器老成者任之，使天下生徒有所观法，以为成材之地。迩来进士外选者辄求改监职，苟历年所资遂得内补。以贤关为捷径，非祖宗立法养士之意。且令进士之科皆若此辈，则民社之责属之何人！自今宜著为例，有补外求改监职者，非材力不及则学术不正，不得擅改京职以长奔竞。上然之，命如议，禁革著为例，黜学正房监等五人"。④

清代除了要求俸满教职年力已衰者休致外，对于不能胜任教学工作但年力精壮者要求对品改补或降杂职，乾隆三十四年（1769 年）议准，"嗣后博士、助教听该监随时秉公验看，如文理生疏、不堪训课，而年力精壮尚能办事者，咨部以对品改补。其由科甲出身者，以詹事府主簿、光禄寺署丞、典簿等官改补，如非科甲出身者，专以光禄寺典簿补用"。⑤ 如果教职降杂职则不准其应试，嘉庆八年（1803 年）下谕诏：

> 礼部呈进科场条例，于起送会试条下声明教官降杂佐者其未经得缺以前请改照候补、候选人员之例，由举人出身者俱准其会试，由贡生出身者俱准其乡试。增入条例等语殊属非是。教职一项降调杂佐等官，向不准其乡、会试，原因其缘事镌级已吏议，与在部候选、候补人员例得应试者迥不相同，况历年各省教官降为杂职遇有呈请应试者

① 《吏部职掌·考功一》，《教官考满》。
② 王恕：《酌事理以公考核疏》，《皇明疏钞》卷三十七。
③ 《南雍志》卷四。
④ 《世宗实录》卷一百二十七。
⑤ 《钦定大清会典事例》卷三十二。

均经批驳有案，若因其由举贡出身降调辄请准其应试，显与定例不附，礼部堂官于条例内率行增入，未免心存邀誉，俱著传旨申饬。此后教官降为杂佐人员不准应试，仍著照旧例行。①

四　明清官学教师升迁之难

明清之官学教师除了明前期出路较好外，在明清大部分时间其出路并不十分理想，除了一些人对官学教师的偏见外，其品级的低下与俸禄的微薄以及中国传统中根深蒂固的官本位倾向是造成人们目教职为冷官而不屑就的重要原因。

关于明代官学教师升迁之难，龙文彬曾在《明会要》中称："明初重学官一途。凡辅导东宫、纂书、衡文及经保荐与九载考满者，必授以翰林、春坊、科道清华之选。故杨文贞荐仪智谓其起家学官，盖以此为美谈也。厥后师儒职轻，副榜举人不屑就，而贡生年迈及贫困甚者乃甘心充位。被荐者虽部曹犹将靳之，而况其他。惟朝廷待之甚轻，故教官之自待愈苟。无怪学规不振，儒术之日替也。"② 这一观点与我们对《明实录》中起家学官的人物出身分析是完全吻合的。景泰二年（1451年），南京国子监博士王资加衔翰林院检讨掌监丞事，北京国子监祭酒萧镃送王资序中也明确提出了国子监教师升华之难，称："窃见在京诸司府自给事中、御史至郎署、廷评以下，远者五七年，近者四三年辄褎然被推举，有超擢至列卿者，方面郡守接遗迹也，而一居太学，由学录、学正而博士、助教，由博士、助教而检讨兼教职，盖近者十数年，远者二十余年，而后始得从七品之秩，虽有杰然过人之才，莫得自异也。往时行荐举犹或有一二得升者，比年以来，推选之责一归于吏部，官太学者孰肯为之先容哉。"③

查《皇明太学志》、《南雍志》、《续南雍志》、《明实录》及其他明代政典，国子监祭酒和其他官吏因不满官学教师升迁之慢而奏请提擢的奏折屡见不鲜，如：

景泰七年（1456年）山东道试御史阎萧奏请："黜陟幽明乃国家劝惩

---

① 《清朝续文献通考》卷八十五，《选举二》。

② 《明会要》卷四十一。

③ 《南雍志》卷三。

之典，进贤退不肖实治道用舍之公。……今天下之广，或抱兼理之才而终于郡邑，或负超卓之行而老于令佐，或有政事而困于教官，或有廉能而淹于杂职。"上从其言，于是祭酒吴节旌别属官助教冯宝等奏请擢之。[1]

成化三年（1467 年）礼部尚书姚夔等奏准实施对教官的提拔擢用。

> 教官于副榜举人除授，近年皆不肯就，以拘例太窄小故也。一就教职，终身不展，人岂肯乐为之。夫人才相去不远，教官中岂无宏才硕学、奇杰异能之士？苟拔而用之得其道，人将鼓励而兴争趋而赴矣。洪武、永乐、洪熙、宣德、正统年间，教官有学行者多简任教职，如胡俨、陈山、张瑛、魏骥、年富、王来等，皆其选人。今后教官考满，宜命吏部严加考选，如有年貌相应、功绩不亏、学行超越者，内而风宪、近侍，外而有司衙门，照例量才擢用。若在任有奇才异能卓出群表、九年将满者，听巡抚御史会同布、按二司具实奏闻，吏部行取，一体考验擢用，如此则师道光荣而人人乐就，模范可以得人矣。……上是之，皆准行。[2]

成化五年（1469 年）北监祭酒陈鉴疏称：

> 南北两监官与在京诸司官迁叙事体未始有异，如学正等官曹琏等升佥事，边宁等升知府，景信等升长史，张福等升知州，魏龄等升监察御史，彼时人知激劝，近时升擢惟有学正江深得升长史耳。复是在部考满人数，且各官自任教职以来动经二三十年再为淹滞，不无衰老。先年祭酒邢让虽尝建言，然拘于出身，限于考满，两监各官，一人未拔，激劝之典似乎未溥，乞访各官曾经考满称职者不分出身，不拘年月，果有才堪政事量升长史、同知、知州，以寓激劝。如遇三品官以上会保及本部推举者亦一体升擢。[3]

成化二十三年（1487 年），礼部因教职易至淹滞而副榜举人多不乐

---

① 《南雍志》卷三。
② 《宪宗实录》卷四十。
③ 《南雍志》卷三。

就，因此导致教师质量下降的状况奏请：

> 自今副榜举人入监三年及未入监者，许令就教职。为教职者不限
> 年资，许令会试。其满九载，试中绩著者，许推选御史、知县。①

隆庆三年（1569 年），南京国子监祭酒姜宝奏：

> 国初各官有九年考称加升翰林院检讨职衔者，博士以下等亦有待
> 及三年考称行取以备科道之选者，今多随时升转，不得与行取之列，
> 亦无复有超擢之望，似非所以广激劝面临理作养也。偿蒙准复旧规，
> 敕下该部查照举行，以稍重师儒职任，而每遇铨选各官之时又须访果
> 文学行义卓然足为多士模式者才与升擢。从之。②

在清代，尽管明确规定了官学教师的升迁路线和升迁程序，尽管中央
政府三令五申要求地方督抚和学政尽心举荐称职教职，严革不称职教职，
但督抚、学政往往将其视为无足轻重之事，"督抚陋习，既不肯轻荐，又
不肯多革，是以保题者固属寥寥，而休致者亦不多见，惟使龙钟之辈滥竽
恋栈，无所区分，盖视教职为无足轻重，初不计及为造士之根本也。……
至训导一官例止得升县佐，该上司尤多忽略"。③ 清代官学教师十数年、数
十年或终其一生不得升迁者比比皆是，故清人陈其元在其《庸闲斋笔记》
中谓："校官为冷宦，自撰盈联，或嘲或讽，多有可发一噱者。李时庵教授
题大堂联云：'扫帚呼僮，莫认今朝点卯；轰雷请客，都知昨日逢丁。'傅
芝堂学博则云：'百无一事可言教，十有九分不象官。'此二联早脍炙人口
矣。屠筱园教授所书，则'教无所教偏称教，官不成官却是官。'自嘲中却
有身分。陆定圃教授则云：'近圣人居大门径，享闲官福小神仙。'亦有味。
沈秋河司训门联云：'读书人惟这重衙门可以无妨出入；做官的当此种职分

---

　　① 《宪宗实录》卷二百八十七。由于副榜举人多不愿就教职，故后来曾强制其就教职，弘
治六年（1493 年）礼部奏准："今次会试所取副榜举人，凡在监五年以下、并未入监及新科年岁
相应者，俱令就教职，不许告免。仍遵天顺八年诏例，署职九年考满者，方许再会试一次。"同
时规定署职六年以上有举人者，亦许其会试。见《孝宗实录》卷七十三。

　　② 《续南雍志》卷三。

　　③ 《清朝文献通考》卷六十一，《选举十五》。

也要有些作为.' 则棱棱风骨，读之令人肃然起敬也。"①

五　明清官学教师出路整体状况分析

（一）基本的分析

在明清，官学教师的基本出路有教职内外之升迁与降改、教职复职等。从宏观上看，明清时期官学教师出路状况有一个发展变化的过程：在明代前期，学官升迁机遇较多，升迁范围较广，出路也较好，《明实录》所载起家学官的 63 人，绝大多数属于明代前期，所升迁官员品级较高，相当多的属于越级提拔，如以训导升监察御史，以国子助教、训导升布政使及参政、参议，以学正、教谕、训导升知州及六部侍郎，甚至有以训导升吏部尚书者，所升官职除了儒学教职外，范围也相当广，有科道官员、翰林院职、詹事府职、太常寺官、通政司官、六部堂官及属官、王府官职、布政司、按察司及州县地方官职等；而到了明代中后期，选官重科举尤其进士出身者，而官学教师大多由贡生、副榜举人及举人担任，因此明代中后期，官学教师出路尤其教职外的升迁受到很大限制，教职日益成为冷途。《仕学全书》称，"明初法严，三年大比，视所教诸生中式多寡这殿最，若三科在学诸生率不中式，教官论遣，谪戍边远，其可学行两优，诸生中式，辄冠南宫，则升陟无等有繇，教职立擢台省及翰林者，……后升陟循资，不复如初无等之旧，若岁贡生授训导，三年考满转教谕、教授，间有入荐剡得转县正府佐者，顾皆暮年昏惰，故学校之教皆废弛不振"。②

清代官学教师的出路除了国子监祭酒与司业升迁前途较好外，其他官学教师的升迁尤其教职外升迁与明代相比，升迁主要为依级而升，较少有越级提拔，同时对其所应升迁之官职有明确、严格的规定，在对待官学教

---

① 《庸闲斋笔记》卷十一。明清时曾流传一《讽教官联》，谓"惊天动地，脱裤打门斗五板；穷奢极侈，连篮买豆腐三斤"。读来使人忍俊不禁。

② 《仕学全书》下编，《府州县儒学》。《明职》中亦称："官之重，无如教官，官之坏，亦无如教官矣。国初以学校为首善之地，教职为风化之官，每选上舍，俾为郡邑师。考其立身端谨，学政精严，作养人才，堪为世用，则行取为编修、检讨、御史、给事中，后为大臣皆有建树。当时以起家教官为第一荣进，非朝廷滥擢此官，乃教官实称此职也。"（《明教官之职》）但在明代后期，地方官学教官的地位却较低，李乐在其《见闻杂记》中记有一事可窥其一斑："嘉靖乙卯，予中乡试，同二三同年谒文宗，阮先生留坐。时有六七教官亦候阮，会骤雨不能出，先生命各役持年盖伞——送之出臬司门。顾予等曰：'教职微官。即有伞安得进臬司门来，我故令人送之。诸君他日居官，体悉下属亦当如此。'"（《见闻杂记》卷二）

师出路问题上也注意考虑到教师职业的特点，尽量保持教师队伍的稳定性，另外官学教师也通过捐纳的方式得以升迁或复职，对其捐升或捐复所需之银数及班次与程序等也有明确规定。

（二）关于明清官学教师出路的制度化安排

所谓官学教师出路的制度化安排指的是对其所做的整体性、全局性的计划和规定，通过这样一种制度化的安排可以实现对官学教师职业出路的全局性的控制，从而改变以往关于官学教师出路管理随意、松散的状况。在明代以前几乎没有多少关于官学教师出路的制度化安排，在明代后期，基于长期的实践总结，已有官员向朝廷正式提出了一个官学教师出路制度化的设想，典型事例为崇祯四年刑科给事中吴执御给皇帝的奏折中提出的关于官学教师出路安排的建议。吴执御在奏折中建议："学官则宜仿永乐年间例，单用一榜，一切乞恩与近例不及改教者俱罢不行。在岁贡须选年力强、品格纯雅者起送廷试选用，其龙钟老迈者即为题授冠带，不必赴京希用。授职之后不论举贡，俱以进德修业造士为先，而明经课文次之。三年一考，必择士心咸服、士习丕变者，按抚会举，不称职即罢黜。六年再考，必择作人有效，成德几人、达才几人历历有据者，抚按会举，举首俱授部寺京职，若有教范平常、无可称述者，举人酌授闲散外任，贡士致仕，不许更混师表。其硕德名贤中端如瑞两臣者，抚按会举留任，俟其九年考满，悉按旧制起补翰林院编修及给事中等官。"① 这一建议与以往规定相比，一方面它突出了对教职及其出路的整体性考虑，另一方面这一考虑也企图通过对官学教师三年一次的考核以定其升降，从而体现了对教职的动态管理。

如果说明代只是提出了关于官学教师出路制度化设想的话，清朝政府则有了一个同样体现了动态化管理的制度化安排。在《钦定六部处分则例》中明确规定：

各省官学教师除贪鄙、衰庸、不职随时咨参，不得拘定年限外，其余俱以该教师到任之日起扣算六年，六年俸满各府州县具文申请巡道加考，移司查实，转呈督抚、学政调限验看，详加甄别，果有才能出众堪膺民社者，出具考语保题送部引见。年老力衰者咨部令其退

休，其余应行留任人员内，将年力才具堪以策励者列为勤职，仅堪司铎者列为循分供职，俱填注考语咨部注册，自上次俸满之日起任职满六年再行甄别。如果列为勤职的教师六年中果有明白干练、堪膺民社者仍准送吏部引见，照常奋勉者仍列为勤职，若办事稍次于前即改为循分供职，不堪供职者令其退休。被列供职的教师六年中有能实心训迪较前奋勉者即予以提拔，列为勤职，照常办事者仍列为循分供职，才力衰庸者令其退休，均随时咨报吏部，年终汇报军机处，由部汇核具题。年龄超过七十之教职内有精力尚健可以继续任教者允许再留任五年，五年后则一概令其退休，同时规定下令退休的教师有情愿来京引见者准照大计六法人员之例声明咨送带领引见。①

总体上讲，尽管直到清末人们依然习惯于从"为官"的角度对官学教师职业及其出路进行判断，但不可否认，随着明清时期文官管理制度的不断完善和对教师职业性质认识的不断深化，明清时期官学教师出路的制度安排也经历了一个由比较随意、自发而逐步走向系统、完善的过程。

表1—3　　　　《明实录》人物传记中起家学官者情况一览表

序号	姓名	籍贯	初任教职	所升官职	后曾历重要官职
1	李观	济南历城	郡学训导	授燕府录事	山西行省参政
2	孙作	江苏江阴	太平府儒学教授	迁国子助教	
3	胡隆成	浙江山阴	嘉兴府儒学教授	迁国子助教	
4	李思迪	山东济南	国子助教	迁起居注	山西行省参政
5	张美和	江西清江	县学教谕	迁国子助教	翰林院编修
6	李叔正	南昌靖安	国子学正	迁渭南县丞	礼部尚书
7	傅藻	金华义乌	县学训导	改监察御史	河南按察史
8	赵新	温州乐清	国子助教	迁山西布政使	翰林修撰
9	开济	河南洛阳	河南府学训导	擢国子助教	刑部尚书
10	朱善	南昌丰城	郡学教授	荐除翰林修撰	文渊阁大学士
11	吴沈	浙江金华	县学训导	荐授翰林待制	国子博士
12	陈敬	河南	河南儒学训导	荐吏部试尚书	吏部侍郎

---

① 《钦定六部处分则例》卷四，《教职佐杂年终甄别》。

序号	姓名	籍贯	初任教职	所升官职	后曾历重要官职
13	门克新	巩昌秦州	秦州儒学训导	擢左春坊右赞善	礼部尚书
14	成玭	扬州兴化	代州儒学学正	荐升蔚州知州	北京布政司参议
15	张智	延平昌顺	湖广夷陵州学正	召拜礼部右侍郎	国子监司业
16	王达	江苏无锡	县学训导	后升翰林编修	翰林侍读学士
17	王景	处州松阳	县学教谕	迁知州	翰林院学士
18	晁铸	山西郓城	县学训导	荐国子助教	右春坊右司直郎
19	易英	湖广澧州	州学训导	擢工部虞衡司主事	礼部左侍郎
20	董子庄	江西乐安	云南学官	荐擢广东茂名知县	北京国子监司业
21	贺银	台州临海	桃源县学教谕	荐升宛平知县	通政司通政使
22	仪智	山东高密	高密训导	后擢高邮知州	礼部左侍郎
23	邹缉	江西吉水	儒学学官	后擢翰林侍讲	左春坊左庶子
24	陈仲完	福州长乐	儒学学官	迁翰林编修	左春坊左赞善
25	邹济	浙江余杭	余杭县学训导	后荐升平度州知州	詹事府少詹事
26	徐善述	浙江天台	桂阳州学学正	后擢左春坊左司直郎	左春坊左赞善
27	赵季通	浙江天台	儒学学官	举任吉水知县	北京国子司业
28	刘真		儒学学官	升司经校书	淮府右长史
29	赵次进	浙江临海	儒学学官	荐升常州无锡县丞	南京太仆寺卿
30	李文郁	湖广襄阳	儒学学官	擢通政司参议	户部侍郎
31	吕升	浙江山阴	县学教谕	升江西按察金事	大理寺左少卿
32	潘同	浙江开化	县学教谕	迁知县	四川布政司右参议
33	王让	益都	国子学录	后升右春坊赞善	吏部右侍郎
34	陈山	福建沙县	儒学学官	荐升吏科给事中	户部尚书
35	俞士吉	浙江象山	兖州府学训导	擢广西道监察御史	南京刑部侍郎
36	张瑛	顺德邢台	陕西宁州训导	擢吏科给事中	礼部尚书
37	何源	苏州吴江	山东德州学正	荐升德州知州	江西布政使
38	贝泰	浙江金华	县学教谕	升国子助教、司业	国子监祭酒
39	胡俨	江西南昌	华亭教谕	荐授桐城知县	国子监祭酒
40	王质	直隶太和	南阳县学训导	擢监察御史	户部右侍郎
41	虞祥	苏州昆山	金华训导	进礼科给事中	兵部右侍郎
42	曹鼐	真定宁晋	山西代州学官	改江西泰和典史	吏部左侍郎
43	王永和	苏州昆山	严州府学训导	进兵科给事中	工部右侍郎

续表

序号	姓名	籍贯	初任教职	所升官职	后曾历重要官职
44	储懋	镇江丹阳	儒学训导	擢吏科给事中	南京户部尚书
45	徐初	浙江会稽	山东潍县教谕	擢户科给事中	南京太常寺卿
46	戴弁	江西浮梁	崇阳县学训导	擢兵科给事中	广东左布政使
47	李奎	江西弋阳	湖广黔阳教谕	后擢河南道御史	大理寺少卿
48	丁泰亨	江西新城	宜兴儒学教谕	后擢广西道御史	陕西按察史
49	李锡	陕西咸宁	山西蒲州学正	擢吏科给事中	通政司通政使
50	年富	凤阳怀远	德平训导	擢吏科给事中	户部尚书
51	陈赟	浙江余姚	杭州府学训导	擢翰林待诏	太常寺少卿
52	王贤	山东宁阳	鄢陵训导	擢户科给事中	顺天府尹
53	丘陵	河南兰阳	县学教谕	迁知县	山西右布政使
54	李龄	广东潮阳	学正	后擢监察御史	江西佥事
55	王来	浙江慈溪	江西新建教谕	荐擢监察御史	南京工部尚书
56	陈泰	邵武	安庆府学训导	荐擢监察御史	右副都御史
57	周颙	河南安阳	赵城教谕	后荐擢监察御史	山西右参议
58	章瑶	浙江会稽	嘉兴府学训导	选授监察御史	太仆寺卿
59	魏骥	浙江萧山	松江府学训导	荐升太常寺博士	南京吏部尚书
60	朱鉴	福建晋江	县学教谕	擢监察御史	右副都御史
61	周诏	直隶长洲	县学教谕	升少詹事	太常寺卿
62	王道	山东武城	应天府儒学教授	南京礼部主事	吏部右侍郎
63	海瑞	广东琼山	南平教谕	升淳安知县	南京右金都御史

注：本表根据《明实录类纂·人物传记》一书汇编而成。

第四节　开捐与禁捐：清代官学教师的捐纳制度

捐纳，又称赀选、开纳、捐输，清代又称"捐纳事例"，简称"捐例"，即官吏捐加级、封典，平民捐贡监、封典捐职衔、出身，生员捐例贡从而取得入仕资格。捐纳这一做法始于秦，秦得天下，令民纳粟而赐以爵，汉代承之，唐肃宗至德二年，纳钱百千文，与明经出身；宋真宗、神宗以赈济实边，相继实行及粟补官法，明代又有捐职与纳监之分，至清遂成条制。① 清代之捐纳分为两类，一为"暂行事例"，捐例不外拯荒、河工、军需三者，期满或事竣即停，主要是捐实官；另一为"现行事例"，主要是捐虚衔、封典和出身。

明前期首开教职捐纳之风气，纳马纳粟者可除授地方儒学教师。那些捐纳取得监生资格的国子生由于出身异途，不得已多半出任教职："景泰以来，监生有纳粟及马助边者，有纳粟赈荒者，虽科贡之士亦为阻塞。有间有自度不能需次者，多就教职，余至选期老死殆半矣。"② 到成化元年（1465 年），鉴于地方官学教职质量的下降，在吏科给事中沈珷等人的建议下，朝廷下令凡学正、教谕必用副榜举人，而岁贡、纳马纳粟等项人员只授训导，③ 成化四年（1468 年），又定纳马纳粟等项没有参加过科举之监生，不准选授教职。④《明史·选举志》记载："迨开纳粟之例，则流品渐淆，且庶民亦得援生员之例以入监……于是同处太学，而举、贡得为府佐贰及州县正官，官、恩生得选部、院、府、卫、司、寺小京职，尚为正途。而援例监生，仅得选州县佐贰及府首领官……其愿就远方者，则以云、贵教谕、广西及各边省这卫有司首领，及卫学、王府教授之缺用，而终身为异途矣。"⑤

有清一代，入官重正途，即重视从科举出身者（进士、举人）和五贡（岁贡、恩贡、拔贡、优贡及副贡）及荫生中选拔官吏，但同时由异途（如议叙、杂流、捐纳、官学生、监生、俊秀）入仕者仍占相当之比例，尤以捐纳一途入仕者影响最大，成为清代文官制度之重要组成部分。⑥ 清代官学教师之选拔亦重正途，但与以往各个朝代不同的是，清朝之教师捐纳，始于康熙朝，历经雍正、乾隆、嘉庆、道光、咸丰、同治诸朝而废止于光绪朝。尽管对于这一制度人们议论纷纷、褒贬不一，朝廷对于官学教师捐纳之具体实施措施也时有变化，但不可否认的是，通过捐纳

① 关于捐纳之演变，可参见许大龄《清代捐纳制度》之"序论"，哈佛燕京学社 1950 年版。

② 佚名：《蓬轩类记》。

③ 《明宪宗实录》卷二十二。

④ 《礼部志稿》卷七十。

⑤ 《明史》卷六十九，《选举一》。

⑥ 有关正途、杂途之分史籍无统一之划分，后代学者也有不同之观点，参见艾永明《清代文官制度》，商务印书馆 2003 年版，第 15—17 页。

一途，相当数量的人取得了在官学尤其是地方府、州、县学任教的资格。明清官学教师捐纳制度的实施，不仅对官学教师这一专业群体的选拔方式产生了影响，而且还直接影响到其数量、质量、任用、出路、职业声望，由于明代地方官学教师捐纳尚未成为条制且影响不大，记载不多，因此下文主要以清代为例，对地方官学教职之捐纳制度进行探讨。

一 清代官学教师捐纳项目

清代捐纳之项目，《清史稿》谓："捐途文职小京官至郎中，未入流至道员；武职千、把总至参将。而职官并得捐升，改捐，降捐，捐选补各项班次、分发指省、翎衔、封典、加级、记录。此外降革留任、离任，原衔、原资、原翎得捐复，坐补原缺。试俸、历俸、实授、保举、试用、离任引见、投供、验看、回避得捐免。平民得捐贡监、封典、职衔。"① 在官学教师捐纳制度中主要表现为报捐官学教职、捐复教职、改捐教职、降捐教职、教职捐指省改省、捐纳教职试俸与实授等方面。

1. 报捐官学教职。清代教职捐纳始于何时，史籍无明确记载。② 一般认为清朝文官捐纳始于康熙十三年（1674 年），以用兵三藩急需军饷而开暂行事例，"康熙二十六年（1687 年）复准捐纳岁贡以复设训导用"，③ 由此可知，清代教师捐纳始于康熙十三年之后，康熙二十六年之前，至康熙三十一年（1692 年）有西安事例，规定"恩、拔、岁、副并纳贡己未考职贡生教习，捐米一百五十石以学正、教谕用"，④ 捐纳者主要有恩贡、拔贡、岁贡、副贡、例贡及贡生教习，捐纳对象主要是州学学正及县学教谕等，雍正、乾隆后，范围又有扩大，后乃沿为定制，每开一事例即遵行之，在京文职中，正七品之国子监监丞，从七品之国子监博士、国子监助教，正八品之国子监学正、国子监学录，从八品之国子监典簿，在外文职中正八品之州学正、县教谕、从八品之府州县训导等皆在捐纳之列。

---

① 《清史稿》卷一百一十二，《选举七》。

② 关于清代教职捐纳始于何时，许大龄先生在《清代捐纳制度》一书引《清史稿·选举志》谓："（顺治）十七年，以亢旱日久，复令民纳银充贡，并得选教职。"但查《清史稿》，原语为"十七年，礼部以亢旱日久，请暂开贡例，令士民纳银赈济，允之"（卷一百二十，《选举七》），后文亦未提及捐纳教职一事。

③ 《钦定大清会典则例》卷十。

④ 《六部则例全书》之《户部则例》（下），《捐叙》。

2. 教职捐复降革留任。教职捐复降革留任指被降革教职以纳钱方式恢复其原有教职职务，其实质是以钱抵消处分，具体来说分为四项：

其一为在京教职捐复降级留任，属于在京文职捐复降级留任范畴，按《增修现行常例》中"七品捐银二百一十两，八品捐银一百七十两……俱准其复还一级，再有多降之级，俱照此数减半捐复"之规定，国子监监丞、博士及助教（七品）和国子监学正、学录及典簿（八品）因事故降一级，要捐复原职需花银二百一十两，而被降两级要想恢复原职则需多花一半银数。

其二为在外教职捐复降级留任，属于在外文职捐复降级留任范畴，《增修现行常例》对此有明确规定："司府首领以下教职、佐杂等官，六品捐银二百五十两，七品捐银二百一十两，八品捐银一百七十两，九品以下捐银一百三十两，俱准其复还一级，再有多降之级，俱照此数减半捐复"，则府卫教授（七品）和学正、教谕及训导因事故降一级，要捐复原职同样需花银二百一十两，而被降两级要想恢复原职则也需多花一半银数。

其三为在京教职捐复革职留任，属于在京文职捐复革职留任范畴，①《增修现行常例》规定，"国子监监丞捐银四百六十五两，国子监博士捐银四百五十两……国子监典簿、国子监典籍俱捐银五百四十三两……俱准其复还原职"，同治二年（1863 年）六月十五日又奏定，"教职本无守土及捕盗之责，其因学宫被毁，议以革职者准其加倍半捐复"。②

其四为在外教职捐复革职留任，属于在外文职捐复革职留任范畴，《增修现行常例》规定："府教授捐银二百八十两，州学正、县教谕俱捐银二百六十两，府州县训导捐银一百八十两，俱准其复还原职。"③

3. 教职捐复降革离任。教职捐复降革离任指被降革教职以纳钱方式恢复其所降之级和所革之职而以原官补用，也分为四项：

其一为在京教职捐复降级离任，属于在京文职捐复降级离任范畴，按

---

①　清廷为了严肃官场，对革职官吏捐复也进行明确限制，一是京官自翰、詹、科、道以上，外官自藩、臬以上不准捐复；二是规定因某些事项（如奸赃不法事涉营私者）不准捐复，其余因公获咎而自愿呈请捐复者准予核办。

②　《钦定六部处分则例》，卷二。

③　以上所引《增修现行常例》文分见张友渔、高潮主编《中华律令集成》（清卷），吉林人民出版社 1991 年版，第 319—320 页。

《增修现行常例》中"七品捐银四百二十两，八品捐银三百四十两……俱准复还一级，再有多降之级，俱照此数减半报捐。准其复还所降之级，以原官补用"之规定，国子监监丞、博士及助教和国子监学正、学录及典簿因降一级离任，要报捐原官需花银四百二十两，而被降两级报捐原职则需多花一半银数。

其二为在外教职捐复降级离任，属于在外文职捐复降级离任范畴，《增修现行常例》对此也有明确规定："司府首领以下教职、佐杂等官，六品捐银五百两，七品捐银四百二十两，八品捐银三百四十两，九品以下捐银二百六十两，俱准复还一级，再有多降之级，俱照此数减半报捐。准其复还所降之级，以原官补用"，则府卫教授和学正、教谕及训导因降一级离任，要报捐原官需花银四百二十两，而被降两级要想报捐原官也需多花一半银数。

其三为在京教职捐复革职离任，属于在京文职捐复革职离任范畴，《增修现行常例》规定："国子监监丞捐银九百三十两，国子监博士捐银九百两……国子监典簿、国子监典籍俱捐银一千零八十五两……俱准其复还所革之职，以原官补用。"

其四为在外教职捐复革职离任，属于在外文职捐复革职离任范畴，《增修现行常例》规定："府教授捐银五百六十两，州学正、县教谕俱捐银五百二十两，府州县训导捐银三百六十两，俱准其复还所革之职，以原官补用。"[1] 通过比较我们不难发现，捐复降革离任所需要银数正好为捐复降革留任的两倍。

4. 改捐、降捐教职。改捐指捐任与原任官秩品相同之别职，而降捐指革职官吏以纳钱的方式获得低于原官（一般在二级之内）的职务，"革职官员，如有情愿照原官一、二级报捐者，准其报捐补用"，科举及贡生出身者被革职后可降捐教职："革职人员内有进士、举人、恩、拔、副、岁、优、廪贡出身者，准其各按应得就教之职，降捐补用"，[2] 同时那些因捐复原官不准的官吏也可降捐、改捐教职，"捐复原官业经奏驳呈请降捐改捐及由科目出身呈请捐入教职者准予核办"。[3]

---

① 以上所引《增修现行常例》文分见《中华律令集成》（清卷），第 321—322 页。

② 《增修现行常例》，《中华律令集成》（清卷），第 320 页。

③ 《钦定六部处分则例》卷二。

5. 教职捐指省、改省。捐指省、改省指部选人员在掣签之前要求选定省份，在掣签之后要求更换为改省，康熙四十年（1701年），"浙江巡抚三宝奏请教职捐不论双单月即用者，设加捐分发，到省委用。均报可"；① 咸丰三年（1853年）又规定："进士即用知县并俸满教职、教习期满，……于未经掣签之前有按指省银数报捐者，即准紧指捐之省补用，毋庸别捐分发银两。已经掣有省份者，如愿另指省份，仍令先捐离省亦毋庸另捐分发。"②

6. 捐升教职。现任实缺人员不论正途、捐纳，均可依照咸丰间《筹饷事例》之规定报捐升职，已升署而未实授人员也可捐升，但需捐足两层银数。捐升教职也是如此，同治年间修订的《增修筹饷事例条款》规定："由廪贡生报捐双月训导，递捐双月教谕续行捐升者，无论何项官阶，均照贡监生报捐银数扣足。其已经捐至不论双单月并分发各员，即照指捐之官各本条所载现任加捐银数办理。"③

二　清代官学教师捐纳制度中的"花样"、"试俸"及"班次"

在清代教师捐纳制度中，还有"捐花样"、"捐试俸"及"捐免试俸"等一系列措施，并对捐纳教职所属选用"班次"有明确规定，现分别简述如下：

1. 教职捐"花样"。清代将捐先用称作买"花样"，即捐纳官或非捐纳官，于本班上输资若干，使班次较优，铨补加速。清朝能使铨补加速的班次名目日新月异，花样极多，令人眼花缭乱，如捐应升、捐先用、捐双月、捐单月、捐不论单双月选用、捐新班遇缺、捐新缺尽先等。如《文职报捐各项本班尽先》中规定："大挑二等之员，有按复谕尽银数报捐者，即专归复谕先选。有按复训尽先银数报捐者，即专归复训先选，有按复谕、复训两项尽先银数报捐者，方归两项统选。"④ 至咸丰三年（1853年），又对大挑二等人员捐教职之花样进行扩大，"有捐复谕尽先银数者，准归教谕、复设教谕二项统选。有捐复训尽先银数者，准归训导、复设训

---

① 《清史稿》卷一百一十二，选举七。
② 《增修筹饷事例条款》，《中华律令集成》（清卷），第310页。
③ 同上书，第314页。
④ 同上书，第308页。

导二项统选。有捐复谕、复训两项尽先银数者，既归四部统选"；① 同治四年（1865 年）又规定，候补即用、委用、大挑、议叙、拔贡、教习、教职人员，准捐各本班尽先补用，照例定各本职本班尽先不减成银数赴陕西捐局报捐。下表为咸丰、道光年间三次捐纳事例中教职捐"花样"银数表：

表1—4　　　　筹饷、郑工、海防三例教职捐花样银数表　　　（单位：两）

花样银数	筹饷例（1851 年）			海防例（1884 年）			郑工例（1887 年）
	分缺先	分缺间	本班尽先	分缺先	分缺间	本班尽先	遇缺先
国子监监丞	837	754	558	669.6	603.2	446.4	669.6
国子监博士、助教	810	729	540	648	583.2	432	648
国子监学正、学录、典簿	977	880	651	781.6	704	520.8	781.6
教谕	693	624	462	554.4	499.2	369.6	554.4
训导	477	430	318	381.6	344	254.4	381.6

2. 捐纳教职"试俸"及"捐免试俸"。试俸制度本为保证官吏素质的一项重要措施，在乾隆以前对于捐纳官吏包括教职普遍适用，规定捐纳教职例应试俸三年，三年后合格之教职方能实授：

> 捐纳试俸实授：康熙六十一年议准在内郎中以下小京官以上、在外道府以下杂职以上，均令其于现任内试俸三年，方准照常升转。试俸三年实授之后，仍接算试俸年月，照常升转，不行扣除。其从前捐纳各官，已满三年者，停其试俸，未满三年，仍以从前到任日期接算试俸三年。现任各官，无论已未俸满三年，又照例捐升者，仍令于升任内试俸三年，均自到任之日扣算俸满。在内各部院堂官，在外各该督抚具题到日，准其实授。杂职教官免其具题，止令咨部注册，准其实授。②

---

① 《增修筹饷事例条款》，《中华律令集成》（清卷），第 309 页。
② 《钦定大清会典事例》卷五十四。

对于国子监捐纳教职的试俸，规定"凡本监监丞、博士、典簿、典籍等官，有捐纳出身者，例应试俸三年。如果称职题请实授，奉旨后咨部注册"。① 但自乾隆四十一年（1776 年），"户部奏请保举、考试、试俸捐免例，限制之法，自是悉弛"，② 但实际上捐免试俸只能捐免一定期限而非全部捐免，如在《文职分发分缺先用等项人员捐免试用》中规定，"拔贡教习、教职、知县及大挑教习、教职、分发河工并议叙人员，概系应扣二年，均准其捐免试用一年"。③

3. 捐纳教职相应选用班次。在清代的官学教师捐纳制度中，对官学教职捐纳者所处的班次及顺序曾有明确规定。如中央官学中国子监监丞、典簿，乾隆三十四年定先选应补之人，其次进士一人、举人二人与捐纳之人轮流间用；国子监博士、典籍，乾隆十一年议准捐纳之人与升班之人间用，嘉庆十六年又奏准国子监博士缺出，用科甲捐升一人、外升一人、京升一人；④ 地方官学中复设教谕用恩贡一人、拔贡一人、副榜一人、由正途捐纳一人，捐纳无人，以举人就教者抵补，贡生教习一人，明通举人二人，教习轮用二人，之后将肄业期满之恩拔副贡选用一人；复设训导用岁贡二人，由廪生捐纳一人，岁贡教习一人，教习轮用二人，之后将肄业期满之岁贡优贡选用一人。⑤ 由上述规定可知，捐纳教职者主要在复设教谕与复设训导两班内候选，至咸丰三年（1853 年），又对捐纳教职的班次进行扩大，大挑二等人员也可报捐经制教谕与经制训导，而"未经挑选人员，均准其照举人捐足复谕、复训两项银数报捐，以教谕等官四项注册"。⑥

三　清代地方官学教师捐纳实施基本情况：以雍正年间教职选用为例

在清朝，吏部是通过掣签的方式统一选派各省教职的，捐纳地方官学教师也不例外。按规定，大选教职在双月进行，急选教职在单月进行。在

① 《钦定国子监则例》卷二十五。
② 《清史稿》卷一百一十二，《选举七》。
③ 《增修筹饷事例条款》，《中华律令集成》（清卷），第 309 页。
④ 《皇朝政典类纂》卷二百四。
⑤ 《钦定大清会典则例》卷五。
⑥ 《增修筹饷事例条款》，《中华律令集成》（清卷），第 309 页。

这里，我们选取雍正元年中两次大选教职（下文实例 1 和 2）和两次急选教职（下文实例 3 和 4）的实例对捐纳地方官学教师的基本情况进行初步分析。

1. 两次大选教职中捐纳教职的基本情况

实例 1：康熙六十一年十月掣签、雍正元年二月奉旨拟用。本次共选教职 53 人，涉及直隶、江南、山东、山西、河南、陕西、浙江、福建、江西、湖广、广东、广西、贵州、云南等省份，其中捐纳教职者共 15 人，具体为：

直隶 3 人：任琮，顺天府岁贡，甘捐教谕先用，授河间府宁津县复设试教谕；苏炳，顺天府岁贡，户部捐马训导即用，授天津卫复设试训导；田允瓒，顺天府岁贡，大同捐训导即用，授保定府复设试训导。

江南 3 人：冯为桐，镇江府岁贡，户部捐驼教谕即用，授淮安府清河县复设试教谕；李岱生，镇江府岁贡，边捐训导先用，授江南和州复设试训导；沙伟业，庐州府岁贡，户部捐马训导即用，授池州府复设试训导。

河南 1 人：薛契唐，归德府岁贡，户部捐驼教谕即用，授河南府登封县复设试教谕。

陕西 1 人：赵选钱，西安府岁贡，陕捐教谕用，授临洮府狄道县复设试教谕。

浙江 1 人：骆虞卿，绍兴府岁贡，湖运九款例捐教谕即用，授杭州府昌化县复设试教谕。

福建 2 人：沈涧宗，汀州府岁贡，甘捐训导先用，授建宁府建阳县复设试训导；邓儒修，延平府岁贡，大同捐训导先用，授建宁府崇安县复设试训导。

湖广 1 人：李作正，荆州府岁贡，边捐训导先用，授襄阳府宜城县复设试训导。

广东 1 人：黄有声，惠州府岁贡，户部捐驼教谕即用，授肇庆府阳春县复设试教谕。

广西 2 人：杨绪，太平府岁贡，边捐教谕用，授柳州府怀远县复设试教谕；高辂：梧州府岁贡，大同捐教谕用，授平乐府昭平县复设试教谕。

实例 2：雍正元年六月掣签、八月奉旨拟用。本次共选教职 57 人，涉及直隶、山东、山西、江南、江西、浙江、河南、福建、陕西、湖广、广东、广西、四川、云南、贵州等省份，其中捐纳教职者9人，具体为：

山东1人：曲丕佺，登州府挨贡，右卫捐教谕，授济南府德平县复设试教谕。

山西1人：高逸，平阳府挨贡，右卫捐训导先用，授太原府代州复设试训导。

浙江1人：沈渊懿，湖州府副榜，右卫捐教谕先用，授处州青田县复设试教谕。

江西1人：张崇德，袁州府挨贡，甘捐训导先用，授建昌府南城县复设试训导。

河南2人：郭代镇，河南府副榜，陕捐教谕，授开封府尉氏县复设试教谕；袁星禄，归德府副榜，右卫捐教谕先用，授卫辉府淇县复设试教谕。

湖广1人：严于素，安陆府挨贡，大同捐训导先用，授黄州府广济县复设试训导。

广东2人：彭士正，罗定州挨贡，陕捐教谕用，授广州府阳山县复设试教谕；杨淡淡，潮州府挨贡，甘捐教谕先用，授惠州府长宁县复设试教谕。

2. 两次急选教职中捐纳教职的基本情况

实例3：雍正元年元月掣签、三月奉旨拟用。此次急选教职共掣签教职6人，涉及直隶、江南、湖北、福建等省份，其中捐纳教职者2人，分别为：

江南1人：李弘业，扬州府江都县岁贡候选教谕，西安捐改不入班次即用，授凤阳府五河县复设试教谕；

湖北1人：毛凤翔，荆州府江陵县岁贡，原任湘阴县训导，边捐应升，补郧阳府竹溪县复设试教谕。

实例4：雍正元年五月应掣签而六月实掣、八月奉旨拟用。此次急选教职共掣签教职10人，涉及直隶、山东、河南、福建、陕西、广东、四川及贵州等省份，其中捐纳教职者3人，分别为：

直隶1人：璩秉恭，顺天副榜候选教谕，九款捐改捐单月即用，授顺德府平乡县复设试教谕。

山东1人：赵如韩，山东济南府挨贡候选训导，在户部照马例捐，改捐单月用，授兖州府沂州复设试训导。

河南1人：刘廷瑛，汝宁府西平县挨贡，西安捐训导不入班次即用，授南阳府新野县复设试训导。①

3. 对上述雍正年间四次教职选拔的分析

从范围上看，上述四次教职选拔涉及全国大部分省份，其中在两次大选教职中，捐纳者主要为各府州岁贡和副榜初捐教职者，捐纳时间和所遵捐例各不相同，捐纳教职所占比例分别为28%和16%，平均比例为22%；两次急选教职主要捐纳者为捐升之原任教职及改捐之候选教职，捐纳教职所占比例分别为33%和30%，平均比例为31%。如果再参考其他一些时期教职选用情况，每年应有数十名捐纳者被选为教职并且有三年的试俸期限，而每省也应有数十名教职是通过捐纳的方式获取教职的，如河南巡抚田文镜在雍正三年（1725年）的奏折中也提到河南当时捐纳教职的数量："臣考验过任满捐纳教职内尽有才品优长、年力壮盛之员，现在留任交代者四十六员。"② 在乾隆时期，"捐例既开，输者踊跃……教谕、训导等官，仅浙江一省，已不下七十余员"，③ 而实际上早在康熙时期，教职的捐纳与州县守令等的捐纳一样已经冗滥，曾任国子监祭酒的清代学者王士祯在《古夫于亭杂录》中称："左都御史张鹏翮疏言，州县守令教职，捐纳冗滥，九卿集议遂欲通过改幕职佐贰等官。"④

四　清代官学教师捐纳之要求及程序

在清代，捐纳官学教职有明确的要求和严格的程序，其要求和程序为：

首先，俊秀和贡监初次捐纳教职者，地方官予以审查并取邻族保结："贡监吏员捐纳候选等官，俱令本籍地方官查明实系身家清白并无假冒顶替情弊，缮具册结申送该管府州，藩司核转，由该督抚报部查核注册铨

---

① 以上四次教职选任实例可参见邢永福主编《雍正朝内阁六科史书·吏科》，广西师范大学出版社2002年版。

② 《朱批谕旨》卷一百二十六。

③ 乾隆四十一年上谕，转引自许大龄《清代捐纳制度》，第44页。

④ 王士祯：《古夫于亭杂录》卷一。

选"，并规定"州县申送赴选册结以接到部文之日限于半月内取具族邻甘结出详"。①

其次，户部收捐。户部捐纳房主管全国捐事，具体收捐或由部库、或由外省，或部、省均得报捐，咸丰后由京铜局负责捐事。对于京外捐复教职者的交银期限，明确规定：自奏准奉旨之日起限三个月内将捐银上库，逾限不交即行扣除，不准捐复。如限内实因患病不能持银上库，由相关人员进行验报，有案者准于呈报病痊之日起二十日内上交捐银，如又逾限不交，不再延期，而病痊后补缴捐项与依限上库者的铨补班次也不相同。②

再次，给照。"凡报捐者曰官生，闻予以据，曰执照。贡监并给国子监照。"③ 执照的内容包括捐纳的起因、遵循的文件、捐纳价格、捐纳者的姓名、籍贯、原有职衔、收捐的时间、收银机关、现授予官职的名称、收执者（包括捐纳者本人及其曾祖、祖父、父亲）的姓名和发照时间等。

最后，赴选。乾隆二十一年议定，凡初捐人员包括初捐教职者，在户部咨文送达吏部五十五日后方准铨选，赴选时需有特别的具结和画押："捐纳人员除由本籍起文赴选应照例办理外，其在京仍饬令五六品京官出结，再有该省京官正途出身内公举一二员总司查核画押。务须查明该员实系身家清白，并无隐匿犯案、改名朦捐等弊方准铨选分发。"④ 除此之外，对捐复、改捐、降捐、捐升教职者的铨选也有详细的规定。

五　清代官学教师捐纳中的"禁捐教职"问题

清朝自康熙朝始开捐纳官吏之制以来，捐例层出不穷，花样不断翻新，直到清廷即将灭亡之时，捐纳制度才寿终正寝。由于捐纳制度能在一定程度上补充军需、营田、河工及赈灾所需大量费用，同时能"搜罗异途人才，补科目所不及"，并借异途以"牵制科甲"从而防止科目出身之官僚结党营私、朋比党援，又能满足一些官僚及地主子

---

① 《钦定六部处分则例》卷三，《各省捐纳人员赴选》。
② 《钦定六部处分则例》卷二，《京外捐复人员交银定限》。
③ 《清史稿》卷一百一十二，《选举七》。
④ 《钦定六部处分则例》卷三，《各省捐纳人员赴选》。

弟纳赀入仕的需要，因此尽管有清一代废止捐纳制度的议论纷起，朝廷也曾数次下令停止捐纳，但结果却是不断增开捐纳事例，官场腐败，名器益滥。

在清代，对于官学教师捐纳问题尤其是对俊秀、增贡、附贡初捐教职问题有很多激烈的反对意见。反对捐纳教职主要出于两个考虑：其一，地方官学教师作为师儒之官，承担端正士习、教化育人之重责，如果教职由捐纳而得，他们僭列师席，道不尊而师不严，则有妨对学生的之教化；其二，从教学能力上看，捐纳教职者往往年龄较轻，知识与经验缺乏，很难承担起教书育人之责任。基于种种考虑，清廷也曾多次下令对捐纳教职者的身份资格进行严格限制。

在康熙年间，已有反对捐纳教职的意见。康熙二十六年（1687 年），户部议奏将捐纳岁贡选用教职停止："捐纳岁贡之人，行谊未必历练，诗书未必通晓，而俨然师席，求其师严道尊，兴行教化，岂可得耶！捐纳之人日多，则正途日滞，应将以前纳过岁贡，仍以教职员缺录用外，嗣后将捐纳之例停止。"① 康熙三十三年（1694 年），考虑到以往俊秀、贡生输资为教职而不胜训迪表率之责，遂下令"俊秀准贡捐学正、教谕者改县丞，训导改主簿"。②

雍正元年（1723 年）谕"直隶各省，教职等官乃专教士子之人，今准捐纳，以致文理不通少年，反为学问优长、年高齿长者之师"，下令各省教职除正途照旧选用外，其由生员捐纳贡生者而得教职者，五年任满，教谕改以县丞用，训导改以主簿用。③ 同时又定"国子监监丞、博士、助教等官停止捐纳，专用正途出身之教授、学正、教谕升授，其不系正途之候选、修补者改补本监典簿及鸿胪寺主簿"。④ 雍正三年（1725 年），又下令捐纳教职人员内由廪生出身者，原通文理，依旧以教官选用，廪生捐纳岁贡者按照捐纳日期先后以复设训导选用。

在嘉庆时期，准由廪贡生捐纳教职，而增广生与附生则不准捐纳教职。嘉庆十九年（1814 年）二月山西道监察御史蔡炯在《为请酌宽流品

---

① 《六部则例全书》，《礼部学政全书》（下），《学政》。
② 《清史稿》卷一百一十二，《选举七》。
③ 《钦定大清会典则例》卷十。
④ 《钦定国子监志》卷三十一。

以广登进事奏折》中奏请允许增、附生捐纳教职，[1] 至道光二十一年
（1841 年）准增、附生捐纳教职，但年龄必须在三十岁以上，而其后道光
三十年（1850 年）之顺天捐例又进一步取消了年龄的限制，[2]《清史稿》
谓："宣宗、文宗御极之初，首停捐例，一时以为美谈。自道光七年开酌
增常例，而筹备经费，豫工遵捐，顺天、两广及三省新捐，次第议行。其
时捐例多沿旧制，惟于推广捐例中准贡生捐中书，豫工例中准增、附捐教
职而已"。[3] 在咸丰元年（1851 年）因给事中汪元方奏而下旨停止增、
附生捐纳教职："教职有考课诸生之责，增、附生员学业尚浅，骤令司
铎不足以示矜式，著即将增、附捐教一条永行停止，至前贡捐生已经选
补者，应不准其滥膺保荐。"[4] 但实际上，这次并未真正停止增、附捐
纳教职，而因户部奏请变通俟军务告竣再行停止而作罢，咸丰八年
（1858 年）因山西巡抚恒福等奏请而再次下令停止，但直到光绪末年才
真正停止。

　　如果说清廷对于捐纳教职一事态度暧昧、模棱两可的话，那么作为
正途出身耗十数年或数十年才得一教职的士子来说，心中充满的是愤慨
和无奈，咸同年间贵州著名学者郑子尹得选荔波教谕，有诗云"千金大
物方归手，八品高阶等上天。——自注：例、举贡捐教官，费千金即
得，近日附学生亦然"，而他候补二十多年才得到八品教谕，这无疑是
对师道尊严的极大讽刺。当然也有一些学者为了师道尊严，宁愿清贫一
生也不愿捐纳教职，如无锡人刘齐，康熙丙寅年贡入太学，"或劝纳粟
为教官，齐贻书邵义曰：'教官虽微，当为诸生分义利之辨，奈何己先
以纳粟进耶？'亦却之。及卒，方望溪侍郎苍大书其墓道曰'狷者齐言
洁先生之墓。'"[5]

　　总体上讲，清代官学教师捐纳制度内容繁杂，争议不断，几乎贯穿

　　① 蔡炯在奏折中称："廪生既以食饩之故准捐教职，而曾经数列优等之增、附生，皆以未
经补廪食饩，概不得报捐，虽报踊跃乐输之心，殊无秉铎司训之望，似亦未免偏枯，应请旨饬下
该部……其增生、附生曾考居一、二等者，准其与廪、贡一体报捐教职。"见《嘉庆年间请开捐
例史料》，载《历史档案》2003 年第 4 期。

　　② 参见咸丰元年给事中汪元方奏折，参见《皇朝政典类纂》卷二百十一，《捐纳》。

　　③《清史稿》卷一百一十二，《选举七》。

　　④《续清朝文献通考》卷九十三，《选举十》。

　　⑤ 徐珂：《清稗类钞》，中华书局 1984 年版，第 3233 页。

了有清一代二百多年，是清代官学教师选拔制度和清代文官制度的重要组成部分，对清代这一专门从事文化教育的职业团体产生了重要的影响。

第二章

明清书院中的教师

第一节　不同阶层文人的集合体：明清
时期书院教师的来源

明朝建立之初，面对急需大量人才而官学尚未恢复的现实，朱元璋在通令各级官吏加紧修复官学的同时，竭力起用元末的名人隐士，并着意改制书院以为培养人才所用，如变书院山长为训导，院田皆令入官，重建尼山、洙泗两书院，各置山长一人等。然而在官学教育稍有恢复之后，即于洪武五年（1372 年）下令革罢书院训导，"弟子员归于邑学"，并明确要求渴望"学而优则仕"的士子必须就读官学，否则不得为官。《明史》卷六十九载："科举必由学校，而学校起家可不由科举。学校有二：曰国学，曰府州县学。府州县学诸生入国学者，乃可得官，不入者不能得也。"① 由是官学教育日渐兴盛，而书院则被统治阶级和大多数渴望由科举而改变命运的读书人有意遗忘了，明初书院经历了由先被利用到后遭遗弃的命运。至明中叶，伴随书院的复兴，统治者日益加强对书院的干预和控制，以致书院曾四次招致禁毁。

清初，统治者惧怕书院的自由讲学会导致反清复明思想的蔓延，于顺治九年（1652 年）下令："各提学官督率教官生儒，将平日所习经书义理著实讲求，躬行实践，不许别创书院，群聚徒党。"② 直至雍正十一年（1733 年），统治者才令省会皆建立书院，并"拨帑金千两以为营建之

① 《明史·选举一》卷六十九。
② 《图书集成·选举典·学校部》，孙培青《中国教育史》，华东师范大学出版社 2000 年版，第 260 页。

费"。这样清代书院事实上也就被纳入官学体系之中，日渐捆缚于牢固的科举锁链之中而无力挣脱，以至于在清末随着科举一同被废除。

明清各个书院中教师员额较少，很多书院主要由山长一人主持校务并从事教学，有的书院除了山长之外也聘任副讲进行教学。明清书院山长的选聘主要考虑其品行与学问。如明弘治年间，辽左、辽右二书院建成后，"延学行老成师儒主之"。① 清毛德琦在《白鹿洞书院志》中是这样描述的，"务学不如务求师。师者人之模范也。模不模，范不范，害不少也。一哄之市，必立之平；一卷之书，必主之师，师之关于承前启后者，至重也"，主洞应为"海内名儒，崇正学，黜异端，道高德厚，明体达用者"，若一时无合适人选则"不妨暂缺"；对于副讲，应"礼聘本省通五经、驾行谊者为之"。②

明清两朝能够出任书院山长一职的人务必品行与学术并重，即"经明行修"。山长唯有具备"经明行修"的大家风范，才能使以开放式办学而著称的书院不但能集当地士子之精华，而且常常能使异乡的慕学之人"负笈而至"。随着明清书院官学化程度的加深，尤其是清中叶后，统治者在鼓励兴办书院的同时，又谕令官吏加大对书院的管理与稽查，并赏赐应试名额以诱使书院科举化，大吏及上宪把持着省会及各大书院山长的任免权，而地方书院也由府、州、县各官吏操纵，于是出任山长的品行与学问资历也就日渐消失于腐败的官场及日趋僵化的科举之中。一般而言，明清书院山长的人选来源主要包括以下四个方面。

一　致仕之人

明清时期，因年老、疾病、丁忧或其他原因而致仕之人往往成为书院山长的首要人选。其一，这些人具备山长的资历；其二，这些人归里后，往往具有讲学甚至于创建书院的内在动机，可谓"仕而优不忘学"。明代夏氏曾在《稽山书院》中认为："仕而优焉即学也，所谓载之空言，不如见之行事是也，斯仕学合一之旨也。"③ 明嘉靖年间，游震得任湖广参政，

---

① 钦贺：《辽右书院记》，陈谷嘉、邓洪波《中国书院史资料》（上册），浙江教育出版社1998版，第615页。

② 毛德琦：《白鹿洞书院志》卷之十。

③ 《绍兴府志》卷十八。

归后创建虹东书院，并讲学。① 同为嘉靖年间，曾官至四川按察使兼提督学政的程昌，"致仕家居后于凤山之麓筑鸣阳书院，以为读书教学之用"。② 此外亦有父子致仕后相继主讲书院的记载，如乾隆进士吴锡麒（国子监祭酒）与儿子吴清鹏（顺天府府丞）归里后俱讲学于乐义书院。③

在大多数书院实行山长一年一聘的明清，致仕之人有的出任山长长达一二十年，甚至于三十年之久。如引疾归里的乾隆进士石韫玉，主讲紫阳书院二十余年；④ 以亲老假归的嘉庆进士赵在田，历主道南及凤池书院共三十余年；⑤ 因案被议遣的嘉庆进士毛梦兰，主讲淮安、奎文书院长达三十五年。⑥

致仕之人归里后，往往立即被聘为山长或被多个书院竞相聘用。如隐居的唐仲实，被明太祖延访耆旧时，聘为紫阳书院山长；⑦ 丁内艰归的雍正二年进士王峻，当事争延为士子师，历主安定、云龙、紫阳书院；读书不随时尚的周梦颜，年五十八成乾隆乙丑进士，因降调乞归，时邑中玉山书院落成，主讲三年；⑧ 以乞病归乡的嘉庆二十二年进士徐培深，累主各书院讲席，而主讲梅花书院为最久。⑨ 能被多个书院竞相延请，原因就在于致仕之人作为一种优质社会资源已经被书院充分认可并加以有效利用。

二　出仕之人

明清两朝，出仕之人也是书院主讲教师的来源之一。究其原因，一些人在险恶的仕途场上与日趋腐败的科举和官学教育之中无法施展自己的才华，可谓怀才不遇，这些人往往借助于创建或直接讲学书院，以发泄心中不满；另一些人则期望借助敢于传播新思想的书院阵地来宣传自己的学术与思想，以期达到匡时救世之目的。客观地说，有明一代，对书院教育作

① 《徽州府志》卷十一。
② 陈瑞、方英：《十户之村不废诵读：徽州古书院》，辽宁人民出版社 2002 年版，第 7 页。
③ 《续纂扬州府志》卷十五。
④ 《苏州府志》卷八十二，卷八十三。
⑤ 《闽侯县志》卷七十一。
⑥ 《续纂扬州府志》卷九。
⑦ 同上。
⑧ 《苏州府志》卷一百，卷九十六。
⑨ 《长沙县志》卷九。

出重大贡献的当属那些热心书院建设与讲学的士大夫，尤其是由于王守仁、湛若水等人对创建与讲学书院的"情有独钟"及不懈努力，直接推动了书院教育的逐步兴盛与迅猛发展。

明中叶，以"存天理，灭人欲"为教育目的的程朱理学因日久僵化及科举的日益腐败而受到人们的普遍责备，从而使王守仁等人讲学于书院有了可能性及必要性。明人叶向高明确指出，科举的腐败是导致著名学者创办与讲学书院的最终根源：

> 明兴，设科罗才，虽取词章，而学官功令载在卧碑者，一本于德兴，至于明伦额其堂。其大指于三代同。而末流之弊，逐功利而迷本真，乃反甚于汉唐。贤士大夫欲起而罗之，不得不修复廉洛关闽之余业，使人知所自往。于是通都大邑，所在皆有书院。①

明正德三年（1508 年），遭贬后的王守仁对朝政的腐败感到痛心不已，决心以书院为宣讲心学的主阵地，拯救人们的心理、恢复人们的良知，并以匡时救世为归宿。正是由于王守仁、湛若水及其门徒的不懈努力，书院在明中叶以后开始兴盛起来，并且讲会也日益完善而成为书院一种重要的学术交流方式。

明清时期各级官吏均可出任书院山长，如明末吏部尚书余懋衡及户部尚书汪应蛟"主讲紫阳书院时，依旧在崇尚理学之余，抨击时政"；② 明万历十一年（1583 年）进士汤显祖，"被贬广东徐闻县典史，创贵生书院。后任遂昌知县，建相圃书院，并讲学"；③ 嘉庆户部主事张颉云，受谪后，主讲宝晋书院。④ 明正德年间徽州知府熊正芳亲自执教紫阳书院，肄业四十余人，其中唐皋于 1514 年廷对第一，成为明代徽州唯一的状元；⑤ 道光元年（1821 年），灵县知县苏覆吉就孔庙左侧文昌宫内命名附

---

① 叶向高：《首善书院记》，尹选波《中国明代教育史》，人民出版社 1994 年版，第 151 页。

② 陈瑞、方英：《十户之村不废诵读：徽州古书院》，第 88 页。

③ 李科友：《汤显祖与书院》，《江西社会科学》2000 年第 10 期。

④ 《丹徒县志》卷三十二。

⑤ 陈瑞、方英：《十户之村不废诵读：徽州古书院》，第 188 页。

设鹓鶵书院，兼摄讲席，① 此外白鹿洞书院曾多次聘用当地南康府推官出任书院主讲及副讲等。

明清各学教官充当书院山长最为普遍，如白鹿洞书院就曾多次聘用出仕之人尤其是各学教官出任山长及副讲，如明成化年间崇德训导袁端、府学教授蔡宗兖及嘉靖年间九江教授薛应旗等，此外清顺治十八年（1661年）府学教授杨日升也兼任白鹿洞书院副讲。白鹭洲书院不仅有教官兼任书院教职的史实，而且还认为："本朝（明朝）定议教授摄山长厅事，尊时制也"，② 所谓的"尊时制"事实上说明了教官兼任书院教职有其传统且符合官方要求。而有的书院索性把由官学教官兼充山长作为经验保留下来，如乾隆四十六年（1781年），单国光以"前人议就学宫内令诸生附近肄业，使教官兼致掌教，事法良善"为由，令教授蔡堂之兼任莲城书院山长。③

对于出仕之人兼任书院山长一事，明清两朝曾引起统治阶级的高度关注。如明代东林书院以讲学讽议朝政的做法为世人所效仿，尤其是士大夫以讲学为名纷纷创建书院"裁量人物"，致使书院"相望于远近"，成为明代后期禁毁书院的主要诱因。而在清代，教官无心于官学教育而纷纷兼任书院教职的情况亦引起大臣们的不满，为此，乾隆五十年（1785年）议准"教职本有课士之责，不得兼充院长，以专责成"；④ 道光二年（1822年），松筠更是以书院废弛在于教职兼充书院山长为由上奏整顿直隶书院，朝廷下令"各省督抚于所属书院，务必认真稽查，各属教职俱有本任，课士之责。嗣后不得兼充院长，以专责成"。⑤ 这些例子说明了明清统治者鉴于出仕之人兼任书院教师弊病的层出不穷而进行治理的决心，但是，其治理之效果却往往随着书院官学化程度的加深而并不尽如人意。

三　未出仕的科甲之士

对于科甲之士来说，即便其未出仕为官，事实上他已拥有了明清绅士

---

① 《重修灵县县志》学校卷，民国二十四年刊本。
② 《白鹭洲书院馆例》，邓洪波《中国书院章程》，湖南大学出版社2000年版，第131页。
③ 《广南府志》卷四。
④ 《钦定大清会典事例》卷三百九十五。
⑤ 《钦定礼部则例》卷八十二。

特有的"头衔"和"荣耀"，而且"众多绅士的处世态度是得中功名后就应踏上仕途。如果未能在官府中任职，他们就应该从事教学"。因为"教学是受人尊敬的谋生职业，这在当时是种共识"。① 一些未出仕的科甲之士多从事教学，而且往往以讲学书院为首选，如明成化年间中举的邵泉斋待仕之际"聚徒讲学于东林书院"；② 清代张家相中举前督治重建玉峰书院，并设法置膏火，及第后等待出仕时被"延主院事"，却"未及仕而卒"；③ 许大铉，嘉庆间进士，任知县而未就，"回乡以教书自给，曾在平江书院主讲"；④ 道光进士田秌，"选朔平府教授不赴，主讲邑仰山书院"；⑤ 不乐仕进的清代进士王平格，授陕西知县，以母年高相辞，改大同教授又不就，遂主凤山讲席。丁母忧后，再选州教授，"赴官年余"，乞归，"复就凤山之聘，主讲凡22年"。⑥ 上述例子为笔者在一些方志之中所随机搜集，而事实上，明清之际，未出仕的科甲之士就任书院山长或教席的例子还有很多，在此不一一赘述。

四　官学或书院之生徒及孝廉与布衣

据《浏阳县志》载："援例元制，书院山长一般为下第举人所任，并自巡抚丁思孔后，又是从书院肄业生徒中择诸生老成者掌之。"⑦ 这说明出任明清书院山长的尚有比例极小但又不得不提及的官学或书院中之生徒。说其比例极小，乃是由于在科甲之士几乎垄断了书院所有教职的明清之际，其所占比例微乎其微；说其不得不提及，则是指在明清时期唯有书院才能做到不拘一格，从而敢于聘用这些人出任教职。事实上这恰好说明了书院与官学之间的一个重要区别：书院以学术、人品为重，故而在聘用教师时有相当的灵活性；而官学则受制于上司，无权自主选择教师，因而在用人上比较死板、僵化，即所谓"受命而来，持牒而至"。因此，明清

---

① 张仲礼：《中国绅士的收入》，费成康、王寅通译，上海社会科学院出版社2001年版，第83页。

② 《王阳明先生文抄》卷九。

③ 《苏州府志》卷九十七。

④ 《苏州府志》卷八十九。

⑤ 《阳城县志》卷十一。

⑥ 《太谷县志》卷七。

⑦ 《浏阳县志》，杨布生《岳麓书院山长考》，华东师范大学出版社1986年版，第86页。

书院注重所聘山长的"品学醇优"及书院又有一定的人事任用权，注定了官学或书院中生徒及孝廉与布衣有出任山长的可能性。

第二节　成为书院教师：明清时期
书院教师的聘用方式

明清书院，除了山长及副讲等主要从事教学的教师外，还常常聘有辅助山长管理书院内部事务的人员，且常称为监院、董事、学长、斋长等。这些附设管理人员，一般不从事教学工作。他们往往由地方官府指派官学教官或山长从书院肄业生徒中选任。而对于书院中从事教学工作的山长的聘用方式则主要依据官府与邑绅之间争夺山长聘用权斗争的结果而分为以下三种。

一　官聘

官聘教师是大多数书院普遍采用的一种方式。据载，"明代书院约1200 多所，其中民办书院仅 184 所，约为总数的 15%，官办（包括地方官办、督抚办及京官办）828 所，占总数的 60% 以上"。[①] 此外尚有家族书院等。对于省会各大书院来说，朝廷及省府往往投入较多的经费及划拨学田以供书院开支，故而，在省会及各大书院，官府就有管理书院的绝对权，其中包括山长及副讲教师的人事任免权，这种完全由官府把持山长聘用权的方式可称"官聘"。如白鹿洞书院在明成化三年（1467 年）由江西提学金使李龄聘胡居仁主洞；明成化十六年（1480 年），胡居仁再次由江西提学副使钟成所聘而主院；明弘治十一年（1498 年），原兵部郎中娄性由提学金事苏葵及知府刘定昌所聘主院事；明正德十五年（1520 年），蔡宗充由巡抚唐龙奏请而聘主院事等。[②]

这种官聘山长的方式在一些地方志与书院章程中均有明确的记载。如湖南《凤凰厅志》载："清嘉庆年间，敬修书院馆师由本道敦聘品醇学优

① 顾明远主编：《中国教育大系——历代教育制度考》（下），湖北教育出版社 1994 版，第1281 页。

② 参见李才栋《白鹿洞书院史略》，教育科学出版社 1989 年版，第 177—183 页。

之士，不得徇私滥延"；①　陕西《户县志》载："明道书院规制为山长一人，司士子训课之事，每岁由知县聘请地方宿儒充之"；②　《遵义府志》载："清道光三年，湘川书院主讲归府延致。"③　在地方志中，明确规定山长实行官聘的书院还很多。

但实践证明，"官聘"也并非完美无缺，其最大弊端就在于地方官吏"瞻徇情面"、"委曲延请"，致使山长以"疲癃充数"不学无术，甚至有的山长长期不住馆，以至师生"终岁弗得见"，难以起到激励士风、振兴书院教育及培养人才的作用。对于聘用山长不重品行，而一味苛求科甲资历甚于为官吏"循情延聘"的弊病，戴钧衡于清道光年间，在《择山长》一文中曾感慨："择一人为童子师，尚必审其学行可宗与否，矧以书院之重，士类之繁，将合数百十人奉为矩范，苟非道德文章足以冠众而慑世，则人岂乐从之游。"④

官聘书院山长的弊端在一些书院碑记中也有记载。如清代桂起万在《国朝重修龙冈书院碑》中指出："迩来书院虽设，大抵上官荐引，私人食干俸而已。久之，经费遂为不肖官绅所侵，而堂舍因之易圮。余所见闻，远近一辙。"⑤　清乾隆年间《东娄书院记》载，"延师者，或徇情谊，徇爵位，徇虚名而不在真才实行，其师或苟且寄食，而不知教，或行止不检，不足为多士法"，⑥　直言不讳地道出了官聘山长的诸多弊端。

鉴于官聘书院山长的种种弊端，曾有人公开拒聘。如明嘉靖三十一年（1552 年），临洮府狄道县典使杨继盛在被陕西巡按调任巩昌书院时，杨继盛随即两次上呈辞帖。其中在初六的辞呈中，他以"将成诸务，一旦废弃，不无可惜"为由，提出辞呈，并建议"莫若移巩昌生员来学于临洮，使职在任兼教，则既得以训生徒，又得以尽官职，终其前事以为两便"，而在正月十六日的辞呈中就明确提出他辞呈的根源在于书院中的种种弊端，其中包括书院教职官聘的弊病：

① 《凤凰厅志》卷六。
② 《户县志》卷四。
③ 《遵义府志》卷二十四。
④ 《桐乡书院志》卷二，陈谷嘉、邓洪波《中国书院史资料》（中册），第 1481 页。
⑤ 《栾城县志》卷十四。
⑥ 《杞县志》卷二十一。

凡以师道尊严，不可挟势位以屈之也。本院有志书院，是务欲行古道者，欲行古道，乃不能脱势位之套，而挟之宪牌提取若仆隶然，一则曰无得迟缓，二则曰无得迟缓，是以典史召之也。夫既以典史召之，职敢不遵朝廷之谪命，守典史之官职，而乃为出位之往乎？且古之设书院者专以讲明道理，今为书院计而挟势位以延其师，则所谓书院者，不过利禄之渊薮，功名之筌蹄耳。其于斯道何所补哉！故虽不为此亦可也。①

杨继盛这种公开拒聘的勇气与做法正是明朝山长"官聘"弊端日益严重而为时人所责难的真实反映。

二　公聘

明清时期一些书院也拥有自主聘任山长的人事权，即书院山长不由官方聘用，而直接由书院所在地的邑绅们采取公议的方式来确定山长的最终人选。和省会及各大书院形成鲜明对比的是，对于占据书院数量最多的府、州、县书院而言，虽然由官吏倡办，但邑绅们亦捐银捐物，为书院的创建尽了一臂之力，往往拥有相当程度的参与管理书院的权力，其中包括山长的任免权，使得书院山长完全由邑绅聘用成为可能。此种聘请书院主讲教职人员的方式可谓"公聘"式。如明嘉靖四十二年（1563 年），碧阳书院重建后规定：山长由邑人公议延请，清嘉庆十三年，碧阳书院再次重申，山长以邑人公议延请，经费由典商领本生息，官吏俱不为经理；清嘉庆十二年，海阳书院规定：山长由邑人公议延请，膏火支放不经官吏，邑绅刘启伦董其事；清道光年间，紫阳书院规定：山长以邑人公议延请，官吏俱不为经理。② 道光年间，桐城各书院皆因经费不足，"未能专请山长"，但同时又表明，"若请山长，必由董事及诸生议聘经明行修老成硕德之士，不由官长荐举"。③ 这些事例反映了官府对于对地方书院经费投入严重不足，已经危及书院教师的聘用，而地方绅士在资助书院膏火的同时，事实上也就控制了书院的管理权甚至于山长的聘用权。

---

① 《狄道州志》卷四。
② 《徽州府志》卷三。
③ 《桐乡书院志》卷三。

明清时期，官聘山长弊端日益凸显，引起了各地邑绅和士子们的强烈不满，在众绅士和广大求学之人的斗争下，一些书院也逐渐取得了聘用书院山长的权力。张朴在《重修定武书院碑记》中称："昨春，阖郡绅士因山长久不住院课士，而体公（指王荫堂，作者注）之事繁且劳也。公同具禀，请以书院事宜归绅士经理，并山长亦由绅士聘请"，对于众多绅士的联名上奏，官吏亦做出让步的姿态，以"俾积习可除，斯主讲无虚席，肄业获实益焉"为由，把书院山长选聘的权力下放给邑绅们。①

三　公举官聘

邑绅对书院的经费或实物资助使其自然拥有了一定的管理书院事务的发言权，如经费的使用及稽查权、山长的聘用与监督权等。"尤其是那些书院田产也归书院首士管理掌控的书院，这种权力已经达到了足以限制官势的地步"，② 在其势均力敌的情况下，邑绅与官府之间必然获得某种程度的妥协，即邑绅获得了公议荐举山长的权利，但需上报官府核准并发书聘用，此种聘用山长的方式可谓"公举官聘"。

清嘉庆年间，养正书院于"每岁冬，公举品优学裕，堪为师范者于官，验可而聘焉"；③ 嘉庆二十二年（1817 年），丹阳书院由"合邑绅士公举素有品学，足以服众一二人，候本州酌定延请"；④ 嘉庆二十四年，丰湖书院"掌院老师必择两榜品学兼优者，听绅士公议，禀本府出名聘请"；⑤ 清道光十七年（1837 年），龙冈书院"由总理及董事会同邑绅，公择科甲出身，学行素著，诗文兼长者，以为多士矜式，择定后，禀明本县，具关敦请，仍旧留请者，亦于八九月禀明订定，总须在院训迪，按月课士，庶于士风能有裨益，本县不得曲徇荐托，致书院徒有虚名"。⑥ 此例不仅公开宣称山长实行"公荐官聘"，而且把官吏不得"曲徇荐托"以防滋生弊端也写入书院章程之中。

---

① 《定州续志》卷四。

② 邓洪波：《中国书院的教师与学生管理制度》，《河北师范大学学报》（教育科学版）2003 年第 4 期。

③ 《贵州通志·学校志三》。

④ 《归州志》卷四。

⑤ 《惠州府志》卷十。

⑥ 《栾城县志》卷三。

"公举官聘"是地方绅士甚至于包括一些地方官吏为抵制官聘书院山长的种种弊端而长期努力与斗争的结果。尽管清统治者明令省会书院由学政、督抚及大吏公荐山长，各地书院由官吏、教官及邑绅公议而聘。但事实上，一些大吏仍旧操纵着书院山长的聘用权。如"陕西大荔西河书院重修后，邑绅具呈抚宪，要求公举山长，但知府已受甘肃布政使之托要荐一孝廉，众绅士假托聘当地名儒李元春为山长以示拒绝，知府曰：如所举李君实能任之，则无可言，否则孝廉之荐无容易也。结果，该孝廉居院一年，竟无一人肄业，辞职而去"。① 明清之际邑绅与官府为争夺书院山长聘用权的斗争之激烈由此可见一斑。

第三节　倡德教与重特色：明清时期书院的教学特点

明清书院尤其是明代书院的教学方式及特点往往带有较强的个体化色彩，尤其是王守仁、湛若水、冯从吾、顾宪成等素有名望的士大夫热心于创办或主讲书院时，这种个体化色彩便会达到极致，以至于冲破官学教育中固有的教学特点与思维模式，使书院充满了生机与活力。然而值得后人深思的是，当这种个体化教学特点随着书院日益凸显的官学化倾向而消失殆尽之时，书院也就失去了其原有的特色与生命力。

一　德教为先

明清地方官吏常常在下车伊始即寻访书院旧址，拜谒先贤，既而兴复或创建书院，以"风励士习"，其目的在于着意引导人们的行为举止务必符合统治阶级的道德规范要求。明万历二十年（1592 年），知府汪可受在《白鹭洲书院馆例》中直接指出品行的第一性："本府所属望诸生，不独以文章取科第而已，愿以行己有耻为士人第一义"，② 对书院山长教学中以德教为先提出了明确要求。

就山长自身来说，其主讲书院的主导思想还是期望通过言传身教来培

---

① 李元春：《潼川书院志》，丁钢、刘琪《书院与中国文化》，上海教育出版社 1992 年版，第 81 页。

② 《白鹭洲书院志》卷二，邓洪波《中国书院章程》，第 131 页。

养统治阶级所需要的"人才"。如王守仁以"致良知"来竭力培养书院生徒的道德意识；冯从吾"把造成朝政腐败、皇帝无能、宦官专权的原因归结于教育缺乏圣人之学"，故他主讲关中书院时，"严格按儒家道德规范培养人才"，① 这些均说明了书院山长坚持德教为先的强烈的内在动机。书院注重祭祀孔子与本学派创始人及对书院建设有重大贡献之人等的活动，事实上正是为德教为先的教学特点提供了客观现实的实施载体。

　　书院祭祀活动一般在每月朔望举行，如清乾隆四十一年（1776 年），草堂书院"诸生每月遇朔望随师谒圣，宜班位整肃，衣冠齐楚，质明行礼"，并以惩罚来确保循序而行。② 乾隆年间，巡抚陈宏谋还对书院不同祭祀对象的礼数做了明确规定：首先，"赴文庙行三跪九叩礼"；其次，"赴朱张祠、六君子祠行一跪三叩礼"。师生回讲堂后，诸生要向掌教及教官三揖，且诸生"相对各一揖"。③ 此例中明确的等级与身份祭祀规定显示了活动的严肃与隆重。此外，在大多数书院每年至少进行的春秋两次大型的讲会活动中，也必以祭祀为先。

　　书院注重祭祀教育的又一表现为山长及副讲在初次到任书院时，一定要在监院官及诸生的迎接下，先赴书院各庙、殿、祠行谒见礼，以示隆重，而这些教职人员辞职时，仍然要谒见先贤。书院祭祀的对象不仅有先贤而且还有为诸生所熟悉的时人，有的书院甚至建有生祠。如嘉庆广南知府何愚，在任期间，善政最多，而尤其关心书院的创建与管理，对于大吏徇私举荐山长的陋习坚决抵制，以老乞休后，邑绅"置生祠于培风书院祀之"。④ 借助祭祀为生徒所熟知的人物，活化了烦琐、呆板、枯燥的道德教条，从而使得道德教育有着注重实际效果的现实特点。

　　进行道德教育、重视情感引导也被贯穿在书院生徒的日常生活中。如王守仁在书院教育中所大力宣传的"心学"，其实质无非是教育人们从内心深处培植出遵循封建礼教的根底，从而使得人人皆有"致良知"之意念。他把书院每日功课分为：先考德，次背书诵书，次习礼或作课艺，次复诵书讲书，次歌诗，要求在每日肄业之前先引导生徒反思与自省：

　　① 贾俊侠：《冯从吾与关中书院的教学思想及教学特点》，《唐都学刊》2003 年第 1 期。
　　② 沈清任：《草堂书院禁饬条约》，邓洪波《中国书院章程》，第 240 页。
　　③ 陈宏谋：《申明书院条规以励实学示》，顾明远《中国教育大系——历代教育制度考》（下），第 1564 页。
　　④ 《广南府志》卷二。

每日清晨，诸生参揖毕，教读以次遍询诸生，在家所以爱亲敬长之心，得无懈忽，未能真切否？清定自省之仪得无亏缺，未能实践否？往来街衢，步趋礼节，得无放荡，未能谨饬否？一应言行心术，得无欺妄非僻，未能忠信笃敬否？诸童子务要各以实对，有则改之，无则加勉。教读复随时就事，曲加诲谕开发，然后各退，就席肄业。①

再如乾隆三十八年（1773 年），陆耀把"立品为首，次乃及文艺"作为任城书院教育目标，提出对有文而无行之士不可滥行收录，对于"不安本分，在外滋事，或止务名与课，并不实心向学，甚至以文字为结纳之媒，参谒启寅缘之渐，凡此浇风，俱宜切戒。如有违犯，定即斥除"。② 明代吕柟在《解梁书院语》中曾这样评价德教为先的教学方式："德在言先者，其言亦易喻；言在德先者，虽三令五申，莫之能听矣。行在文先者，其文亦易明；文在行先者，虽缛章绘句，亦无所于用矣。"③

德教为先的书院教学，其在人才培养上遵循了"人"重于"才"的教学理念。在"人""才"同时难以有效兼顾的情况下，坚持先"人"后"才"就是恪守书院教学质量观的底线，而先"才"后"人"就可能导致书院教学质量观底线的突破，这种突破无论如何都是书院教学目的异化的表现。因此，教育之中对于"人"的重要性认识始终都是不能回避的核心问题之一，否则，其"才"愈高，对社会的危害可能性就愈大。

二　"日记教学"

明清书院在日常教学方式上一般采用以自习为主、讲授为辅的方式，生徒自己研习经史，而主讲教师则在每月"升堂讲学"两天或数天，以集中解决生徒的疑问或困难。胡居仁在《丽泽堂学约并序》中

---

① 朱汉民、江堤：《千年讲坛——岳麓书院历代大师讲学录》，湖南大学出版社 2003 版，第 130 页。
② 《切问斋集》卷十四。
③ 《泾野子内篇》卷五。

指出："各立日录簿一册，逐一书写所习之业、所行之事，朔望鸣鼓升众，会于堂上，稽其所进，书于总籍，以尽诱掖激励、渐磨成就之道。"① 康熙三十年（1691 年），白鹭洲书院规定："诵读。各宜自立日课簿，每日或看经书若干，或读时文若干、古文若干，以及论表策判若干，《通鉴》、《性理》各书若干。盖未有不揣摩经书而能文者。未有不读时文与古文而能为时文者，又未有不沉潜性理、明心见性而能为文者，又未有不会悟《通鉴》、知人论世而能为文者，但各随意见力量，只要日有日工，月无忘之，不时抽签稽查，以见勤惰进退，切不可但以呫唔声音而即谓之读书耳。"② 这两则史料充分地说明了日记教学的具体实施过程。

随着明清书院官学化程度的加深，官府似乎更认可书院教学中这种日记教学法。明万历二十年（1592 年），知府汪可受在《白鹭洲书院馆例》中这样提道："诸生各立日课簿，每日将用过工夫登簿内"，并提出"本府将无时抽签稽查"。③ 其实这种流水账式的日常琐碎记录是官府了解书院师生学业动向的一个主要窗口。官府通过稽查肄业者详细的日常行为记录就牢牢地控制了书院师生的日常活动，并以此作为考察肄业者勤惰的一个主要依据。为确保日课簿所填内容的真实性，官府提出了相应的要求及处罚措施，以期起到督促肄业者搞好学业及确保所培养"人才"质量的功效。如嘉庆年间，宜溪书院"诸生各立功课簿一本，将每日清晨、午间、灯下功课逐一开入，如理经史何书，于何起止，理古文某篇，诗某首，或学书临某帖，据实登填，听掌教不时抽阅叩问，并候本县不时取阅。总期靠实，难容捏饰，有捏填者，自欺之人，甘心暴弃，以犯规扶出"。④

日记教学能够在一定程度上起着规范书院肄业生徒的管理作用，但是如若过分地强调这种便于规范管理的作用，那么日记教学就极可能演变为一种形式化甚至于是一种束缚人的东西，因此，日记教学的本意在于书院师生之间的质疑与问难，而并非在于监督师生的日常表现。管理者对于日

---

① 《胡文敬集》卷二。
② 《白鹭洲书院志》卷二。
③ 邓洪波：《中国书院章程》，第 132 页。
④ 同上书，第 200 页。

记教学初衷的曲解只能使得便于规范化管理的派生作用"喧宾夺主",从而使得这种教学方式的魅力丧失殆尽。

三　教研结合

明清时,随着书院官学化程度的加深,大多数书院事实上也有意聘用科甲之士以应对科举,这些所谓的"书院"其实已与官学大同小异。尽管如此,此时仍有一些书院非常注重学术研究与交流,并将其体现在日常教学上。康熙年间李元振所谓"学校之治学者,任择一经,而共治四书。大比之岁,以三场之法试之。若书院,则凡谈道讲义,著书立说,研究乎天人性命之理者,业无分仕隐,咸得优游于其中焉",① 使人感受到官学教育中扑面而来的科举气味与隐含于书院之中的浓郁学术氛围的巨大差异。

在明清时期,有的书院山长除了督促生徒勤奋读书与定期的"升堂讲学"外,还勤于著述,把教学与学术研究有机地结合起来,如王守仁在书院训迪生徒的同时,在学术上也不断地探索发掘,正德年间他在贵阳书院开始提倡知行合一的学说,表明在学术上已有重大创新。另外,山长也会利用书院每年至少春秋两次大型的讲会活动,有力地推动了当地的学术及文化交流与发展,如"关中书院每遇大讲之日,听众多达数千人,而且吸引很多官学生员和当地名儒来听讲,并造成长安府学、县学及咸宁县学生员的严重流失"。② 显然,这种自由宣讲、不受门户派别之限的开放式学术交流,既丰富了书院的教学内容,又提高了书院的学术水平,更重要的是扩大了书院的社会影响。

这种教学特点还最终表现在书院不定期举行的讲学活动之中,因为这是山长常常采用的促进学术交流与推广的一种有效手段,事实上更是一种教学方式。康熙年间,耿介以病致仕,兴复并主讲于嵩阳书院时,不断邀请其他各有所长的学者到院讲学,如"冉觐祖潜心理学,殚精著述,耿介将其请至嵩阳书院。弟子环侍,耿介亦侧坐敛容以听;窦克勤,少长编治诸经,时耿介讲学嵩阳书院,往就之,六年五至,非父召不归"。此外,耿介还就学术"尝质疑于上蔡张先生沐,睢州汤先生斌,往来切劘,

---

① 《南阳府志》卷六。
② 贾俊侠:《冯从吾与关中书院的教学思想及教学特点》,《唐都学刊》2003 年第 1 期。

一时中原人士，喁喁然乡风"。① 书院中因就学术探讨、辩难、质疑及学习与交流的浓厚学术氛围由此可见一斑。

至于书院讲学内容，因学者不同而有差别。有的偏重学术，不主张牵涉政治问题，如冯从吾在《宝庆寺学会约》中提到，"会期每月三会，初一、十一、二十一……会期讲论，勿及朝廷利害、边报差除及官长贤否、政事得失，毋及各人家门私事与众人所作过失及词讼、请托等事"，并强调"其言当以纲常伦理为主；其书当以四书五经、《性理》、《通鉴》、《小学》、《近思录》为主；其相与当以崇真尚简为主"；② 也有的注重探讨天下大事，把讲学与关注现实有机地结合起来，顾宪成等人主讲的东林书院便是典型的代表。

四　寓教于乐

明嘉靖年间，刘濂提到书院与官学间教学方法的差异在于："盖学校者，待之以常以法用；书院者，鼓之以奇以神用者也。何为法用？其师皆铨次之授，制额之员，未必尽以师道责之，而其人未必以尽师道任之也。晨兴升堂，礼容秩如，倚师讲艺，占毕授业，此风夙旧贯，举天下皆是也"，故曰"以法用"；而书院"其师无常，惟贤是署，必以明经有道者主之"，同时肄业者"又必佳才英器，可以远大者焉，其志定，其气厉，其业专而艺精，勃勃然有深造上达之势"，故为"以神用"。③ 这种"以法用"注定了官学教官比较僵化呆板的教学弊病，而"以神用"则揭示了书院中灵活多变的教学特点，其中以"寓教于乐"最为引人注目。

对于官学中盛行的严格规训，王守仁持坚决反对的态度，尤其反对为了强迫儿童读书习礼而把其当作囚犯的鞭打绳缚等体罚，王守仁在书院中，根据儿童好动、乐于游戏、害怕拘束之特点，采用歌诗、习礼方式，使其乐于学习。正如他在《岳麓书院教约》中所说："凡习礼、歌诗之类，皆所以常存童子之心，使其乐习不倦而无暇及于邪僻。教者知此，则知所施矣。"④ 不仅王守仁如此，其弟子邹守益、王龙溪也以类似方法执

---

① 转引自梁兆民、刘宝玲《耿介与嵩阳书院》，《信阳师范学院学报》（哲学社会科学版）2000 年第 4 期。

② 《咸宁县志》卷十三。

③ 《南宫县志》卷二十三。

④ 朱汉民、江堤：《千年讲坛：岳麓书院历代大师讲学录》，第 131 页。

教于安徽歙县斗山及其他书院。

值得注意的是，明清书院大多建在风景优美的名山大川之中，在闲暇时或学习感到厌烦之际，师生可漫步山林，陶冶性情，甚至有的山长索性带领生徒在山林中讲读。明万历年间葛寅亮在《白鹿洞书院课语》中称："在用功过勤者，心力既疲，未见得手，便须于诵读之余，卷书搁笔，明窗净几，万虑俱捐，悠悠独坐，或支颐而对爽气于西山，或缓步而看生机于花鸟，或清言以畅旨，或雅歌以适情。"① 这个例子亦生动地揭示书院中灵活、轻松、寓教于乐教学方式的实际情景及显著效果。

五　重视实学

明清时期，也有少数著名书院除读"书"讲"经"外，还在一定程度上关注对生活实际有用的"实学"，以经世致用。如明万历年间，冯从吾主讲关中书院"以务戒空谈，敦实行作为教学准则"；② 湛若水主讲大科书院时，"除授儒家经典四书、五经外，要求生徒躬亲细事，凡兵、农、钱、谷、水利、马政之类，及综理家务"；③ 白鹿洞书院于明万历年间"多次邀请传教士利玛窦来院讲授天文、历法、数学、机械等理工科知识"。④ 清康熙年间颜元在主教漳南书院时，为一改官学中那种只注重应试科举而忽视实际应用知识的学风，大力倡导书院教育改革，并在漳南书院中实行分斋授课制度。他把肄业生徒分为文事、武备、经史、艺能、理学及帖括六斋，进而率先在书院教育中引入水、火、工、虞、兵等实用知识；在文事斋开设礼、乐、书、数、天文、地理等科；在武备斋开设皇帝、太公以及孙吴五子兵法，并攻守营阵陆水诸战法，射御技击等科；在经史斋开设十三经、历代史、诰制章奏、诗文等科；在艺能斋开设水学、火学、工学、象数等科；在理学斋开设程、朱、陆、王之学；在帖括斋开设八股举业科。尽管由于洪水五次泛滥而导致颜元的书院改革并未实施多久，但以颜元为代表的清初治事派在反对忽视甚至于歧视自然科学知识，而竭力倡导崇尚实学以求学以致用的教育思想有着大开书院教学改革之风

① 《白鹿洞书院志》卷六。
② 贾俊侠：《冯从吾与关中书院的教学思想及教学特点》，《唐都学刊》2003 年第 1 期。
③ 尹选波：《中国明代教育史》，第 168 页。
④ 闵正国：《白鹿洞书院与世界文化景观》，《江西社会科学》2000 年第 10 期。

气的作用。虽然关注实学的书院并不多，但毕竟起着开风气以助书院教学改革的作用。

当然，其他大多数书院随着官学化程度的加深，和官学一样偏重于应付科举考试，而对于实际有用的自然科学知识则不闻不问甚至于排斥。这种穷读经书而于经世致用之学全然不顾的教学弊端，曾遭到世人的诸多责备。因此，明清大多数书院教学是忽视实学的。

此外，明清书院的设立往往是因为一人得志，而儒名显著，则地方官必建书院以表彰和祭祀其人，并借讲学以激励士风。但也仅仅限于注重名儒经典的传授及讲解，同时在统治阶级文教政策和科举制的影响下，书院生徒亦“讲云亦云”、“书云亦云”，而很少能学到真正有用的知识。对此，颜元曾把当时书院以及官学教学中的最大弊端归结于“只讲不学”。王廷相在《石龙书院学辩》中把这种不关注实学的陋习形象地比喻为：“世有闭户而学操舟之术者，何以舵，何以招，何以橹，何以帆，何以引笮，乃罔不讲而预也……其不缘而败者几希！”①

六　因材施教

因材施教早在孔子时就是一种为人们所努力追求的教学方式，明清许多书院山长也尽力使其付诸实践。如嘉庆进士毛梦兰，“致仕后主讲淮安奎文书院者三十五年，因材而教”。② 明清书院实施分斋授课制，便是实施因材施教的有效措施之一。所谓分斋肄业，即依据肄业者的年龄、兴趣、个性、能力等进行分斋，然后分别进行有针对性的教学，以达到因材施教的目的。如康熙年间，颜元将漳南书院生徒分为文事、武备、经史、艺能、理学、帖括六斋即处于培养各种实用人才的目的。此外山长依据肄业者的接受能力进行教学，也是实施因材施教的具体表现之一。如明代王守仁在《岳麓书院教约》中明确提出：“凡授书不在徒多，但贵精熟，量其资禀，能二百字者止授一百字，常使精神力量有余，则无厌苦之患，而有自得之美。”③ 道光间开封知府邹鸣鹤曾说：“（彝山书院）主教者为宛平史孝廉叔平，勤于训迪，就其质之浅深，为课之同异，必各尽其所能而

① 《石龙书院学辩》，陈谷嘉、邓洪波《中国书院史资料》（上册），第844页。

② 《续纂扬州府志》卷九。

③ 《王阳明先生文抄》卷九。

后止。士亦靡然从风，未一年而文章词赋皆秩然有轨范"。①

由此可见，书院山长对于肄业生徒的学业及修为起着引导与示范作用。明清时期书院尤其是著名书院在选择山长时往往较为谨慎，如若聘请具有学识与魄力的人士为山长时，则书院就会凸显特色与魅力；而一旦选择平庸之人以主讲席，则必然导致书院平庸化。鉴于选择书院山长的重要性，乾隆年间程廷祚在《上李穆堂先生论书院书》中曾提出："今之教法，虽不能骤进千古，宜于天下之书院慎选其掌教事者……入其中者，必行谊而治经治史，务使各尽其材，以核其实，而勿责以科举之文，则不患其学之不成矣。"②

七　学举并重

明清书院在传授学问及注重品行的同时，也并不排斥举业。如王守仁就曾鼓励书院生徒参加科举考试，认为如果能正确对待兴业自无妨于学问的积累及品行的养成："但能立志坚定，随事尽道，不以得失动念，则虽勉习举业，亦自无妨圣贤之学。若是原无求为圣贤之志，虽不业举，日谈道德，亦只成就得务外好高之病而已。"③ 书院教学之中坚持学举并重的原因在于其教学目的之一即为统治阶级培养人才。因为，从根本上来讲，明清书院教育的最终目的也无非在于为统治阶级培养人才，而书院教育事实上也就是在为各级官吏的后备人选做准备，这样书院所培养人才的品行与能力也在很大程度上影响着未来各级官吏的素质高低，而"官吏自身素质的高低直接决定社会治理的成效，尤其是政府效率低下、腐败成风的时候，人才的选拔更是重中之重，选拔大批有才之士充实、净化官吏队伍是提高并保证政府道德水平的有效途径，这是理学教育家的共识"，④ 而王守仁鼓励书院中肄业者应试科举也无非是要"改变科举在官学中所造成的危害局面，欲藉书院恢复科举的正面形象"。⑤ 名儒耿介认为"以理学发挥于文章便是好举业，以举业体验诸身心便是真理学。举业与理学所

---

① 史致昌：《嵩山书院志》，陈谷嘉、邓洪波《中国书院史资料》（中册），第 965 页。

② 《青溪集》卷九。

③ 《王阳明全集》卷四。

④ 张学强：《以道德化的政府推行社会教育——理学社会教育实施的一种思路》，《华东师范大学学报》（教育科学版）2004 年第 1 期。

⑤ 陈瑞、方英：《十户之村不废诵读：徽州古书院》，第 188 页。

异者，只在于求道德邀功名之一念耳"，① 其主讲的嵩阳书院因在清康熙辛卯年（1711 年）河南乡试中独中五人而一时成为美谈。

当然，随着明清书院官学化程度的加剧，更为普遍的情形是诸多书院在为学与举业上向科举的偏重，或专以科举为导向。明代从万历年间已出现"洞学科举"、"书院科举"的名目，各大书院还时为增加科举名额纷争不断。如天启四年（1617 年），白鹿洞书院主讲李应升对白鹭洲书院拥有四十二名乡试名额极为不满，要求将白鹿洞乡试名额增至十名，并为鼓励生徒应试，而资助银七十两作为应试的路费，而"明代中后期，仅安徽一省的书院就有三分之二是专门为课艺的"，② 这就说明了相当多的书院日益沦为科举的附庸，从而已失掉前朝书院崇尚学术的优良传统。

第四节　教学之外：明清时期书院教师的经济待遇、社会地位及管理

一　明清书院教师的经济待遇与社会地位

明清时期书院教师中以进士和举人居多，如江苏紫阳书院从清康熙至道光年间有 25 位山长，除吴大受未注明身份外，其余 24 位山长均为清一色的进士出身，其中包括两名状元：彭启丰，雍正丁未科状元；石韫玉，乾隆庚戌科状元。③ 清代暨阳书院山长题名录共 32 位，其中进士 21 位，举人 10 位，孝廉 1 位。④ 明清时期，科甲之士事实上拥有上层绅士（指官吏、进士、举人、贡生）的身份，而对于上层绅士来说，其往往享有较高的荣誉及地位。

书院山长在所有教师群体中一般具有较高的俸禄。如对于乾隆年间而言，书院山长的最低收入为玉潭书院的银 100 两，而品级最高的国子监祭酒年俸银 105 两、俸米 105 斛，⑤ 府教授无论是明吏治规定的享受从九品

---

① 梁兆民、刘宝玲：《耿介与嵩阳书院》，《信阳师范学院学报》（哲学社会科学版）2000年第 4 期。

② 陈瑞、方英：《十户之村不废诵读——徽州古书院》，第 188 页。

③ 《苏州府志》卷二十五。

④ 《江阴县志》卷五。

⑤ 关于书院经费的筹措与管理方面的一些规定，参见陈谷嘉、邓洪波《中国书院史资料》（中册），第 1750—1846 页；关于清代（顺治年间）文官俸禄定例，参见黄惠贤、陈锋主编《中国俸禄制度史》，武汉大学出版社 1996 年版，第 541 页。

待遇还是清代的正八品待遇，均明显低于山长的俸禄，对于众多的县教谕、训导及社学与义学教师来说，更是无法与山长的待遇相提并论。

此外，书院山长除有丰厚的俸禄外，还享受其他种种额外待遇，如玉山书院山长享受饭食银四十两及零用银八两；端溪书院山长年俸禄高达银五百两外，还享有月蔬银十二两；东阳书院甚至于还为山长提供每月一两的茶水银。而清道光年间，鳌峰书院更是为山长提供了可谓无所不至的待遇，① 当然，由于书院所在地经济条件、山长资历及书院大小、肄业生徒多少，山长的经济待遇各不相同。

明清书院山长的待遇亦有较低的记载，如贵州的曾统一主讲书院时，"曾为束脩的菲薄而感慨"。② 曾为山西荣河、襄垣两县培养众多人才的李桂舒，其"晚年旋里后，为徐县令所器重，聘为本县琴泉书院主讲，兼南北义学学监之职，六十七岁卒。然家无余财，县令赠棺殓费，始得成葬"。③ 这种因贫以至于不能成葬的事例说明了山长经济待遇也有偏低的一面。再如，均儒晚年主讲东城讲舍，亦因贫由众弟子捐棺以葬。④ 在明清时期，就一般而言，如果一个人在历经科举考试的重重"洗礼"后，具有一定的绅士身份而不乐仕进，那么任教书院就是一个既实惠又体面的谋生之路。若一进士不在书院执教，而到县级官府任职时，其待遇如何呢？清代岳阳县县令王火丛用《留别书吏》一诗描述了其窘境："书吏当年亦进身，全消资格是同人；而今归去空囊橐，怜我无能欺我贫。"⑤

此外就山长的社会地位而言，其本身具有的上层绅士身份已注定他们拥有较高社会地位的必然性。明清绅士往往受到地方官吏的礼待，如一知县必读手册中明确要求："士为齐民之首，朝廷法纪尽谕于民，唯士与民亲，易于取信。如有读书敦品之士，正赖其转相劝戒，俾官之教化得行，自当爱之重之。"⑥ 而且，书院山长常常与官吏往来并商讨地方上的诸多事务，亦说明其拥着较高的社会地位。其实，在任山长前，很多人已经是著名学者，出任山长使他们赢得了人们更多的尊重和更高的威望，并能写

---

① 《鳌峰书院章程》，陈谷嘉、邓洪波《中国书院史资料》（中册），第1533页。

② 《黎平府志》卷七下。

③ 《沁源县志》卷三。

④ 《闽侯县志》卷七一。

⑤ 《岳阳县志》卷十六。

⑥ 《牧令书》卷十六。

出提高他们声誉的著作，如李富孙出任丽正书院山长后，撰写了关于经学、历史和其他课题的文章，使他成了受后人纪念的重要学者；李兆洛先后任真儒书院山长和暨阳书院山长，他的著述使他成为有名的地理学家；朱王存先后任教钟山、正宜、紫阳书院，以知识渊博精通经学而闻名，被认为和姚鼐齐名。①

二　明清书院教师的管理与升迁

明清书院除聘有山长及副讲外，还设有"监院"一职。明南康知府李应升称："本府即责在提调，而府与洞难以互相移文，势必仍照前规，另与所属训导一员，督理洞事，而受成本府。凡洞主所欲行，及洞中所应行者，须详悉本府。钜者以便转呈，细者以候批示。"② 王守仁在《经理书院事宜》中也说："仍于各学教官内推举学行端正，堪为师范者，呈来定委，专管书院诸务，训励诸生。"③ 因此，监院事实上就是联系书院与官府的桥梁。他将书院山长及生徒的平日言行记录在册，并定期向官府汇报，官府亦据此来评定山长的业绩及生徒的奖惩。因此，"有关书院师资的管理也就主要体现在如何确保山长、院长等核心人选胜任其传道授业解惑的职责方面"，④ 由监院具体执行。

对于书院设教官兼管书院一事，清康熙七年（1668 年）廖文英曾提出异议："主洞、副讲二席外添设儒官，似属冗滥。"⑤ 然而随着书院官学化程度的加深，各大书院都无一例外地设有监院一职。当然，若监院果得其人，其必为山长管理书院之左右手，院事及诸生管理到位，亦有助于山长集中精力于教学之中。道光二年（1821 年），山长陈寿祺称："向例大宪于教官中择派一人监理院事。监院得其人，则出纳清而生徒之廪饩充，约束严而胥役之奸弊绝，书院事可不劳而治，此山长之左右手也。必其人端方廉洁，通晓事体，稽查严明，然后助山长耳目所不及，相与有成。"⑥

---

① 张仲礼：《中国绅士的收入》，费成康、王寅通译，第 103—104 页。
② 《白鹿洞书院志》卷四。
③ 《王阳明全集》卷十八。
④ 邓洪波：《中国书院的教师与学生管理制度》，《河北师范大学学报》（教育科学版）2003 年第 4 期。
⑤ 毛德琦：《白鹿洞书院志》卷十。
⑥ 《左海文集》卷十。

光绪年间任湖南学政的吴树梅基于"书院本培才之地，学规以严肃为先，监院乃紧要之司，办事当怨劳不避"的认识，对不负责任的校经书院监院提出批评：

> 本部院莅湘以来，得诸访闻，书院弊端不一而足，该监院何竟不能精为综核，仰副责成？且山长之曾否到院？果于何时开馆？住院诸生果否能确守院规、不预外事？诸生每月考课甲乙名册及按日所记功课，所习何业？均未陈及，则知事多遗漏，于本部院认真整顿谆谆告诫之意，犹未实力体察。然则监院之设，所以总众务之枢机，为诸生之管钥。①

显然，监院的称职与否直接影响到官府对山长及诸生的管理效果，若监院不负责任，甚至于与山长不能协调好关系时，书院中常常会蕴藏一系列矛盾，以至于激化。如胡居仁就曾对书院中监院官极为不满，而愤然辞职。他在《答陈大中》一文中感慨："世衰道微，非豪杰特立之士，必至随俗汩没，……白鹿洞事，在上者不知择人，多是奔竞势利之徒，教不可施；内中又任小人行事，故辞疾而归。世道穷极如此，奈何！"② 事实上，随着书院官学化程度的加深及书院山长官聘弊端的日益凸显，监院对山长的监督与稽查极为松散，以至于有山长虽住院然并不专心课士者，也有到院领取俸禄旋即而去者，更有嫌路途遥远或嫌束脩菲薄而并不亲身到院课士，以上司代领俸禄者（谓之"食干俸"）。

如果说明清书院山长的管理很不规范，那么山长的升迁就注定是一个几乎被统治阶级有意或无意遗忘的问题。明代两代书院的官学化并不意味着统治阶级有把山长纳入官僚队伍的整体考核及升迁之中的谋划，事实是山长的升迁被有意或无意地遗忘，在搜集的史料中，仅见到少数几例山长得以升迁的事例：明嘉靖进士吕潜，因论官僚事夺官，"与郭蒙泉讲学谷口洞中，从学者甚众。泾野之传，海内推之，荐授国子监学正，举行泾野祭

---

① 《行湘水校经书院详陈应行事宜》，陈谷嘉、邓洪波《中国书院史资料》（中册），第1592页。
② 郑廷鹄：《白鹿洞志》卷之十一。

酒时，学约，调工部司务"；① 道光进士田秌，"主讲邑仰山书院，文藻潇洒，启悟多人，旋授陕西长武知县"；② 再如，清代关中书院山长戴祖启被"以国子监学正录用"。③ 在这些例子中，山长的确因业绩显著而获得升迁。

实际上清代统治阶级也曾注意到书院山长的升迁问题，《清会典事例》载："如果省会书院山长教书可观，人才兴起，六年之后，著有成效奏请酌量议叙。"④ 在乾隆元年（1736 年）《上谕慎选书院山长及肄业生徒》中称："学臣三年任满，谘访考核，如果教术可观，人才兴起，各加奖励。六年之后，著有成效，奏请酌量议叙。"⑤ 然而，各地督抚并没有照章行事，以至于到乾隆三十年（1765 年）督臣刘藻在奏请给云南五华书院山长张甄陶奖励时，乾隆借题发挥，大为恼火："即如齐召南之在敷文书院，廖鸿章之在紫阳书院，岂止六年之久，何以从前未经办及，朕所知已有二人，嗣后均以六年为满，秉公考察，分别核办，庶以劝学程功，均有实济。"⑥ 此后，才有少许山长得以官方的褒奖或提拔，而乾隆三十九年（1774 年），吴省钦称："我国家涵儒教泽，儒风丕振，省院大书院多以仕而已者主之。届六年，大吏上其名，有者予优叙述"。⑦ 无论如何，对于书院山长的升迁都是管理之中一个不可或缺的问题之一。否则，挫伤了书院山长上进积极性的后果就可能导致书院教学质量的不断下滑。

第五节　地方社会发展的一种力量：
明清书院教师作用分析

事实上，明清书院教师作为上层绅士其必然对当地社会产生或多或少的影响，书院教师广泛的来源渠道也已经注定了其对书院所在地的政治、经济、文化教育等所起的重要作用及影响，只不过这种作用与影响因人而异、领域不一、程度不同罢了。

---

① 《明儒学案·河东学案下》卷八。

② 《阳城县志》卷十一。

③ 丁钢、刘琪：《书院与中国文化》，第 77 页。

④ 《钦定大清会典事例》卷三百九十五。

⑤ 《长沙县志》卷十。

⑥ 《钦定大清会典事例》卷三百九十五。

⑦ 《白华前稿》卷八。

一　明清书院教师对地方政治、经济与社会生活方面的作用

明清书院教师对当地乃至全社会的政治影响主要表现在，他们借助于讲学以期望更多的人或接受新思想或关注现实，从而在一定程度上影响了当时的政治风气。如南京武选员外郎黄宗明受心学影响，积极追随王守仁"论说良知之旨"，并在明正德乙酉年出守吉安时，"首建白鹭洲书院，以道德勖诸生"。① 又如明嘉靖年间，绍兴知府南大吉服膺阳明心学后"葺稽山书院，创尊经阁，简八邑才俊弟子讲习其中，刻《传习录》风示远近"，② 而主讲东林书院的顾宪成，更是以关注现实极大地影响着政治风气，致使许多士大夫借兴办书院，"讽议朝政"、"裁量人物"。而当这种影响积累到越过当权者所能承受的界限时，书院招致禁毁的厄运也就不足为奇了。清朝统治者在建国之初之所以禁止建立书院，正是由于担心书院山长关注现实的做法会危及政权。直至清顺治十四年（1657 年），衡阳书院获准恢复后各地书院才日渐兴起。

此外，一些书院山长凭借自己独特的身份与绅士地位，与各级官吏交往密切，而且常常讨论甚至于直接参与地方事务，这样也就对地方的经济及社会生活以至于军事都产生了一定的影响，清代尤其如此。部分山长通过上书或亲自谒见官吏等方式积极为官府管理地方公共事务出谋划策。如鳌峰书院山长陈寿祺，"凡兴利除弊，修举废坠，有所见闻，必言之大吏"，他曾就鸦片走私一事，致信两广总督阮元，对打击鸦片走私起了很大的影响与作用。同时，对于文庙、官学和贡院的修理或扩建、首倡为节妇提供资助及兴修各种水利工程方面为地方政府提供了不少建议，并曾和福建大吏探讨过其他的地方福利事项；③ 又如黄体正，官吏常常登门向他请教管理地方事务的计策，他曾上书"建议编保甲、联安良，并订立了家规、族约和乡约"。④ 再有与上司发生冲突而辞职转任山长的区玉章，尽管"只是在地方赈灾荒、筑堤堰、立社仓等事时，才偶尔谒见官吏"，⑤

①　《宁波府志》卷二十八。

②　《绍兴府志》卷三十八。

③　丁钢、刘琪：《书院与中国文化》，第 78 页；张仲礼：《中国绅士的收入》，费成康、王寅通译，第 232—233 页。

④　《洵州府志》卷四十六。

⑤　《广州府志》卷一百二十九。

但这仍能说明山长热心于管理地方公共事务的心态。

许多山长也主动参与到地方事务的管理之中。如不求仕进的举人陈振玉，"一度主讲书院，凡遇地方事情，他致书各绅士，绅士们就会立刻照办，其功效超过了知县的文告"。① 这种山长的书信功效超过官府文告的事例可能是个特例，但亦在一定程度上显示了书院山长在地方上的重要作用与影响；嘉庆进士赵在田，先后在道南、南浦、玉屏书院主讲达34年之久，在"议行乡党公事如大成殿、文昌宫、贡院、义仓及有关闽风化与民生者，辄赞成之"，并"筹度不遗余力"；嘉庆进士林春溥，曾在玉屏、南浦、鹅湖、鳌峰等书院主讲，"因连年水患，米价腾贵，春溥请诸当事立义仓，董其役"，同时还参与建贡院，修城垣及恤寡妇与平籴等很多地方公务。②

还有一些山长对宣传封建礼教与维持风化起到了榜样和示范作用。如道光举人高建瓴，主讲陕西城固斗山书院20余年，常去四乡宣讲《圣谕广训》，并养孤寡，恤贫穷，创建了一座桥梁，设置了一个义冢，此外还创立宗祠，纂修了族谱，陕西巡抚在赈灾时也采纳过他的建议③；清光绪贡生荆维墉主讲甘肃两当广乡书院十多年，"总及早纳租税，为众人树立榜样"，并"以维持风化为己任"。④ 还有一些山长常常用教学收入直接救助族人，如嘉庆举人黄玉珍，以主讲当地书院的所得分济族人；⑤ 主平江书院讲席的许大鈜，不但"捐沙田助平江书院膏火"，而且用自己的"束脩所入，救助族亲十余家"。⑥ 此外一些山长还以督办团练甚至于直接参战等方式参与了当地的军事活动。

二　明清书院教师对地方文化教育的作用

当然，明清书院教师更主要的作用还体现在对地方文化教育事业的推动上，他们的努力对于人才的培养、士习的引导及地方文化事业的发展有着举足轻重的影响。

---

① 《湖南通志》卷一百九十七。
② 《闽侯县志》卷七十一。
③ 《续修陕西省通志》卷八十二。
④ 《甘肃全省新通志》卷六十七。
⑤ 《直隶绵州志》卷三十九。
⑥ 《苏州府志》卷八十九。

1. 培养人才

明清书院教师对当地文化教育的首要影响与作用表现为书院培养了大量人才。如明代王守仁主讲书院期间造士众多；清康熙年间湖州府教授黄华主讲安定书院后，"所识拔造就者多人"；① 乾隆年间进士周焘，"致仕归主讲岳麓、朗江书院数年，湖南名士多出其门"。② 清代杨士奇曾高度评价书院在于改变教育不平等方面所具有的重要性，即"凡穷而无力者，不得望庐而处焉。闾里族党间，虽有俊异，若无所师授，辄多废弃，士之子恒为士，农之子恒为农，其势然也"③。为此，"书院，其随地收拾人才之意，是何可一日废也"？④ 书院对于人才培养的重要性由此可见。据统计，应天府书院在明清之际共培养出 29 位杰出人才，从获取功名的程度来看，其中进士 19 位，举人 2 位，贡生 1 位，副榜 1 位，功名不明者 6 位；从学术与著作来看，这 29 位大多数都有著作留传于世，其中有两位数学家。⑤

其次是书院教师通过教学使得肄业者获益匪浅。张仲礼曾列举了多位受教于书院后功成名就的人物：焦循，得中生员入安定书院读书，1801 年中举，后成为著名哲学家；李兆洛，于龙城书院师从著名学者卢文弨，1804 年中头名举人，翌年中进士，是位著名的地理学家；贺长龄，在岳麓书院大约读过一年书，于 1807 年中举，1808 年中进士，最后被擢升为云贵总督，他编纂了著名的《皇朝经世文编》；刘宝楠，1806 年成生员入扬州一书院读书，1835 年中举，1840 年中进士，他是《论语》权威性的评论著作作者；丁晏，丽正书院的优等生，1821 年中举，发表学术著述达 50 多种；郭嵩焘，清末著名的政治家、学者和驻外使臣，曾读书岳麓书院。⑥ 显然，这些人在肄业书院期间，其所受到的不仅仅是书院教师在教学上的直接影响，而且还在很大程度上必定或多或少地受到书院教师的人格魅力或治学精神等的间接影响。因此，对于书院肄业生徒来说，教师

---

① 《湖州府志》卷六十二。

② 《茶陵州志》，杨布生《岳麓书院山长考》，第 140 页。

③ 《安泽县志》卷十五。

④ 《商邱县志》卷十六。

⑤ 刘卫东：《论应天府书院教育的历史地位》，《河南大学学报》（社会科学版）2001 年第 5 期。

⑥ 张仲礼：《中国绅士的收入》，费成康、王寅通译，第 114 页。

在课上直接的影响必不可少，而课外的间接影响亦同等重要，甚至于这种课外的间接影响比课上的直接影响更为重要。因为，对于肄业生徒的日后人生发展而言，书院教师的人格魅力或治学精神则往往具有更大和更为持久的影响力。

2. 改变地方士习与风化

书院教师对于地方士习和风化的影响首先表现在，山长注重品行磨炼与学术探讨而无专意应对科举的教学指导思想在一定程度上影响甚至于改变了士子的求学心态。明隆庆五年（1571 年）状元张元忭主讲岳麓书院后，"士风翕然丕变，湖南正学绝而复苏"。① 在官学中偏重于科举之时，对于那些绝意仕途，而潜心于学问的学者来说，执教书院甚至于创办书院讲学便成为理想。如胡居仁在师从著名理学家吴与弼后，绝意科举，不乐仕进，先后创办南谷、礼吾、碧峰等书院并讲学其中。这种专攻学问而不刻意追逐功名利禄的大家风范姿态极大地影响了当时士子的学风，胡居仁也先后二次被礼聘为白鹿洞山长。其实，也正是由于那些和胡居仁一样的众多名家的学术风范的影响，在很大程度上改变了士子的求学心态。

其次，山长别具一格的教学方式往往能激起当地甚于异地士子的求学热情。譬如，"旷敏本于乾隆十九年掌教岳麓书院时，楚南人士争以出其门下为幸"。② 山长以特有的人格魅力不仅影响着书院生徒，而且还在某种程度上影响了官学的肄业者，如"叶性在明弘治九年（1496 年），主讲岳麓期间，不仅那些起于乡塾的学子纷纷来院肄业，甚至那些起于郡学的官学学生也频频来院听讲解惑"。③《徽州府志》也记载了名人执教书院时对读书人的吸引力："余时英，稍长，笃志读书，慕邹受益之学，往师之；陈履祥，万历贡生。少时喜负笈访道，闻罗汝芳讲学南都，往从之，与南海杨起元并称罗门高足；王献芠，自少即有志于圣贤之学，闻吕楠讲学南都，亲往师之；詹轸光，万历举人，公车北上过金陵时，耿定向讲道金陵，遂留受业。"④

最后，书院山长还不时以会讲聚集当地官吏、邑绅、士子乃至百姓前

① 杨布生：《岳麓书院山长考》，第 52 页。
② 同上书，第 143 页。
③ 同上书，第 44 页。
④《徽州府志》卷十五。

来听讲，如明崇祯二年（1629 年）还古书院规定，参与听讲之人包括
"名公巨宿商明正学者"、"乡绅大老登临问俗者"、"里役候邑父母师长观
风裡祀至者"、"文坛骚客缔社至者"、"亲朋环集饮以成礼者"等；① 万
历年间，"虞山会讲，来者不拒，人皆可以为尧舜，何论其类哉！凡我百
姓，年齿高者与年少而知义理者，无分乡约公正粮里市井农夫，无分僧道
游人，无分本境他方，但愿听讲"。② 这种开放式的大规模的讲学必定在
一定程度上影响着当地的士习和风化。

3. 促进地方学术及文化的交流与发展

明清书院教师对文化教育的作用还表现为，他们以种种方式极大地促
进了当地学术及文化的交流与发展。如山长常常利用书院特有的公开讲学
方式邀请不同学派的学者来院质疑、辩论。相当数量的山长还在教学之余
勤于著述，甚至于有的还积极参加地方志的编写，如明初，累荐不起的何
英，"建玉溪书院以纳天下来学，著有《四书释要》、《诗经详释》、《易
经发明》诸书"；③ 明嘉靖中以母老而乞致仕的潘府，"开南山书院，聚徒
讲学"，曾两次上疏请求修明圣学，并专心"修正五经、四书传注及周程
四子之集，参互考订"，由于"所著素言"，而"士类竟传诵之"；④ 解甲
而归的汪端光，历主安定、乐义书院，曾为两淮监政延校《钦定全唐
文》，著有《据梧书屋诗钞》十六卷；⑤ 建院讲学的游震得，著有《怡晚
年内录》、《周易传》、《义会通》及《附注性理纂要》；⑥ 辞官亲老的杨家
坤，就当地书院讲席，参编县志；⑦ 丁忧不出的郭钟熙，"主邑书院，倡
修当地方志"；⑧ 醉心书院的陈寿祺，主讲敷文书院及诂经精舍、清源、
鳌峰书院，曾是省志的主编，屡修《海塘志》，并总纂《御制全史诗》
等。⑨ 对于这些山长来说，其本身拥有的科甲资历及丰富的社会实践经历
就足以令他们有参编地方志的资格，如兴修湖广江南通志的汪应铨，本是

① 《还古书院规则》，陈谷嘉、邓洪波《中国书院史资料》（上册），第 737 页。
② 《虞山书院会簿引》，陈谷嘉、邓洪波《中国书院史资料》（上册），第 699 页。
③ 《雒闽源流录》卷二。
④ 《绍兴府志》卷四十三。
⑤ 《续纂江宁府志》卷十四。
⑥ 《徽州府志》卷十一。
⑦ 《续修陕西省通志稿》卷八十二。
⑧ 《广州府志》卷一百三十六。
⑨ 《闽侯县志》卷七十。

康熙丁丑年状元；参编省志的陈寿祺，曾是清嘉庆时的翰林院编修及国史馆总纂。明清书院教师对于地方学术及文化的交流与发展所起到的极大促进作用由此可见一斑。

第三章

明清职业教育机构中的教师

第一节　儒学教师之外的另一个系统：
明代武学教师制度

明代，"武学"在概念上有广义和狭义之别。广义的武学是指一切以军人子弟为教育对象的学校，包括卫儒学。狭义的武学是指以武经为主要教育内容的学校，与以儒经为主要教育内容的儒学相对，是不包括卫儒学的，这里我们所讲的武学教师制度，是就狭义的武学而言的。

明代武学有分别设于北京和南京的两所京卫武学，还有其他地方的武学。北京的京卫武学始建于建文四年（1402年），后被明成祖朱棣所废。正统六年（1441年），明英宗在北京设立京卫武学，七年又设南京京卫武学，而一些地方武学也相继设立。景泰三年（1452年）革武学，天顺八年（1464年）恢复。崇祯十年（1737年）又"令天下府、州、县学皆设武学生员"。① 明代地方武学教育的形式，一是设立独立的武学校，二是在府卫州县儒学中招收武学生，按武学的教学内容进行教育。

一　明代武学教师的编额、品秩和俸禄

关于北京武学教师的编制员额，史料中有两种记载：一是《明会要》引《皇明大政记》，认为京卫武学设教授一人，训导六员。② 一是《明史·职官志》所载："京卫武学教授一人（从九品），训导一人；卫武学教授一人，训导二人或一人……建文四年始置京卫武学，设教授一人，启

① 《明会要》卷二十五，《学校上》。
② 同上。

忠等十斋各训导二人。永乐中罢。正统六年复设，后渐置各卫武学，设官如儒学之制。"①《明史》所载京卫武学训导只有一员，而卫武学训导却可以有两员，似乎于理不合，况且建文时设训导共达二十人，后来却只设一人，悬殊不可能如此之大。按建文时设十斋，每斋二人，正统后设六斋，若设训导六人，每斋恰好平均一人，是建文时每斋训导员额的一半。所以《明会要》的记载当为可信。参证各处史料，可见建文时京卫武学设教授一人，训导二十人，正统后京卫武学设教授一人，训导六人；地方武学设教授一人，训导二人或一人。南京卫武学则设教授一人，训导三人。②

关于地方武学教师的编额，万历年间遵化、密云、永平等武学设提调官，并设科正二员。万历八年（1580年），革提调，只设科正一员，改立科副一员。据《天津通志》，万历十四年（1586年）天津卫武学移建，只设科正一员。

关于武学教师的品秩，《明史·职官志》记载教授是从九品，训导是未入流官（但位于杂职之上），与各府学教师相同，且其他各卫武学教师与京卫武学品秩无二，也不受京卫武学的管理和指导，生员亦不选拔输送给京卫武学，这证明明代武学实行平行办学，京卫武学与其他地方的卫武学是平行级关系。这一点与儒学、医学等是不相同的。明代儒学体系中的国子监是从四品（洪武间为正四品衙门，后改），而京卫武学只有从九品，与儒学体系中的府儒学级别相同，武学教授、训导的俸禄也与府学教师相同。除俸禄外，每人每月给廪馔即食米三斗。总之，在教师编额、品秩、俸禄等方面，明代各武学与儒学的府学一级相当。缺乏高于府学的中央级武学设置，反映了明代武学的地位较儒学为低。

二　明代武学教师的来源和选任要求

明代武学多"诠选儒官教养武职子弟"，包括"令各卫所充军文职有学问者"③ 教育卫所官军子弟。武学始建时教师的来源和选任要求，缺乏确切的史料。根据武学教学内容文武兼修的特点，武学教师应文武兼通。成化十三年（1477年）马文升请选京官罢黜为民而谙武事者为武学教官，

---

①　《明史》卷七十四，《职官三》。

②　京卫武学（北京）后革为四人，南京京卫武学后革为一人。见《明会典》卷二。

③　《明孝宗实录》卷六十四。

被宪宗否定，武学训导张宁等又请于内外臣内推文武兼备一员，五日一次诣学教演，被采纳。但这里所说的五日一次诣学教演的大臣，应属兼职教官，而非专职。嘉靖中"用文武重臣教习"，[①] 可能也是兼职。但有时也用国子监教官兼教武学。如弘治年间周成就以国子监助教的身份兼"掌武学事"。至于专职的教授等官，成化二十二年（1464年）兵部言："须下所司择颇通武经者用之。"[②] 弘治元年（1488年），有人提出在京武学选择举人年力精强学行兼全者。[③] 万历元年（1573年）规定遵化等武学教授从武举中式的人中选取，并改之为提调官。综上所述，明代武学教师，在任职条件的要求上主要重视四个方面：一是文，即儒学修养。二是武，即对武经的修养，不一定要武艺出众，说明重视的只是军事理论的讲解。三是行，即品行堪为人师表。四是年力精强，能胜任教学工作。武学教师来源情况复杂，有时用文武重臣为兼职教官；专职教师的来源，主要是举人，而且长期以来是用文举人。虽然经常强调要推选文武兼备的人作为武学的教官，但这些人可能只不过是读过一些武经之书，说他们兼有武学，既没有考试成绩为凭，更没有作战经历为据。

明代武学以儒官教授武学，武学缺乏自身的专业教师，势必影响武学教育的质量，所以武举往往不能得到真正的人才，嘉靖十九年（1540年），明世宗"以累科未见得人，报罢"。[④] 武举不得人与武举本身的考试方法有一定关系，但也应该从武学教育制度包括教师选拔制度中寻找原因。

三　明代京卫武学教师的授课时间、内容和方法

京卫武学学生包括两类，一类是幼官以及武职子弟，另一类是都指挥等官。因为学生的身份、年龄和文化基础等都有很大差异，所以武学教师对他们的教学时间、内容和方法都有所不同。

对于幼官以及武职子弟，武学教师在每天辰时初刻（7：00）开始上课，春、夏、秋三季未时末（15：00）散学，冬天申时（17：00）散学，

① 《明史》卷四十五，《学校上》。
② 《明宪宗实录》卷二百八十一。
③ 《明孝宗实录》卷十四。
④ 《明世宗实录》卷二百三十四。

这与今天冬日学时较短，其他三季较长是恰恰相反的。而对于都指挥等年长的武官，只要求他们参加五天一次的会讲。

武学教师的讲授内容，其一是文化课和武学理论课。幼官以及武职子弟所读之书，在《小学》、《论语》、《孟子》、《大学》四本内任选一本，在《武经七书》、《百将传》中任选一本，每日授书的总字数不超过200字，这个教学内容要求可以说是比较低的，但愿意多学者听便，这就要求教师能考虑学生的个别差异，因材施教。为都指挥等官举行的会讲（幼官、子弟也要跟在都指挥等的后面听讲），是在《大诰武臣》、《历代鉴》、《百将传》及古今名臣嘉言善行内选一段，作为每次会讲的内容。其二是武艺操演，成化元年（1465 年）规定每月初二、十六两日，教官要率领幼官子弟在城外空地上演习弓马①。其三是书法的练习，要求幼官子弟每人每日写仿纸一张，大约一百字，愿意多写的不限。可见，明代武学教师在教学内容和教学强度方面有很大弹性，可以适应学生在年龄、基础、兴趣等方面的不同差异。

对于武学教师的授课程序成化初年也有一些规定。首先是组织教学：教官升堂，幼官子弟按一定顺序站立，幼官子弟分东西序依次向教官作揖，然后退回原位。其后训导对每一斋的学生进行逐一画卯考勤。这个过程无疑相当费时，但却与重视礼教的中国古代教育传统和重视纪律的军队作风是一致的。其次是正式上课：先背书，这是考查学生的复习；次授书，即教师讲学生听；再写仿，即练习书法。武学将背书、讲授等放在一天之中，而不是像儒学那样连背几天、连讲几天，在这一方面似乎比儒学更适合学生的心理特点。

会讲时，教授和训导都要参加，轮流由一人进行讲授。因为都指挥等官年龄较大，有的文化基础较低，教师讲解要通俗易懂，如果有没听懂的地方，可以允许他们提问，教官再给他们讲解，直到他们能粗知大意为止。可见，武学教师在教学时间、内容和方法等方面都有很大弹性，能考虑到武学教育的专业性质以及兼具成人教育的特点，比较注意因材施教。

四　明代武学教师对学生的礼仪教育和对学生的管理

和儒学一样，明代武学也重视对学生的礼仪教育。都指挥官虽然现授

_____

① 《明会典》卷一百二十五。

三品，比武学教师的官阶要高得多，但升堂听讲时也要像幼官和武职子弟一样向教师行弟子礼，散学时也要作揖而退。平时师生相见，正统初年制定的教条规定，都指挥官行弟子礼，而武学教师则要行下官见上官的礼仪；成化初年申定的教条则改为无论读书听讲及与教官相见，都应行师弟子礼。幼官以下常在学肄业的武学生员与教师之间任何时候都应该行师弟子礼。武学教师要能"表仪后学"，也必须"正其衣冠，谨于言行，使学者有所观瞻。不许放肆怠惰，粗暴轻率，有失师范……"① 军人学习礼仪，既可以强化纪律观念，更能强化他们上下尊卑的封建伦理观念，强化他们对于皇帝的忠心，"俾知古人坐作进退之方，忠君死长之义"。②

武学设记过簿。都指挥等官如果违犯了学规，教官可以口头训斥，不从的，则清楚记录他的过失，三次还不改的，就书面报告给总兵官，由总兵官随宜惩戒。幼官、武职子弟如果违犯学规，由教官根据情节轻重加以责罚。成化元年（1465年）武学学规规定："其幼官子弟有违者，教官必须从容诱掖引导，使其以渐而入，不可急迫，有失教法。"③ 这一规定可能出于以下三方面的考虑：（一）武学的教育对象，要么是权位较高的武官，要么是十五至二十五岁的好冲动争强好胜的军人子弟，教育方法简单粗暴起不到教育目的，甚至还可能会激化矛盾；（二）往长远说，是为了使武学所培养的军官能避免军人易于暴躁的毛病；（三）统治者不想用高压和强制的方法把武人的棱角彻底磨平，以至于影响军队的战斗力。

武学教师除授课外，还要负责学生的考勤请假等。都指挥官遇到公差、当操，不能按时参加会讲的，必须报知本学，由本学教师记录在簿籍上。事后教师要给都指挥官补讲所缺听的内容。为了不耽误领队管队经常参加操练的幼官的学习，就把他们分成两班进行轮流，一班参加操练，另一班到学学习，三日一换。幼官参加操练，不能到学上课的，也要报知本学，明注簿籍。操毕之后要按时赴学。武学对学生的考勤，除教师外，武库司委派该司官员一员，不定时到武学点闸，对逃学的学生处以惩罚。

五　明代对武学教师的管理、考核和奖惩

明代武学教官由吏部铨选任命，其考核最初只由提督学校官负责，如

---

① 《明会典》卷一百五十六。
② 《明会典》卷一百二十五。
③ 《明宪宗实录》卷十六。

正统初武学教条规定："提督御史下学……其勉励官员子弟，须稽考勤惰，量加警饬。"[1] 后来由兵部武库司派一人主事。成化初武学教条规定："其教授等官学行出众，作养成才数多者，依国子监事例，升用南京兵部。"[2] 另外，武学生参加定期举行的考试，如果在骑射比赛中中箭较多，有时教射的教官还可得到八十贯的赏钱。[3]

综观整个明代武学教师制度，与儒学体系的教师制度有较大的差异。其中一些做法，比如平行办学制，轮班教学制，教学时间、内容、方法弹性制，以及对学生的教育要从容诱掖、引导渐入等，对我们今天的教育包括职业教育和成人教育，都很有借鉴意义。

第二节　职业学校中的教育者（一）：明代医学、翻译、天文等学校中的教师

明代太医院、四夷馆和钦天监等医学、翻译和天文阴阳学机构，集职业服务与职业教育功能于一体，集人才使用与人才培养于一体。它们的教育都包括教学、考试和黜陟（待遇、级别升降）三个不可分割的部分。它们的教师制度与儒学、武学等专门的教育机构的教师制度有相同之处，也有很大的不同。

一　明代医学教师制度

明代中央有太医院，地方有府、卫、州、县医学。医学教育实行从中央到地方的垂直办学体制。这与武学无中央学校的平行办学体制是不一样的。明代医学教育中最重要的是负责考试和黜陟的管理人员，而教学人员的地位则相对较低。

（一）明代太医院中的教师

明代太医院设院使一人，正五品；院判一至二人，正六品；吏目一人，正九品；御医十八人，正八品。[4] 明代以前，太医院的主要职责虽然

---

① 《明会典》卷一百二十五。

② 《明孝宗实录》卷七十六。

③ 《明宪宗实录》卷二百五十九、卷二百七十八、卷二百八十五。

④ 医官设额，各文献记载不一，此处引自《明史》卷六十六，《职官志二》。

也是医疗服务，但教学色彩较浓，到了明朝，这一色彩越来越淡，这从太医院学官名称的变化就可以看出来。例如宋代设有太医局，有丞、教授、九科医生；元代至元九年（1272 年）改设医学提举司，设有提举、副提举，掌各路学生课义、考验太医教官、校勘名医著述、辨验药材、教导太医子弟等职责。元顺帝至正二十四年（1364 年），朱元璋仿照元朝医学官制，在自己起义军占领的地盘上也设置医学提举司，设立的官职有提举、同提举、副提举、医学教授和学正官医提领等，教授、学正都明显是教官名，医学提举司中的提举、同提举、副提举等职也是借用了儒学学官的官职名称。这至少意味着在政府高层的观念中，还比较重视中央医学机构的教育功能，或者是把它基本上看成是一种学校。然而仅仅两年之后，朱元璋就将医学提举司改为太医监，名称中没有了"学"这一字样，与由儒学提举司改设的国子学区别了开来；把管理层中的提举、同提举等官职也改称少监、监丞，与国子学的博士、助教、学正、学录等学官也区别了开来。在吴王元年（1367 年）九月，又改太医监为太医院，设院使、同知、院判、典簿等官；太祖洪武十四年（1381 年）改设太医令、院承、吏目、御医等，洪武二十二年（1389 年）又将令、承恢复为原来的院使、院判。太医院官制名称虽然几经变化，但最初时的较浓的学校色彩已经变得很淡了。

在至正二十六年（1366 年）之后的所有这些医官官职名称中，从字面上根本看不出哪一类职官是教官，事实上所有这些官职也的确都不是专门的教职。弘治四年（1491 年）太医院院判刘文泰提议："仍推素读儒书、精医业者，不分有无官职，或三人、或二人教之。"① 在太医院的等级体系中，从低到高依次是医生、医士、吏目、御医、院使、院判。院使、院判总共只有两三人，还要轮流每日到御医房供职；医士、医生还不是医官，所谓"有官职"的教学人员，应该来自吏目或御医。"不分有无官职"，说明已彻底废除了太祖初年专设教官的做法。由于太医院医师有无官职及其官位高低，与其医学学术水平一般成正比，所以，"无官职"即太医院无官的人也可以充任教学人员（应该是指从医士中推选教师），说明这时教学人员的选任标准已经大大降低。而既然是"仍推"，说明已是定例或者惯例。明代中央医学机构从元顺帝至正二十四年（1364 年）

---

① 《礼部志稿》卷八十九。

所有医官名称都有教师和教育色彩，到后来只推选两三个不论有官无官的人充任教职，说明了太医院对医学教学的相对淡化，以及与之相应的教学人员社会地位的相对下降。由此可见，明代医学包括太医院经历了一次"去学校化"的大的变革，从此其医学服务职能更加凸显，而医学教学职能则相对削弱。

当然，明代太医院对医学教学的淡化与教学人员地位的下降，是相对于最初情况以及儒学、武学等纯教育机构而言的，并不等于说太医院此时一点也不重视医学教学。明代太医院对医学教学的相对淡化与太医院医学教师地位的相对下降，也不会必然引起教学人员人数的减少甚至缺员，但会导致教学人员队伍整体质量的下降。由于官僚机构天然具有的易于臃肿的痼疾，到了嘉靖年间，太医院教学人员冗滥的弊端就变得相当严重。所以，作为太医院的上级主管部门的负责人，礼部尚书桂萼针对当时太医院医士、医官因缺乏考核而滥竽充数的情况，在提出加强考核等建议的同时，又主张"有考试而无教习，则业无传授，事竟因循。见在各官，冗滥尤甚。宜并加考选，奏请去留"①。桂萼在强调对医士医官考试重要性的同时，强调了教学的重要性及加强对教学人员考核、选拔的重要性。而事实情况是，明代太医院历来更为重视考试，而不是教学。

明代太医院医学教育功能的发挥，依靠的是一套比较完善的教育制度体系，《明会典》把它概括为："教之、试之、黜陟之。"② 这是三个相互联系的环节。其中教学是基础，没有正式的医学教学做基础，仅仅靠医家的父子相传，或者医学从业人员自发的师徒相授，或者医学从业人员的自学和领悟，就会削弱医学教育的系统性，许多问题就可能各持己见、各行其是，没有了统一的标准。黜陟是动力系统，它通过对医学从业人员或者将要从业的人员提供上升的机会，或者施以降职降级的威胁，激发他们学习医学的积极性，是一种由外而内的动力系统。考试则是评价系统，处于中间环节，一方面为教学提供导向作用，另一方面又为黜陟提供重要依据。在对医学教学相对淡化的同时，明代太医院加强了考试和黜陟的力度，调动了从业人员学医的积极性，较好地发挥了父子相授、师徒相传和自学等非正式教学形式，从而弥补了正式医学教学之不足。同时，由于考

① 《礼部志稿》卷八十九。
② 《明会典》卷二百二十四。

试和黜陟在对象上涉及太医院所有医学从业人员，乃至全国各地地方医学的从业人员，并且在时间上涉及他们的整个职业生涯，因此比单独的正式医学教学作用范围更大，影响更持久，考试和黜陟因而成了比教学更重要的教育手段和教育活动。这样，考试、黜陟就成为明代医学教育中比正式的医学教学更为重要的教育活动。这一教育机制运作的前提，是太医院既是一个培养医学人才的地方，也是一个使用医学人才的地方，因此它能够通过用人这一环节，有效实现对育人环节的影响。

（二）明代地方医学教师制度

明代地方有府卫州县等医学，洪武十七年（1384 年）规定：府设医学正科一人，从九品；州设医学典科一人，县设医学训科一人，典科和训科都是杂职。① 根据《嘉靖南安府志》记载，他们的职责应该是"领医生习读医书，修合药饵，医治官吏及一应军民狱囚人等疾病"。② 关于地方医学的教育活动，缺乏详细的记载，但从《嘉靖南安府志》的这一记载来看，正科、典科和训科都不是专门的医学教师，"医生"也并非专门从事医学学习的学生，他们的教学活动是与医学实践结合在一起的。③

明代地方医学要接受太医院的考核，教学、考试和黜陟也是地方医学教育的三个有机组成部分。

二 明代四夷馆教师制度

明代的四夷馆则是一个专门负责翻译事务的机构，始设于永乐五年（1407 年），它的设立是中国教育史上的一件大事，"中国最早有组织进行的外语教学活动，便是以明代的四夷馆为发端的"。④

（一）四夷馆教师的主要职责

四夷馆教师的主要职责包括：翻译明朝廷与外国或国内少数民族政权之间的往来文书；培养翻译上述文书的书面翻译人员（学习书面翻译的学生叫译字生，学有所成则可升为译字官）；培养负责接待外国或少数民

---

① 《明太祖实录》卷一百六十二。

② 《嘉靖南安府志》卷十三。

③ 这也可以解释为什么今天汉语中"医生"一词不是指其字面上的"学医的学生"，而是从事医疗服务的人员。

④ 李国钧、王炳照总主编：《中国教育制度通史》第四卷（吴宣德著），山东教育出版社 2000 年版，第 437 页。

族使臣的口语翻译人员（明代口语翻译被称为"译语"，也叫"通事"）。

据《四译馆则》记载，四夷馆十馆译字生初习杂字，即四夷馆所编各馆"译语"，是一种翻译工具书，从嘉靖二十一年（1542 年）以后，也学习诰敕和来文。诰敕是指明朝发往外国和国内少数民族地区的文书，来文是指外国和各少数民族地区给明朝朝廷的文书，这些往来文书成为经典的外语学习教材。

四夷馆教师面向译字生的译字教学活动如何开展，现有史料缺乏详细记载。关于面向尚未授职的通事的译语教学情况，据《礼部志稿》记载，每日黎明进馆，由教师带领"演说番语"（可能包括朗读和即兴说话），有师生都弄不清楚的地方，就等有受边镇派遣伴送外国或少数民族使臣的通事来京时，向他们请教，务求通晓发音和书写方法，同时要求学生每人每日书写番汉字语一张。

明代译语人才的培养虽然在四夷馆，使用在会同馆，但四夷馆从弘治七年（1494 年）隶属于太常寺，会同馆则一直隶属于鸿泸寺，太常寺与鸿泸寺在行政上都受礼部领导，在人事上都归吏部管辖，所以从大的范围来看，译语人才的培养和使用也是集于一体的。四夷馆和太医院等医学机构一样，可以将教学、考试和黜陟三个方面有机结合起来，考试和黜陟也发挥着很强的教育作用。负责考试和黜陟的也不是教学人员，而是四夷馆提督。四夷馆提督最初由翰林院委派，弘治七年（1497 年）改由太常寺卿、少卿兼任，时设太常寺卿一人，正三品；太常寺少卿二人，正四品，嘉靖年间裁卿，只留少卿一人。

（二）明代四夷馆教学人员的编额、来源和选拔办法

明永乐五年（1407 年）四夷馆初设时，设有蒙古、女直、西番、西天、回回、百夷、高昌、缅甸八馆，正德年间增设八百馆，万历年间又增设暹罗馆。关于教学人员的设额，成化四年（1468 年）太子少保、兵部尚书兼文渊阁大学士彭时奏言：

> 教习翻译，全凭教师。先时每馆有三四员或五六员，即今事故数多，惟回回馆见有教师四员，其余多缺。今宜于达达、女直、西番三馆文书繁冗，各设教师三员，百夷等三馆各设教师二员。①

----

① 《明宪宗实录》卷五十六。

译字教师之设，时间不详。按《礼部志稿》，嘉靖二十五年（1546年），"题准礼部会同吏部，将在馆通事序班人员通行考试……其未经授职通事人等，本部仍各选委年深通事序班题请照旧教习"①。"仍"、"照旧"等字样表明以年深通事序班教习尚未授职的通事，已是旧例。所以成化年间彭时所言教师员额，可能已包含译语教师之数。嘉靖二十八年（1549 年）题准："各馆中抡选年深通事晓番语者一人，立为教师。"② 这是对译语教师编额的明文规定。

关于四夷馆教师的来源和选拔办法，大学士李东阳曾称：

> 四夷馆教授，必番语与汉字文义俱通，方能称职。故事于本馆推选，或于各边访保，务在得人。顷来教师多缺，宜令本馆提督官从公考试，优等送内阁覆试，照缺委用。仍乞敕陕西、云南镇守等官访取精晓鞑靼、西番、高昌、西天、百夷言语文字兼通汉字文义之人，照例起送赴部，奏请量授官职，与本馆教师相兼教习，务使译学有传，不致临期误事。③

从这一段话中我们可以得知：

其一，四夷馆教师的选任要求，是番汉文义俱通，只重其才而不甚重其德，这与儒学和武学教师的选任标准不太一样。《四译馆则》中说："于本馆年深职官内，选其译学优长，行止端慎者，具呈内阁考试，题请点用或只据呈批准署掌。"④ 品行方面的要求只是行为端正，办事谨慎，而到了人才缺乏时，就连这一条也不提了。

其二，四夷馆教师的选拔办法，首先是由四夷馆提督官在馆内从公考试，择优送内阁，内阁进行复试，任用，如果馆内无相关语种可任教职的人选，则由边镇官员寻访选取，送赴礼部和吏部任用。馆内选用译字教师，一般是从译字官中选用，也可能从通事序班中选用。《天府广记》就

---

① 《礼部志稿》卷三十六。
② 同上。
③ 《礼部志稿》卷九十二。
④ 吕维琪：《四译馆则》卷五。

说：“初以举人监生年少者入翰林院习裔字，以通事为教师。”① 边镇选送的人选，可以是通番汉语言的普通人，也可以是通番汉语言的军职人员。例如，宣德七年（1432 年），曾任命指挥李诚、丁全等教习四夷馆，他们就可能是边镇选送的。② 如果馆内推选和边镇寻访保举都不得其人，朝廷有时还将外国来朝贡的使臣留下来担任翻译并教习。《世氏族谱·锡兰人房历代系》云：“始祖巴来那公，由锡兰国君长入闽，为四夷馆通事。”因没有该语种翻译人才而留其为通事，必然也会因没有相应教师而使其兼教职。

第三节　职业学校中的教育者(二)：清代算学、天文学及医学中的教师

一　清代算学中的教师

中国古代的官办算学教育制度可追溯到南北朝的后魏，在当时已设有“尚书算生”和“诸寺算生”，从九品官职。③ 后经过隋唐的发展，算学曾在世界上处于领先地位。程朱理学和陆王心学的产生在一定程度上扼杀了当时中国科学技术的发展，算学也没有幸免于难。明中叶以后，时代的前进促进了算学的复兴，但其真正得到发展则是在清朝。

康熙五十二年（1713 年），在畅春园蒙养斋设立算学馆，“间大臣精于数学者司其事，特命皇子、亲王董之，选八旗世家子弟学习算法”。④雍正十二年（1734 年），为扩大算学教育的规模，在八旗官学的每旗中择资质明敏者 30 余人学习算学。乾隆三年（1738 年），在钦天监附近专设算学一所，满、汉学生 12 人，蒙古、汉军 6 人，主要培养天文历法所需的算术人才。乾隆四年（1739 年），由于算学规模小，故朝廷命以算学隶属于国子监，称国子监算学，所有相关文件都用监印。

（一）算学教师的编额、品秩和来源

清代算学设管理大臣满洲 1 人（由皇帝特简），通常有少卿、侍郎或

---

① 《天府广记》卷二十七。

② 顾明远总主编：《中国教育大系——历代教育制度考（二）》，第 1125 页。

③ 《魏书》卷一百三十，《官氏志》。

④ 《钦定国子监志》卷十六，《学志八·算学》。

宗室人员担任。具体负责者为助教 1 人，从七品。算学馆从事教学的，是 3 名教习和 3 名协同分教。雍正十二年（1734 年），增设算学教习 16 人，后于乾隆三年（1738 年），停止官学教习算学之制。同年礼部议准，额设教习 2 人。

算学助教主要是由钦天监博士或算学教习考选补用。算学教习的选用，在专立算学馆之时教习即以官学（即八旗官学）内学习算学者充任；而后，算学教习则主要是由算学管理大臣会同钦天监，选算学内业业有成的学生考选补用，即"协同分教"，这也可算是算学馆教学的一个创造。

算学在教师的编额、品秩和来源等方面有其独有的特色。例如，选学有所成的算学生充任"协同分教"，使得算学教习的专业素质较之以往有了很大的提高，也提高了所培养的算学生的质量，同时也给优秀的算学生提供了一个理想的就业机会。由于清代的算学属于国子监管理，使得教师的编额、品秩和来源受制于国子监的发展，也使算学馆培养的学生在出路上受到很大的限制，只为培养天文生做准备，不能广为所用。

（二）算学教师的授课时间和内容

八旗官学设算学之时，于每日未时（13：00—15：00）起，申时（15：00—17：00）止，教以算法。算学教师的授课内容分为线、体、面三部，①每部各限一年；通晓七政，共限两年。故其教学大致可分为两个阶段，前三年的数学学习和后两年的七政学习。每季小试，岁终大试，有算学会同钦天监考试，勤敏者奖励，怠惰者黜退别补。②古代对"七政"的说法不一：一指春、夏、秋、冬、天文、地理、人道；③二指北斗七星；④三指太阳、月亮、金星、木星、水星、火星、土星。⑤综观古代对七政的各种说法，它们的共同之处是都包含了天文知识的意思，所以后两年对七政的学习则是以天文知识为主。

从算学所包含的授课内容来看，它既可以为钦天监培养天文生输送合格的人才，也可以为清朝统治阶级培养所需要的科技人才，而钦天监又有对算学馆把关质量的职责。这种授课内容的设置在当时非常符合社会对算

---

① 《钦定大清会典》卷七十六，《国子监》。
② 《皇朝政典类纂》卷二百十七，《学校五·太学》。
③ 《尚书大传·唐传·尧典》。
④ 《史记·天官书》。
⑤ 《史记·五帝本经》。

学人才的要求，三年的算学学习已经达到了一个合格算学生的标准，而两年的七政学习则是为进入钦天监学习天文历法做准备，此种安排可谓"一举两得"。清朝初年，也培养了一些伟大的数学家和数学教育家，如清初的梅文鼎、明安图、陈杰等。当然这种课程设置也有它的不足之处，学生所学习的算法知识不够精细和深入，在一定程度上阻碍了理论数学的发展，这也正是我国传统数学的弊端所在。另外也导致了一些学生把在算学馆的学习当作自己进入钦天监天文馆的一个跳板，故而不能专心学习算学。

（三）清代算学教师的教学方法

清代算学的教学内容与儒学等大有不同。儒学主要是学习儒家经典著作，相应的其教学方法是以讲授为主，而且通过这种教学方法儒学学生便可掌握教习所讲的教学内容。但算学侧重于线、体、面这些理科知识的学习，仅有讲授的教学方法并不能让算学生很好地理解和掌握线、体、面这些知识，所以，这时期的算学教师也创造了一些简便的易学易记的教学方法。

这些方法有：1. 记口诀、背韵语。关于口诀有乘法"九九"口诀、除法口诀、加法口诀（又叫上法歌）和减法口诀（又叫下法歌）。如：乘法口诀，即从"一一得一"至"九九八十一"，与今天的小学数学教学的乘法口诀相同；加法口诀，"一上一，一下五去四，一退九还一十，……"共二十六句；减法口诀，"一退一，一上四去五，一退十还九……"共二十二句。这些口诀在明清时期的珠算教学中被广泛采用，同时也是教学珠算的基本训练。除了口诀以外还有韵语歌词，如乘法歌词"下乘之法此为真，起首先将（乘数）第二（位）因，三四以下都乘遍，却将本位破其身"。又如除法歌词"归从头上起，因从足下生，逢如须隔位，言十在本身"。又如除法歌词"归从头上起，因从足下生，逢如须隔位，言十在本身"。这些歌诀既概括了计算方法、语言简单易明，而又意义完整易于记诵，学生实际运用起来又得心应手。2. 学定位。如算法里提到的"实左法右"即除数与被除数的定位法。珠算教学中定位是很重要的，往往是差之毫厘而成千里之谬。学习定位也有属于它自己的歌诀，如"数家定位莫差池，因乘每向下位推；加减只需认本位，归于归除上位施；法多原实逆上数，位前得令顺下宜；法少原实降下位，法前得令逆上知。"定位歌的记诵对初学数学的蒙童是很有帮助的。3. 师生质疑问难。学生在学习的过程中如果遇到疑难问题又无法解决的时候，就采取"问难"的方式，同老师谈论不明白的地方。在当时称为"师生问难"。这种教学方法，不仅在初学算法之人中是一种良法，而且在有成就的学者之中也被广泛采用。老师与学生之间可以相互质疑问难，不分师与弟子，得则告之，疑则问之。

清代算学教师的教学方法的优点：歌诀和韵语的记诵，使得枯燥而又难懂的算学学得有趣而又简便，转变了人们对算学学习的传统看法，同时又培养了学生对算学学习的兴趣和爱好，而且越来越多的人喜欢算学、喜欢算学学习。定位的学习，提高了算学生计算的准确性，又配之以歌诀更使算学的教习达到了异曲同工的效果。师生质难问疑的教学方法，既包含有说理的因素又包含有联系实际的用途，有助于学生在学习时"比类旁通"，举一反三，使理论与解题融会贯通，也是诱导学生智力发展和培养其运算能力以及结合实用的一种很好的方法。这些算学的教学方法对于今天的数学学习依然有很大的帮助。

（四）清代对算学教师的要求和考核

清代算学馆的教师，在职任教三年或五年期满。教习未满五年，遇有实心训课，仍留教习，如若满五年则奏明吏部议叙或晋升等级。对于协同分教者，经过三年的实践如能"实心训课，勤慎称职"则可留做正式教习。故对算学教师的要求可归纳为：人品老成，不犯上能安分守己，且不影响统治者的安宁；精通术业，如数学和天文知识，学业水平高能胜任教学工作；教学效果良好，有一定的教学技巧和教学经验。

不管是在清代还是之前的任何一个朝代，教师自身素质都是考核教师的主要因素。清代对算学教师的要求和现在对教师的要求也有许多相似之处，如精通术业就相当于现在所讲的教师要有扎实的专业功底，包括基础理论知识和基本技能；而教学效果良好则是古今教师所共同追求的。"实心训课"类似于教师要热爱自己的职业，认真对待自己所授的每一节课，在教学上多投入、多付出，尽量把每节课都上成"优质课"，让学生喜欢学习并在课堂中有所收获。

（五）清代算学教师的待遇和出路

由于在乾隆四年（1739年）算学归并入国子监，算学的大部分事物也归属于国子监管理。故教习之饭食、衣服、鞋帽等，均由国子监支给，与八旗汉教习一体办理。算学教习是没有俸禄的，每月只有2两左右的廪饩，从这里可以看出算学教习地位之低与待遇之差，也从侧面反映了在重视科举的倾向下，清朝国子监的实际地位和作用的低下。

在算学教师的出路方面，由钦天监博士或算学教习考选补用的助教，五年期满之后，应升为钦天监五官正。教习五年期满，向吏部申请叙用。以举人、笔帖式充补者，升任钦天监执壶正；以官学生、算学生补充者，升钦天监博士。

综上所述，尽管清代恢复了中断已久的官办算学，但归属于国子监管理而不是一个独立的系统。算学教育的目的是为钦天监培养天文生做准备，兼顾"国储"和税收需要。所以算学的发展在一定程度上受制于国子监和钦天监的发展，算学教师的发展也无例外的受制于国子监和钦天监的发展，由于这种限制，算学丧失了向高、尖、精发展的机会。但算学教师制度中的"协同分教"的教学形式、"质疑问难"的教学方法等在今天依然有很大的借鉴价值，这些闪光之处也构成了清代算学教师制度与隋唐时期算学教师制度之间的差异所在。

二　清代天文学中的教师

清代的天文学校教育制度，在清初经过多次的变动之后才逐渐确定下来。天文生的培养隶属于钦天监，分为时宪科、天文科、漏刻科、回回科四科，顺治十四年（1657 年），删掉回回科，改其属于秋官正，从此钦天监分为三科。① 时宪科掌颁行历法，天文科掌观天象，漏刻科掌测定时间。② 钦天监中除了有天文生之外，还有阴阳生，主要负责测星象阴阳，以卜营建。在清朝，钦天监天文生的培养，不属于国子监的教育范围，但却与前面提到的算学馆的教育，构成了统一的两级科技人才培养体制。钦天监的天文生，是较高层次的学生，带有一定的官僚或低级官僚性质。

钦天监管理监事大臣特选无定员，设监正，满、汉各一人，左监副，满、汉各一人，右监副，满、汉各一人。清代天文生有面向社会招收的算学生和本监内的"世业子弟"两种。乾隆四年（1739 年）定"每世业子弟五人，由监选三科官人品老成，精通术业者一人为教习，督率课程"。

---

① 《钦定大清会典》卷八十、八十一。
② 《清史稿·职官二·钦天监》。

后钦天监设助教厅，有助教一人，教习两人。① 但助教之设立并不是为教授钦天监天文生和阴阳生的，而是为"掌分教算学诸生"。②

　　清代钦天监的天文生和阴阳生主要是通过实践来学习的，在所在的科室人员的带领下，从事各自的专业工作。天文学校教师的主要任务是在学生实践的时候给以指导，并不是像算学一样，教授具体的、固定的内容，有一些常用的、有效的教学方法。在钦天监学生的学习方法，是将学习融入工作之中，类似明代钦天监学生的学习方法。由于清代钦天监的学生侧重于工作而非学习，故钦天监的教育功能较以前各个朝代已经大大减弱，其教育管理工作主要由监中的满汉官员负责。

三　清代医学中的教师

　　清代的医学教育基本沿袭明代医制，并无大的改动。清代的太医院，附设有医学馆，太医院的主要职责是以为王公大人治病为主，而不是以医学教育为主。

　　清代的医学分科曾有三次变化：顺治年间分为大方脉科、小方脉科、痘疹科、伤寒科、妇人科、疮疡科、针灸科、眼科、口齿科、咽喉科、正骨科 11 科。嘉庆二年（1797 年）痘疹科并入小方脉科，口齿咽喉合为一科，成为 9 科。嘉庆六年（1801 年）奉旨以正骨科划归上驷院蒙古医生兼充，成为 8 科。道光二年（1822 年）奉旨以针灸之法非奉君之宜，太医院针灸一科永久停止，成为 7 科。

（一）清代太医院教师的编额及来源

　　清代的太医院，设有管理院事的王大臣一人，九科施教（即嘉庆年间所定九科）。清代太医院中主要由教习负责教学，目的是为培养医官人才。教习分为内教习与外教习两种，各置两人，由御医、吏目中品学兼优者担任。内教习住在东御药房，担任教授药房的太监学习医书；外教习担任教授初进太医院教习厅的肄业生和医官子弟学习医书。乾隆二年（1737 年），设有教习厅，专职讲课，并批阅医士以下的月课。

　　清代的医学教师在编制上较之以往有所减少。由于医学教习数量的限制，使得医学生的培养也受到极大的限制，尽管在当时也有很多有志之士

---

① 《钦定大清会典》卷八十、八十一。
② 《清史稿》卷九十，《职官二》。

愿意致力于医学教育的发展，但由于有心无力、身单力薄而不得不放弃。虽然有这些种种不利因素的存在，但并没有阻止清代医学教育的发展，太医院的医学教育依然在缓慢地向前发展着，地方医学教育的存在也在一定程度上促进了整个清代医学教育的发展，只是这个发展不明显罢了。

（二）清代的地方医学教师

清代不仅在中央设有太医院，而且在地方也开办有医学，但其规模却很小，府设正科，州设典科，县设训科，名额各为一人，俱未入流。清代的地方医学规定了严格的考试制度，雍正元年（1723年）颁布，命各省巡抚，严加考试所属医生，对精通《内经注释》、《本草纲目》、《伤寒论》之人，选请作为医学官教习，每省一人准其食奉三年。如果，其在工作期间曲奋慎重，品德正派，则可以上调到太医院，授为御医，如缺少教习则选本省习医之人补充。

清代的医学教育，太医院对其采取不重视的态度，使得清代医学教育的发展整体上趋于衰弱，不复历代兴盛。但由于地方医学和医学教育的存在，这种具有悠久历史传统的民间家传、师徒相授的授学形式，也培养出了许多的名医。在中央医学教育趋于衰落的时候，地方医学教育就起了一个很好的补充的作用，代替中央医学培养医学类人才，中央医学教育与地方医学教育之间的关系就像"官学与私学"的关系，地方医学教育也为清代整个医学教育的向前发展做出了不可磨灭的贡献。

（三）清代医学教师的教学内容

清代医学的教学内容有：《本草纲目》、《医宗金鉴》、《伤寒论》、《金匮要略》、《内经》，这些书既是主要的教科书，又是太医院恩粮生、肄业生（即实习医生，没有开诊单的权力）、医士统一考试的内容。尽管医学教习分内、外教习两种，但由于其教育对象、服务对象的关系，统治者对医学教育的内容有着严格的规定，主要是围绕以为王公大人们所患有的疾病为主。清朝统治者对医学教学内容的这种规定限制了医学的发展，把医学教育限定在一个固定的范围之内，没有创新的余地，也就失去了发展的空间。太医院从设立之时发展到清代，它的教育功能几经减弱，教学内容也随之发生了变化，最初的教学内容是为了医学教学方便，是为了社会上的大部分人服务，但到清代，医学所设的教学内容却是为了给社会的一部分上层人士治病为主。

（四）清代医学教师的教学方法

清代的医学教师的教学方法，采取的是"以课医人"的形式。"以课医人"的教学方法，把诊所当作教室，把医治病人的过程当作教学的过程，整个教学过程真实、生动、丰富，教学效果良好。

由于在整个教学过程中充当教具的是活生生的人，不是现在医学教师在课堂中所使用的人体模型或者尸体，所以就要求教习在整个教学过程中要全身心地投入，不能有丝毫的懈怠；学生能明显地感知病人在治病过程中的真实感受，又有利于提高学生在以后医学实践中技艺的精湛性。如：作为医生治病时每一个手势、动作是否做得恰到好处，不使病人在医治过程中有疼痛之感而又医好其病。医生的职业不同于其他的职业，一点点失误的后果就是病人性命的不保，所以就要求医学生在实践中必须有很高的准确性。以真人作为教具的教学过程，也培养了医学学生对待医学职业的慎重态度和视病人的生命为自己的生命的情感，同时也有利于为学生在以后的工作中打下坚实的实践基础。

第四章

明清的塾师

第一节 "无间于山陬海涯之庠声序音"：
明清塾师群体的兴盛

塾师作为中国古代一个职业群体，有着悠久的历史，其产生和发展与社会发展以及蒙学教育的发展变化一脉相承。蒙学作为中国古代对儿童进行启蒙教育的专门机构，起源较早。夏商周时期已有设置。自周朝后两千年的时间里，蒙学教育发展缓慢。至明清时期，随着社会政治、经济、文化、教育和科举的发展以及人口的增长，蒙学教育的发展才进入到一个黄金时期，与之伴随发展的塾师群体也于此时达到了一种兴盛状态。

中国古代的蒙学教育发展到明清时期，开始进入全盛时期。蒙学教育机关无论在种类的齐全方面，还是在设置的普及方面大大超过以前各代，成为古代社会蒙学教育体系最为完备的时期。兴办教育，必须具有"传道、授业、解惑"的教师，因此，塾师群体也相伴随发展到其历史的巅峰。

一 蒙学普及：明清塾师舞台的多元化

明清时期，政府对基础教育的重视程度进一步提高，要求地方各级官吏积极兴办蒙学。而且，政府允许民间广泛自立学塾，这使蒙学的设置具有较大的自由度。因此，明清蒙学在数量上发展很快，社学、义学、私塾、冬学普遍设立，遍布全国城乡，乃至普及的程度。

明初朱元璋于洪武八年（1375 年），诏天下令"有司更置社学，延师儒以教民间子弟"。① 于是，各地纷纷设立社学，处在最基层的乡村也建立了社学。如《松江府志》称："国朝洪武八年三月，奉礼部符，仰府周县每五十家设社学一所。延有学行秀才教训军民子弟，仍以师生姓名申达，于是本府两县城市乡村皆设社学。"明成化《杭州府志》载，当时杭州各县社学很多，其中：钱塘 176 所，仁和 221 所，海宁 438 所，余杭 32 所，富阳 32 所，临安 24 所，新城 12 所，於潜 12 所，昌化 12 所。

清朝沿袭明制，且清统治者对社学更加重视，顺治九年（1652 年），一度诏立社学，明令"每乡设置社学一区，择其文义通晓、行宜谨厚者，补充社师，免其差役，量给廪饩养赡"。② 以乡为单位设立社学，则社学的数目应不少。据《河南通志》、《续河南通志》以及各地方志的不完全记载：清代有社学 700 余所。义学在清代政府的多次诏令下，乾隆年间，各地纷纷设置，遍布全国。史载："义塾之设日益多，故人家子弟之愿入塾读书者亦日益盛。非独城中义塾无不在坑满坑、在谷满谷，即乡镇极荒僻之处，亦无地广人稀之患。"③ 如据任唯贤《河南的社学和义学》对各县地方志记载不完全统计，河南省内设立义学 1 至 5 所的有 38 个县；6 至 10 所的有 13 个县；11 至 20 所的有 11 个县；超过 20 所的有 7 个县。最多的宜阳县有 42 所。④

明清时期社学、义学在各地普遍设置，这是明清以前的各朝代所不具有的。但是，社学、义学仍因许多因素的限制而不能满足当时的蒙学教育需求。社学与政府的提倡与督促密切相关，其因不同时期政府的关注程度不同而时兴时废。义学"招致贫不能读者"⑤ 且不收"束脩"，发展也受到限制。社学和义学面对的是民间贫寒子弟，富贵人家往往不屑与之为伍而自立教馆。同样，强宗豪族往往乐意设立族塾以教育本族子弟。至于一般贫寒的知识分子，除了受聘为塾师外，则多采用自办家塾的方式维持身计或贴补生活。因此，有理由认为私塾的数量超过其他形式的蒙学。以福建为例，明清时期福建私塾可以说是遍设于全省的穷乡僻壤：闽清县

---

① 《明太祖实录》卷九十六。

② 《钦定大清会典事例》卷三百九十六。

③ （清）邵之棠：《皇朝经世文统编》卷十一《文教部十一·义学》。

④ 转引自陈学恂、周德昌《中国教育史研究·明清分卷》，华东师范大学出版社 1995 年版，第 192 页。

⑤ 诸晦香：《明斋小识》卷八，道光刻本。

"家相率而学"；罗源县"细民亦知向学"；建宁府"居畎亩，处闾里者，弦诵之声相闻"，"耕且读者，十家而五六"；延平府"家乐教子，五步一塾，十步一庠，朝诵暮弦，洋洋盈耳"；泰宁县"比屋连墙，弦诵之声相闻，有不读诗书者，舆台笑之"；南安县"百里之间，弦诵相闻"；漳州府"文物如邹鲁"；汀州府"风声气习，颇类中州"；① 泉州府"闾里山海之间，家诗书而户业学，即卑微贫贱之极，亦以子弟知书为荣。泉中冠裳之士，往往发自寒薄"；② 晋江县"党塾子弟，髫龄即有能诵十三经者"；③ 德化县"穷村僻壤有塾学，稚子不任力作，概令读书，虽樵牧童竖，罕不识字者"；④ 永泰县"农工商各教子读书，虽牧儿馌妇，亦能口诵古人语言"。⑤ 至于私塾的设置数量，由于其由塾师自设，多傍依家庭和宗族，与官府关联甚少，故已难以详考。

由此可见，在明清政府大力提倡创办社学、义学的同时，私塾、家学、宗族之学也随之勃兴，各类蒙学教育机构的广泛设立，出现了"盖无地而不设学，无人而不纳之教，庠声序音，重规叠矩，无间于下邑荒徼，山陬海涯"的兴旺景象。⑥ 由于蒙学的广泛普及，从而使塾师的从业人数较前代大为增加，如果按照一校一师（也有少数是一校二师或更多的）推断，明清蒙学塾师的队伍比前代任何时候都要壮大。

二　经济发展：明清塾师群体发展的物质基础

明清时期，社会生产力水平显著提高，农业生产、手工业生产、商品性生产、自给性生产总量都分别达到了历史上的高峰，除了明清交替之际数十年外，中国经济呈现出空前蓬勃的景象。随着生产力水平的提高，商品经济的发展，读书识字成为相当普遍的社会风尚，延师训蒙的风气在各地普遍存在。如在洪武初年，苏州府就已"虽闾阎村僻之所，莫不置句读师以训童蒙"。⑦ 万历时的松江府，也是"虽乡愚村僻，莫不置句读师

① 以上福建私塾资料均出自《八闽通志》卷三，《地理·风俗》。
② （乾隆）《泉州府志》卷二十，《风俗》。
③ （道光）《晋江县志》卷二十七，《风俗·士习》。
④ （乾隆）《德化县志》卷三，《疆域志》。
⑤ 方大琮：《铁庵文集》卷三十三，《永福辛卯劝农文》。
⑥ 《明史》卷六十九，《选举志一》。
⑦ （洪武）《苏州府志》卷十六，《风俗》。

以训童蒙"。① 到了清代中叶，甚至连一向比较落后的江宁府溧阳县，也已是"村有学师"。②

商品经济的发展与商人的崛起，更为蒙学教育在一定地区、一些家族长足发展提供了物质基础与经济保证，也大大增加了社会对塾师的需求。明清时期商品经济的发展，造就了一批大大小小的、数量可观的商人。这些商人虽然积累的财富多寡有别，其资本的流向也呈多元化的特点，但流向教育事业，是较为普遍的一种。为数众多的商人积极兴办教馆、族学和义学等，对子弟开展各种形式的教育，并且逐渐形成了一种重教兴学的社会风尚。如明代歙县商人鲍柏庭，"世居歙东新馆。……家初以贫，奉养未能兴隆，后以业浙醝，家颇饶裕"。"其教子也以义方，延请名师购书籍不惜多金。尝曰：'富而教不可缓也，徒积资财何益乎！'"③ 许晴川经商致富后，亦"五子咸延名师以训"；④ 又如休宁商汪可训，有子五人，"岁延名师督之学，曰：'此余未就之业，尔小子可一日缓乎？'"⑤ 婺源商人潘涟"始业儒，后念贫无以养，遂服贾，家稍裕，延师课子，倡兴文会"。⑥ 还有许多商人于教馆之外设立族学、义学的事例，如康熙年间的徽人张佩兰"建新安义学，以课徽人子弟"。⑦ 江西临川商人董三策，"建义馆，召同里子弟贫者读书"。⑧

总之，明清时代经济的发展为蒙学教育奠定了良好的基础，特别是商品经济的繁荣有力地推动了这一时期的蒙学教育，因而也促使塾师群体不断发展壮大。

三　科举取士：明清塾师群体壮大的内在动力

明清政府在积极兴办教育、推行教化的同时，也非常重视对人才的选拔。科举制度作为中国历史上选拔官吏的手段，隋唐时期尚不广泛完善，

---

① （光绪）《青浦县志》卷三，《风俗》，引《万历志》。

② （乾隆）《溧阳县志》卷四，《风俗》。

③ 《歙县新馆鲍氏著存堂支谱》卷三，《柏庭公传》清刊本。

④ 歙县《许氏世谱》卷六，《贺晴川许公六十寿序》清刊本。

⑤ 休宁《西门汪氏宗谱》卷六，《太学可训公传》清刊本。

⑥ 《婺源县采辑·孝友》，民国抄本。

⑦ （同治）《盛糊志》卷四。

⑧ （同治）《临川县志》卷四十六。

经宋元至明清已趋于完备，"中外文臣皆由科举而进，非科举者毋得与官"。① 从中央到地方，都对科举十分重视，在社会上中举做官被认为是最荣耀的事业。"士子一朝进学为生员，国家便复其身，免差役，地方官以礼相待，非黜革不受刑责。廪生并得食廪，贫寒者给学租养赡，生员经出贡或中举，即可以正途入仕。如在会试中式，成进士，入翰林，则梯步青云，尤为士子的荣显之阶。"② 而且，士子的中举做官之品阶高低也关乎一个家族的命运，因为一个家族科举及第的人数及为官的人数、为官者官位的大小，都是衡量一个家族社会地位高低的重要标准。某一个家族的子弟通过科举而入仕，就使该家族在社会中的地位得以提高和巩固，反过来又促进了该家族对教育的重视，同时也带动了其他家族对教育的重视。所以士子本人对于科名孜孜以求，锲而不舍，而家人父兄之于子弟，所督责与期待者，也唯科举一事。戴钧衡于道、咸年间记述当时的社会风气时说："自科举之法行，人期速效，十五而不应试，父兄以为不才；二十而不于胶快庠，乡里得而贱之。"③ 可见，社会对于读书人的唯一评判标准便是是否科举中第。

当这种制度使读书人竞相挤向科举以图入仕的时候，自然也会刺激和推动作为基础教育的民间蒙学的发展。我们知道，几乎所有科举士子的启蒙教育都是在各类民间蒙学中进行的，在科举中第入仕做官的巨大吸引下，众多的学童进入各类民间蒙学求学，使得民间蒙学教育迅速发展和兴盛起来。如正统元年（1436年），明政府规定，社学童蒙"凡有俊秀向学者，许补儒学生员"，④ 以科举的功名作为对他们的奖励。清代杭州一义塾的一副对联也反映了这种情况，"莫谓孤寒，多是读书真种子；欲求富贵，须从案上下工夫"，⑤ 就是说，寒窗苦读的目的在于通过科举入仕为官而获得富贵。因此，科举成为一股强大的力量，推动社会形成了"择师教子"风尚，从普通平民百姓到官僚贵族，为了其子孙能够通过科举步入仕途，不惜财力将其子弟送入学塾求学，甚至延请一些有学问的士人

① 《明史》卷六十九，《选举一》。
② 王德昭：《清代科举制度研究》，香港中文大学出版社1984年版，第127页。
③ 戴钧衡：《桐乡书院四议》，《课经学》条，盛编《经世文续编》卷五十六《礼政五：学校下》。
④ 《大明会典》卷七十八。
⑤ 陆以湉：《冷庐杂识》卷二，中华书局1984年版，第62页。

到家中坐馆教育他们的子孙。这大大增加了社会对塾师的需求，使塾师获得了更广阔的就业空间，塾师群体由此而进一步壮大。而且，科举的发展也为各类蒙学教育的兴盛提供了足够的师资。科举制度的实施造就了数量庞大的科举人口，从生监、举人到进士，逐层筛选，除绝大部分进士、部分举人及少数生监可以入仕为官外，其余的都得自谋职业。作为读书人，他们中大多数人又以自己所拥有的"知识"为谋生手段，或受聘为师，或自立学馆，加入蒙学教育，以一个个普通塾师的身份直接推动了明清教育的发展。

第二节　燕集蝇聚，群儒纷至：明清塾师构成及其执教原因分析

对明清时期塾师的构成，学术界没有对其进行专门研究，只在一些论著中粗略提及，如："明清蒙师多由社会下等阶层知识分子担任"，[①] "塾师，一般由童生、秀才担任，有相当的文化水平。当然，也有造诣较高，科举未仕的贤达"。[②] 实际上，蒙学教育本身程度低，各种身份的文人均可以做塾师，加之明清经济社会的发展为教育的繁荣创造了较为良好的条件，社会上也形成了浓厚的延师课子的民风，从事塾师职业的人也越来越多，塾师成为构成相当复杂的一个社会群体。

一　明清塾师的基本构成

1. 儒学生员

所谓儒学生员，是指通过县试、府试和院试三级考试而进入政府所设置的府、州、县学学习的学生，俗称"秀才"。明清时代，儒学生员的仕进之途大体有两种：一种是通过岁贡或相关方式而入国子监肄业，而后再由国子监积分或拨历出身；另一种是经科举考试而出仕。但是，岁贡及科举名额的人数毕竟有限，大部分人实际只能滞留民间。如清人陶正清云：

---

① 陈学恂、周德昌主编：《中国教育史研究》（明清分卷），华东师范大学出版社 1995 年版；尹选波：《中国明代教育史》，人民教育出版社 1994 版；刘秀生、杨雨青：《中国清代教育史》，人民教育出版社 1994 年版。

② 阎国华、安效珍：《河北教育史》，河北教育出版社 2003 年版。

"臣窃计大县人文之地，诸生恒不减四百人。其能以文词自见者，中式及拔贡出身者，不过十之一二。其一衿终老者，且十之九。"① 因此，在这仕进无门的景况下，大多数生员为了维持生计，选作塾师既可以说是他们谋生的一种手段，亦可以说是他们的出路之一。

儒学生员充任塾师的记载在明清史料中很多。一类是生员自己设塾授徒之例，如诸生吴一骥，"常设教西河，一时从游者数十人"。② 诸生梁大集，"正己博学，人争师之，尝馆恩平"。③ 县学生徐鸣时，"少丧父，赤贫，寄食萧寺为句读师，藉修脯养母，从游日众"；④ 另一类是外出去别人家处馆之例，如秀才何岳，"曾教书于宦官家"。⑤ 廪生陆江藻，"尝馆珠里吴氏"。⑥ 张履祥自天启五年补县学弟子员后，随后一直以处馆为生；⑦ 还有一类是社学、义学延聘生员充任塾师之例，如万历《西宁县志》卷二载，县社学"延本学生员罗绩为师，教训土著子弟，进庠者数人"。⑧ 嘉靖《磁州志》卷三载"延生员张岳为弟子师"。⑨

2. 童生

童生，是明清时期对没有考秀才或没有考取秀才的读书人的称谓。他们是读书人中最底层的知识分子，不为政府所重视，很少被载入正史之中，而且在方志中也较为少见。但在文人墨客的私家笔记或野史中，却留

① 陶正清：《陶晚闻先生集》卷二，《经史说折子》。
② （嘉庆）《如皋县志》卷十六。
③ （康熙）《新会县志》卷十二。
④ （民国）《吴县志》卷六十六。
⑤ 周辉：《金陵琐事》卷一，《两次还金》。
⑥ （光绪）《青蒲县志》卷十九。
⑦ 崇祯六年（1633年）至崇祯七年（1634年），馆同里颜士凤家；八年，馆甄山钱飞雪家；九年，馆甄山；十年，馆甄山；十一年，馆甄山；十二年，馆甄山；十三年，馆菱湖丁友生家；十四年，馆菱湖；十五年，馆苕溪；十六年，复馆甄山；十七年甲申，为大清顺治元年（1644年），馆甄山；三年，馆炉镇族兄彬家；四年，复馆颜氏；五年，馆颜氏；六年，馆颜氏；七年，馆颜氏；八年，僦居炉镇教授；九年，居炉镇教授；十年，居炉镇教授；十一年，居炉镇教授；十二年，馆甄山钱一士家；十三年，馆澉浦吴衰仲家；十五年，返居杨园故庐，馆郡中徐中可家；十七年，馆半泾钱厚庵家；十八年，馆半泾；康熙元年，馆半泾；二年，馆半泾；三年，馆半泾；四年，馆半泾；五年，馆半泾；六年，馆半泾；七年，馆半泾；八年，馆语水；九年，馆语水。十年，先生六十一岁。自是以后四年家居。见苏惇元纂订《张杨园先生年谱》，《杨园先生全集》，中华书局2002年版，第1489—1517页。
⑧ （万历）《西宁县志》卷二。
⑨ （嘉靖）《磁州志》卷三。

下了一些关于童生担任塾师的记载。如苏州府常熟县人邹静观，万历初年老童生，县试从未一取，却自称邹解元。"师道甚严，大家争致之，非隔年下聘，不可必致。新正开馆，不过初三。遇节，止假一日。"当时常熟以老童生处馆者，尚有龙门、蒋二，人争延为师。① 清人吴炽昌所撰《客窗闲话，续客窗闲话》中的李蒙师，"应童子试，年至不惑，不得入泮，遂以训蒙为业。乡农延之，岁入修二十余缗。及门者十数顽童，甘厌其烦，然舍此更无别业可为，不得不下气降心以就之，非其本心也"②。在一些地方，童生担任塾师的比例还比较高，据安徽《宿松教育志》载，该县在清末有据可查的较有影响的乡馆塾师共有 41 人，其中出身秀才者 22 人，贡生 4 人，举人 1 人。可见塾师中大部分为中了秀才之后未能再及第者，还有许多则是未中秀才的童生。③

3. 致仕官员

致仕官员指因各种原因退离官场的官员，他们做塾师的情况多种多样。有的是被谪贬的官吏，由于仕途的不得意，他们中的很多人转向教学。当然，这类人主要从事的是经蒙俱授的教育。如浙江山阴人韩宜可，与王景常一道谪戍临安，"一时士绅多尊礼之，使子弟受学"④。有的是因父母年高而侍奉父母辞官回家，一边养亲，一边教书，在家乡造福桑梓。如静宁的张仿渠，嘉庆时举人，曾任训导，因父母年迈而辞官。回家后，他在义学任教。⑤ 南阳的任古盉，道光时举人。他任训导达十年之久。因父母年老而辞官后，他在家乡任教。⑥ 有的是告老还乡后，老有所为，居乡授徒。如长洲蒋少司马元益，"致仕家居，惟以砚田糊口，曲质度日。吾乡邹晓屏相国归田，时年已七十又四，一裘三十年仅存其韠，赖门生赠遗以为薪水"。⑦ 有的是因仕途艰辛，无意仕进而归乡，把未竟的报国之

---

① 《虞书》，见《虞阳说苑》乙编。转引自陈宝良《明代儒学生员与地方社会》，中国社会科学出版社 2005 年版，第 299 页。

② 吴炽昌：《客窗闲话，续客窗闲话》，《历代笔记小说丛书》，文化艺术出版社 1988 年版，第 273 页。

③ 参见吴霓《中国古代私学发展诸问题研究》，中国社会科学出版社 1996 年版，第 196、197 页。

④ 刘文徵：(天启)《滇志·人物志》卷十四。

⑤ 《甘肃全省新通志》卷六十六。

⑥ 《新修南阳县志》卷十一，《人物》。

⑦ 钱泳撰：《履园丛话》下，清代史料笔记丛刊，中华书局 1979 年版，第 639 页。

志化作一腔传道、授业、解惑的热忱。如曾任大昌知县的云南临安卫人田容，"廉介慈祥，政绩卓著"，但因为常讯之狱，田容知其枉情，力为之辩，违背了当政者的意愿，以致道不同而乞归。"居家教子，足迹不至公门，子孙宦业蝉联。"① 有的是贫官罢官靠授徒自给，如《金陵琐事》载，南垣刘公罢嘉兴太守，训蒙自给。远庵李公罢江西副使，殊无活计，教授生徒于高淳溧阳之间。②

4. 贡生与监生

贡生，他们是那些从生员中选拔出来的优秀者或资历较深者，他们原则上要进入京中国子监读书，有的可直接参加官僚选拔。明代贡生和监生原本是等同的，即国子监生就是各地方选拔来的贡生。捐纳入监实行后，监生显得非常混杂，贡生只是监生的一种。

尽管贡、监生从制度上讲已取得了做官资格，但能进入官场者只是其中的一小部分；还有监生捐官者虽不少，而其中捐虚衔者则居多，所以贡生、监生中的相当一部分也像生员一样沉滞于城乡社会中，一些人也要为谋生而去充当塾师。如明万历年间贡生王心性"家贫授徒以瞻，朝夕凌晨赴馆"。③ 由于他们较高水平的出身，贡、监生担任塾师则更受欢迎。如嘉靖《内黄县志》载："延监生梁材为师，邑中子弟云集。"④ 刘翊《武涉县社学集》载："选国子监生为社学师。"⑤ 但明代贡、监生担任塾师者并不多见，到了清代，随着科举壅滞的不断加剧，贡、监生担任塾师者越来越多。这样的例子在清代方志中俯首即是。如恩贡生沈求立，"博洽能文，讲学授徒，从游日众"。⑥ 增贡生郁念曾，"未冠即训蒙，教授数十年，门下士多成名者"。⑦ 岁贡生黄金钟，"家贫，年十六即为蒙师，以供菽水"。⑧ 岁贡生吴儒懋，"生平好施乐助，家设义塾，教授乡里，多成材者"。⑨

---

① 刘文徵：（天启）《滇志·人物志》卷十四。
② 周辉：《金陵琐事》卷三，《官贫受徒》。
③ 山东黄县《太原王氏族谱》之"家传"，宣统六年刊本。
④ （嘉靖）《内黄县志》卷三。
⑤ （成化）《河南总志》卷十四。
⑥ （光绪）《青蒲县志》卷十九，《人物》。
⑦ （民国）《江阴县续志》卷十六，《人物》。
⑧ （光绪）《青蒲县志》卷十九，《人物》。
⑨ （嘉庆）《萧县志》卷十三，《人物》。

由上述可知，明清塾师基本来源于当地的童生、府州县的儒学生员、滞留家乡的贡监生和退职居闲的致仕官员。

二　明清塾师构成之特例

除上述塾师的基本构成外，也有其他一些人担任塾师。他们本不能成为塾师，或不应进入塾师行列，但由于一些特殊的原因，他们从事了这一职业，成为塾师构成中少数的特例。

1. 举人。一般来说，明清时期中了举人就取得官职，但不做官的也不少，其中不乏借舌耕糊口之人。举例来说，如山东聊城的叶葆，嘉庆时举人。以足跛，故不求仕进。他建立了道南书塾，即在塾中教授学生。① 米脂的高照煦，同治时举人。他在家乡任教。米脂曾六十年无人中举，而在光绪年间出了 14 名举人、5 名进士，他们均为高照煦的学生。② 闽侯的林齐璇，光绪时举人。他被任命为知县，但没有赴任的路费等，他并未上任，而是在家乡教书养亲。③

2. 进士。在明清社会中，进士是所有科举士人的最高追求目标。考中进士实际意味着士人科举获得了最后成功，也意味着个人求科举生涯的结束。一般而言，他们依例都将被授以官职，开始官僚生涯，但也有个别进士因为具体原因未就职而成为塾师。如蔡清，"成化二十年成进士，即乞假归讲学"，父卒后，"家居授徒不出"。④ 明代新城人王考"自为秀才，迄成进士，以教读终其身，著弟子录者不下数十人"。吴县的徐华岳，嘉庆时进士。他曾被任命为知县，但未就任。他隐居家乡，从事教学。⑤ 像这样的事例并不多见。

3. 出仕官员。出仕官员，指进入了仕途的官员，他们有的一方面做官从政，另一方面从事地方教育事业，如著名哲学家、教育家王守仁，为挽救"沉疴积痿"的"事势"，一边从政治军，一边创办书院和社学，而且长期亲自从事蒙养教育，推广教化。清中叶著名学者、被钱大昕称之为"天下奇才"的戴震，一生重视教育工作。他在做官之余，并亲自设私塾

① （民国）《山东通志》卷一百七十四。

② 《续修陕西通志稿》卷七十七。

③ 《闽侯县志》卷八十三（福建）。

④ 《明史》卷二百八十二，《蔡清传》。

⑤ （光绪）《苏州府志》卷八十四。

教授"蒙童"，在私塾教学 5 年，培养了大批有才干的学生，许多人成为有名的学者。

4. 隐士。明朝初年，一批元朝的遗民，或安于平静生活，隐居乡里，或不愿与新朝合作，不肯出仕为官，其中相当一部分便靠教书为生。其中最为著名的即有明初著名的学者谢应芳，他于元末明初避地吴中，"吴人争延致为弟子师"①。著名诗人丁鹤年，于元末明初"转徙逃匿，为童子师"。② 明末清初也有类似的情况，如明末清初的理学家、教育家张履祥，于甲申闻国变，缟素不食者累日，嗣后便杜门谢客，隐居清风乡炉镇杨园村，训童蒙以终老，晚年德望益隆。

中国不乐仕进的传统也造就了一些隐居教学的隐士。如茅廷瑞，幼有志操，颇尚豪侠，晚号耕隐老人，读书课子，泊然无荣进意。③ 范逸，初名述，字亦绪，当鼎革不乐仕进，更今名遗民，与范超并居黄渡。少嗜学，父令守肆挟书吟诵或盗肆中物不觉也。久之，博洽能诗文亦能医，称黄鹨二范。年五十五病瘖，犹为蒙师，口授经书无讹舛。④ 王湖，永嘉人。少聪明，博贯经史工文，性恬澹端恪，不幕容进，一室萧然晏如也。张少师素重其人及人相，征辟之，以老母力辞，居乡聚徒讲业，一时名士多出其门。⑤

5. 闺中女子。明清童蒙教育领域开始出现了一些女塾师的身影。如绍兴女子陈菊芬十五六岁时，就"在家事针莆，兼教授童蒙"⑥。福建诏安县女塾师谢浣湘因婚姻不顺，回娘家居住，自三十九岁开馆授徒到老，学生来自城乡及邻省。⑦ 而且，这些可爱可敬的女塾师往往不让须眉，成为旧时代知识女性自强不息的难能可贵的代表。瑞英就是清代一位出类拔萃的女塾师。她在父亲病逝后，竭力承担家庭重担，"易钗而弁，于家塾为童子师，一时执贽来者，争拜绛纱问经义，如宣文君故事"。女塾师大

---

①　《明史》卷二百八十二，《谢应芳传》。

②　《明史》卷二百八十五，《丁鹤年传》。

③　（光绪）《丹徒县志》卷三十五，《人物·隐逸》。

④　（光绪）《青蒲县志》卷十九，《人物三·文艺传》。

⑤　《古今图书集成·文学典》第一百一十卷，《文学家列传》。

⑥　《义门陈氏宗谱》之"家传"聚原堂刊本。转引韩凝春《明清塾师初探》，《中国社会经济史研究》1997 年第 3 期。

⑦　福建省地方志编纂委员会编：《福建省志·教育志》，方志出版社 1998 年版。

都多才多艺，为上流人家的女孩教授儒家经典、诗歌艺术和绘画，因而被人称为"闺塾师"。如文俶，一位出身于苏州著名画家家庭的女儿，自己也成为一位非常著名的画家，以至于其他女性都希望找她做塾师。①

女塾师的出现说明明清女子教育的发展突破了很多传统的藩篱。明清两代的女子，较之前代，发生了一些变化。一方面的变化是女性受教育人数大为增加，教育内容有所转变，一部分女子无论在阅读或受教育内容上开始涉足男性专习的经史范围。另一方面的变化就是在一定程度上突破了男主外、女主内的格局，女子也能凭借自己的一技之长来养家糊口。读书人较易从事的塾师职业首先打破男性的垄断，知识女性跻身其中。比较知名的，如18世纪的作家苏畹兰，是浙江仁和一位穷塾师的妻子。她做塾师非常成功，并且最终开办了自己的女"家塾"。② 另有女诗人熊琏、许珠当女塾师以养家，嘉定印白兰也在虎丘开馆授徒为生。③

三　明清塾师执教原因分析

就以上明清塾师的构成我们会想到，为什么会有那么多种类的读书人选择塾师这一职业呢？究其执教原因，多属下列几类：

1. 生计的需要

通过科举考试取得功名，进入仕途，是知识分子努力追求的目标。但很多人在科举场中却"连举不售"、"屡试不第"、"棘闱屡踬"、"竟困场屋，终身不获一遇"，做官无望，而又无钱捐官的情况下，只好谋求其他职业。社会上各种职业本来是很多的，但对于读书人来说，很多职业不符合读书人的价值评判和道德准则，再加上自身和社会的一些条件的限制，一旦科举之路不通，便只剩下教书或做幕僚等少数职业可以选择了。其中，训蒙处馆是知识阶层赖以谋生的最常见的职业。因而，可以说维持生计是未入仕的士人选择塾师这一职业的最普遍、最重要的原因。一般来说，在当时社会，衣食不愁和稍有其他出路的人，一般都不愿当塾师，即所谓"家有二斗粮，不做孩子王"。但由于很多读书人都家境贫寒，衣食

---

① ［美］高彦颐：《闺塾师》，李志生译，江苏人民出版社2005年版，第134页。

② 参见胡文楷《历代妇女》，第798—799页。转引自［美］高彦颐《闺塾师》，李志生译，江苏人民出版社2005年版，第336页。

③ 黄汉清等：《女诗人诗选》，广西人民出版社1986年版，第567、603、650页。

困难，所以把当塾师作为疗贫之法。张履祥说过："今之贫士众矣，皆将不免饥寒，宜以教学为先务，盖亦士之恒业也。"① 明代周清原所著《西湖二集》第三卷中，也写了一位"饱读儒书"，"口若悬河，笔如泉涌"的乡学先生甄龙友，由于家贫，便以开馆授徒为生来养活家人。②

很多在后来才成名成家者早期都做过塾师，他们以这一读书士子最易获得的职业来谋取生路，也借此涉世，为将来的发展打下基础。著名的文学家陈继儒，少时家境贫寒，本人又不愿入仕，早年一直坐馆、著述，以馆饩和润笔为主要的经济来源，来养家糊口。到后来他专心致力于文学创作，并声震明代文坛数十年，作品颇受欢迎，"四方征其文者，束帛挺金造请无虚日"，润笔之费积数万金，"以润笔之资卜筑余山……纵情山水数十载"。③ 又如徐光启，万历九年二十岁时中生员，二十二岁时，"教授里中"，"以馆谷自给"。④ 众所周知，郑板桥在做官和画家成名之前也担任过塾师。

2. 传统观念的影响

在中国古代社会，教学向来被认为是士人的重要职业，孔子首开先河，为此树立了榜样，形成读书人的传统。在当时社会，除仕途外，符合读书人身份的职业选择主要有幕僚和塾师两种。而在这两种职业中，师爷的收入远较塾师的丰厚，"为童子师，岁修不过数十金。幕修所入，或数倍焉，或数十倍焉"⑤。吕留良比较"作宦"与"处馆"，"书馆"与"幕馆"则说："此不必讲义理，只与论利害，则作宦之危，自不如处馆之安；宦资之不可必，自不如馆之资久而稳也。惟幕馆则必不可为；书馆犹不失故吾，一为幕师，即于本根断绝。"⑥ 因此，大多数的知识分子在科举落第、功名无望的条件下也会偏重选择当塾师。

功名无望而选择塾师也是出于一种自我慰藉的需要。读书人虽然科举未中，但择业时还是要顾全士人的身份，要保持读书人的面子，从而选择

---

① 张履祥：《杨园先生全集》，陈祖武校点，中华书局 2002 年版，第 1492 页。
② 周清原：《西湖二集》卷三，人民文学出版社 1989 年版，第 46 页。
③ 宋起凤：《稗说》卷一《陈征君余山》，《明史资料丛刊》第二辑，江苏人民出版社 1982 年版。
④ 梁家勉编著：《徐光启年谱》，上海古籍出版社 1981 年版，第 47 页。
⑤ 汪辉祖：《佐治药言》，"自处宜洁"条。
⑥ 吕留良：《与董方白书》，《吕晚村先生文集》卷四。

塾师这一比较体面的适合读书人的职业，因为在传统观念中，只有那些有才能、有教养的人才能被聘请为塾师，才能有资格做塾师。张履祥说："生计穷困，目前亦无奇策，即教课一事，尽心力而为之可矣，谓之君子劳心可也，谓之小人劳力可也。"① 尽管读书人也要谋生，"然择术不可不慎，除耕读二事，无一可为者。商贾利，易坏心术。工技役于人，近贱。医卜之类，又下工商一等。下此益贱，更无可言者矣"。② 由此可见，读书人将选择所"业"视为选择当世社会地位，选择其在社会的生存方式，从而保全读书人的身份，"职业之所系大矣哉！"③

再则，科举未第、入仕未成的读书人加入教育这一行业，既可以养德，通功易事，又可以养身。与此同时，教课、诵习两不分。教课学生，当然是为谋生之计，可是为人之际，也有益于自己，给学生讲解之际，塾师也可进德养身。既可边教边读以应科举，又可将科第希望寄托在学生身上，间接地施展自己的抱负和才能。这正如陈芳生所谓的"儒者不为农工商贾，惟出仕与训蒙而已。出仕不可必得，训蒙乃分内事。果尽其道，则教育人才，亦大有益于天下，己亦藉此代耕，诚兼善之本务也。"④

3. 以教为乐的思想

由于先贤孔子重视教育，所以古代读书人对教育有天然的感情，把它作为"入圣之基"，因而很多文人、学者、政治家、思想家、教育家或在治学治身之时，或在理政治军之余，或在退职之后，创办私塾，亲身执教私塾，积极从事私塾的教育教学工作，以教为乐，以弘扬文化为己任。比如著名哲学家、教育家王守仁，为挽救"沉疴积瘘"的"事势"，把教育工作作为"大丈夫不世之伟绩"，一边从政治军，一边创办书院和社学。明清之际杰出的启蒙思想家王夫之，中年之后亦创办私塾，设馆授徒，他所建的"败叶庐"、"观生堂"、"湘西草堂"就是王氏私塾。更有甚者，据江苏宿迁叶氏的族谱所载，叶道源于 1870 年中举后，还一度在扬州开设了一所学塾，有段时间他还在居住地区的义学中教书。他父亲的朋友云贵总督张石卿要他去云南，并承诺荐举他出任一个重要的官职。他谢绝了

---

① 张履祥：《与颜孝嘉》，见《杨园先生全集》卷十三，中华书局 2002 年版，第 372 页。

② 张履祥：《训子语上》，见《杨园先生全集》卷四十七，中华书局 2002 年版，第 1352 页。

③ 赵园、张凤珠：《明清之际士大夫研究》，北京大学出版社 1999 年版，第 341 页。

④ 陈芳生：《训蒙条例》，《檀几丛书二集》卷十三，清刊刻本。

这一荐举，称："吾教授数十年，不乏英俊之士可以任天下事。馆谷所入，足给吾衣食所需。间有余者，以赡亲族。山高水长，游览足乐，吾安用显贵耶？家有田园，适足为子孙累耳。"①

4. 亲缘结承的关系

文化有其自身的遗传规律，塾师子弟在学习上较他人得天独厚，因而这种职业的世袭性也相对较为稳定。这些塾师之家，往往是标准的书香门第，子承父业，世守家学。例如郑板桥的父亲郑之本是一个廪生，品学兼优，家居授徒，先后数百人，郑板桥继承父业，曾设塾于真州之江村，后经命运的辗转，才成为闻名的画家。② 闽侯的陈庆交，道光时生员，其父是副贡生，在上层绅士家中任教。陈教庆也一起随读。家素贫，他一直以教书为业。③ 通州的袁学健，嘉庆时生员。袁氏世代为塾师。其子有些是塾师，有些成了贡生或副贡生。④

第三节　一个不易从事的职业：明清塾师的延请与辞退

尽管蒙学教育程度低，但由于塾师对童蒙影响大，因而人们在聘用塾师时仍然有其方方面面的要求。塾师要具备一定条件和资格方可担任，延请塾师要符合一定的形式，聘用过程中塾师要接受主家或官方一定的考核，对不能达到考核要求者予以辞退。

一　明清塾师的资格和要求

中国传统社会颇重童蒙教育，《易经》上早就说："蒙以养正，圣功也"，明人也说，"蒙养极大事，亦最难事。盖终身事业，此为根本"，⑤"然其教者，最简重其为师者。《尚书太传》云：'塾师以大夫士七十而致仕老其乡里者为之，大夫为士师，士为少师。'……古人之

---

① 《吴中叶氏族谱》卷五十一，1862 年本。

② 《郑板桥年表》，见《郑板桥集》，上海古籍出版社 1983 年版，第 246 页。

③ （民国）《闽侯县志》卷八十八。

④ （光绪）《通州直隶州志》卷十三。

⑤ 沈鲤：《养正类篇》卷四，《正谊堂全书》本。

教，初学必简重其师者，为此也，今何易易之甚耶？"① 这一源远流长的传统使人们在择师上持慎重态度，对实施启蒙教育的塾师提出了多方面的资格要求。

1. 品学兼优：塾师的品德及才学要求

教师的品德才学是教师能否具备教师资格的根本条件，也是首要条件。由于其对学生有着直接的影响，故历代都严格挑选教师，对教师品德及其才学提出一定的要求，既要求有广博的文才、精湛的学业，更要求教师有高尚的德行。明清时代，虽然各地区文化底蕴与塾师需求状况不同，但受传统选用教师思想和制度的影响，一般而言，各类学塾对所延请的塾师都要求"品学兼优者"为之。早在洪武十六年（1383 年），明太祖朱元璋在"诏民间立社学"时，就规定"其经断有过之人，不许为师"。② 其后，各级地方官在兴立社学、延聘师儒时，根据敕谕，对其教师资格也做了具体、详尽的要求。黄佐在提督广西学政时，对社师担当者要求："除在城大馆外，俱用儒士，不许罢闲吏役及非儒流出身之官或丁忧生员及因行止有亏黜退者。"③ 王守仁在赣州任巡抚时，"牌仰岭北道督同府县官吏，即将各教馆教读通行访择，务学术明正、行止端方者，乃与兹选"④。叶春及在《石洞集》卷七《惠安政书·社学篇》中有关择师之事提出："所请教读，必学行兼备、端重有威生员儒士，不用罢吏及非儒流出身之官，或丁忧生员与因行止被黜者。"由此可见，明代的社学大多将"儒士之谨饬者"、⑤"耆儒有学行者"、⑥"学行是耆旧"、⑦"学行可为师范者"⑧ 等作为择师的标准。

清代在聘用塾师的资格要求上，基本上沿袭明代，也强调塾师在德行与知识方面的表现。如顺治九年（1652 年），明令"每乡设置社学一区，

---

① 唐胄：（正德）《琼台志》卷十七，明正德刊本。
② 《明会典》卷七十八。
③ 黄佐：《泰泉乡礼》卷三，《乡校》，《四库全书·经部·礼类》第 142 册，上海古籍出版社 1987 年版。
④ 《王阳明全集》卷十七，《兴举社学牌》。
⑤ （嘉靖）《涿州志》卷四。
⑥ （嘉靖）《惠安县志》卷九。
⑦ （万历）《江宁县志》卷二。
⑧ 木讷：《六合县社学碑记》，见（嘉靖）《六合县志》卷七。

择其文义通晓、行宜谨厚者，补充社师，免其差役，量给廪饩养赡"①。雍正元年（1723 年）定："州县于大乡巨堡，各置社学，择生员学优行端者，补充社师，免其差役，量给廪饩。"② 地方官在设立社学时亦贯彻这些规定。如丁日昌的《设立社学札暨章程》要求"延品学兼优之士，实心训课"。③ 随着社学被义学所取代，此类规定又出现在义学条规中。蒋丹林在《义学规条》中云：

> 择师也。塾师有关人才风化，必须敦品砥行之士。正心术，修孝弟、尚廉节、肃威仪，以为立教之本；正学业、分句读、明训迪、考勤惰，以尽立教之方。轻浮佻达之必戒，举动言论之必端，师道立则善人多。④

举办者们都将塾师的德行作为选择塾师的根本条件。

至于私塾塾师的资格和要求，肯定会受到社学、义学聘用塾师资格要求的影响，在选择塾师时自然也是慎重严格的。以族塾、教馆为例，族长、家长延请塾师时出于对家族子弟的强烈责任心，选择塾师大都相当慎重，因而在其有关条规中对塾师资格有很严格的规定。与社学、义学相比，这些要求往往有过之而无不及。如任兆麟《任氏家塾规条十则》道："师，所以模范人伦者也。延请有学、有品之儒以主讲席，一切学规悉禀手训。"⑤ 山阴安昌徐氏宗族强调："义塾延经师须品学兼优者，详访敦清。"⑥ 王昶在《王氏祠塾规》中也说："塾师必则端严方正、沉静精勤、文学优长之人，其选懦疏懒及学问浅鄙者，不宜迁就人情，苟且延请。"⑦

2. 入泮游庠：塾师的基本身份要求

所谓身份，在此是指功名学衔状况。科举制实施以前，中国古代社会

---

① 《钦定学政全书》卷六十四。
② 《清会典事例》卷三百九十六，《学校·各省义学》。
③ 丁日昌：《设立社学暨章程》，《抚吴公牍》，光绪三年刻本，见顾明远《中国教育大系——历代教育制度考》（下），湖北教育出版社 1994 年版，第 1464 页。
④ 蒋丹林：《义学规条》，《求实斋丛书》卷二十，光绪十七年湘乡蒋氏家刻本。
⑤ 任兆麟：《任氏家塾规条十则》，《有竹居集》卷十三，嘉庆年间刻本。
⑥ 绍兴《山阴安昌徐氏宗谱》之"徐氏义仓条规"，光绪十年刊本。
⑦ 王昶：《王氏祠塾规》，《嘉庆珠里小志》卷十《义塾》。

民间学塾教师的学历资格一般都不很明确，通常是致仕官吏或一般知识分子。如《尚书太传》云："塾师以大夫士七十而致仕老其乡里者为之，大夫为士师，士为少师。"科举制实行之后，科举的扩展导致对教师的大量需求，而落第士子则成为教学行业源源不断的生力军。明清时期情况更甚，而且科举的壅滞，更使大量的读书人滞留民间，从明中叶之后起，由于从学人数的增多造成士人猥多，对教师职业形成竞争。陆人龙在《型世言》第十九及第六回中对此多有描述：不仅豪宦之家的馆席"要人上央人去谋。或是亲家，或是好友，甚是出荐馆钱与他陪堂，要他帮衬"，①就连有"四五两馆，便人上央人"。② 因此，在此情况下，社会上对塾师的聘用在学历资格上也就随之而提出了更高的明确的要求。

明清时代社学、义学的教师，一般而言，通常都要求聘用至少取得"生员"身份或者生员以上已经获得一定社会地位的人。如明代魏校督学广东就曾明令："建立社学，宜祥书其事于官学。提调官会教官及广东生推奉儒士堪为教读者。如无，以生员学行者为之。"③ 黄佐承袭魏校对社师担当者要求，指出"凡在城四隅社学，视各乡校为重，宜延聘致仕教官及监生、生员学行尤著者以为教读，每隅各一人"④；叶春及也明确提出："岁前腊月，父老会各乡长老，随乡里大小子弟多寡、居止远近，宜度开馆几所、请师几人，与各父兄从容议定，皆由心愿。……所请教读，必学行兼备、端重有威生员儒士，不用罢吏及非儒流出身之官，或丁忧生员与因行止被黜者。其四方流寓，踪迹无常，尤当精择。"⑤

清代的社学、义学对塾师学历资格要求，大体都是举人、贡生、监生和生员等具有一定身份的人。在各地方志、学规、谱牒等资料中，类似的记载也相当常见。举例来说，如同治年间江西《义宁州志》载，"延庠生优于文行者居皋比，进周中子弟，北面授书。"⑥ 丁日昌《社学章程》规定："务须植品端方之庠生，始准延订；其素行不谨者，虽有文才，不得

① 陆人龙：《型世言》，石仁和校点，三秦出版社2006年版，第279页。
② 同上书，第88页。
③ 魏校：《庄渠遗书》卷九，《谕教读》，明嘉靖刻本。
④ 黄佐：《泰泉乡礼》卷一，《乡礼纲领》，《四库全书·经部·礼类》第142册，上海古籍出版社1987年版。
⑤ 叶春及：《石洞集》卷七，《惠安政书·社学篇》。
⑥ （同治）《义宁州志》卷十三。

滥举充数。"① 陈宏谋《义学条规议》规定："城乡蒙馆，即于本地附近生员、儒士，慎选诚朴自好、不与外事者为之。"② 浙江瑞安孙氏祠塾规定：所延请的经师须举贡以上文学素优者，蒙师则要"廪、增、附生之考前略有文名者"。③

由此可见，明清社会上普遍形成的风尚是把"生员"身份作为对塾师学历资格的最低要求。受此影响，即便是自己开馆的塾师，也须有生员身份，民众才愿送子弟就读。如成化顾英就是在二十六岁时"一举而登上第"后，才得以"去来两都，授徒取给"。④ 明末金汤也是在通过童子试得以"入泮"后，才"开家塾于城南"，以授徒养生。⑤

需要说明的是，在少数特殊情况下，具备生员或生员以上身份要求的人并不能轻易聘到，因此一些社学、义学条规中对其他身份的人也持允许态度，特别是一些品行优良的童生也可以担当塾师。如：塾师即本乡村中监生及童生之有品者，公为聘延。⑥ 每年延请本地生员品行端方、经书熟习之人以为义学之师，方为有益。如无生员，附近童生之中有品行常考试高取者，亦不妨延订，不得滥延外来无名童生，及测字、相命、打卦之人。⑦ 当然，那些未曾进学，未获得任何身份的人取得了馆师之职，也并非择师者的首选。

二 明清塾师的选聘方式

明清时代，民间蒙学种类繁多，性质各异，办学形式多样，塾师的选聘方式也就多种多样，归纳起来，主要有官聘（即由地方官和提学官聘任）、公举官聘（即由乡民或乡绅公推，报请地方官考核或批准）、公聘（即由乡民或乡绅推举）、私聘（即私家学塾兴办者独自延聘）四种形式。

1. 官聘。明清时期的社学和义学，基本上是官立或公立的，因而在

① 丁日昌：《社学章程》，《抚吴公牍》，光绪三年刻本，见顾明远《中国教育大系——历代教育制度考》（下），湖北教育出版社 1994 年版，第 1464 页。

② 陈宏谋：《义学条规议》，《道光广南府志》卷二。

③ 《瑞安孙氏规约数种》，见《近代史资料》，1983 年 2 月。

④ 陆深：《俨山集》卷六十三，《中顺大夫广南府知府顾公墓志铭》。

⑤ 叶梦珠：《阅世编》卷九，《师长》。

⑥ 唐鉴：《兴立义学示》，《唐确慎公集》卷五。

⑦ 周凯：《义学章程十条》，《内自讼斋杂刻》第三册，周氏家刻本。

其塾师的选聘中，地方官府和官员往往起着关键性的作用。明政府在很多官方政令中对此做了明文规定，如弘治十七年（1504 年）令"各府、州、县建立社学，选择明师"；①"若乡里学舍，则守令于其同方之先辈，择一有学行者以教"②。清政府对塾师的选聘也很重视，一度强化了由地方官选聘塾师的方式。如顺治十五年（1658 年）命令土司设立社学，"地方官取文理明通者"为教读；乾隆元年（1736 年）令顺天府大兴、宛平二县扩建社学，"遴选文理兼优之士延请为师"。③ 如此之类，都是以最高统治者的身份要求地方官在乡村社学、义学塾师的选用上负有重要职责。各地方官在主持建立社学、义学的同时，也亲自出面延请塾师。例如正德庚辰，磁州太守得兴张侯既新学官，创建社学，延生员张岳为弟子师。④ 魏校督学广东时，对地方官吏延师的时间程序提出了明确要求："每岁各州县提调官以正月望后启学。先一月，具书致礼请师。"⑤ 在官聘中已见对其进行考选，并对其经过培训再任职的情况，但无其他案例，可以推断，这只是个别正直清明的官员的举动，在当时并非普遍现象。

2. 公举官聘。也有许多社学和义学塾师的选聘采用公举官聘的方式。即由乡民或乡绅公推，报请地方官考核或批准。这是对官聘方式的一种变通，以扩大选聘的人选范围，真正择到良师。公举官聘的一般方式是：每年腊月前，各乡父老集议，决定办学各项事务，其中塾师的选聘要在拟定人选后，将拟聘教师的姓名、籍贯、年龄、学行情况造册报告县府，申请审查备案。经县府同意后，准备聘礼，父老率子弟到教师家聘请，教师同意后即准备开学。如叶春及在《石洞集》卷七中所规定："岁前腊月，父老会各乡长老，随乡里大小子弟多寡、居止远近，度宜开馆几所、请师几人，与各父兄从容议定。皆由心愿，然后某社学，弟子若干名，序其年龄、乡里、父兄、籍贯；请师某，何色人，并其年齿、乡里、籍贯，书为一册，送县令会考。"⑥ 又如黄佐在《泰泉乡里》卷三中提出要求："众

① 《明史》卷六十九，《选举一》。
② 全祖望：《鲒埼亭集》卷二十二，《明初学校贡举事宜记》。
③ 《清会典》卷三百九十六。
④ （嘉靖）《磁州志》卷三。
⑤ 魏校：《庄渠遗书》卷九，《谕民文》，明嘉靖刻本。
⑥ 叶春及：《石洞集》卷七，《惠安政书·社学篇》。

共推择学行兼备而端重有威者，送有司考选，以为教读。"① 清代的很多义学条规也明确规定了公举官聘的择师方式。如栗毓美《义学条规》规定："延请塾师，须于岁前十一月责令绅士首事公同举报，再由地方官查考，分别准驳，果其品端学粹，则从游者自众。"② 至于公举之原因，李德林在《筹议义学经久事宜》中有所分析："学师宜秉公议聘，以翼得人也。……该生等散四处，在职无由尽知其贤否，而教官有课士之责，则较为亲近，至本保绅耆于各生之素行更无不熟悉。拟于每年春初，令各保绅耆公议一两人报到县，由县会同两学秉公酌定，庶所延之师儒无劣士，而所诲之子弟皆善良矣。"③

3. 公聘。对塾师的延聘除了上述的官聘方式之外，公聘方式也普遍存在。这种延聘方式是由乡民或乡绅公众推举确定人选来直接担任塾师，地方官并不参与选聘。在民间大量存在的由一村、一族或数村、数家联合商议开设的村塾、族塾，其塾师的选聘一般就是这种公聘方式，其具体做法是，学费按各家入学人数分摊或认摊，公推一有声望家长做学东，牵头择定馆址，由村、族合请或由学东与各家商议后聘请塾师，以训读本村、本族、本家子弟。如福建金华府汤溪县，乡里延师之风极盛，"每岁春，乡有长者，必聚众延师家塾，以训童蒙，迨冬而散"。④ 在漳州府，延师之习，"为父兄相与议，求有学识行艺可以师表者一人，推一二有力者为纠首，以诸生姓名列名于官，敬谒以请。既许可，乃于岁节后卜日备礼，延致于学，子弟执经受业"。⑤ 这种公聘塾师的方式在一些条规章程中也有明确规定。如余治《得一录》卷五载《变通小学义塾中章程》："举随地可行，宜择地方公所三间，中供圣牌位，并择二三老成人料理董事，公请一老成有品能讲说者为之师。"⑥ 又如《宗文义塾条规》："延师务取学问淹贯、品行端方之士，由各绅士公同保举，不得徇情引荐。"⑦

4. 私聘。私聘，是由私家学塾兴办者独自延聘塾师的一种方式。这

---

① 黄佐：《泰泉乡里》卷三《乡校》。
② 栗毓美：《义学条规》，《牧令书》卷十六，道光戊申年刊本。
③ 李德林：《筹议义学经久事宜》，《定颖记事》卷一，道光六年刻本。
④ 王懋德：《金华府志》卷五《风俗》。
⑤ （万历）《漳州府志》卷一。
⑥ 《变通小学义塾中章程》，载《得一录》卷五，同治八年刊本。
⑦ 《宗文义塾条规》，同治九年刊本。

种私家延聘的方式主要存在于教馆和族（义）塾中，其聘师礼仪相当隆重，而且一般都有聘书。此引一例教馆塾师聘书，以明之。聘书云："予家塾师久虚，敬烦足下，敢具币以告。"①

在明清时代，各地崇师重学的风气较浓，自行延师训蒙之事并不罕见，特别是在经济相对发达的江南，富裕人家多延请塾师到家中坐馆。这种由东家聘请塾师来家教读子弟的方式就是我们所说的私聘。如状元钱福，罢官家居后，就被江阴徐氏聘至家塾。② 明末有名的学者黄淳耀于崇祯十四年被文坛宗主钱谦益聘至家馆，钱氏待以殊礼。③ 清代学者丁腹松，年三十举孝廉，屡次考试名落孙山，被大学士明珠延至家塾课子。丁督课严，明待之益重，每朝罢必往谒。④ 又歙商江廷祥请秀才范灿主其家塾，课其子侄，待之忠且敬。⑤ 凡此种种不再列举。另外，在一些热心教育事业的各地方绅士所创办的义塾中，其塾师也主要是由兴办者独自延聘，如浙江黄岩的处士张国仁设义塾，立义田，专门吸收乡里子弟"力不能就学"者，"延师以教之。"⑥ 在吴江县的蒲圩，本地人姚芳，"即所居之近，古塘之西，创学舍一区，……延士之贤者以主师席，凡乡间子弟自蒙童以上，悉来听学，而免其束脩"。⑦ 由王仲善、姚世庄、王国聘、王崇俭等创立的保定府东鹿县耿家庄义学，"延生员曹登新、赵际可教之"。⑧

除以上所述四种延请塾师的方式外，还存在大量塾师在自家厅堂或借用、租用他人房屋或寺庙、祠堂等公共场所自己设馆授徒、自任塾师的形式。如上海县学庠生金汤，崇祯七年（1634 年），开家塾于城南，以授徒养生；瞿儆臣，崇祯九年（1636 年），试南闱不售，归于家塾，教授生

---

① 朱察卿：《朱邦宪集》卷五，《送韩元和赴塾序》，《四库全书存目丛书》，影印明万历六年朱察法刻增修本，集部第 145 册，第 645 页。

② 李诩：《戒庵老人漫笔》卷五，《钱鹤滩馆江阴遗诗》。

③ 黄淳耀：《陶庵集》卷首，《陶庵先生年谱》，清光绪五年重刻本。

④ 徐珂：《清稗类钞》，中华书局 1985 年版，第 660 页。

⑤ 张海鹏、王廷元：《明清徽商资料选编》，黄山书社 1985 年版，第 453 页。

⑥ 黄淮：《黄文简公介庵集》卷七，《滋德处士张公墓志名》，《四库全书存目录》集部第 27 册。

⑦ 莫震：《古塘义塾记》，（弘治）《吴江县志》卷十五。

⑧ 《古今图书集成·方舆汇编·职方典》卷七十，《保定府部》。

徒，从学者数十人。① 嘉庆年间武威县生员尹信，于县城南部设塾，子弟来学者众多，以致其塾无法容纳。② 大荔贡生成锦堂，搭建草屋数盈，接纳学生，自己教授其中。③ 此种自己设馆、自任塾师的形式，在明清时期最为广泛，其事例不胜枚举。

三　明清塾师的考核与辞退

从塾师的延请我们即可看出，塾师与各类学塾的关系是一种聘用关系，因而塾师会被学塾以各种原因辞退。明清两朝各级官府都非常重视对教育的管理，对蒙学的督察虽然没有像对官学、书院那样形成完备的管理制度，纳入常规的教育行政管理范畴，但许多有责任心的地方官吏也在一定程度上履行了对蒙学进行行政督察的职责。很多学规也都规定了塾师的职责和各方面的要求，官员、学东等以各种形式考核塾师是否达到这些要求。而对塾师的考核，不同的学塾有不同的标准，归纳起来，基本上是以塾师的品德、教学态度和教学效果为依据的，考核的成绩则常常用来作为对塾师的继续延聘或辞退的依据。

1. 以人格品行定去留

除前述在塾师聘用时人格品行是一项首要的资格要求外，在执教期间，官员、学东仍然对此甚为关注。由于塾师为人师表，言行举止都会对幼童产生深远的影响，所以在以各种方式考核塾师时，德行的考察经常居于首位，并将其结果作为塾师留任或辞退的依据。如黄佐在《泰泉乡礼》中规定："教读为一方师表，宜衣冠不离于身，言笑俱不可苟。亦不可奴颜婢膝，趋承一应官司，下同隶卒。若有等自谈圣贤，行如狗彘，或阴受财贿，唆写词讼；或恃官长礼貌，挟此凌人；或因师生名分，动辄需索，稍不如意，立致讼端；或因乡党私忿，编排鄙俚诗谣，黑夜匿名窜贴，玷人德行；或因生徒不从，勉强邀致，不顾朋友情分、乡党非笑。凡此不惟不能化人，而反贼夫人之子。如有此等，约正、约副、本图老人以众斥去之。若来自异乡者，一体驱遣。情重送官究问。另选端谨之人代替。"④

---

① 叶梦珠：《阅世编》卷九，《师长》，上海古籍出版社1981年版，第196页。
② 《甘肃全省新通志》卷六十九。
③ 《续修陕西省通志稿》卷七十八。
④ 黄佐：《泰泉乡礼》卷三，《乡校》。

2. 以教学态度定去留

塾师对教学的态度，是使教育、教学获得预期效果的一个关键性因素。许多学塾都将此作为对所延请的塾师进行考核的标准，并将其与塾师的去留直接挂钩。

首先，有些学塾就塾师日常教学工作中的"督课勤惰"来判定塾师的去留。如《宗文义塾条规》规定，"延师务取学问淹贯、品行端方之士，由各绅士公同保举，不得徇情引荐。如有督课懈弛、时有作辍者，随时辞复"。① 蒋丹林《义学规条》道："乡学师儒，有怠惰苟安，不勤训讲，或出入无时，误人子弟者，准首事即时辞去另延。"② 这些条规都清楚地规定了塾师在教学过程中如果发生"督课懈弛、时有作辍"或"惰于督课"、"不勤训讲"这些现象，则将其"即时辞去"。

其次，有些学塾以塾师日常教学工作中的"出勤"为考核标准。如丁日昌《社学章程》规定："塾师无故旷课一月至五日者辞。"③ 周凯《襄阳府义学章程》道："倘师傅无故旷馆不到，或教导不善，及不能约束生徒，由该首士禀明另延，仍按其在馆月以修膳，毋须多嗦。"④ 此类规定督促塾师及时就教，以达到保证教学时间的目的。

除此之外，塾师本身对其职责的认识及执行情况也对其去留产生影响。如明代魏校主张："教读皆有成人之责，切须以身率人。正心术，修孝弟、重廉耻、崇礼节、整威仪，以立教人之本。守教法、正学业、分句读、明训解、考功课，以尽教人之本。今而后宜虚心自责，笃信力行，以称师儒之职，不以妄自菲薄，以误风俗。所行教礼教规，各里师生俱要抄写一本，互相体悉，同心辅教，以成美俗，庶几补朝廷政化之万一。有能遵依不悖、为众所称信者，当职以礼褒劝，俟各学大馆教礼之师有阙补用。如违，定行革退。"⑤ 清蒋丹林在《义学规条》中也道："塾师有关人才风化，必须敦品砥行之士。正心术，修孝弟，尚廉节，肃威仪，以为

---

① 《宗文义塾条规》，同治九年刊本。见顾明远《中国教育大系——历代教育制度考》（下），湖北教育出版社1994年版，第1464页。

② 蒋丹林：《义学规条》，《求实斋丛书》卷二十，光绪十七年湘乡蒋氏家刻本。

③ 丁日昌：《社学章程》，《抚吴公牍》光绪三年刻本，见顾明远《中国教育大系——历代教育制度考》（下），湖北教育出版社1994年版，第1464页。

④ 周凯：《襄阳府义学章程》，《内自讼斋杂刻》第三册，周氏家刊本。

⑤ 魏校：《庄渠遗书》卷九，《谕教读》。

立教之本；正学业，分句读，明训迪，考勤惰，以尽立教之方。轻浮佻达之必戒，举动言论之必端，师道立则善人多。首事等延请塾师，有不若是者，随时辞退，勿徇情面。"①

3. 以教学业绩定去留

明清时期，塾师的去留在有些学塾也取决于对塾师的教学业绩的考核。而对塾师教学业绩的考核概括起来主要表现在三方面：

（1）以学生升入地方儒学的数量为标准。对塾师的考核依据，其中最为直接的依据就是所教学生中有多少人"能文进学"，即把学生升入地方儒学的数量当作教师教学业绩的考核标准。如雍正元年（1723年）令各州县立社学，"如社学中有能文进学者，将社师从优奖赏，如怠于教习，钻营充补，查出褫革，并该管官严加惩处"。②另在一些方志中也有记载，如嘉靖《威县志》卷五载，"如有教民有效者，仍申本院，以凭奖励，其虚应无实者，径行究治，即日更易。"③

（2）以学生的行为表现和学习成绩为标准。如丁日昌在《社学章程》中就规定："塾师教导之勤惰，以学生之礼貌放谨、书本生熟为验。学生循谨、书熟者为上等，酌予奖励；循谨而书不熟者为次等，无奖；放纵者，书虽熟为三等，训饬之；放纵而书不熟者为下等，扑责之。扑责三次不悛者，黜。学生无次等下等者，具见塾师实心训诲，管束有方，应即量加奖励。怠惰废业者辞去另延。即由该教官、绅董等注其等第于总册内，以凭随时稽查。"④教师有不同的教学态度，就会培养出不同表现的学生，反过来以学生的行为表现和学习成绩来考核塾师，也是一种非常有效的考核方式。

（3）以学生在学人数的数量为标准。如栗毓美《义学条规》中，根据学生的数量，就义学分为，"大学生徒以二十五名为率，中学以二十名为率，小学以十五名为率"，并规定："即以学生之多寡定塾师之优劣，并以经书之生熟、察课读之勤惰。若大学不及二十名，中学不及十五名，小学不及十名者，非塾师不能认真课读，即品行不满人，许该董事随时查

---

① 《求实斋丛书》卷二十，光绪十七年湘蒋氏家刻本。

② 《清会典》卷三百九十六。

③ （嘉靖）《威县志》卷五。

④ 丁日昌：《社学章程》，《抚吴公牍》光绪三年刻本，见顾明远《中国教育大系——历代教育制度考》（下），湖北教育出版社1994年版，第1464页。

明，礼辞另延，以免旷功而收实效。”[①] 教学水平高、教学效果好，就会吸引更多的学生前来就读，反之，学生可能日渐流失。所以，在一个较长的时期内，以学生在学人数为标准考核塾师，有其合理性。

需要说明的是，明清时期对塾师的品德、教学态度、教学业绩的考核，多数发生在那些社学、义学或部分族塾、家塾中，而纯粹由塾师自己开馆授徒的私塾并不存在这种情况。

第四节　士人治生之第一本业：明清塾师的经济状况

塾师，作为一种中国古代士人治生之本业，奠定了这一职业群体社会生活的基础，其经济状况成为影响这一群体社会地位的又一重要因素。因此，了解塾师的经济状况可以使我们进一步揭示其社会地位。

一　明清塾师的收入

1. 塾师收入的构成

明清时期塾师的经济收入表现多样，大抵包括“束脩”、“膳食”和各种形式的“敬礼”三大部分。

（1）束脩。束脩是塾师经济收入的最基本部分，一般以金钱的方式结算。明清塾师的束脩一般以银两计，如黄佐《泰泉乡礼》规定在城社学大馆师，“束脩官给银二十两”。但是束脩未必皆以金钱的方式支付，也有以实物支付的，在一些经济落后的地区往往“生徒每百里赍粮而至”，[②] 即以粮食为计量结算脩金。浙江省长兴县四隅义学，延请馆师四人，给脩膳米四十石。另外，还有用粮食、货币混合来充当塾师束脩的。如云南省昆明县“二馆每年束脩银各四十两，米各六京石……（另）二馆每年束脩银三十两，米各六京石”[③]。

（2）膳食。膳食是塾师在其执教期间享受的学生或其家庭的供膳。由于学塾性质不同，膳食的供给形式也不同。一般表现为两种情形。大多数情形包括社学、义学、村塾、族塾等在内的学塾塾师由学生各家轮流供

---

① 栗毓美：《义学条规》，《牧令书》卷十六，道光戊申年刊本。

② 慈溪：《师济沈虱氏宗谱》之“家传”，民国二年刊本。

③ （民国）《昆明县志》卷二，《政典志七·学校》。

饭。如《绘图解人颐》卷下《青毡诉苦文》所描述者即是一例："谁想哪个供茶，谁家供饭？姜汁面一碗，希图暂饱。休望张家请酒，李宅邀谈。"① 少数的情形是教馆塾师的一日三餐皆由东家提供。一般"常膳二簋，一肉一蔬，宴会四簋，二肉二蔬"。② 如刘大鹏在《退想斋日记》中写道，"余之馆馔，皆东家供给，渲儿从余读书，亦不出一钱以摊饭食之费，东家之待余，可谓厚矣。平日在馆，一日三餐皆余为吩咐，书童备办，恒择可口者食之，多素而少荤，在已以为过奢，而旁观者反诮余过俭"。③

（3）敬礼。敬礼大体包括"聘礼"、"节仪"两部分。"聘礼"是学生"拜门"时给塾师送的财礼，通常称之为"贽见礼"，无一定之规，"多则百余名，少则三四十名，……人各不过五十文"。④ "节仪"是指在每年特定的节令，或逢值得庆贺的日子，或先生生日，东家或学生家长往往会向塾师送银钱或礼物，即所谓"节敬"。以表示对塾师的敬忱，较为常见的有"送端阳""送中秋""送年辞"等，如沈鲤在《义学约》中，就规定，"先生生日及至冬至、元旦、礼拜，如初上学之仪，但不执贽，有行节礼者随意"。又谓四时"节间酒果之仪，或有或无"，亦听学生家长自便。

在塾师经济收入中，束脩是其最基本的组成部分，最能反映塾师的实际收入，所以本书主要以塾师的束脩来探讨塾师的经济状况，兼及塾师的其他收入。

2. 塾师收入状况

明清时期塾师的收入，由于时间和空间的差异以及学塾种类、塾师身份、教学对象的人数和塾师自身教学水平等具体因素的不同而差别巨大。下面主要以学塾种类为线索介绍塾师收入。

（1）社学、义学塾师的束脩

明清时期的社学、义学基本上是官立或公立的，其塾师所获得的束脩往往都由官方或公产支付。有社学田、义学田者取租谷以充束脩，无田者则多靠官方给予脩金，如万历《广西通志》卷十二载："教读、蒙师官或

---

① 《绘图解人颐》卷下，《青毡诉苦文》。
② 张履祥：《杨园先生全集》卷十八，《处馆说》，中华书局 2002 年版，第 546 页。
③ 刘大鹏：《退想斋日记》，乔志强标注，山西人民出版社 1990 年版，第 101 页。
④ 黄佐：《泰泉乡礼》卷三，《乡校》。

给饷，以示作兴。"且各地的情况不完全相同。在此选取有代表性的地区的由地方官主持兴建的社学和义学塾师束脩情况，列表如下：

表4—1　　　　　　　　　　　　　社学、义学教师束脩表

地区	学塾类型	束脩数额		时间	资料来源
		脩金	其他待遇		
山西偏关	社学	银1两5钱/月		万历	《偏关志·学校志·社学》
浙江景宁	县社学	谷48石/年		万历	万历《景宁县志》卷六
湖北沔阳	义学	米1石/月，银10两/年		嘉靖	嘉靖《沔阳志》卷十一
广西	城社学大馆	20两/年		嘉靖	黄佐《泰泉乡礼》《乡校》
福建蒲城	县义学	10两/年		明代	《圭山杂著》卷五，《浦城县立义学议》
福建常熟	县义学	每年银8两、馆谷10石、聘金5钱、三节敬银各3钱		明代	《常熟县儒学志》卷三，《饮射志》附《义学》
直隶海州	小学	40两/年		顺治初	嘉庆《直隶海州志》卷十八
江苏	社学	5千文/月	月费1千文/月	同治	丁日昌《社学章程》
安徽安庆	长乐府义学	36两/年		康熙	《重修安徽通志》卷九十二，《学校志》，清光绪四年刻本
广东增城	鸣皋义学	48两/年、聘金4两、薪银10两	每年膳米折银5两	康熙	光绪《广州府志》卷七十二
广东海阳	型仁义塾讲让义塾	均48两/年		雍正	《海阳县志》卷十九，《建置略三·学校》，清光绪二十六年刻本
云南普洱	义学	11.64两/年		雍正	光绪《普洱府志稿》卷二十四

地区	学塾类型	束脩数额		时间	资料来源
		脩金	其他待遇		
山西太谷	义学	40 两/年、端午、中秋每节节礼 2 两		乾隆	乾隆《太谷县志》卷二
湖北宜昌	义学四处	16 两/年		乾隆	《宜昌府志》卷六，《学校》，清同治五年刻本
广东东莞	四城义学	平均每处 40 多两/年		嘉庆	《东莞县志》卷十七，《建置略二·社学书院义学》，一九二七年铅印本
天津	长芦义学	每年京钱 120 吊、节敬 24 千文	每年茶水等 25 千文	光绪	光绪《重修天津府志》卷三十五
浙江嘉善	西义学	银洋 36 圆，另银子 10 两/年		光绪	《嘉善县志》卷五，《建置志上·书院》，清光绪二十年刻本
江苏高邮	六处义学	平均每处 35 千/年		光绪	《再续高邮州志》卷七，《善举志·义学》，清光绪九年刻本
河南灵宝	义学二十二处	均为 30 两/年		光绪	光绪《重修灵宝县志》卷二，《学校志》，清光绪二年刻本
贵州普定	义学	20 两/年	节金 3 两、米 4 石	年代不明	咸丰《安顺府志》卷十八
陕西西安	中街义学	20 两/年		年代不明	《续修陕西通志稿》卷三十七，1934 年铅印本

从上表可以看出，全国范围内各社学、义学塾师的待遇因时期、地域的不同而有较大差异，没有稳定划一的标准。总体来看，塾师束脩大致在每年十两至五十两之间，而其间又以每年三四十两者居多。这正如汪辉祖在《佐治药言》中所云："寒士课徒者，数月之脩，少止数金，多亦不过数十金。"

（2）教馆塾师束脩

教馆，是一种有钱人家独自聘请教师到他家去教子弟的学塾。有一些教馆塾师的束脩是相当优厚的，如罢官家居的状元钱福，梧胜徐氏以

"五百金"为束脩延至家塾，徐二子亦继中乡科。① 许画山《青阳堂文集》的"延师说"中所说："云闽有富室，欲延师教子，访之三年矣，始得一老宿，岁供百金。"② 据《论人情不可解》中所记，上海塾师一般岁所得只一百余金，③ 另 19 世纪 50—60 年代在上海生活的文士王韬在日记中也记有某人"近设帐于粤人家，岁得百金"。④ 最为典型的事例要数清雍正时期的大将军年羹尧所延塾师沈孝廉。年羹尧为沈生提供非常优厚的条件："书堂三楹"，"室内书籍充栋，陈设精雅"，卧室"牙床绛帐，绣褥锦金，并皆佳妙"，还有侍者十余人，悉心服侍，极尽奢华。除月供数十金外，还将沈生家宅改旧换新，"门第轩昂，居然巨室"，并送以"田宅人丁籍券之属"，"共值百万"。⑤

当然，并非所有的教馆塾师束脩都如此优厚，相当数量的教馆塾师也所入平平，与社学、义学教师束脩大致相同。如明代冯时可在《雨航杂录》中云："余先君延友钱榖先生为馆师，诲余兄弟三人，岁馈米三十斛"，⑥ 折合银 20 余两。又如崇祯十四年，陈舜系在黄惟�家塾中处馆，一年馆谷为 20 石，外加月钱 4800 文。⑦ 生员胡九成，在皇亲李家处馆，议定每月束脩银三两，一年 36 两。⑧《醒世因缘传》记秀才舒忠在财主李大郎家处馆，"每年除了四十两束脩，那四季节礼，冬夏的衣裳，真是致敬尽礼的相待"。⑨ 又《江湖奇闻杜编新书》记一秀才处馆，"年冬归，得脩金四十余两，衣被物件亦十余两，共作两大笼"。⑩

这些事例表明，教馆塾师所获得的收入悬殊较大，少者 20—30 两，多者也有超过 50 两，甚至超过 100 两者。如张履祥云："今之为师者，子

---

① 李诩：《戒庵老人漫笔》卷五，中华书局 1982 年校点本，第 204 页。

② 梁章钜：《归田琐记》卷二，中华书局 1981 年校点本，第 31 页。

③ 《申报》光绪八年一月一十日。

④ 王韬：《王韬日记》，咸丰九年三月十七日条。

⑤ 吴炽昌：《客窗闲话·续客窗闲话》，文化艺术出版社 1988 年版，第 50—54 页。

⑥ 冯时可：《雨航杂录》卷下，钦定四库全书本。

⑦ 陈舜系：《乱离见闻录》卷上。

⑧ 叶永盛：《玉城奏疏戚畹杀师疏》，见《丛书集成新编》第 31 册，第 349 页。

⑨ 西周生：《醒世因缘传》第 23 回，岳麓书社 2004 年版，第 182 页。

⑩ 张应俞：《江湖奇闻杜编新书》，百花文艺出版社 1992 年版，第 75 页。

弟从之，必取盈其赞，多者百余金，寡者亦数十金。"① 这种差异主要取决于塾师生活的地域、其身份等因素。

（3）村塾、族塾塾师束脩

村塾或族塾是一村、一族，或联村、数家合请塾师教读本村、本族子弟的学塾。一般说来，村塾塾师因村民穷，学费少，请不起好塾师，所请塾师一般身份相对较低，其收入也相对较低。如《儒林外史》第二回，写山东兖州府汶上县薛家集，村里乡亲们商议请个先生给孩子们启蒙，最终聘周进为村学老师，商定"每年馆金十二两银子"，还要扣除每日"二分银子，在和尚家待饭"，饭食是"一碟老菜叶、一壶水"。其时，周进是一个老童生，没有功名，所得束脩可谓微薄。"应童子试，年至不惑"的李蒙师"乡农延之，岁入脩二十余缗"②。可以说，村塾塾师束脩微薄，仅能糊口。

至于族塾，是为了宗族子弟读书而设，塾师或由本宗族内数家合请，或由本宗族内有钱的捐资人聘请。其塾师待遇情况则要因族而异。那些大官僚地主宗族的塾师，待遇相对就要好一些。对于普通宗族尤其是贫弱小族来说，如果财力有限，拿不出更多的钱来，塾师待遇自然就会相对差一些。如下表所示：③

表 4—2　　　　　　　　　　族塾塾师收入表

地域	宗族	时间	脩金	膳食
龙泉	翁氏	万历元年	田谷 60 石（年）	不详
宜兴	宜兴伍氏	嘉庆十七年	岁给脩金 16 两	供膳量给银米
常州府昭文县	太原王氏	道光十一年	塾师脩金六节，按节送银 5 两（远居弟子每名定以六季，按节给脩脯银 5 钱或 5 两）	无
绍兴	山阴安昌徐氏	咸丰八年	每岁脩金 50 千文	薪米油茶供给

---

① 张履祥著，陈祖武点校：《杨园先生全集》卷十八《处馆说》，中华书局 2002 年版，第 549 页。

② 吴炽昌：《客窗闲话，续客窗闲话》，《历代笔记小说丛书》，文化艺术出版社 1988 年版，第 273 页。

③ 参见韩凝春《明清塾师初探》，《中国社会经济史研究》1997 年第 3 期。

由此可见，被聘作族塾塾师的人，其生活待遇一般说来还是可以的。除去膳食不计，其收入也一般比村塾塾师的收入要高。

另外，族塾塾师的束脩也与宗族中就学子弟的人数多少有关。从江苏常州李氏的支谱中也可以看到一个族塾的例子。该族的族规规定，塾师必须是本族或其他宗族的生员。如果学生为 3 人，该族每年支付束脩 60000 文铜钱，约等于 50 两银子。如果学生在 4 人以上，该族支付 80000 文铜钱。伙食、书籍和文具也由该族提供。塾师还可以得到学生家长自愿奉送的"孝敬费"。[①]

（4）私塾塾师束脩

私塾，是一种教师在自己家里，或借祠堂、庙宇，或租借他人房屋设馆招收附近学童就学的学塾。私塾塾师大都是屡试不第的秀才甚至童生，他们既没有家塾塾师与主人的特殊关系，也没有社学、义塾塾师执教一方的社会影响，默默无闻，不为人们所重视，因而在众多的史籍中很少被记载。正如张仲礼所说："下层绅士作为教师更多为地方志忽略，或者即使方志中出现也语焉不详。"[②] 所以，对于私塾塾师束脩所得，很难给出一个精确数。但从一些对"舌耕不足自给"的塾师生活的惨淡描述中，我们可以看出，私塾塾师生活之悲苦，其收入绝不会很高。如清光绪年间有位名叫李森庐的塾师，年关致信其妻说："我命从来实可怜，一双赤手砚为田。今年恰似逢干旱，只半收成莫怨天。"[③] 这首诗真实地反映了塾师的生活水平与当时最贫困、靠天吃饭的农民接近。私塾塾师收入，可见一斑。

从已有的资料来看，私塾塾师的束脩普遍较低是不争的事实，但究竟其具体数额大致是多少，只有借助明清时期一些文学作品的描述帮助我们去推断。西周生在《醒世姻缘传》中描述了一个明代中叶北方私塾教师的束脩："当时的学生，'冠者五六人，童子七八人'尽成个意思。……北方的学赆甚是荒凉，除那宦家富室每月出得一钱束脩，便是极有体面。若是以下人家，一月出五分的还叫是中等，多有每月三十文铜钱，比比皆

---

① 《李氏迁常支谱》附录《李氏公章规定》，转引自张仲礼《中国绅士》，第 94 页。

② 张仲礼：《中国绅士》，第 220 页。

③ 徐珂：《清稗类钞》《诙谐类》，中华书局 1985 年版，第 1383 页。

是。"① 可见，在当时的北方，一个塾师需招得 12—14 人，才能勉强维持家计。刘晓东在其论文《明代士人本业治生论》中据此推算出北方塾师一年束脩银大约是 8.62 两。②

而江南地区由于商品经济较为发达，其私塾塾师的收入也相对高些。如正德时，松江莫如忠的祖父"岁暮自馆步归"，曾以"袖中脩资十金"救一女子脱险，③ 可见其一年束脩大约 10 两；又如贵州黎氏家族史料记载，黎安力十八岁时开始教书，第一年收入为 10 两白银；二十一岁时，他有 8 个学生，他们供给他伙食以及年薪 24 两白银；二十九岁时，他教书获得 50 两银子。再如丹徒谢庭兰在江宁处馆，"岁得束脩六十千"。④ 由此可见，私塾塾师收入与教学对象的人数有关，有很大的随机性。从几两到几十两而不等。正如一塾师诗云："今年馆事太清平，新旧生徒只数人。寄语贤妻休盼望，想钱还帐莫劳神。"⑤

二　明清塾师整体经济状况分析

在较为准确地展现塾师收入概貌的基础上，我们对塾师收入进行分析，以求更深入、更透彻地把握塾师的经济状况。

对比几类塾师的束脩，我们可以发现，总体上社学、义学塾师束脩居中，最具代表性。这是由于社学、义学举办者或管理者在确定塾师束脩"标准"时，就是根据当时各类塾师收入的平均状况确定的，这样既能聘到符合要求的塾师，又能为社学、义学节约经费，使其更长久地开办下去，造福一代代子孙。因此，社学、义学塾师的收入代表着明清塾师收入的平均水平。

从整体上来看，明清塾师的收入虽然比不上走上仕途的各级官僚，也比不上幕僚，但作为出以知识谋生存的人，大概要比一般的农民阶层、手工业者稍好一些。据查，当时社会中体力劳动者的报酬，除东家管饭外，一年的平均收入只有 5 到 10 两银子。⑥ 而塾师在当时社会收入一般都在

---

① 西周生：《醒世姻缘传》第 92 回，岳麓书社 2004 年版，第 734 页。
② 刘晓东：《明代士人本业治生论》，《史学集刊》2001 年第 3 期。
③ 李延昰：《南吴旧话录》卷下。
④ 徐珂：《清稗类钞》《义侠类》，中华书局 1985 年点校本，第 2794 页。
⑤ 徐珂：《清稗类钞》《诙谐类》，中华书局 1985 年点校本，第 1383 页。
⑥ 参见张仲礼《中国绅士的收入》，第 99 页。

10—50 两之间，按照当时社会的物价水平，能"得五十金则经年八口之家可以免乱心曲"。① 即有 50 两银子，八口之家就可以在京城维持一年的生计。京城一般说来物价较贵，消费较高。可以推想，若在一般城市或乡村，大概有 30 两银子，就可以维持一家人的生活。这就是塾师成为明清士人特别是下层士人（读书人）的主要治生之道的原因，也使塾师群体成为明清时期一个较大的知识分子群体。

　　然而，值得注意的是，在众多的笔记、文集、文学作品中，对塾师生活状况的描写却出人意料。兹选举几例如下：

　　如《坚瓠集》补集卷五中有诗云："博得虚名叫相公，四时六节苦无穷。两盆臭菜朝朝罩，半注黄汤夜夜空。烧坏油灯无一足，跌残笔架缺三峰。补顶帐子陈年絮，冷暖常教睡不浓。一壶白水灌空心，六箸齐攒四菜盆。三春不见河豚面，八月空闻黄蟹名。萝葡傍边沾油腻，粉皮头上带荤腥。惟有一片黄草布，朝晨揩面晚揩臀。劝人切莫做先生，满肚鏖糟气不平。一身羁绊如绳缚，两耳哜嘈似雀鸣。质笨但嫌无教法，功多又所自聪明。更有一般堪恨处，束脩直欠到如今。""晨兴最苦无汤漱，日向中时始食糜，检点饥肠伟向读，撑持渴吻讲文辞。鱼虾淡薄难供饭，腐菜温暾易泄脾；怪杀更深监夜课，自辰至亥坐如尸。"②《学究自嘲》中也有诗自嘲："馆谷渐渐衰，馆谷渐渐衰，早饭东南晌午歪，粗面饼卷着曲曲菜。吃的是长斋，吃的是长斋，今年更比去年赛。南无佛从今受了戒。鱼肉谁买，鱼肉谁买？也无葱韭共蒜苔，老师傅休把谗癖害。"③

　　之所以会有如此多的对塾师凄苦生活的感叹，究其原因，应当源自士人前途的暗淡及其生活水平整体降低的趋势。士人在传统社会中一直享有相当的特权，并在一定程度上成为官僚群体的后备力量，从而具有较为优越的经济条件，受到农、工、商、贾等阶层的普遍尊重。在明朝初期，朱元璋为了加强统治的需要，也以较优厚的条件招募士人，恢复科举制度，选拔优秀士子入仕为官，还发布诏令，兴办社学，这一切使士人的地位和待遇明显优越。但是随着社会的稳定和学塾的发展，到明中后期，士人的数量剧增，大多数士人终生没有入仕的机会，士人与政府的关系相对变得

---

① 李延昰：《南吴旧话录》卷下。
② 褚人获：《坚瓠集》补集卷五，第 13 页，《笔记小说大观》本。
③ 蒲松龄著，路大荒整理：《蒲松龄集》，上海古籍出版社 1986 年版，第 1749 页。

疏远，再加上清代盛行的捐纳之风，使士人优越的政治地位严重动摇，其前途变得暗淡甚至渺茫。越来越多的读书人不得不以做塾师为其主要治生之道，在这种激烈的竞争中相互倾轧，致使塾师群体的收入下降，地位变低，人们对塾师的尊重大不如前，再加上商贾之利的丰盈，相形之下，塾师的收入降低的趋势益加明显，塾师的砚田凄苦之情自然溢于言表。事实上，塾师作为一个职业群体，其内部的经济生活状况却很不同。正如在前面业已论述的那样，其中既有富有的塾师，也有仅足自立的中等塾师，还有生计维艰的贫寒塾师。但在整个职业群体内部，富有的塾师毕竟是少数，并不占很大比例，倒是那些中等塾师在整个塾师群体中占较大比例，也才能代表整个塾师群体的生活状况与群体经济特征。

第五节　教学之外：明清塾师的社会生活透视

塾师作为文化资源的享有者，除了基本的教学生活以外，还有丰富的社会文化生活。在教学之余，塾师基于其文化教育方面的特长，开展着较为丰富的业余文化活动。这些业余文化活动既同他们的职业、生活有着直接间接的关系，又是他们的生活情趣和精神享受。一般说来，读书、写作及社会交往，构成了塾师社会生活的基本内容。

一　明清塾师的读书、写作生活

1. 读书。在"儒学—仕途"单一价值取向的中国传统社会中，读书人功名的获取、理想的实现都源自于读书。在"学而优则仕"的观念和科举制的背景下，通过读书考取功名做官是许多人的理想，塾师作为读书人也不例外。相当多的塾师在教学之余，刻苦攻读，研习儒家经典，不断锻炼和提高自己，以求在以后的科举考试中获得成功。明末福建晋江人王命岳在十九岁中秀才后的第二年开始教学谋生，并在教书之外，仍尽可能地学习，提高自身文化水平，一旦有机会参加科举，就尽可能参加，三十一岁就成了举人，清朝顺治十二年（1655 年）中了进士。刘大鹏，1878年考取秀才后，由于家境"不甚宽绰有余"，于 1886 年起，在山西太谷县南席村票号商人武佑清家塾中任塾师，但他"初志本不愿教书"，在教学之余刻苦攻读，并于 1894 年中举人。后又于 1895 年、1898 年、1903年三考进士，但都无功而返。刘大鹏虽身居塾师，却不乏攀登上途之志。

　　塾师读书，除了科举入仕的功利性目的外，还有闲适性读书。闲适性读书多为兴致之所致，所注重的不是读书的目的，而是读书的过程。一些塾师读书已超越参加科举、追逐功名的樊篱，成为一种陶冶情操、增加知识、丰富精神生活的重要手段。如清庠生朱励斋"夙闻主人富有典籍，脩虽廉弗计也。馆居六年，汛滥万家尚未遍读其书而于周易之功较他经尤深"①。庄晓亭"生平好读书，圣经贤传，诸子百家无不披览，每有得意，其行文如韩潮苏海，独具卓识"②。彭之龄"介独寡合，唯事筋咏自娱"③。

　　很多塾师不仅熟读儒家经典，也广泛涉猎其他杂艺各科。如曹俨，字公望，诸生，七岁孤，家贫，训蒙养母，兼自课从弟钟彝列优等，邃周髀算数得宋景昌之传，所撰补江阴县志，日出入时刻表及中星更录，难菁书院山长南汇张文虎刊行之。④ 张履祥隐居教书期间，得到一本《沈氏农书》，看后大加赞赏，并亲自抄录了《沈氏农书》，与家人共同研读，并奉为种桑治田的最高准则。完白山人邓石如，弱冠为童子师。其娴习篆隶，后以隶古书名天下。⑤

　　塾师的读书生活既有艰辛，又充满乐趣。通过读书，他们获取了知识，开启了心智，陶冶了情操，净化了心灵，使生活更加充实而有意义。于此，塾师找到了精神的最好寄托，成为名副其实的读书人。

　　2. 写作。对于读书人来说，写作与读书是同等重要的事。著书、创作诗文是有才气、有学问的塾师的一种主要的精神生活。许多塾师终生笔耕不辍，为后人留下了大量的传世之作，丰富了中华文化宝库，他们的顽强精神激励着一代又一代的人们。

　　康熙间人叶南坡在课督之暇，钻研不辍，将"有关世用者著为论断，以成一家之言，俱端楷细字"。⑥ 戴震的老师江永以一个平凡的塾师写出了《周礼疑义举要》、《礼经目纲》、《四声切韵表》、《音学辩微》等颇有

---

　　① 周辉：《金陵琐事》卷二。
　　② 金坛《金沙庄氏宗谱》之"家传"，光绪四年刊本。
　　③ 苏州《彭氏宗谱》之"家传"，同治六年刊本。
　　④ 《江阴县续志》卷十五，《人物·文苑》。
　　⑤ 陈康祺：《郎潜记闻·四笔》，中华书局1984年版，第180页。
　　⑥ 《慈溪石步叶氏宗谱》之"家传"。转引自韩凝春《明清塾师初探》，《中国社会经济史研究》1997年第3期。

价值的著作。① 据《安庆府志》记载，涂荣台自幼天资颖异，补弟子员，赴棘闱不第，设教授生徒，必以省克己为要。所著有《克己录》、《四书辨疑》、《性理集成》诸书。②

明清两代，塾师所著书籍、诗文的数量相当可观，包括学术专著、蒙学教材、笔记小说、尺牍、日记、诗词等多方面的内容和体裁。归纳起来有以下几类：

（1）对教学经验的总结和对学术的探索

教育教学是塾师最熟悉的领域，塾师所编著的论著有不少是关于教育教学的。清代著名宿儒和蒙学大师唐彪在长期的童蒙教育实践中，总结自己的教学经验，参照古今先贤的论说，写成了被人称之为"详而有法"的学规二书——《读书作文谱》和《父师善诱法》，全面阐发了他关于童蒙教育的思想。还有崔学古《幼训》、王筠《教童子法》、王虚中《训蒙法》等，都是蒙学教育理论的不朽之作。

塾师还对教学内容进行研究，探索学童的学习特点，编选了很多广博有趣、新颖易读的蒙学教材及儿童读物。如蒲松龄在教授的同时，曾亲自编写过不少通俗补充读物。五十八岁时，写成《小学节要》，对当时塾馆中通用的思想教育内容，删繁就简，取三分之一做启蒙教材，以利学生记诵。六十五岁时，编辑了《宋七律诗选》，去粗取精，筛选宋诗三百二十二首，作为弟子学诗的选本。同年还编写了《日用俗字》一书，并在序中说明，"每需一物，苦不能书其名。旧有《庄农杂字》，村童多诵之。无论其脱漏太多，而即其所有者，考其点画，率皆杜撰。故立意详查字汇，编为此书。……虽俗字不能尽志，而家应用，亦可以无穷矣"。六十六岁时写出《桑农经》一书，他申明写作目的是为了"使纨绔子弟，人人皆知稼穑"。

塾师们对教学经验总结的著书，以及书中所表现出的文化教育思想，为我们提供了丰富的教育理论和方法。

（2）对生活经历的记录和对其人生感悟的抒发

塾师的作品有相当数量是对其所见、所闻、所思、所感的记载。蒲松龄穷愁潦倒的一生，使他对科举制度的腐朽、仕途的黑暗有深刻的认识和

---

① 戴震：《戴东原集》卷一二《江慎修先生事略传》，四部丛刊本。
② 《古今图书集成·明伦汇编·氏族典》第九十九卷，《涂姓部》。

体会。他的《与韩刺史樾依书》即对此有具体的反映："仕途黑暗，公道不彰，非袖金输璧，不能自达于圣明，真令人愤气填胸，欲望望然哭向南山而去！"① 同时，由于生活的贫困，有时还直接感受到剥削的压力，他在《答王瑞亭》信中就说："枭谷卖丝，以办太平之税，按限比销，惧逢官怒，此与措置书帕，移东补西之难，不知孰为多少？"② 从而比较能体会民间疾苦，甚至还激发了他为民请命的精神，所谓"感于民情，则怆恻欲泣，利与害非所计也"。③

因塾师大多数是落第生员和白衣书生，他们身居基层社会，从事着离他们的理想较远的童蒙教育，故其日记、笔记小说、尺牍、诗文中常道及其生活的艰辛和对人生境遇的不满。清代任塾师多年的唐彪在《父师善诱法》中曾生动地刻画了当时蒙师的状况："人仅知尊敬经师，而不知尊敬蒙师，经师束脩犹有加厚，蒙师则甚薄，更有薄而又薄者。经师犹乐供膳，而蒙师多令自餐，纵膳亦亵慢而已矣。抑知蒙师教授幼学，其督责之劳，耳无停听，目无停视，唇焦舌敝，其苦甚于经师数倍。且人生平学问，得力全在十年内外……工夫得失，全赖蒙师，非学优而又勤严者，不可胜任。"④ 郑板桥在《道情》中所写的老塾师也给人以晚景凄凉之感："老书生，白屋中，说唐虞，道古风，许多后辈高科中，门前仆从雄如虎，陌上旌旗去似龙，一朝势落成春梦，倒不如蓬门僻巷，教几个小小蒙童。"⑤ 清末刘大鹏从 1886 年起，在山西太谷县南席村票号商人武佑清教馆中任塾师近二十年，成了所谓"依人门户度我春秋"的"教馆"（坐馆）的典型。他从三十四岁开始写日记，从 1890 年到 1942 年，记日记51 年，现存 40 年。在长达半个世纪的日记中，记载了许多有价值的史料，从个人的视野和角度反映了晚清社会政治、经济、文化、社会生活的各个方面。由于自己的亲身经历，在废除科举前后 20 年间的记述中关于科举考试的内容比较详尽，不但录存了考题，描述了试场的情况，而且对于书院及后来的学堂状况都有记述和议论，字里行间显现了对科举制度的眷恋不舍，表达了他强烈的今不如昔、生不逢时之感。

---

① 蒲松龄著，路大荒整理：《蒲松龄集》，上海古籍出版社 1986 年版，第 134 页。

② 同上书，第 131 页。

③ 同上书，第 957 页。

④ 唐彪：《读书作文谱·父师善诱法》，岳麓书社 1989 年版，第 172 页。

⑤ 郑板桥：《道情》，见《郑板桥集》，上海古籍出版社 1983 年版，第 108 页。

（3）对儒家经典的研究和阐发

塾师与科举的不解之缘使塾师不得不熟读儒家经书，并不断深入钻研。刘莨侯（1685—1742 年），名志忠，号丹山。生于耕读之家。祖籍湖北，康熙五十年（1711 年）春，举家迁居桐柏县新集陈沟村。刘莨侯为廪膳生员，来桐柏后设馆教书，讲解透彻，循循善诱，曾吸引从此路过的信阳道台歇轿拜访。他终生钻研孔孟之道，著有《引端讲术》五卷，刊行于世，在桐柏、唐河、泌阳等县广为流传，被许多学馆选为教材。晚年又著《四书一贯讲义》。① 魏寅采（生卒不详），字教之，清代南阳县人。少时读书很多，尤其爱好诗赋。十九岁参加童子试，学使吴慈鹤看到他作的赋大为惊异，遂入国子监为贡生。后居家从事教育，所教学生多有所成就。著有《佳日斋集》、《诗经古韵谱》，后一书成就较高，学术价值大。又如前面提到的杨园先生，除了著有著名的《补农书》外，还著有《经正录》、《愿学记》、《问目》、《备忘录》、《初学备忘》、《训子语》、《言行见闻录》、《近鉴》等书。②

（4）其他

塾师著书作文还涉及其他许多领域。如蒲松龄是一个具有多方面艺术才能的作家，一生著述甚多，除上述所提到的著述外，还有《聊斋志异》及诗、文、词、戏曲、杂著、俚曲等多种样式的著作，并结集传世。还有上面提到的刘莨侯在执教著书之余，还倾力编写《刘氏宗谱》，内有《南记》、《北记》，分别记述在湖北和来桐柏后的家庭情况及所处环境，精练畅达，富于文采。所写《家训》有孝父母、睦亲族、和兄弟、隆师友和戒烟、戒酒、戒嫖、戒惰、戒奢等十戒，谈古论今，引人入胜，读之犹如面听。1940 年，桐柏县政府曾将鸿仪河乡改称"莨侯乡"，以纪念这位名高一方的学者。张履祥在顺治十五年（1658 年）七月抄完《农书》，八月又在徐敬可的吩咐下，将自己亲身经历过的，及与老农所讨论过的农事经验写了出来，这便是《补农书》。现在通行的《补农书》一般分为上下两卷，上卷是《沈氏农书》，下卷是张履祥的《补农书》，是一本关于南方稻区的重要农书。

从塾师的写作生活可以看出，他们积极求知，好学深思；他们感情丰

---

① 《新修南阳县志》卷十一。

② 同上。

富，热爱生活；他们勤奋钻研，笔耕不辍，使读书生活更加丰富多彩，并为中国古代文化做出了一定的贡献。通过写作，他们表达了见解，抒发了个人情怀，表现了他们的文化思想和文化品格。

二　明清塾师的社交生活

1. 传道授业，师生相和：塾师与学生的交往

师生交往作为一种业缘交往，是塾师的基本交往。与其他交往相比，师生交往在交往主体、交往目的、交往内容以及组织方式等方面都有了很大的不同。在这种交往中，教学是师生之间一种最基本的交往方式，师生关系是一种学问与伦理的结合，文化是师生间结合的共同基础。承载"人师"与"经师"的双重角色的塾师，在教学过程中，他们尊仁讲礼，传道授业，促成了知识与伦理传承，乃至文化生命的代代相传。

师生交往关系往往具有多重性。如朱察卿请沈子真主持家馆，沈氏至馆后，"与生徒约课业，能满程限，谈笑如平生欢，不如约者，箠楚不贷。生徒无不股栗。自旦至暮，生徒诵读不休，子真亦诵读不休。帐下不闻阃语，亦莫不敢窥门外者。或客至少间，必焚膏继晷，以竟其功。漏下五鼓即起，苍头叩寝户矣"①。这样严格苛刻的例子在典籍中随处可见，反映出中国古代师生关系主要是上下的管理关系，严若君臣，教师的要求就是圣旨，学生完全服从于教师，不能有丝毫违反。此类师生关系可以说是塾师与学生交往的主旋律。师生之间也有近似朋友，甚至亲如父子、兄弟的。如蒲松龄在《赠毕子伟仲》诗中写道："霄霄灯火共黄昏，十八年来类弟昆，……高馆时逢卯酒醉，错将弟子作儿孙。"② 师生情谊，情同骨肉，真挚感情溢于言表。他对弟子课读时要求严格，但在课余时，并不求之过苛，从其戏作《绰然堂会食赋》可见一斑。当他写到会食开始时，弟子们"出两行而似雁，足乱动而成雷，小者飞忙而跃舞，大者拾持而徘徊。……塞户登堂，并肩连袂，夺坐争席，椅声错地，似群牛之骤奔，似万鹤之争唳……"③ 他对少年的天真活泼兴高采烈，可谓绘声绘形，惟

---

① 朱察卿：《朱邦宪集》卷五，《送塾师沈子真序》，《四库全书存目丛书》集部第 145 册，影印明万历六年朱家法刻增修本，第 642—643 页。

② 蒲松龄著，路大荒整理：《蒲松龄集》，上海古籍出版社 1986 年版，第 567 页。

③ 同上书，第 30 页。

妙惟肖，充分表现了先生对弟子们的喜爱之情。

2. 茶余饭后，共叙家常：塾师与乡民百姓的交往

塾师执教一地，与基层社会的乡民百姓自然交往密切。如赵延庆"余馆宜仁殆有年矣，里中人成熟识焉。而于炳序氏最莫逆，时过往其家，订金兰交"①。而且，许多塾师本身就是耕读之家，这使塾师能够更深切地关注乡民百姓的精神生活和生存状态，从而大大拓宽和深化其与乡民百姓的交往的深度和广度。蒲松龄先生任教时，与普通劳动民众相交甚密，在工、农、商、贾各阶层中都有很多熟人。他经常和人们一起，谈家常，叙经历，议见闻，讲故事。正是蒲松龄贫寒的境遇，使他接触了下层社会，积累了大量的民间故事材料；长期的设帐生涯，又使他观察到社会的各个层面，接触到各种人物，从而了解了劳动群众的疾苦和愿望，为他能够创作出不朽的《聊斋志异》打下了坚实的基础。当然，由于塾师是地方上有文化之人，因而塾师与乡民的交往有了一定的不平等性。塾师在乡民百姓眼里，是读书识礼之人，普遍得到民众的尊敬。

3. 志趣投契，燕集唱酬：塾师与士绅的交往

塾师与士绅之间的社会交往主要是围绕着两者所共同具有的文化背景和地域背景而展开的。从塾师与士人的交往看，塾师是属于士人阶层的一个群体，士人阶层的文化背景、生活及文化趣味相对趋同，这就使他们在求学生涯或生活中彼此相伴、相互投契，自然容易发生主动的联系。如训童蒙以终老的张履祥，与陈乾初、吴仲木、徐敬可、何商隐、陆孝垂、许欲尔、姚林友等常有诗文赠答，书信往还，交往甚密。蒲松龄与当时学界名流也有密切交往，袁藩、李希梅、张笃庆等人都是他的亲密好友，经常相互访问，相偕旅游，保持着密切的联系。特别是在塾师群体内部，有着更为密切的交往关系，这除了是由于上述士人间的共同志趣外，还缘于他们多有着一样的人生经历、相同的职业感受乃至相似的生活境遇。

聚会与结社是塾师与士人交往的一种重要形式。自明代中后期至清朝，士人结社之风盛行，"文有文社，诗有诗社风行了数百年大江南北，结社的风气，犹如春潮怒上，应用勃兴。那时候不但读书人要立社，……那些考六等的秀才，也要夤缘加入社盟了"。②塾师也是其间不懈的参与

---

① 诸暨《暨阳虞氏宗谱》之"家传"，民国元年刊本。
② 谢国桢：《明清之际党社运动考》，中华书局1982年版，第8页。

者。上海的曹文林"平居不治生产，资馆谷以给饘粥"，他以极大热情同时参与了几个社的活动，"皆以文雄长其间，一时奉为大师"，因而"望族争先礼聘教其子弟"；① 山阳人朱东纯，"淳雅有儒行，教授于乡，与罗顾、张蒿辈，结鉴湖诗社，好游山玩水，旬月忘返"。②

除此之外，塾师与乡绅也有广泛的交往。乡绅，在明清时期，主要是指卸任、致仕甚至罢黜的居乡官员，以及现任官员居乡恩荫子弟。塾师作为读书人，有相对丰富的知识和阅历，退职官员往往可以和他们一起琢磨圣人之理，闲叙人伦之情，讨论国家政事，共享闲情逸致。如举人王合瑞闻塾师胡砥园之名"时至寺斋坐蒲团，擎茶匜，与砥园纵谈文艺"。③ 又因塾师在地方社会事务中也发挥着较大的作用，乡绅在处理地方事务时也多须依赖塾师，如拟贺谢表、建桥、修庙、树碑等事，多请塾师拟稿撰文。

另外，教馆塾师与主人之间的也往往有一定程度的交往。塾师被聘请之后，塾师与主人的关系首先反映在塾师与主人的相互称谓上。塾师称主人为东家、东翁等，主人称塾师为西宾、西席、朋友、老先生、老夫子等。东家之类的"东"字，是主人、雇主的意思；西宾、西席的"西"字，是客人及受雇的意思。老先生、老夫子之称，表明主人对塾师的尊称，为老师的意思。这反映出塾师与主人，一般形成亦师亦友的关系。郑绍鼎与教馆师"每听晤对，赏奇析疑，友朋往来，时以诗相唱和"④。塾师处馆，多能恪守师道自尊，并不因循苟且。东家亦明事理，多能对塾师敬重有加，甚或宴客，亦请塾师出面相陪，东翁与西宾之间，关系融洽。

当然，塾师的社会交往也有很多的局限性，越到后来闭门苦读或狷介自守者越发增多。明清时期士人的贫困化和塾师收入的降低不仅使塾师精神内向化，而且使塾师交往缺乏必要的费用，交往空间大为缩减。如"教授乡里，以著述毕老"的邢参"耻干谒，朋友之门亦罕投迹"，这固然与其自身的道德修养有关，但与他"家贫……客至或无茗碗，薪火断则寒食"⑤ 的家境，缺乏进行社会交往的经济基础也是不无关系的，否则

---

① 《上海曹氏族谱》之"曾祖考文林府君遗事"，民国十年序刊本。
② 钱谦益：《列朝诗集小传》乙集，上海古籍出版社 1983 年版，第 232 页。
③ 《上虞长者山胡氏家谱》之"寿砥园胡四兄五十寿序"。
④ 《慈溪鞍山郑氏重修宗谱》之"家传"，光绪三年刊本。
⑤ 钱谦益：《列朝诗集小传》丙集，第 302 页。

他不会连"朋友之门亦罕投迹"。与其因贫寒而于社会交往中取辱，莫若屏绝交游而自重也是一部分塾师，尤其是中下层塾师走上不与世接的隐逸之路的一个原因所在；另外，塾师这一职业的特点也使其交往受到相当的限制。明清学塾的教师，绝大多数是一人一校，他们身兼数职，从早到晚都忙于教学和管理，任务繁重，工作辛苦，很少有精力去与人交往。再者，大多数学塾的教学时间都是横跨全年的，且塾师假期很少，这种教学时间的安排就大大影响到塾师的社会活动。此外，读书人所恪守的一些观念也影响到塾师与工、商等市井之人的交往。中国古代一向以农为"本"，以工商为"末"，轻视技术，鄙视商业及商人，把工商之民视为社会之害，称作"五蠹"之一。塾师自然深受此种思想的浸染，必不会积极主动地与他们交往。而且，读书人一向认为工商之人没有道德操守，视技术为"奇技淫巧"，贬商人为"奸商"，塾师所归属的士阶层则是"四民之首"，以"义"和"道"相标榜，有非常明确的重道德、崇操守的价值取向，追求"德"的高贵人格和理想境界，当然瞧不起"唯利是图"的工商之人。

除了上述传统观念的宏观影响外，个人消极的思想状态、性格特征也制约了一些塾师的社会交往。如余若水（增远）隐居山中，草屋三间，不蔽风雨，至以鳖甲承漏。聚村童五六人，授以《三字经》。卧榻之下，豚苙鸡埘，无下足处。晨则秉耒出，与老农杂做。同年生王天锡为海防道，欲与话旧，公辞以疾。天锡披帷直入，公拥衾不起，曰："不幸有狗马疾，不得与故人为礼。"天锡执手劳苦。出门未数武，则已与一婢子担粪灌园矣。天锡遥望见之，叹息去。[1] 这种观念的影响作用对个人而言往往也是巨大的。

第六节　不同社会阶层眼中的塾师：
明清塾师的社会地位剖析

对于人的社会地位的评定，在现代社会中通常是以财富、权力、社会声望、教育状况等多种因素作为衡量的标准，而在古代社会中还要加上身份等级因素，因而古代社会教师的社会地位具有复杂性。塾师又是古代教

---

① 　易宗夔：《新世说》卷五，上海古籍书店 1982 年影印本，第 18 页。

师之末流，各种历史记载相对于官学教师、书院教师要少得多，要对明清塾师的社会地位进行评价，除了前面所论述的塾师经济收入外，还需要从三个方面着手，才能给出概要：一是塾师所享有的权利是什么，二是社会如何看待塾师，三是塾师的发展前途怎样。

一　明清塾师的权利

按照传统的观点，教师的权利，一般而言，指的是教师在学校中对学生、班级和课程等教育资源所具有的权利。其实，教师作为一个社会之人，仅将教师的权利局限在学校和教室是不够的，还应广义地从教师作为社会的知识分子去研究。因此，要真正全面地了解明清塾师的权利就应从塾师作为社会之人，作为社会的知识分子——士人去理解，研究塾师所具有的政治、经济权利，研究塾师在社会文化事务和教育活动中所具有的权利。

1. 塾师的政治、经济权利

传统中国是等级制的社会，各个阶层具有自己特定的身份、特定的权利与义务。虽然中国传统社会各阶层相对具有较大流动性，一个人可以通过从事不同的业务而改变自己的身份，但是“士农工商”四种阶层也是泾渭分明，不同身份之间具有不同的生活模式，在社会地位上也具有高下之分。明清塾师基本上都是由士人身份的人担任，因此，从塾师一般地隶属于士人阶层来看，士人的权利也为塾师群体所享有。

那么，士人在四民社会中享有什么样的特权呢？“绅为一邑之望，士为四民之首。在绅士与州县，既不若农工商贾，势分悬殊，不敢往来”，[①]张仲礼先生认为，一般绅士可与地方官平起平坐，只有绅士才能参加祭祀等礼仪性活动和承办庆典、庙会等活动；绅士还享有重要的政治特权——绅士受到法律的特殊保护，绅士犯罪，都不会上刑，甚至可以游离于法律之外，若罪行很重必须严惩，须先革去绅士身份；经济特权——绅士享有减免赋税和徭役的优先权。[②]恰如顾炎武所说：“一得为此（指获得生员功名），则免于编氓之役，不受侵于里胥，齿于衣冠，得以礼见官长，则

---

① 田文镜：《钦颁州县事宜》，载《宦海指南六种》，第29—30页。
② 参见张仲礼《中国绅士》第33—44页中对“绅士的特权”的相关论述。

无笞捶之辱。故今之愿为生员者，非必其慕功名也，保身家而已。"①

塾师也倚借"功名"之身份而享有上述士人享有的政治、经济等诸多方面的特权。就其经济特权而言，明清政府对社学、义学塾师免除差役还以法令形式明确加以规定。如天顺六年（1462 年），明英宗在给提学官的敕谕中，明令"每里俱设社学，……仍免为师之差徭"，② 此后，社学、义学塾师优免差役这一政策一直为以后的统治者基本照此则例所沿用。如嘉靖时期，沈鲤建议兴复社学，要求给予社学教读"免除杂派差役"之待遇。③ 同明代相比，清代免除差役的做法有所加强。在顺治九年（1652 年）兴建社学的命令中，就明令"每乡设置社学一区，择其文义通晓、行宜谨厚者，补充社师，免其差役，量给廪饩养赡"④。雍正元年（1723 年）重申州县设立社学的命令，定："州县于大乡巨堡，各置社学，择生员学优行端者，补充社师，免其差役，量给廪饩。"⑤ 免除差役也是作为对社学教师的一项优待。

明清方志中的一些记载是塾师这一优免权的佐证。明代的记载如嘉靖《浦江志略》卷六："免其丁役以资薪水"；嘉靖《蠡县志》卷二："复其身"；嘉靖《威县志》卷五："照例优免差役"；弘治《夷陵州志》卷四："每教读均征一丁，以备衣巾之用"；万历《宁静县志》卷二："复其身"；《重刊兴化府志》卷十五："复为师者身役"；嘉靖《香山县志》卷四："复为师之人杂泛差役"；等等。清代把包括塾师在内的士人在户籍登记上称为"儒户"，也给予一定的优免。如康熙《会稽县志》卷十一载："免其丁徭"；光绪《顺天府志》卷六十二载："唯东巡大役、军务急需不得请名，此外徭役，悉与罢之。"

可见，在明清时代，免除那些取得功名的塾师的差役，免除社学、义学塾师的差役，乃是一个非常普遍的现象。不过，在免除塾师差役的程度上可能有所不同。一般而言，免除塾师差役仅限于其自身，惠及全家只是个别现象。如嘉靖《真定府志》载无极县社学师，"优其家"，⑥ 即是一

---

① 顾炎武：《亭林文集》卷一，《生员论》上。
② 《明会典》卷七十八。
③ 沈鲤：《覆行十四事疏》，《礼部志稿》卷二十四。
④ 《钦定学政全书》卷六十四。
⑤ 《钦定大清会典事例》卷三百九十六，《学校·各省义学》。
⑥ 穆孔晖：《真定府社学记》，（嘉靖）《真定府志》卷十五。

例。由此，优免权的存在，决定了塾师不同于一般的庶民百姓（在传统社会中差役是平民百姓的义务），而是特权阶层的一个特殊群体。当然，并非所有的塾师都享有这些权利，对于那些既无功名又不在社学、义学任教的一些私塾教师来说，他们一般不会享有以上所提到的这些权利。

2. 塾师的文化、教育权利

塾师拥有文化教育权利是由于他们占有古代社会相对稀少的文化资本而获得了一定的文化、教育方面的特权。对于塾师的文化权利，王先明先生对绅士享有文化特权的论述也完全适合于塾师——绅士是儒家文化最忠实的信徒，也是这种文化的宣传者和维护者，他们"是唯一享有教育和文化特权的社会集团，'劳心者治人，劳力者治于人'的社会价值观决定了惟有文化占有者的绅士才拥有卫护传统社会纲常伦理的职责"。① 塾师多肩负着地方社会教化的职责，在地方文化建设和活动中发挥着广泛的作用。

塾师的教育权利，一般而言，指的是塾师在学塾教育和教学活动中对各种教育资源所具有的权利。这种权利是由教师作为社会的代表和社会文化资源的享有者和传递者而获得的，是直接从国家法律和社会文化中获得的，主要是一种专业性的，职责范围内的支配性力量，因此我们也将它称为塾师的教育权利。明清塾师所享有的教育权利集中体现在以下几方面。

首先，塾师的职业特点决定了其享有教育教学的权利。塾师在教育一个个蒙童长大成人的过程中作用巨大，对人的一生甚至可以说是决定性的。所以，这是塾师至高的权利，同时也是其重于泰山的职责，塾师必须严格管教学生，不能稍有放纵。也就是说，塾师所享有的教育学生的权利，也是其传道授业的重要职责。如明代魏校云："教读皆有成人之责，切须以身率人。正心术、修孝弟、重廉耻、崇礼节、整威仪，以立教人之本。守教法、正学业、分句读、明训解、考功课，以尽教人之本。今而后宜虚心自责，笃信力行，以称师儒之职，不以妄自菲薄，以误风俗。"② 在这里，魏校从"教人之本"和"教人之事"两方面明确规定了社学教师的教育教学职责。清人的观点显得更为明确，如赵旭主张，塾师"惟

---

① 王先明：《中国近代社会文化史论》，人民出版社 2000 年版，第 21 页。
② 魏校：《庄渠遗书》卷九，《谕教读》。

以训课为功，就将为业，……成己成物，庶不负皋比之任"。① 石天基云：

> 为师长者，当体先生之道，竭忠教训，以道愚蒙，勤考其课，抚
> 善惩恶，勿致怠惰。务要依先圣先贤格言，教诲后进，使之成材，以
> 备任用。②

其次，塾师在学塾教育中对教学内容和教材有选择权。明清学塾的教学内容安排基本是"大体则有，定体则无"，往往随教者、学塾经办者或有地位的学生家长的兴致而安排。不过，由于学塾种类的不同，塾师在教学内容和教材的选择权的程度上也有所不同。一般说来，塾师自设的私塾讲什么、怎么讲、讲多少是由塾师个人决定的。如明末塾师张履祥之《经征录》，其关于童蒙教育的内容，均引自宋人司马光的《居家杂议》及朱熹的《训学斋规》。③ 在周清原所著《西湖二集》卷三中，乡学先生甄龙友由于家贫，便开学馆授徒，经蒙俱授，教学内容全由自主。④ 教馆的课程、教材多由塾师或塾师与学生家长商量决定，但学生家长不一定懂教育，故最终多由塾师决定。在社学、义学中，教学内容在其章程中多有所规定，塾师的作用较小，但在不违背学规章程的前提下，塾师仍有一定的自主权。

再次，塾师在从事教学的同时，还肩负着教学管理的权力与职责。石天基云："村馆学徒，聚集动以十计。若为师不严立规矩，时刻查点，则学徒败坏，皆其师之罪孽也。"⑤ 因而明清时代学塾中规章多很严格，赋予了塾师管教学生的广泛权力。学塾订有严格的学规，义学有"义学约"，教馆有"家塾规"，学童违背了学塾的规章就要予以惩罚。如黄佐主张："无故而逃学，依次罚诵书二百遍；二次，加挞，罚纸十张；三次，挞罚如前，仍罚其父兄。"⑥ 清代苏州《陆氏蓺门支谱》私塾处罚条规规定得甚为具体："入塾生徒，倘有违逆父母，兄弟相争及出口骂詈，

---

① 赵旭：《义学规条》，（光绪）《蠡县志》卷三，《学校》。
② 石天基：《训蒙辑要》，光绪二十四年重刻本。
③ 张履祥：《杨园先生全集》卷三十五，《经正录》，中华书局 2002 年版，第 967—978 页。
④ 周清原：《西湖二集》第三卷，人民文学出版社 1989 年版，第 46 页。
⑤ 石天基：《训蒙辑要》，光绪二十四年重刻本。
⑥ 黄佐：《泰泉乡礼》卷三，《乡校》。

与人殴斗者，必从重扑责，罚跪以供将来，又或坐立不正，嬉笑无常，倍越规矩者，责毋赦。"①

最后，在社学和义学中，塾师还可纪录学生行为表现，以资稽考。如魏校提学广东，即令社学置"扬善簿"与"功过年簿"，要求社学教师记录学生行为的善恶：

> 生徒有过失者，或居家得罪父兄骨肉，或出外得罪乡党朋友，或自己有过失，即当直接告于先生朋友，求知己过，不宜以不善之事自害其身。……今生徒有过不肯告于先生朋友求知改者，……先生察出重责，书于改过簿内，以待稽考。……生徒有好酒博弈、逸游骄纵者，切察其事，痛责深晓，录之改过簿内。如不改，许送提调官惩治，毋得苟容，本职访究。生徒有不服师教、悖逆非毁及有伤彝伦者，呈送提调官治罪，仍申本道区处，学师录于改过簿内。②

黄佐在《泰泉乡礼》中，也主张"凡诸生有善者，直月书于善籍父兄名下，待祭社，会乡老、约众以三物推举之：一曰性行，二曰经义，三曰才能"。③

也正是由于塾师权力的本质在于他们掌握了一定的文化资本，所以塾师权力的大小将随着文化资本在社会中的作用的变化而变化。在明清社会中，从统治阶级对教育的重视和对文化知识的尊重，可以想见塾师的权力在社会中的作用。而且明清塾师在教育教学活动中处于主导地位，他们决定了学塾教育的方方面面。

二 明清塾师的社会声望

社会声望指个人或群体在社会中的评价，依其主体的不同可分为职业声望和个人声望。职业声望蕴含于个人声望之中，个人声望包含职业声望，二者往往相互贯通。塾师的社会声望也包括其职业声望和个人声望，对明清塾师的社会声望的分析也应从这两个方面进行。

---

① 苏州《陆氏蔚门支谱》之"庄塾规条"，光绪十四年刊本。
② 魏校：《庄渠遗书》卷九，《谕民文》。
③ 黄佐：《泰泉乡礼》卷三，《乡校》。

1. 塾师群体的职业声望

塾师属于士人阶层，士人政治经济上权利使其在社会中比较受世人的尊重，特别是农工商贾阶层对士子的敬畏之心在史料中有很多表述。平民尤其胥吏之流见到士人，"不敢抗礼，不敢并行，或相遇于途，则拱立而俟其过"。① 即使明中后期士人地位受到挑战时，"闾阎父老、阛阓小民同席聚饮，恣其笑谈。见一秀才至，则敛容息口，惟秀才行于市，两巷人无不注目视之"。② 童生"一入庠序，便自清高，乡邻敬重，不敢欺凌，官府优崇，不肯辱贱"。③ 明后期庶人以带"儒巾"为荣，也说明士人在当时社会地位。另外，一些有学识的布衣之士也跻身塾师之列，虽然他们没有获得功名，但在读书识字不多的民众中仍能得到较多的尊重。因为塾师是中国古代的知识分子，他们能识字断句读圣贤书，能对对子做诗词文章，能观天文查地理知晓天下大事。这样，在明清的民间社会中，塾师可以算得上荣耀的、受人尊敬的职业群体了。有族谱记载了本族一位父亲的家训，他嘱咐儿子努力从事教学："笔耕墨稼，衣食所资，宜尽尔心，庶免素餐之愧。寄食于人与受禄与国，其一致也"，④ 处馆授徒几与出仕为官相等同。

教学在一般读书士子看来也是比较体面、收入相对比较稳定的职业。如前文所述，社学、义学的教师以及教馆塾师的束脩都是有多方保证的，即使塾师自己开馆，其束脩虽然较为微薄，但也还算稳定。众多士人的处世态度是得中功名后就应踏上仕途。如果未能在官府中任职，他们就应该从事教学。教学是出仕之外唯一能令人满意的出路。如在张仲礼所研究的绅士履历中，有超过三分之一者为塾师。⑤ 特别对于"无世禄可守，无常产可依"的穷苦士子，这几乎是他们必然而又最佳的选择。

尽管民间好学之人多崇敬塾师，但相对于出仕和做幕僚来说，塾师职业在士人本业治生方式中属末业，其声望相对来说也较次。明代社会普遍将"教授之职"视为"冷淡清业"，⑥ 特别是蒙师，由于人们认为其才学疏浅，"彼童子之师，授之书而习其句读者也，非吾所谓传其道，解其惑

① （嘉靖）《吴江县志》卷十三，《典礼志三·风俗》。
② 陈玉辉：《陈先生适适斋鉴须集》卷四，《规士文》，康熙十七年刻本。
③ 《政学录》卷二，丛书集成初编，中华书局1985年版，第63页。
④ 《鸿山杨氏宗谱》第四十三册。转引自张仲礼《中国绅士的收入》，第88页。
⑤ 张仲礼：《中国绅士》（40），第231页。
⑥ 天然痴叟：《石点头》卷一。

者也"，不过是能识文断句的教书匠，算不得真正能够传道、解惑的教师，因而得不到应有的尊重。清人唐彪在他所著的《读书作文谱·父师善幼法》中说："人仅知尊经师，而不知尊敬蒙师，经师束脩犹有加厚，蒙师则甚薄，更有薄而又薄者。经师犹乐供膳，而蒙师多令自餐，纵膳亦亵慢而已矣。"[①] 戴名世甚至说："余惟读书之士，至今日而治生之道绝矣。田则尽归富人，无可耕也；牵车服贾则无其资，且有亏折之患；至于据皋比为童子师，则师道在今日贱甚，而束脩之人仍不足以供俯仰。"[②] 塾师声望的轻贱趋势，可见一斑。

2. 塾师个体的社会声望

由于塾师是一个构成复杂的职业群体，其整体社会地位除受职业声望的总体制约外，在整个职业群体内，其社会地位还与其个体的社会声望有关。其个体的社会声望的差异也是相当大的。一般说来，塾师个体的社会声望主要由三方面决定：学识、身份以及受业于他的学生的发展状况。

首先，学识是塾师最主要的文化资本，渊博的学识是他们教学的基础，也是确立其社会声望的重要基础。饱学之士多能教学有成，获得较高的声望。如明初新余人梁寅就"结庐石门山，四方士多从学"，名声大噪。[③] 诸生梁大积，"正己博学，人争师之，尝馆恩平"。[④] 临安府人张文礼"居乡训徒，名士皆出其门"。[⑤] 史书说："临安甲科，自文礼始。"江西人黄良卿，博学能诗，嘉靖年间游宜云南，乡人延为师，一时士大夫多出其门。[⑥] 云南府人张英，曾在正统年间举荐云南乡试第一，入太学，正逢太监王振干政，太学国师李时勉因秉政直言而被陷罪，张英义愤填膺与石大用请求以己身代罪，一时名动京师。此事过后，张英已无意仕进，祈求归养。他居乡以"以《易》学教授生徒"，史书说"出其门者济济，多甲科名也"，声名颇高。[⑦] 至于一些学识较低的塾师则多不能得到好的评

---

①　（清）唐彪：《读书作文谱·父师善幼法》，岳麓书社 1989 年版，第 172 页。

②　《潜虚先生文集补遗》卷三《种杉说序》。

③　《明史》卷二百八十二，《儒林一》。

④　（康熙）《新会县志》卷十二，《人物》。转引陈宝良《明代儒学生员与地方社会》，中国社会科学出版社 2005 年版，第 299 页。

⑤　刘文徵：（天启）《滇志·人物志》卷十四。

⑥　同上。

⑦　同上。

价，因而在史料中记载甚少，文学作品、笑话小品中则多有讥讽。如《曹元宠对题学堂图》云："此老方们虱，众雏争附火。想当训诲间，都都平丈我。"把论语"郁郁乎文哉"念成"都都平丈我"，真可谓"曲尽社师之状"，[①] 滥竽充数者的丑态可谓入木三分。不过，这类人毕竟是少数，只是整个塾师群体中几个个别例子。

其次，身份在很大程度上决定着塾师社会声望的高下，也往往是社会衡量塾师学识高下的标准。一般而言，那些通过科举考试获取功名身份的塾师较那些未获取任何身份的塾师得到的社会评价要高。李延昰在《南吴旧话录》卷上中记有这样一件事："朱余山（朱大韶之父）欲延一西席，谋之甥张磊塘，云：泗泾有范人杰（后改名为范惟一）者，虽未游庠而学识醇正，善于诱掖。古云'人师南求'，人杰是其人也。余山即欣然敦聘。及到馆，布衣敝帽，萧疏自得。"[②] 范人杰是虽没有身份但却取得了馆师之职的一个教授之士。但从张磊塘"虽未游庠而学识醇正"的介绍来看，是否"游庠"，即是否取得身份作为聘请馆师的首要前提。明人陈尧记载："昔者吾师胡元棲先生，以《毛诗》教训多士。余尝卒业门下。其后，先生举于乡，士从之游者日益多。"[③] 胡元棲中举后，一开馆，从学者日益增多，原因也就不难理解是与其取得举人身份有关。可见当时社会上普遍的风尚是首先以科名的高低来断定塾师的水平和社会声望的，这也是科名社会的基本特点。

再次，学生科名的多寡也对塾师名望的高低有很大的决定作用。学生的发展状况也是决定塾师个人声望的一个不容忽视的因素。吴中士贺恩科举失利后家居授徒，"（弟子）去而取科第者凡若干人"，他遂声名大振，以"易"师称吴中。[④] 武威的尹偕，嘉庆时生员。父亲早逝，他靠教书供养其母。他的私塾设在县城南部。其学生在科举考试中常登高第。子弟来学者众多，以至教室无法容纳。[⑤]

最后，教学态度的好坏也对塾师声望有一定的影响。一般说来，教学

---

① 褚人获：《坚瓠集·癸集》卷四。
② 李延昰：《南吴旧话录》卷上。
③ 陈尧：《梧冈文正续两集合编》卷二，《陈海塘应贡序》，《四库全书存目丛书》集部第101册，第411页。
④ 吴宽：《匏翁家藏集》卷六十，《解元贺君墓志名》。
⑤ 《甘肃全新通志》卷六十九。

认真的塾师则名声较高。如苏州府常熟县人邹静观，万历初年老童生，县试从未一取，却自称邹解元。"师道甚严，大家争致之，非隔年下聘，不可必致。新正开馆，不过初三。遇节，止假一日。"① 永昌府姚方"隐居训蒙，言行皆历历可法，门下多名士"②。也有一些塾师，因教育有方，而颇为人们看重，如正德七年湖南一姓虞生员（塾师）到南京访师，南京诸大夫咸获识虞生，"于是各遣子若第，执弟子礼于虞生焉"。③

当然，从整体上看，明清时期塾师的社会声望也是不断变化的，如明嘉靖年间与万历年间塾师的社会声望就截然不同，"数十年前，士人多能持师道以训弟子……皆方严端正，不为苟合。课艺勉德，彬彬有条……主人尊敬之如神明，少不合辄拂衣去。其弟子亦敬而爱之，即既贵显老大，悛悛执礼惟谨，毋敢慢也。后或富实之家，才有延师之意，求托者已麋集其门，始进既不以正矣。既入馆，则一意阿徇主人之意，甘处亵渎而不辞。……呜呼，师法之不严至此极矣！"④

三 明清塾师的出路

前文中已经提及，塾师是读书士子最为普遍且易于从事的职业，很多读书人以此职业终其一生，即便不是桃李天下，也在地方有众多昔日门生，因而能够受到人们的尊重，赢得较高的社会地位。除此之外，一些塾师还可以通过各种方式获得更好的出路，这在一定程度上也提高了这一群体的职业声望和社会地位。

1. 科举入仕

在传统社会里，"士之仕也，犹农之耕也"，科举入仕成为士人阶层的最佳选择和出路，成为其社会存在的主要意义和个人价值实现的终极目标。这一观念代代相传，生生不息。从社会分层与社会流动的角度来看，科举应考的目的就是为了实现社会等级间的向上流动：在四民社会中，从别的阶层迈进享有种种特权的士阶层；而在士阶层内部，则是以"士"

① 《虞书》，见《虞阳说苑》乙编。转引自陈宝良《明代儒学生员与地方社会》，中国社会科学出版社 2005 年版，第 299 页。

② 刘文徵：（天启）《滇志·人物志》卷十四。

③ 寇天叙：《涂山先生集》卷二，《送湖南虞生归省序》，《四库全书存目丛书》集部第 65 册，第 510 页，影印明嘉靖寇阳刻蓝印本。

④ 《客坐赘语》卷九。

而"仕"，在官僚体系中占据一个重要的职位。

科举入仕也是塾师最好的出路。很多塾师一边教学一边继续参加科举考试，可谓坚持不懈，孜孜不倦。如蒲松龄，其子在《清故显考岁进士候选儒学训导柳泉公行述》中言：

> 先父讳松龄，字留仙，号柳泉居士……十九岁应冕童科，大为尊师施愚山先生之称赏。然自析箸，薄产不足给己，故岁岁游学，无暇治举子业……自是之后，每岁设帐于晋绅先生家……迨撤帐归来，年七十矣。①

蒲松龄做馆师教书达 31 年之久，前 20 多年除了教书外，多次参加科举考试。他的一生，即是清代设馆授徒又孜孜于科举的儒生的缩影。

虽然塾师从事教学收入不是很高，但很多读书人从事教学也是因其有益参加科举。塾师教授的内容和他们自己的学习内容密切相关。很多读书人做塾师，"一来可以藉些束脩，资家中菱水，二来可以益加进修"，② 因此，教学基本不影响他们自己对参加高一级科举考试的准备，他们在教学的过程中夯实基础，促学传道，提高自己，边教边读以应科举。

有很多人物传记表明，明清时期许多塾师经过努力后来成为社会的杰出人物。譬如，明末清初王命岳，福建晋江人，在十九岁中秀才后的第二年开始谋生，在邻居家中教书，在教书、抄写的同时，仍尽可能地学习，提高自身文化水平，三十一岁成了举人，清朝顺治十二年（1655）中进士，他在给事中的任上，忠于职守，给朝廷上了关于吏治、漕运、救荒的奏疏，都关乎"军国大计"。③ 上元的温肇江，道光时生员。起先是一位塾师。后来，他得中进士，任户部主事。④ 平湖的卜宝，道光时廪生，后中进士，出任知县。在出仕前，他从事教学。⑤ 可见，一些后来科名很高、位列显宦的士大夫，在其出仕之前，也有过做塾师的人生经历。对于

---

① 蒲松龄著，路大荒整理：《蒲松龄集》，上海古籍出版社 1986 年版，第 1772 页。
② 陆人龙：《型世言》，石仁和校点，三秦出版社 2006 年版，第 278 页。
③ 参见冯尔康《去古人的庭院散步》，中华书局 2005 年版，第 24 页。
④ 《续纂江宁府志》卷十四。
⑤ 《嘉兴府志》卷五十八。

许多塾师而言，这一职业只是他们不断进取中的一个台阶。塾师在科举上所获得的每一个成功范例都使塾师更为民众所瞩目，这对塾师的地位产生了正面的影响。

2. 升迁教职

明清塾师还有一些人被选拔为地方官学教师或受聘为书院教师，这也成为部分塾师的成功出路。当然，根据现有资料，我们可以看出明清塾师升迁教职的人数是很有限的。

(1) 选拔为地方官学教师

明清时期，地方官学教师一般都由有品德有学识的正途出身的监生、贡生等通过严格挑选担任的，一些在基层地方蒙学教书的有功名的塾师会因各方面的原因而被选为地方官学教师。如靳春泰，山东聊城人，嘉庆时贡生，家贫，以教书来维持生计，晚年被任为训导。[①] 梁应元，广州茂名人，嘉庆时生员，家贫，以教书为生。后来，他成为贡生，任训导。[②] 朱星辉，广西贺县人，光绪时贡生，他教了十余年书。后来，他被铨选为教谕。[③] 陈宾镐，山西猗氏人，道光时举人。家贫，曾以教书为生。后来，他被任命为教谕。[④]

在一些文学作品中也能见到塾师被选为地方官学教师的描写。如在《儒林外史》中的余特也是到中年之后才被选为府学训导，之前他一直断断续续地坐着馆。第四十四回：汤镇台要请一位先生替两个公子讲举业。萧柏泉道："小侄近来有个会看文的先生，是五河县人，姓余，名特，字有达，是一位明经先生，举业其实好的。今年在一个盐务人家做馆，他不甚得意。世叔若要请先生，只有这个先生好。世叔写一聘书，着一位世兄同小侄去会过余先生，就可以同来。每年馆谷也不过五六十金。"汤镇台写了聘书，即命大公子叫了一个草上飞，同萧柏泉到扬州去，往河下卖盐的吴家拜余先生。"只见那余先生头戴方巾，身穿旧宝蓝直裰，脚下朱履，白净面皮，三绺髭须，近视眼，约有五十多岁的光景，出来同二人作揖坐下。"[⑤]

---

① 《山东通志》卷一七四。

② 《高州府志》卷三十九。

③ 广西《贺县志》卷八。

④ 《山西通志》卷一百五十三。

⑤ 吴敬梓：《儒林外史》，岳麓书社 2001 年版，第 260 页。

（2）受聘为书院教师

书院教师多是在地方有一定影响的经师，由于他们学识渊博，求教之士甚多，从而得到很多人的尊重。如前所述，多数塾师在教书的同时，继续钻研经学，一方面为应科举，另一方面为了提高自身素养，这也是他们积极追求的目标之一。一些塾师科举入第获得功名后，并没有入仕做官，而是在地方受聘为书院教师。如祥符的董琨塘，道光时人。他幼年贫苦。二十岁左右成为生员后，他充任塾师。很多学生到他那里就读。后来他得中举人，曾在几所书院主讲，并有一些著述留世。① 浔州的黄体正，嘉庆、道光时人。黄体正是生员时，也靠教书以赡养母亲。在得中举人后，他当过学官，后来就在书院主讲。②

也有一些功名很低的塾师成为书院主讲的罕见案例。如芦墟的潘眉，嘉庆时生员。家贫，他不得不到广东去教书。后来，他成为书院的主讲。③

3. 转为幕客、书吏

塾师是一种职业，不是固定的身份。塾师与幕客、书吏等职业间，没有绝对的分界，常因各种原因和机遇而互相转化。如浙江《姜氏家乘》记姜允垣"得举后犹事舌耕"，后"因用幕才游历江淮吴楚间"，姜介初"弃申韩，就教读"，④ 都是这种流动的例子。

一般而言，幕吏的收入和地位都要高于塾师，所以许多塾师积极寻求入幕的机会，一旦有此机会，就弃教从幕。汪辉祖最初"颇不欲以幕为业"，而去当塾师，体验了塾师的清苦生活之后，深叹"授徒（当塾师）之不足为养"，故转而入幕，并努力成为幕席中收入最高的刑名师爷。蒲松龄当师爷则是为了解决温饱问题。他原以当塾师为业，但有一年未找到馆东，生计成了问题，便到做县官的朋友孙惠那里当了师爷。但是，做幕吏却要寄人篱下，在许多方面受到制约，甚至要看东家的脸色，这是很多读书人节气所不能容忍的。因而一些塾师即使有难得的好幕职也不从之。也有一些师爷从很好的幕职上退出转而做了塾师。如敖嘉熊（1874—

---

① 《祥符县志》卷十七。

② 《浔州府志》卷四十六。

③ 《苏州府志》卷一百七。

④ 《姜氏家乘》之"家传"。见韩凝春《明清塾师初探》，《中国社会经济史研究》1997年第3期。

1908 年），字梦姜，又字感恩，旗人，侨居平湖县乍浦镇。幼豪迈，屡试优等，中秀才，旋承父命习钱谷术，在秀水县（今嘉兴）当见习钱谷师爷，因与知县何士循不和，不到一年就离职回家为塾师。①

第七节 教化之基石，官民之纽带：
明清塾师的社会作用分析

一 蒙养的职能

在我国历史上，很重视童蒙的蒙养教育。《易经·蒙卦》说："蒙以养正，圣功也。"按《易经·序卦》上的解释："物生必蒙，故受之以蒙。蒙者，蒙也，物之稚也。物稚不可不养也。"儿童蒙昧幼稚，心智未开，需要启蒙、培养，即"蒙以养正"，当儿童智能萌发之际，应及时施以教育启迪儿童，使之健全成长。因此，古代小学教育又称为蒙学，顾名思义即启蒙之学。从价值讲，这种教人走正道的育德工作是"圣功"，是神圣不可侵犯的事业；从地位讲，"蒙养极大事，亦最难事。盖终身事业此为根本，而混沌初开，非可以旦夕取效者"②。塾师作为基层社会中基础文化的普及与传播者，其最主要的社会功能无疑在于基本的文化启蒙与道德养成。

1. 对童蒙进行文化启蒙

启蒙学童是塾师最基本的职责。幼童于事多暗昧，因此称之童蒙。启迪童稚，消除暗昧称之启蒙，或称之发蒙、训蒙、养蒙、开蒙。塾师蒙养职能的一个主要方面，就是对童蒙进行文化启蒙及知识技能的培养。

首先，塾师对学童的文化启蒙主要通过识字与写字、读书和作文三方面基本技能的教学活动来实现的。识字与写字，可以说是纯粹的知识技能教育，是启蒙教育的基础，多数塾师是把教童蒙识字置于首要地位的职能。从明清时期一些学塾条规中，我们就可以看出这一点。如梁家园义学在《习字馆义学条规》中就规定初学儿童应以识字为先，所使用的教材是《千字文》或《三字经》。清代佚名撰《变通小学义学章程》中，也

---

① 《嘉兴府志》卷五十。
② 沈鲤：《义学约》，《养正类编》卷四，《正谊堂全书》本。

规定"塾中功课，未识字者，先识方字一二百"。① 待学童熟记千余字后，塾师将其主要职能集中到教童蒙阅读。阅读教学一般说来是童蒙教育的关键。这时，塾师主要指导学童跟读、熟读、背诵。并在此基础上，塾师进行讲解。如王筠在《教童子法》中提出，学生识两千字之后，开始讲解课文，"然所识之二千字，前已能解，则此时合为一句讲之。若尚未解、或并未曾讲，只可逐字讲之"。② 崔学古也说："子弟八九岁时，聪明渐开，当随其每日所读之书，即与逐句讲解。姿性高者，一讲即明。其未敏者，日与讲论，久之亦可渐晓。"③ 虽然讲解是塾师启蒙童蒙的一个主要职责，但也有一部分蒙馆塾师，只是教儿童识字和句读，而不进行讲解。据《变通小学义学章程》的作者记载，予尝询一乡人：

> "曾读书否？"其人曰："曾入塾五年。"问以塾师曾训汝做人道理否，曰："未也。不过日读《四书》数句、写字数行耳。"又问："开蒙时先读何书，曾读《孝经》、《小学》、《弟子职》否？曾讲说《日记故事》、《二十四孝》否？"曰："未也。启蒙时先读《神童诗》、《千家诗》，以后读《学》、《庸》、《论》、《孟》。至于《孝经》等书，目且未经。"又问："能明《学》、《庸》、《论》、《孟》道理否？"其人笑曰："当时先生初未尝为我讲解，我何能明白？迄今句读已大半忘却，何论道理耶？"④

可见，塾师最基本的职能是教童蒙识字和句读。至于作文，其直接目的是将来参加科举考试，大多塾师对童蒙进行的是一些基本的科举启蒙性的作文教学方法。

其次，塾师在文化启蒙方面的职能，也体现在对童蒙进行其他知识传授上。其涉及面比较广泛，主要包括教习算术、天文、地理、医学、农学等。进行最多的是让童蒙学习基本的珠算和数学知识。珠算在农村运用很广，儿童在塾师指导下，背诵一些口诀，练习珠算。如"地亩规"、"斤

---

① 余治编：《得一录》卷十，同治八年得见斋刊刻本。
② 王筠：《教童子法》，《灵鹣阁丛书》第一集，光绪二十一年元和江氏刊本。
③ 崔学古：《幼训》，《檀几丛书二集》卷八，清刊本。
④ 余治编：《得一录》卷十。

称法"、"九九歌"之类，练习加、减、乘、除和日常生活中的买卖斤两计价及土地丈量等。明清时期也诞生了很多算书，例如明代著名的算书《算法统宗》，就是当时一部风行一时的讲珠算的书，在明清蒙学中相当普及。除此之外，通过家传口授、师徒相传等方式，塾师还使中国古代天文、地理、医学、农学等得以继承和发展。当然，中国古代教育一直存在轻视自然科学和应用技术性内容的倾向，这些方面的教育并不十分普及，且有关自然知识、实际技能的教材极少，只有《算经十书》、《九章算术》等，其他读本如《神农本草经》、《本草纲目》等并不作为正式的课本。民间塾师对这些自然知识、技能的传授，在中国官学一直不重视的情况下，其价值和意义是极为深远的。

最后，塾师对童蒙的文化启蒙职能还体现在应世智能方面，塾师教授幼童一些社会及生活常识，主要是传授与社会生活有关的基本知识和基本经验，包括格言、谚语、掌故和性礼、文史知识以及日用器物、饮食服装、伦理关系、为人处世常识。这些教育可以称之为社会化启蒙，一般都由塾师和家庭一道实施之。

2. 对童蒙进行道德教育

中国一贯重视道德教育，强调对儿童进行道德教育与行为规范的训练。《易经·蒙卦》云："蒙以养正，圣功也"，把发蒙的目的同"养正"联系在一起。在汉唐宋元的蒙学教育中，道德修养与行为规范训练职能都得到了着重强调和实施。这个传统在明清时期由于理学的影响而得到进一步的加强。如嘉靖《安溪县志》卷四载："社学之设，所以教童蒙始学之人。盖欲正其心术，端其志行，异日入国学，为国之用。"① 正德《新乡县志》卷三也云："小学之设，所以预养童蒙，使之知爱亲敬长者在是，收心养性者在是，其所关也大矣。"② 嘉靖《隆庆志》卷五载，成化三年知州李鼐立社学，即以为"人性皆善"而希望借助社学"以复其性"。③ 丁日昌在任江苏巡抚兴办社学时，在《社学章程》中也这样规定："教子弟，以正其身心为首务。"这些记载都鲜明地表达了塾师在童蒙教育中必须重视道德教育的目的和要求，应该将对童蒙进行的道德修养与行为规范

---

① （嘉靖）《安溪县志》卷四。
② （正德）《新乡县志》卷三。
③ （嘉靖）《隆庆志》卷五。

训练作为主要职能。

塾师进行思想道德教育及行为习惯培养注重从幼童开始。孔子说："少若成天性，习惯成自然"，朱熹说："方其幼也，不习之于小学，则无以收其放心，养其德性"，① 明清塾师受前人影响，深谙此理，并在教育实践中贯通运用。"凡人有记性，有悟性。自十五以前，物欲未染，知识未开，则多记性、少悟性；自十五以后，知识既开，物欲渐染，则多悟性、少记性。"② 明人王廷相在《雅述》上篇里则揭示得更为清楚，他说："童蒙无先入之杂，以正导之而无不顺，受故易。可以养其正性，此作圣之功。壮大者已成驳僻之习，虽以正导，彼以先入之见为然，将固结而不可解矣，夫安能变之正。故养正当于蒙。"③ 这些教育者都认为儿童的心理纯洁无瑕，对他们进行正面的德育时，他们易于接受；儿童一旦长大成人，假若已养成了不好的品性，再去对他们实行正面的德育，就会遭到他们已有错误观念的干扰与抵触，收不到预期的效果。

良好的思想道德及行为习惯的形成途径在于"养"，只有通过"养"才能达到教育的目的。而这一蒙养功能的实现，主要依赖于塾师日常教学活动。塾师们在其日常教育教学活动中，一方面以自己的言传身教去潜移默化地影响学童，另一方面则通过具体的教学内容的实施来培养学童。塾师一天，乃至一年的大部分时间都是与学生待在一起的。其所传授的不仅是简单的书本知识，还包括更为细致的、身体力行的道德修养与监督。蒙童每日除课读外，还必教童蒙以洒扫、应对、进退等之礼仪，并每逢朔望和放假日率领生徒以次序立，谒拜先圣牌位，演习诸礼，在乡约会日督诸生掣签讲书。也正是于这按部就班、日复一日的馆塾日课的蕴含濡化中，塾师承担并完成了于基层社会中"启蒙养正"的社会责任与义务。对此，曾于明末来华的葡萄牙传教士奥伐罗·塞默多（汉名曾德昭）深有感触，他写道："老师一直跟孩子们在一起，不仅教他们识字和知识，还教授有关政治、品行和道德方面的事，以及如何对待各种事件。……教师指导学生的礼仪及优良行为，特别是拜访，有许多常用的礼节，有的难以做到；

---

① 张伯行：《小学集解·小学辑说》，中华书局 1985 年版，第 5 页。

② 陆世仪：《陆桴亭论小学》，陈宏谋编《养正遗规》卷下，《续修四库全书》第 951 册。

③ 王廷相：《雅述》，《四库全书存目丛书》子部第 84 册，影印明嘉靖刻《王浚川所著书》本，第 792 页。

如无老师帮助，易犯错误。无疑的，这种教导方法很有助于他们的荣誉，对他们的学习有益，使他们不沾上坏行为，不冶游。"①

同时，塾师对童蒙进行的思想道德教育及行为习惯培养也全面地贯穿于其教学内容中。他们把儒家经书的精言微义，化作揖让言辞，使它具有较强的可操作性，从而落实到实际生活中，便于为蒙童所接受。如塾师教授的《三字经》，除了让学童烂熟于心，还要通过讲解，使其明白《三字经》中所要求的使儿童懂得"父子恩，夫妇从，兄则友，弟则恭，长幼序，友与朋，君则敬，臣则忠"的道理，进而达到"君臣义，父子亲，夫妇顺"的目的。又如《小学》，塾师对童蒙通过"洒扫、应对、进退之节；爱亲、敬长、隆师、亲友之道"的具体行为规范的教学，使儿童在潜移默化中受到"修身、齐家、治国、平天下"的熏渍陶染。再加上《童子礼》、《弟子规》等的传授，使学童掌握在家里的举止要求：盥栉、整服、叉手、作揖、拜起、跪、立、坐、行及至进退、出入、邂逅、朔望、晨昏等二十三目。可以说几乎涵盖了日常生活中的所有大事小情。诸如叉手："凡叉手之法，以左手紧把右手大拇指，其左手小指，向右手腕，右手四指，皆直，以左手大指向上，以右手掩其胸。手不可太着胸，须令稍离方寸。"② 又如"立"的要求："拱手正身，双足相并。必顺所立方位，不得歪斜。若身与墙壁相近，虽困倦不得倚靠。"③ 这些要求具体、规范，包罗万象，既有外在的礼仪规范，也有自身的整饬要求。塾师把深奥的道德理论、抽象的道德说教化作具体的行为要求，这不仅看得见、摸得着，而且极易操作，于点滴中塑造良好的道德情操，达到对传统道德准则的"真知笃行"。

总之，塾师作为蒙养教育的承担者、实施者，积极、主动、低耗地完成着培养幼童的任务。可以说，塾师蒙养教育的功绩是非常大的，中国古代社会的发展、文化的传播，都与塾师所奠定的基础有关。

二　科举基础教育的职能

自隋唐设立科举取士以后，庶民百姓只要埋头读书，科举考试榜上

---

① ［葡］曾德昭：《大中国志》，上海古籍出版社 1998 年版，第 45 页。
② 屠羲英：《童子礼》，陈宏谋编《养正遗规》补编，《续修四库全书》第 951 册。
③ 同上。

有名，就能改变个人的身份和社会地位。科举制度极大地刺激了百姓接受教育的积极性，"学而优则仕"、"书中自有黄金屋，书中自有颜如玉"已为百姓口诵心唯，中国古代形成了十分重视教育的传统。而明清两朝又是科举极盛的两个朝代，而经由学校取得生员资格是参加科举的必由之路。科举对蒙养教育的影响自然也是不言而喻的。相当多的幼童积极到各类学塾中读书，其中绝大多数学童破蒙求学的目的都在于伺机求得功名利禄，光宗耀祖，升入地方官学也是他们的普遍愿望。因此，使得明清蒙学不仅是童蒙就读的基层教育机构，而且也是府州县学的预备学校，为科举培养着大量后备人才。由此可见，明清塾师除了具有满足学童读书识字的需要，宣传孝悌仁义、伦常礼仪，进而稳定传统社会秩序的职能外，在科举考试对教育影响作用越来越大的情况下，还具有教授基本经典、教习时文，满足学童应试科举需要的职能，我们称此职能为科举基础教育职能。

1. 学规中对塾师科举基础教育职能的要求

由于受科举取士制度的影响，各类教育都体现出追求科举的倾向，蒙学教育也不例外。许多家庭都希望子弟通过蒙学教育既能获得基本知识与技能，也能进入高一级学校或科举入仕，在两者中以进入更高一级的学校接受教育为首选。如福建连城四堡邹氏家族，其《邹氏族谱》中的《家训》写道：

> 吾家人醇俗朴，半读半耕，一脉书香，绳绳相继者，其来久矣……继自今为父先者，必于嬉嬉童稚中，择其不甚顽钝者，束之于党塾，聘名师，招益友，俾之磨砻砥砺，相与以有成。将来出为名臣，处为名儒，大为深山邃谷间生色。即不然，知书识字之人，纵置身农工商贾之途，亦有儒家气象，庶不辱我诗书礼义之乡。①

从邹氏族谱家训中，我们可见邹氏家族的教育目的最主要的是通过教育，使族中子弟"将来出为名臣，处为名儒"，即使成不了名臣名儒，通过教育，也能造就知书识字之人，"有儒家气象"，"不辱我诗书礼义之乡"。在此教育目标之下，可以想见，作为执教其中的塾师，自然承担着

---

① 福建连城四堡《邹氏族谱》卷首。

双重任务，即基本的蒙养职责和科举教育的职责。

另有广东《钤印续修岭南保昌平林孔氏家谱》，也可以来说明塾师的这一职能。如其《家规》的条规规定："养子不教父之过，教而不读子之惰，从古显亲扬名，裕后光前，未有不由诗书者。不论才不才，皆宜择师督课，约于义方。易曰，蒙以养正，利用刑人。书曰，朴作教刑。及至顽钝无成，方才听其改业，亦不失圣裔之模。若夫聪颖可羡，必须解脱家务，警枕囊萤，则帖括功成。上可采芹释褐题塔，缵承先绪。次亦谙通文艺，以舌代耕。谁谓经史误人耶？"① 这一家谱也规定了教育的目的，让子弟都就学，若学有所成，则应科举以入仕，上可"采芹释褐题塔，缵承先绪"，次亦"谙通文艺，以舌代耕"。即便不能应科举的，由于受了诗书礼义教育，"亦不失圣裔之模"，也是知书达理的士民。显然这一家规内容中包含了大量的"显亲扬名"，学习经史以高人一等之类的观念，从而可见强调科名，注重入仕依然是这一家族教育的最主要的目标。而这一教育目标的实施，无疑落在了塾师的身上，塾师则在实施蒙养教育的基础上，责无旁贷地对童蒙进行着科举教育。

由此可见，明清时期的一些学塾在科举的影响下，在学规中将童蒙教育的重点放在科举应试方面，塾师的职能也因此发生变化，在基本的蒙养职能的基础上侧重科举基础教育。

2. 塾师日常教学中的科举基础教育内容

由于蒙养教育的最终目的是为科举服务，其教学便深受科举考试内容的影响。科举考试考什么科目，各类学校也就设置相应的教学内容，"大学"教育如此，"蒙学"教育同样如此。明清科举考试的内容总体上是儒家经典、程朱理学及当朝律令。科举考试采用八股文体，它是"专取四子书及《易》、《书》、《春秋》、《礼记》五经命题"。② 于是，在众多的蒙学教育中，塾师在具体的教学活动中教授八股示范文体、八股文作法技巧等成为了蒙学教育的主要内容，学生从小便受到八股文的训练，以期通过童试，成为生员，进而将来中举及第。这样，塾师在蒙学教育中就为科举培养了大量的基础的应举人才。

---

① 广东《钤印续修岭南保昌平林孔氏家谱》，转引自吴霓《中国古代私学发展诸问题研究》，中国社会科学出版社 1996 年版，第 235 页。

② 《明史》卷四十六，《选举制二》。

　　塾师在日常具体的教学活动中所教授的内容，不同的学塾有所不同，但一般说来，大多数的学塾的基本内容还是相同的，除了基本的读书识字和道德教育外，同时还要学习一些儒家经典，八股时文及其作法，为科举应试做准备。如明代刘宗周《家塾规》中的塾师一天教学活动：早饭后，学童温书旨，候讲。辰刻，塾师升堂开讲。午饭后，读有关讲书的优秀时文。申刻治古书一册。本经之外，另治一经，性理中如《太极图说》、《通书》等篇为必读之书，其他程朱、新建语录或韩柳欧苏文字皆当读熟。晚上，读《通鉴》五页。又如唐鉴在《义学示谕》"义塾条约六则"中所规定的塾师在学塾的具体教学活动内容："清晨点书，早饭后温习、习字、讲书。能做破承起讲者做破承起讲，下午点诗或读古文、时文。随时教以礼仪揖让，以长幼为次序。"由此可见，明清一些学塾塾师在启蒙教学活动中也教授着与科举有关的内容。

　　可以看出，在塾师教学内容上，首先是读书识字教育和道德教育，两者同时进行，并把道德教育置于首位，其次就是服务于科举的八股时文。虽然都把道德教育内容置于首要地位，但是，在实际中，服务科举的内容占有非常重要的地位。而且，明清时期理学的发展，使科举更加突出程朱理学的地位，蒙学教学内容中的《四书》、《小学》在名义上作为道德教育内容，但实际上这种做法毫无疑问是为将来的科举考试打基础的。在此之外的八股时文等内容，更是直接属于科举考试的内容。

三　参与社会教化

　　从中国教育发展的历史来看，社会教化一直是各类学校所追求的目标。尤其在儒学的教育传统中，这一点更是得到了强调。对于中国古代的塾师而言，随着古代小学教育向民间子弟的推广，其社会教化的职能越来越多地得到强调。在先秦，所谓的乡间里塾，从其设左右塾督导本里子弟的行为的做法来看，塾师在进行一种道德教化教育。在汉代，从选拔人才上的"察举"以及汉平帝令乡聚设立《孝经》来看，塾师的教学并没有脱离社会教化的职责。魏晋以后，塾师的社会教化职能越来越受到重视。明清时期，这一情形更为突出，对塾师的社会教化的职能更为强调。

　　1. 明清文教政策对塾师社会教化职能的要求

　　明清时期，政府十分重视教育，把设立社学、义学、聘请塾师作为达到移风易俗的社会教化目的的一种手段。明朝建立后，明太祖朱元璋十分重视教育，提倡以社会教化为治国之先务，认为"天下初定，所急者在衣食，所重者在教化"，① 沿用儒家"治国以教化为先，教化以学校为本"的传统，把兴办学校和力行教化当作两项基本治国举措，令间里皆立社学，延师儒以教民间子弟，以"导民善俗"。清王朝在接纳儒家文化和明朝基本制度的基础上，早在 1619 年 7 月，清太祖就充分意识到社会教化在政治统治中的重要作用，"为国之道，以教化为本。移风易俗，实为要务。诚乱者辑之，强者训之，相观而善，奸慝何自而逞？故残暴者，当使之淳厚，强梁者，当使之和顺，乃可几仁让之风焉。舍此不务，何以克臻上理耶"。② 从顺治至雍正年间，清廷多次下令要求"每乡置社学一区，择其文义通晓、行谊谨厚者补充社师"③。"凡近乡子弟，年十二以上二十以内，有志学文者，俱令入学肄业……务期启发童蒙，成就后人，以备三代党庠术序之法"。④ 由此可见，社学是一种兼有学校作用的社会教化组织。社学教师的任务主要有两方面：一是教训生童，启迪百姓，化民成俗，以收教化之功；二是教会学生识字读书的基本技能。

　　清代对义学也有较强的社会教化的要求。康熙本人就很关心各地的教化情况，他曾对直隶巡抚赵宏燮讲："移风易俗莫过于读书，应该在穷乡僻野皆立义学，延请塾师教育贫民子弟。"⑤ 雍正十三年在广东为黎族子弟设学时所规定的内容："训以官音，教以礼义，学为文字，每逢朔望，该学师长率其徒众，亲诣附近约所，恭听宣讲《圣谕广训》，申明律列，务令通晓，转相传诵。"⑥ 陈宏谋也说，"义学之设，最有关于风化，历代重其事。乡间义学以广教化，子弟读书务在明理，非必令农民子弟人人考取科举也。"⑦ 他在西南做官时大力提倡兴办义学，四年时间"共得新旧义学六百五十余处。"⑧《牧令书辑要》也告诫那些做县官的人："建议义学，实养蒙之首务，于风俗顽悍处尤为要务。牧民者当认真举行以化民成俗。"

① 《明太祖实录》卷九十六。
② 《太祖实录》卷六，中华书局 1986 年版，第 85 页。
③ 《钦定大清会典事例》卷三百一十七，《礼部·学校·各省书院·各省义学》，文海出版社影印本。
④ 《钦定学政全书》卷七十三，《义学事例》，成文出版社影印，第 1535—1536 页。
⑤ 《康熙政要》卷十六。
⑥ 《清会典事例》卷三百九十六，《学校·各省义学》。
⑦ 陈宏谋编：《养正遗规》补编《社学要略》，《续修四库全书》第 951 册。
⑧ 陈宏谋：《培远堂偶存稿》卷一序。

从各类方志看，明清时代强调塾师这一方面职能的材料极为常见，这主要体现在一些社学、义学的社会教化职能中。如黄佐在《泰泉乡礼》中明确规定了"教读任一乡风化"的社会职责。陈献章《程乡县社学记》云："社学之建，在今日正淑人心、正风俗、扶世教之第一义"，"则为延师以教之"①。清代如章清《壶光县修社学记》中云："社学之设，所以教育一乡之俊颖，而使之明伦砥性行，善俗厚风。"②

虽然这些言论的立意无甚差别，但从它们大量存在于地方志中，我们可以发现，在明清时代，把社会教化作为设立蒙学的首要目的，塾师的主要职责毫无疑问也是社会教化，这在实际的蒙学教育中极为普遍。

2. 塾师的社会教化活动及具体内容

塾师在中国传统社会中，历来便承担着"导风化俗"的社会功能，"学不在于为文而已，行修家庭而伦理蔼然以厚；教不止于授徒而已，化乡间而风旨超然以高"。③ 也就是说，塾师在基层社会中，不仅承担着对学童的"启蒙养正"，还承担着一定的对乡民的社会教化职责。具体说来，塾师所从事的社会教化活动主要有以下几方面：

（1）讲行乡约

乡约始于北宋吕大钧，原本是民间由本乡人民自己订立，为维护共同利益而要求集体遵守的一种道德规范，并没有宣讲活动。乡约宣讲是从明代开始的，并成为明清两代社会教化的主要形式。

由于塾师是地方社会中读书识礼之人，凡地方有讲行乡约之事，他们作为较有体面的人物，也位列其中，并且往往在乡约宣讲中承担重要职责。明代的黄佐在《泰泉乡礼》中明确规定"教读任一乡风化"，要每于"开馆之日，楷书《谕俗》六条、《劝民》二事及《四礼条件》，皆正句读，使之传写，各分投劝谕，深山穷谷必至，务多方以化导之。谕俗六条：一曰教子弟以兴礼义，二曰禁火化以厚人伦，三曰辟异端以崇正道，四曰敦朴俭以保家业，五曰息争讼以免刑罪，六曰化愚顽以息盗贼。劝民二事：一曰劝农，二曰劝孝"。④ 每月朔望之日，乡校教读还要将朱子四

① 《万历宿州县志》卷二。
② （乾隆）《潞安府志》卷三十四《艺文续编六》。
③ 吴宽：《匏翁家藏集》卷七十二，《杜东原先生墓表》，"四库明人文集"本，上海古籍出版社1991年版。
④ 黄佐：《泰泉乡礼》卷三，《乡校》。

礼冠、昏、丧、祭"讲明，以示乡约之众"，并时加省谕。① 到清代，乡约宣讲的内容逐步固定化在皇帝圣谕之中。如四川南川县知县魏崧作《乡学条规》，就规定乡学的馆师"每逢朔望，轮赴就地各场市乡村宣讲圣谕一日。……务使乡愚心解情移，咸思效法"②。知县郇膏建义学五所教育贫民子弟，"以风俗不靖也"，故亦采取"宣讲《圣谕》"的方式感化当地民众。由此可见，塾师在启蒙养正之外，还对乡民进行劝教，直接面对当地民风的濡养。

（2）赞礼乡饮

举行乡饮，并非为饮食，而意在注入尊贤、尚齿的内容，普及人间。远在周朝就有这一礼俗，周人饮酒座次以年龄排定，反映了周人敬老、敬贤的道德观念。从先秦始，乡饮酒礼便成为历代统治者教化的手段。到明初进一步制度化与政治化。洪武五年五月定制：每岁孟春正月，孟冬十月行于学校，民间里社以百家为一会，或粮长或里长主之，每季举行，加进读律令的内容。洪武十二年，又规定里社饮酒之礼，长者在上，按年龄顺序，依次轮流坐席。并选年高有德者为宾，年高长厚者为介宾，次者为众宾。读法胥告，观者如堵墙，并劝忠君孝亲、睦闺门比乡党为劝。③ 清乾雍时还规定了统一的祝酒词、礼仪程序，颁布了统一的乡饮酒礼图示，所谓"定此条式使民岁时宴会，习礼读律，期申明朝廷之法，敦叙长幼之节"。④ 这使乡饮酒会产生了很好的化民成俗的作用。

塾师以文化人的身份参与其中，自然多发挥文化人的作用。如在岁末年初的乡饮会上，"教读制相戒之词，以见无已太康之义。或令童生歌《七月》之诗一阕，或习士相见礼，或行投壶礼，或行乡射礼。务在雍容揖逊，敦从古雅。须用歌咏劝酬，使人观感，不得酗唱邪曲，演戏杂剧，以导子弟未萌之欲"。⑤

（3）督导民风

除了以上所列的社会教化活动之外，塾师还对地方民风有着一种督导

---

① 黄佐：《泰泉乡礼》卷一，《乡礼纲领》。
② （光绪）《青浦县志》卷九。
③ 叶盛：《水东日记》卷五。
④ 《士庶备览》卷二"讲约事例"。
⑤ 黄佐：《泰泉乡礼》卷五《乡社》。

作用。明代的魏校在提督岭南学政时，在所立社学教条中，对此有过明确的规定。如在"教子弟以兴礼义"条中规定："立学之后，汝四民如有能从教化，朴实尚义，好诗好礼，善处彝伦，能和乡里，笃教子孙，足为一乡敬信者，许里中老而有德者告于社学之师，访问得实，书于扬善簿内，以待本职查考，以礼褒劝。"在"禁火化以厚人伦"条中规定："民间有义举助丧及周恤患难孤幼者，里人当报社学师，书于簿内。"作为地方官员对乡民进行奖劝、惩戒的依据。① 黄佐在《泰泉乡礼》中亦继承了魏校的这种簿书制度。这种簿书制度，虽只是地方官员对乡民进行奖罚的依据，并不具有直接的奖惩权力，但在客观上还是起到了对乡民社会行为进行约束与监督的社会功能。在这里，社学教师事实上肩负着对乡民品行的评定与监督的社会责任。

3. 值得注意的问题

总的来看，明清塾师在基层社会的社会教化中起着重要的作用。但是值得注意的是以下几点：

首先，塾师的社会教化作用既不仅限于社学、义学的塾师，私塾塾师也在实际的教育教学、社会生活中产生着相当的教化乡民的作用。典型的事例是家塾塾师在社会教化中所发挥的作用。一般说来，家塾塾师对单一家庭或本宗族子弟的教育的直接目标是追求进入官僚阶层。但是，家塾塾师的教育也往往发挥着有效的睦族功能以及更大范围的教化作用。在家塾中，塾师不仅教授本家或本族子弟，还招收邻近居民的子弟入学读书，这使塾师教育了更多的人，和睦了家族和邻里关系，客观上更大程度地发挥了其教化作用。

其次，由于学塾在教育对象上的平民化，使得塾师的社会教化作用，比当时的书院、大学教师更为直接。教育对象的平民化导致了社会下层受教育人数的增多。从理论上讲，塾师对这些童蒙的训育一方面可使他们幼时不致沦落为非，另一方面也使他们将来成人之后不致为恶。如清代周凯在襄阳任知府时立义学，就因为当地民情剽悍，命案迭出，"或以睚眦小忿，白刃相加，或以田土微嫌，纠众互杀，甚至骨肉摧残，罔知伦纪，妇女抢嫁，有玷清贞，种种凶顽，实为天理所不容，王法所不宥"。民风如此之坏，究其原因，"盖由于各乡村蒙馆太少，义学不设，自幼未尝读

---

① 魏校：《庄渠先生遗书》卷九，《岭南学政》，明嘉靖四十年刻本。

书，不受师长之熏陶，不闻圣贤之大道，以致为血气所拘，陷于法而不自知"。① 而且，在统治者所实行的乡村教化活动中，绝大部分是通过初级蒙养教育的形式来进行的，即便不是在蒙养教育机构中进行的教化活动，其活动方式也吸收了蒙养教育的种种特点。可见，塾师对童蒙的这种蒙养教育的影响也无疑比其他社会教化形式更直接。

另外，塾师自身也有一定的社会教化作用。塾师是乡村社会教化的承担者之一，由于对文化知识的占有和作为士子特权的享有，因而他们在乡村社会中具有很高的地位，他们本身就对乡村教化起着重大作用。吕坤以其自身经历生动说明了这一点：

> 吾少时乡居，见闾阎父老，小民同席聚饮，恣其笑谈，见一秀才至，则敛容息口，唯秀才之容是观，唯秀才之言语是听；即有狂态邪言，亦相与窃笑而不敢言短长。秀才摇摆行于市，两巷人无不注目视之曰：此某斋长也。人情之重士一如此，岂畏其威力哉！以为彼读书知礼之人，我辈村粗鄙俗，为其所笑耳。②

有人总结说，"中国传统社会中的士，以其教化功能成为社会结构稳定运行的重要力量。他们'在本朝则美政，在下位则美俗'。对建立符合家长制伦理规范的社会秩序起着任何其他群体不可替代的作用"。③

四　参与地方社会事务

明清时期，广泛滞留于民间的士人虽然没有具体的职务，但他们在社会中却发挥着特殊的作用，对地方事务产生着广泛的影响，地方官员也往往借助他们的力量办理地方公务。正如孔飞力所说："士子—绅士指那些得到功名的人，他们没有官职，生活于家乡社会，凭借他们的身份、财富和关系操纵地方事务，……对社会事务的所有方面实施广泛的、非正式的影响。"④ 很多塾师往往和其他的本地士人一道参与地方文化建设和社会

① 周凯：《劝谕襄阳士民设立义学告示》，《内自讼斋杂刻》第 3 册《襄阳府义学章程·义学告示》，周氏家刻本。

② 陈玉辉：《陈先生适适斋鉴须集》卷四，《规士文》，康熙十七年刻本。

③ 王玉波：《深化社会结构史研究》，《历史研究》1995 年第 6 期，第 189 页。

④ 孔飞力：《中华帝国晚期的叛乱及其敌人》，中国社会科学出版社 1990 年版，第 5 页。

管理。

1. 参与地方社会文化建设

塾师作为地方基层文化人，他们除了具有教书育人的职责外，还在地方文化事务中发挥其一定的作用，主要表现为他们积极立塾助学，参与本地方志的编修和一些宗族谱牒的修撰，竭智尽力促进本地文化事业的发展。

（1）立塾助学

明清作为一个文化教育发展的鼎盛时期，教育当然是一项重大事业，而塾师作为文化教育的职业人，积极关注本地的文化教育，当在情理之中。在明清时代，没有公共的基础教育体系。学生的启蒙教育和初等教育一般在塾师所办的规模很小的私塾里完成。如前面所述，尽管明清时期社学、义学很兴盛，但私塾仍然是这一时期蒙学教育的主体，特别是塾师所立之教馆更以其灵活的形式、顽强的生命力满足了各种情况下社会蒙学教育需要，推动了地方文化教育事业的发展。还有一些塾师负责办理并资助了社学、义学，从而发挥了他们在文化方面的功能。如博罗的黄锡圭，道光时生员。他家贫而力学，以砚田为业。对于修建学宫、书院、义冢等，他都亲自劝捐。①

塾师多参加过科举考试，他们深知其中一切的不易，他们对这一传统社会的正途是非常推崇的，因此也很注意积极栽培本地的读书人。尤其在地方上一些学生遇到困难时，更是积极参与到济贫、保全学生继续学习的活动中去。塾师在这方面较其他人着力尤多，如桂东的李峥嵘，道光时贡生曾在乡村教书，造就了很多人才。当时新录取的文武生员必须带着礼金去谒见学官，俗称"印卷"。李峥嵘劝募经费，购买了每年能产出 300 余石大米的土地，来帮助贫穷学生支付这笔规费；② 沙河的李汝龙，道光时贡生。家贫，他靠教书自给，还以"砚田"的积累，为赴考的考生捐赠路费；③ 沔阳的刘兴梯，咸丰时举人，他应邀担任两江总督陆建瀛的西席，教授其子弟。后来，湖北巡抚胡林翼委派他办理厘金局，促成了资助

---

① 《惠州府志》卷三十八。
② 《湖南通志》卷一百九十七。
③ 《沔阳州志》卷九，《文苑》。

考生赴考路费等多种经费的设置。① 对本来收入就不高的塾师来说，参与这种活动足以说明其对地方文化事业的热心支持。

（2）参与本地方志的编纂

方志编修是一个地区文化发达与否的重要标志之一。明清两朝政府极为重视地方志的编修，三令五申督促全国各地编修方志，从而全国各省、府、州、县的方志编修蔚然成风，形成了地方志编修的昌盛时期。方志编修也成为地方构建文化知识体系的主要传承形式，并且作为一种文化理念渗透到明朝各行政区域。各地方官也把方志编修作为一种文化活动，融入执政理念当中，并且把方志编修作为构建地方文化秩序的一种重要标志。

一般说来，地方府、州、县志的编修由地方官主持，组织一个方志局，聘请本地或外地有名望的学者负责方志的总的编纂。除此之外，还要聘请大量的本地绅士参与，分任编写和分赴辖区各地进行采访。而这种状况就为本地绅士参与此类工作提供了充分的机会。一些既有功名，又有社会地位的塾师也因此参与其中，因为他们是本地文化人的代表，比较熟悉本地人情，便于调查，能够大量掌握素材。如陕西华阴的王守恭，道光时生员。他耻于将诗书当作富贵的敲门砖，绝意功名，就在家乡讲学。他还参与开垦几百亩荒地，在当地推行《蓝田昌氏乡约》，以及编纂本地的府志。② 大荔的成锦唐，贡生，以研究性理之学而著称。他搭建了数盈草屋，在其中教授学生。知县累顾草庐，邀办赈务、差役及修志诸事。③ 又如山西猗氏的陈宾镐，道光时举人。家贫，曾以教书为生。他也参与了本地方志的编纂。地方事务，由他经办，莫不就理。后来，他被任命为教谕。④ 等等。正是因为有了这些塾师参与编修的方志，我们才了解到了明清各地的文化及其发展，我们也才知道了这些塾师。

当然，需要说明的是，由于编修方志有一定的要求，一般都是本地既有功名又有地位的学者和绅士，对于塾师来说并非所有的人都符合这些要求，而且明清两朝又形成六十年一修县志的制度，所以这一文化作用只是

---

① 《沔阳州志》卷九，《义行》。
② 《续修陕西省通志稿》卷八十。
③ 《续修陕西省通志稿》卷七十八。
④ 《山西通志》卷一百五十三。

相对于一部分塾师来说的。

（3）参与宗族谱牒的修撰

谱牒是中国传统社会宗族文化的重要内容。在传统中国的宗族社会中，家谱通过姓氏原始、迁徙本末、世系渊源的展现，起着"明世系、辨血缘"、联宗收族，维系和强化作为社会群体的宗族和家庭的作用。

明清时期编修家谱达到鼎盛，现存家谱主要是这一时期编修的。据冯尔康研究，清人笃信三世不修谱，便是不孝的信条，有的家族规定六十年一修谱，性急的宗族要求三十年一修、二十年一修，有一些家族真能做得到。① 塾师往往是宗族中少有的读书人，在宗族谱牒的编修过程中，宗族对塾师等读书人寄予厚望，且认为是其分内之事。"辑修家乘，乃读书人事也。读书而不知谱学，则不知收族，不知收族则不知敬宗、尊祖，一旦出而图君安，必能推亲亲之道而仁民而爱物乎？"作为宗族的一个成员，塾师不仅身负教育族中子弟之责，在本宗族谱的编修刊刻过程中，更是义不容辞的支持者和实践者。如南阳著名塾师刘苪侯，禀膳生员，康熙五十年春举家迁居桐柏县新集陈沟村，设馆教书，讲解透彻，循循善诱，曾吸引从此路过的信阳道台歇轿拜访。他终生钻研孔孟之道，著有《引端讲术》五卷，刊行于世，在桐柏、唐河、泌阳等县广为流传，被许多学馆选为教材。晚年又著《四书一贯讲义》。执教著书之余，倾力编写《刘氏宗谱》，内有《南记》、《北记》，分别记述在祖籍湖北和来桐柏后的家庭情况及所处环境，精练畅达，富于文采。所写《家训》有孝父母、睦亲族、和兄弟、隆师友和戒烟、戒酒、戒嫖、戒惰、戒奢等九戒，谈古论今，引人入胜。②

2. 参与地方社会公共事务管理

在中国古代社会，皇权对地方社会事务的管理由于地域的广阔和统治成本等问题而受到限制，"强大的皇权或中央集权国家的直接行政统治，从未真正深入到中国县以下的社会中；广大农村及农民的直接统治机构和统治者，是作为皇权延伸物的家族和士绅"③。而塾师又多由士绅担任，

① 冯尔康：《清代人物传记史料研究》，天津教育出版社 2005 年版，第 234 页。

② 《新修南阳县志》卷十一。

③ 李路路、王奋宇：《当代中国现代化进程中的社会结构及其变革》，浙江人民出版社1992 年版，第 181 页。

这就使塾师在一定程度上也成为基层社会的领导阶层中的一部分，从而参与处理一些地方社会事务。概括说来，主要有以下几个方面。

（1）解纷息讼

儒家认为理想社会的特点之一社会秩序的安定与人际关系的和谐，具体表现为"无刑"与"无讼"。塾师作为社会教化的重要承担者，经常发挥解纷息讼的社会功能。如《吴中叶氏族谱》记载的叶为璋，贡生，起初他任塾师，并在当地裁断纠纷。① 又如广西贺县的朱星辉，光绪时生员，他也教了十余年书，并常为邻里排解纠纷。② 睢州的孙垿，嘉庆时生员，作为塾师，他培养了很多人才。同时，他还有很多济贫、息讼的义举。③

塾师较高的社会地位对其排解纷争产生着重要作用。由于塾师多是有功名之士，也和地方官员能够形成一些特殊的联系，有资格在裁断纷争和调节诉讼案件时充当百姓与官员的中介，进行斡旋调处。睢州的李其华，光绪时生员，家贫，即在家教书。他还调解诉讼。④ 茂名的梁应元，嘉庆时生员，家贫以教书为生，他还为地方解纷息讼。⑤ 当然，这种调处有时仅是为了息事宁人，"摆平"事件，甚至会枉法处理。

（2）上陈民情

塾师不仅要为当地百姓排解纷争，促进社会的安定，而且还要代表和维护本地区利益。如前所述，塾师多以其功名而成为基层社会文化人的代表，与地方官员之间形成特殊关系，使其在一定程度上也成为基层社会民情上达的一个中介。黄佐在《泰泉乡礼》中讲，"月朔，教读帅约正、约副之贤者，以次往见有司。有司赐坐啜茶，问各乡风俗及民疾苦、礼教行否。四事未能，十害未屏，皆许直言无隐。言有可用者，必加褒奖"。⑥ 因此，塾师于基层社会管理中，实际上发挥着"施教化于下"与"言民瘼于上"的双重社会功能，并成为基层社会中上下沟通的一个渠道。

塾师身居乡里，既要做百姓的道德楷模、行为表率，又要利用自己的

---

① 苏州《吴中叶氏族谱》卷五十三。
② 广西《贺县志》卷八。
③ 《续修睢州志》卷七。
④ 同上。
⑤ 《高州府志》卷三十九。
⑥ 黄佐：《泰泉乡礼》卷一，《乡礼纲领》。

特权地位维护地方利益。如安阳大碾屯村人孙佩堂，生员。他是个塾师。为疏浚当地渠道事，他代表村民利益，参与了长达十多年时间的诉讼。① 湖北沙河的李汝龙，道光时贡生。家贫，靠教书自给。他曾上书知州，痛陈当地水患的严重。②

（3）救灾恤难

塾师与乡民之间的血缘、地缘等社会关系，及其作为基层士人的道德理念，使塾师与乡民社会之间在事实上有着无法割舍的内在联系。因此，在乡民遭遇灾难之时，塾师都会伸出援助之手。祥符的李卓祥，嘉庆时生员。他是位塾师。他经理当地的慈善机构，并曾救灾恤难。③ 甘肃通渭的刘廷瑚，太平天国时期的贡生。他是个塾师，学生百余人。他只收通常学费的一半。他还常常接济他人。④ 这样的例子在各类史料中可谓举不胜举。

（4）参与管仓

一些塾师因其地位、身份而成为地方公共财产的管理者。如《泰泉乡礼》中的"乡老"多由塾师充任，"教读任一乡风化，与约正等公选于众，推年高有德者，每里一人，类送在城四隅大馆，转闻有司，点作该图乡老，使专一在乡听讼管仓"。⑤ 而小馆教读，也常常得以参与社仓的管理，"凡社有学则有仓，保甲时当看守，立乡老掌之，与教读及约正等公同出纳，有司毋得干预抑勒"。⑥ 浔州的梁廉，道光时副贡生。他既是位塾师，又精医术。他曾悉心经理立义仓，廓衢道，重建关帝庙、衙署和试院等地方事务。⑦

（5）参与保甲

塾师的文化背景及其与乡民的密切关系也使一些塾师在官府推行保甲制度时负有一定职责。如黄佐在《泰泉乡礼》中对塾师提出要求，保甲"中间有愚昧妄自惊疑及邻乡彼此平素不和者，乡先生及教读等务

---

① 《续安阳县志》卷十六。
② 《沔阳州志》卷九，《文苑》。
③ 《祥符县志》卷十七，《人物·名宿》。
④ 《甘肃全新通志》卷六十七。
⑤ 黄佐：《泰泉乡礼》卷三，《乡校》。
⑥ 黄佐：《泰泉乡礼》卷四，《社仓》。
⑦ 《浔州府志》卷四十八。

委曲开谕之"。① 在落实保甲制度时，塾师也要承担具体工作："各家沿门开报小牌，约正、约副公同教读编造成册，乃以十家为一甲，共为一大牌。"②

---

① 黄佐：《泰泉乡礼》卷六，《保甲》。
② 同上。

第五章

明清文学作品中的教师

　　明清时期是中国历史上一个比较躁动的历史时期。这种躁动表现在它不再是一类社会群体推翻另一类社会群体重新维持已有的社会体系运行规则的躁动，而是一种从个体到社会阶层对传统社会运行规则的不认可，甚至否定的躁动。这种躁动的社会心态表现在社会的各个领域，而商品经济的日益发达自然是这一躁动的主要影响因素。商品经济和商业文化的兴起对人们观念冲击最大的就是金钱价值观的日益确立，社会生活因此从原来"士大夫"式的"雅"文化逐渐演变成了"市井细民"式的"俗"生活。这种变换使人们关注更多的是自身利益和对现实生活的体验而不再是对"修、齐、治、平"的终极诉求。

　　教师群体作为社会智力的引领者，在面对以上社会转型和价值观的变革冲击，他们又是如何做出回应的呢？以描写世俗生活为题材的明清"人情小说"等文学作品中包含了丰富的有关教师在这一社会转型过程中人生价值观等世俗化转变的丰富资料。明清文学作品"从不同的角度，在不同的意义上，反映了广阔的社会生活，观照现实人生，赋予自己以'补史'的功能，成为与历史本身不尽相同的艺术的'历史'"①。通过它们，我们能够"直观"地了解到明清教师的各类生活情况。如《醒世姻缘传》中的私塾教师"汪为露"就是一个世俗化、市民化的教师形象，他代表着在社会流变过程中，已经确立了金钱本位观念的教师形象。而《红楼梦》中的教师"贾雨村"则是身在"教师"心在"官"的一类教师形象。前者更向往一种有钱的"俗"生活，后者已将"跻身仕途"作

---

①　田建荣：《中国考试思想史》，商务印书馆 2004 年版，第 261 页。

为人生奋斗的最高目标。在"官"、"商"两种人生价值选择当中，教师的心理是复杂的，生活是趋于世俗的。

第一节　初识明清教师：明清文学作品中的教师称谓

明朝官学教师的设立基本沿袭前朝，在太学中主要有祭酒、司业、监丞、博士及助教等，在府、州、县学中分别设教授、学正、训导、教谕等教官职位，地方教育行政官员主要有学政、提学官等。清朝在官学教师的设置上基本和明朝保持一致。有关教师的称谓，文学作品中反映的主要是民间对教师的称呼。这些称呼包含着有关教师身份、社会地位影响等方面的信息，包括学师、老师、师傅等称呼。"学师"是对官学老师的一般称呼（主要指县学教官），如《醒世姻缘传》第三十五回中，私塾教师"汪为露"抢占邻居界墙，还恶人先告状。县官判罚后不服，又伙同学生找到了学里，"学师升了明伦堂，看了县公的亲笔审语叫门子抬过凳来，要照数的戒饬……再三央恳，那学官方才准了免责"①。这里所说的"学师"、"学官"实际上是指县学学正。

对官学教师直呼其官方称谓的情况也是存在的，如《初刻拍案惊奇》卷二十七中，"县宰请王教授衙中饮酒……王教授吃了一两箸"②。《二刻拍案惊奇》卷二十六，"愚溪道：'当初吾在沂州做学正，他是童生新进学'"。③《醒世恒言》第七卷，"高赞请个积年老教授在家馆谷，教着两个儿女读书"。④《两交婚》第十四回，"辛祭酒因笑说道：'前日发儿要求甘熙妹子……'"⑤ 第十六回，"施提学道：'再不然，可请年嫂……'"可见，直呼教官职位名称的现象也是比较多见的。

"老师"原指年老而资深的学者，如《史记·孟子荀卿列传》称"齐襄王时而荀卿最为老师"，就是指这个意思，后用于尊称教授生徒者。而在宋元时期，"老师"则又成为小学教师的别称。⑥ 明末以后，"老师"

---

①　西周生：《醒世姻缘传》，上海古籍出版社 1981 年版。
②　凌濛初：《初刻拍案惊奇》，珠海出版社 2002 年版，第 303 页。
③　凌濛初：《二刻拍案惊奇》，珠海出版社 2002 年版，第 330 页。
④　冯梦龙：《醒世恒言》，珠海出版社 2002 年版，第 83 页。
⑤　天花藏主人：《两交婚》，春风文艺出版社 1985 年版。
⑥　林琳：《古代教师称谓溯源》，《文史杂谈》1996 年第 5 期。

主要用来专称官学教师，并且有敬称的意味。如《绿牡丹》第五、第七出，"他既有心作养，便拜了门生称作老师便了……"①《快心编》（上）第十回，"那座师之类，又都是些在朝大臣……同年老师等群起帮助"。②《赛红丝》第四回中，"到了次早，亲来拜胡教官……说道：'我学生有一事要来请教老师……'"③ 还有如《歧路灯》第七十一回，"绍闻道：'前日未见老师，所以不敢禀师母安。今已见过老师，肯世兄到三堂代禀，说小弟拜见师母。'……绍闻道：'门生少年狂悖，原为匪人所诱，这也不敢欺瞒老师，但近日愧悔无地，亟欲自新，所以来投老师。'潜斋道：'贤契果然改悔，归而求之，你程叔便是余师'"。④《雪月梅传》第一回，"内有一府学教授徐元启，是岑秀的老师，平素最是相得，……（岑秀）因与母亲商量，不如依老师之言，暂离乡井"⑤。这些都基本上说明了这一情况。

清初以后，"老师"作为对官学教师一种敬称的同时，也开始成为对年迈而又有学识的老人和此类私塾教师的敬称。如《镜花缘》第十五回中，"唐敖道：'将来老师后福不小。'尹元道：'老夫早已花甲，如今已作海外渔人，还讲什么后福'"⑥。这里"老师"则是对年迈私塾教师的敬称。

除了以上几种较为普遍的有关教师的民间称呼外，还有"师爷"、"老先生"、"师傅"、"先生"等一些称谓。

"师爷"本是指明清时期地方官署中主管官吏聘请，帮助处理刑名、钱谷、文牍等事务的无官职的佐理人员。⑦ 肇始于明代中晚期，兴盛于清朝一代。师爷在称呼上除了幕僚、幕友等称呼外，还称呼"馆宾"、"西席"、"老夫子"等，其报酬俗称"束脩"、"聘金"、"谷馆"。也许是由于以上在称呼和报酬的叫法上与教师有些相似之处，再加上做师爷也是从做"幕馆"开始起步，并且社会上也存在"塾师"与"师爷"职位流动

①　吴炳：《绿牡丹》，上海古籍出版社 1985 年版，第 26 页。
②　天笑才子：《快心编》，春风文艺出版社 1985 年版，第 201 页。
③　天花藏主人：《赛红丝》，春风文艺出版社 1987 年版，第 33 页。
④　李绿园：《歧路灯》，中州书画社 1980 年版，第 685—687 页。
⑤　陈郎：《雪月梅传》，华夏出版社 1995 年版，第 2 页。
⑥　李汝珍：《镜花缘》，昆仑出版社 2001 年版，第 75 页。
⑦　李乔：《中国的师爷》，商务印书馆国际有限公司 1995 年版，第 1 页。

的现象，所以，"师爷"在清代也被用来称呼教师了，尤其是仆人一类的下人对教师便如此称呼。如《歧路灯》第五回中，"潜斋道：'我如今请阎相公来……'王中道：'这个好，但不知怎么摆布？师爷必有现成主意，说与小的，小的只照道儿描'"。第四十回中，"惠养民：'学生，对你手下说，……'谭绍闻即唤邓祥把宗禄叫来吩咐：'备一头牲口，师爷回乡里去。'"这是学生称私塾老师为师爷，但这种称呼并不是很普遍。

"老先生"在明清时期指称官学老师，也是对官学教师的一种敬称，与"老师"这一称谓相比，"老先生"是对官学老师一般意义上的敬称，且含有年长、资深的意味，而"老师"主要是门生对位在其上或者先前教授过自己的官学老师的一种敬称。

用"老先生"指称官学教师始于明末清初，这一称谓相对比较常见。"老先生"同样还被用来敬称私塾教师，尤其清以来对年迈有资历的私塾教师的称呼，如《绣像闺门秘术》第三回："华童道：'小弟也想……'华童就答应了下来……看见汤家子弟也来从这华老先生。"[1]《歧路灯》第五十五回："程嵩淑道：'耘翁贤坦，乃谭孝廉公子，即老先生所称丹徒公之后裔也。青年聪慧非凡。只因失怙太早，未免为匪类所诱，年来做事不当，弟辈深以为忧。欲为觅一明师，照料读书，以继先泽，急切难得其人。今日非敢以残步相过，实欲恳老先生当此重任，又恐未必俯允'。……智周万道：'丹徒公祖贯镇江，何以后昆乃羁中州？'"第三十八回："惠养民道：'弟进学时，孔兄尚考儒童，今已高发，得免岁科之苦，可谓好极。'孔耘轩道：'侥幸副荐，遂抛书卷。所以再无寸进，倒是老先生有这科岁之试，还得常亲卷轴。'"

明清文学作品，尤其小说和戏曲作品中有关私塾教师的民间称谓比较多，概括起来，主要有"先生"、"师傅"、"西宾"、"西席"、"门馆先生"、"师长"、"师训"、"师范"，等等。其中，"先生"一词是最为广泛地用来称呼教师特别是私塾教师的一种称谓，这一称谓从《三言》、《二拍》、《三刻拍案惊奇》、《牡丹亭》、明末清初的才子佳人小说以及《儒林外史》等明清任何一个时期的有关描写教师的文学作品中都可以找到。

"先生"一词原指对年迈、德高望重的教师的敬称，但是从明清文学作品的反映看，"先生"不仅是对教师的一般称呼，同时还被用来指称风

---

① 佚名：《绣像闺门秘术》，中央民族学院出版社1994年版，第17页。

水先生、算卦先生、医生、对普通人的敬称，甚至在清时还被用来指称妓女。在《红楼梦》第五十四回，"一时歇了戏，便有婆子带了两个门下常走的女先生进来"①。在《官场现形记》第八回中，"新嫂嫂说：'上海格规矩才叫小姐，也有称先生格。'陶子道：'你又来了，咱们请的西席老夫子才叫先生，怎么堂子里好称先生？'"②

晚明以来，以"西宾"、"西席"指称私塾教师的情况在文学作品中反映也相对比较多。如《合锦回文传》第三卷，"柳公与他叙话间，晓得他家西席尚虚"③。古人风俗以西为尊为大，唐以前，教师赴宴必入西席面东而坐，用"西宾"、"西席"指称教师因此也就成了对教师的一种敬称。晚明以来对私塾教师以"西宾"、"西席"相称，反映了晚明以来，人们在观念上开始比较尊重教师，而这一状况与晚明以来王学的兴盛及师道的复兴运动不无关系。

至于以"门馆先生"、"师傅"、"师长"、"师范"等称私塾教师的现象也有，如《牡丹亭》中对私塾教师"陈最良"就是以师傅称呼的。但总体上，以上几种教师称呼不及前面所提到的称呼那么普遍，这里不再一一列举。

明清文学作品中教师的各种称谓演变多少给我们暗示了教师地位在明清时期的某些微妙变化。如"先生"、"老师"从对有资历的老教师的敬称演变为对教师的一般称呼甚至成为对其他普通行业人事的一种称呼，反映了教师的社会地位相比过去有了很大的滑落。而明末出现的以"西宾"、"西席"等称呼私塾教师的情况，则又说明了教师的社会地位在这个时期的提升。

第二节　教学生活中的教师：明清文学作品中教师的身份来源与教学形象

教学活动是教师职业的基本活动内容，从教师的职业活动来刻画教师

---

① 曹雪芹、高鹗：《红楼梦》，人民文学出版社 1982 年版，第 737—738 页。

② 李宝嘉：《官场现形记》，山西人民出版社 1993 年版，第 90 页。

③ 笠翁先生（原本），铁华山人（重辑）：《合锦回文传》，北京师范大学出版社 1993 年版，第 23 页。

的形象是文学作品反映教师生活的一个主要视角。但是与一般的教育史料和教师史料有关教师教学行为描述不同，文学作品更多是从世俗生活的层面来描述和刻画教师的教育教学及相关情况。它们对教师教育教学行为，特别是私塾教师教学行为的记载和描述更多的是一种"田野式"的白描。这更有利于我们"直观地"、"身临其境"地认识明清"草根"教师的教育教学活动等情况。

一　塾师来源

　　明清文学作品中描写的教师大多为私塾教师，府州县学生员和秀才是构成私塾教师最主要的社会成员。"明代各类小学的教师基本来源于当地的儒士、府州县学学生、滞留家乡的国子监生、退职居闲的官员等。"[①]除此之外，还有哪些人员担当着私塾教师的角色呢？

　　在《牡丹亭》第四出《腐叹》有这样一段叙述："自家南安府儒学生员陈最良，表字伯粹，祖父行医。小子自幼习儒。十二岁进学，超增补廪。观场一十五次。不幸前任宗师，考据劣等停廪。"[②] 可见塾师"陈最良"是一位早已停廪的府学学生。《初刻拍案惊奇》卷二十："话说吴江有个秀才萧王宾，胸藏锦绣……因家贫，在近处人家处馆，早出晚归。"又《快心编》第十回："你道这刘知州是何出身？原来是己未科进士，名希圣…少年做秀才时，曾作先生教人家子弟。"可见，待考和落考的儒生是私塾教师主要构成者之一。这在《笑林广集》、《三言》、《二拍》、《醒世姻缘传》、《聊斋志异》、《儒林外史》等文学作品中都有反映，不再一一列举。

　　而在《醒世恒言》第七卷中有这样的描写："高赞请个积年老教授在家馆谷，教两个儿女读书。……高赞一一通名：'这位是小儿的业师，姓陈，现在府庠；这就是小儿高标。'"又《雪月梅》第一回中写道："各官中有知其底里者，惟含糊答应而已。内有一府学教授徐元启，是岑秀的老师，平素最是相得。"可见在职的府学教师也担当着私塾教师的角色。而退休的官员及官学老师担任私塾教师的情况在明清也是存在的。

---

　　① 吴宣德：《中国教育制度通史》（第四卷），李国钧、王炳照主编，山东教育出版社 2000年版，第 314—315 页。

　　② 汤显祖：《牡丹亭》，岳麓书社 2002 年版，第 8 页。

除了以上几类人担任塾师外，我们还从文学作品中了解到有这样两类教师：一类是学生父母担任教师的角色；另一类是女教师。如：《飞花咏》第九回："周重文知不可瞒，只得直说道：'昌参谋不独具文物之才，而宿学甚富。只缘年大无子，只生此一令爱，遂视掌珠，为箕裘于军中。闲暇竟将胸中之学，悉心教之。不期他令爱天生聪慧，又能仰承父志，读尽父书，下笔竟要跨灶。'"

再看《戈戈居士·小青传》中，"尼曰：'是儿早慧福薄……母本女塾师，随就学'"①。又《歧路灯》第七十五回中：

> 　　到了东楼，果然兴官在巫氏床上坐着念《三字经》，冰梅一旁看着。绍闻道："先生上哪里去了？"冰梅笑道："像是后院去了。"言未已，巫氏进楼来，向盆中净了手。绍闻道："不成先生，这样旷功。"巫氏笑道："你看看学生是念了多少，还敢说先生旷功？念了一行是一行，念了两行是两行。这后边我有许多字不认的，又不敢胡对他说。兴官儿，把你的书，叫你爹念与你一张。"绍文笑道："先生到央起东家来。东家若有学问，不请先生了。像你这样的白不济的学问，便揽学教，就该贬你女儿国去。"

通过明清时期的一些文学作品，我们了解到明清时期的私塾教师不仅具备了一定的年龄特征、身份特征，同时还具备了一定的性别特征。具体来讲，在年龄结构上，以老年私塾教师为主，同时还有一批处在"科考"途中的青年秀才私塾教师，而中年私塾教师则相对少一些。在身份特征上一般是以老儒生、各个年龄阶段的秀才为主，其次为退休官员及官学老师和在学的监生等。而父母及家长担任老师的情况也有，但不是很多。在性别特征上，自然是以男性教师为主，零星地存在一些女性私塾教师。

二　教师的教学形象

从教学的角度看，明清文学作品中对教师的形象通过两种方式来描述：一种是对教师的肖像描述；另一种是对教师的行为描述。这使我们既可以认识作者眼中的教师形象，也可以通过作者认识老百姓眼中的教师形

---

① 薛洪绩、李伟实、王粹刚：《明清文言小说选》，湖南长沙出版社1981年版，第218页。

象，如《儒林外史》第十三回中对提学教官（负责录取学生的官学老师）"马二先生"有这样一段肖像描述："公孙看那马二先生时，身长八尺，形容甚伟，头戴方巾，身穿蓝直裰，脚下粉底皂靴，面皮深黑，不多几根胡子。"①

"马二先生"是作者描述出来的官学教师形象。"身长八尺，形容甚伟"说明教师并不都是"孔乙己"像；"头戴方巾"表明自己是一个儒学教师，体现儒者身份；"身穿蓝直裰"和"粉底皂靴"反映了官学教师的生活水平不是很高，是处于官与民中间这样一个生活水平。因为"蓝直裰"在当时社会来讲，是属于下层人穿的一种衣服了。这一点从明清的各品级政府官员的官服对比中就可以看出。明清时一品至四品官员穿的都是"绯袍"（一种红色的袍子）。五品至七品官员的官服为青袍，八品官为绿袍。② 他们之间的等级区别主要在"冠"、"带"和"纹饰"上面。以"冠"为例，如一品官员的"冠"为"七梁冠"，依次每品在此基础上各减一级，八品官就为一梁冠。③ 对于蓝色和灰色在明清时期一般为下色，所以为儒学教师、僧侣等人所穿。又如《镜花缘》第二十四回：

> 老者道："敝处向例，自王公以至于庶民，衣冠服制，虽皆一样，但有布帛颜色之不同：其色以黄为尊，红紫次之，蓝又次之，青色为卑。……因此本人自幼莫不读书。虽不能身穿蓝衫，名列胶庠，只要博得一领青衫，戴个儒巾，得列名教之中，不在游民之内。"

作为教官，既以官服的穿着打扮自己，又没有官员那样的高贵服饰，可以看出"马二先生"的价值观不在"教师"而在"官"。"面皮深黑"有三种可能的推断：其一，马二先生的生活原型确实是一个皮肤较黑的人；其二，反映了教师工作的辛苦；其三，反映了教师生活的困顿和社会地位的低下。实际上，从整个作品来了解，"马二先生"是作者描述出来的一个"八股迷"形象，是科举制度的受害者，"没几根胡子"则反映的是教师的年龄状况。

---

① 吴敬梓：《儒林外史》，岳麓书社1988年版，第79页。
② 李铁：《中国文官制度》，中国政法大学出版社1989年版，第163页。
③ 同上。

《镜花缘》第二十二回也有对私塾教师的肖像描述，"先生听了，不觉吃惊，站起身来，把玳瑁眼镜取下，身上取出一块双飞燕汗巾，将眼揩了一揩"。很明显，这是作者描述出来的酸腐儒学教师像，虽有些夸张，但也是有一定的生活原型。

教师的肖像描述让我们直观地"看到"了明清时期的教师：他们穿着蓝色长袍或者青色衣衫，头上顶着"方巾"，或满腮胡子，或一脸清秀，在教学生写字、对对子。有关这一方面资料还可在《梅花缘》第三出《延师》等作品中找到：

> 【绕地游】（生方巾蓝衫上）乌衣门第，羲献旧家世。宦游人，今乔寓。几叶寒儒，飘零易地。①

一般来讲，教师的行为方式是教师气质形象的表现方式之一，多反映在教学的方式、教学风格及特点等方面。明清文学作品中对教师气质的描述，不仅反映了当时教师的教学形象，也反映了教师在人们心目中地位的高低。如《阅微草堂笔记》第一卷《滦阳消夏录一》中有这样一段对教师的描述：

> 老儒则端坐石凳上，讲《孟子》齐桓、晋文之事一章，字剖句析，指挥顾盼，如与四五人对话。忽摇首曰："不是"，忽瞑目曰："尚不解耶"，咯咯痨嗽仍不止。②

这里"老儒"虽然是被道士使法术而创造出来的教师教学的形象，故事固不可信，但是故事中所描述的教师气质形象则可能是生活中真实存在着的教师教学像。如"老儒"不仅说明教师的儒者身份，"端坐石凳上"体现的是正襟危坐的师道尊严；讲《孟子》反映了教师的教学内容是以儒家经典为主的，"指挥顾盼"、"摇首"、"瞑目"反映了其教学的个性化形象，"咯咯痨嗽"则反映了其健康状况。深层次上反映了教师社

---

① 任璇：《梅花缘》，贵州人民出版社1988年版，第29页。
② 纪昀：《阅微草堂笔记》，转引自柴剑虹、李肇翔《中国古典名著百部》，九州出版社2001年版，第27页。

会地位的低下。此类描述还见于《牡丹亭》中对塾师"陈最良"的描写等。当然，反映教师气质形象的途径很多，如从学识、品行等也可以反映出来，这里只是从肖像和教学的层面对教师的气质作了粗略的勾勒，对于学识、品行等方面反映出来的气质等内容，将在后面进一步说明。

三　教师的教育教学行为

科举制度对明清时期的教师教学行为与日常生活影响还是非常大的。科举制度不仅影响着教师的教育教学观念，同时也规范着教师的教学行为。

（一）教师的教育教学活动

《牡丹亭》第七出《闺塾》对塾师"陈最良"教学过程有一个相对完整的描述。塾师"陈最良"一出场自述道："我陈最良杜衙设帐，杜小姐家传《毛诗》。极承老夫人管待……我且把毛诗潜玩一遍。（念介）'关关雎鸠，在河之洲。窈窕淑女，君子好逑。好者好也，逑者求也。'"这是对教师课前准备的一段描写。

接下来对具体的教学过程作了描述：学生向教师道万福，教师询问学生对新课的温习情况。在讲解过程中，塾师"陈最良"为了解释清楚"雎鸠"这种鸟，还模拟雎鸠的叫声，可谓绘声绘色。在讲完课以后，还要"模字"等。

从整体上分析这一教学过程。我们了解到："陈最良"以小姐家传《毛诗》为教学内容，说明蒙学的教学内容有一定的随意性，选择以什么内容教学生由教师和学生家长共同决定，或者其中的一方来决定。这一点还可见于《歧路灯》第八回。但总的来说，蒙学教材的选取主要是以《诗经》、《三字经》、《百家姓》等识字类书籍为选择对象。《红楼梦》第九回中也说明这一情况，"（贾政）因说道：'那怕再念三十本《诗经》，也都是掩耳盗铃，哄人而已。你去请学里太爷的安，就说我说了：什么《诗经》古文，一概不用虚应故事，只是先把《四书》一气讲明背熟，是要紧的事'"。

"陈最良"在课前的"潜玩"反映了教师课前有备课的习惯，而且一般是用"心"备课而不是书面备课。《三刻拍案惊奇》第十一回中也有记载："一个先生，每日毕竟要讲书，也须先理会一番，然后可讲与学生。"说明了用"心"备课是对塾师的基本要求。至于教学中"陈最良"通过学雎鸠的叫声来解释雎鸠鸣叫的声音的情况，反映了教师教学方法的直观性，这是蒙学教师经常采用的一种教学方法之一。

明清私塾教师是不是都像"陈最良"这样教学的呢？《醒世姻缘传》第三十五回中有一段描述：

> ……不似那南边的先生，真真实实地背书，真真看了字教你背，还要连三连五的带号；背了，还要看着你当面默写；写字，真真看你一笔一画，不许你潦草……有不明白的就把那人情世故体贴了譬喻与你，……凡是会课，先生必先要自做一首程文，……又还要寻一首极好的刊文与他们印正。①

从这一段对教学的描述，我们发现要做好一个私塾教师，尤其教蒙学的私塾教师还真不容易。要教得有些成就，确实还得好好地用"心"备课，还得严格要求学生。教学过程中要善于用比喻解释问题。另外，我们从这则材料中还了解到，蒙学教师除了教学生识字、写字以外，还教他们学作文，而且是通过定期"会课"（相当于小考）的方式来检测学生学习情况和作文的能力等。

总之，在教学方式和教学目标上，蒙学教育以教学生识字、写字为主，通过对对子，写作文达到对儒学知识的掌握，整个教学过程强调记诵和模仿。这些情况在明代作品《笑林广记》的《师赞徒》、《改对子》、《七字课》等篇章中也有反映。

教师通过教学对学生除了有学识影响外，还对学生的日常品行有重要影响。如《快心编》第十回中有关塾师刘知州教学的描述：

> 你道这刘知州何出身？……少年做秀才时，曾作先生教人家子弟，那学生们受他拘束原是该的，但他立法教人出人意表，……即如偶然走了一步快路，便大声叫将来骂道："狗骨头！步须端方，怎么不循规矩，却是这般乱走！"便自己走了两步，教学生也依他的样子。因而弄得满书馆学生，都变作陈仲子的模样一摆一摆的惹人笑话。众人一见这般走路的，便晓得是刘秀才的学生。

---

① 西周生：《醒世姻缘传》，上海古籍出版社1981年版，第511页。

说明教师对学生日常生活有着不小的影响，尽管作者通过有些夸张的手法塑造了一个"八股"的牺牲品形象，意在批判科举制度，但也说明了教师对学生生活的影响。又如《何典》中曾提到老师教学生走上社会以后如何给人戴高帽子的描述也是说明了这一点。①

而《初刻拍案惊奇》卷十三中的一段叙述则给我们提供了教师对学生生活产生影响的其他方面的信息。先来看下面这段叙述：

> ……延一个老成名师，择日叫他拜了先生，取个学名，唤做赵聪。……两人又怕儿子辛苦了，又怕先生拘束他，生出病来，每日不上读得几句书便歇了。……那先生看了这些光景，口中不语，心下思量道："这真叫做禽犊之爱，适所以害之耳。养成今日，后悔无及矣。"却只是冷眼旁观，任主人家措置。

从这段叙述中，我们首先了解到，至少在明清时期，教师在教学之前有对学生起学名的习俗，这一点我们还可以从《牡丹亭》、《笑林广记》、《歧路灯》、《镜花缘》、《儒林外史》等作品中查证到。另外，学生的家庭背景、教育观念也会影响到塾师的教学行为，这一现象我们还可从《红楼梦》第九回中贾政要求教师"先把《四书》一气讲明背熟，是最要紧的"，而不是"什么《诗经》古文"的要求可以看得出来。②

当然，教师对学生知识方面产生积极影响是应该的，对他们在成人方面的影响也是不可避免的。教师除了对学生以上两方面负有一定责任外，还有没有其他方面的责任？以下对《醒世姻缘传》第三十七回中的一段叙述材料再予以分析：

> 提学道行文岁考，各州县出了告示考试童生，狄宾梁也叫儿子出去观场。程英才道："他还心地（底）不明，不成文里，出考不得。遇着那忠厚的县官还好，若是遇着个风力的官府，把卷子贴将出来，提那先生究责，不当要处。"

---

① 张南庄：《何典》序言，中国工商出版社 1981 年版，第 14 页。
② 曹雪芹、高鹗：《红楼梦》，人民文学出版社 1982 年版，第 131 页。

　　从这里可以看出，明清时期，教"小学生"的教师对学生的言行负有很大的社会责任。学生若在考试等方面表现出思想或行为有问题的话，是要严格追究教师的连带责任的。可见，教师教学不仅要对学生学识的提高负责，还要对其社会行为负责。

　　另外，师生关系也是教师教学行为中不可缺少的一个话题。"一日为师，终身为父"的传统观念也在明清文学作品中屡屡出现，学生听从教师的管束、责罚被看作是天经地义的事，也是尊重教师的传统伦理关系的表达方式之一。教师也被看作是知识方面的权威，学生只需遵从，不许反驳，更不允许顶撞或者怀疑教师，否则，就是悖逆师长。教师也习惯于通过责骂、体罚的方式体现自己的权威，而人们也习惯于通过暴力的方式对冒犯师长的学生等加以惩戒。如《牡丹亭》第九出中，小姐的丫环顶撞了塾师"陈最良"后受到老师的鞭打。明清文言文小说《公大将军延师》中，"公子干犯先生，大将军裸而鞭之，将毙矣！"① 责罚已经有些令人毛骨悚然。教师总是以长者的身份出现，他们对学生有着"父在前，子莫言"的父子式的伦理权威，甚至有的时候借助于这种权威对学生提出过分的要求，如《醒世姻缘传》三十五回中的塾师"汪为露"在学生中举后，盘剥学生的"寄学"钱正是以上说法的注脚。

　　当然，除了一些具有压迫、暴力及扭曲倾向的师生关系外，明清文学作品中也时常给我们呈现师生关系中温情脉脉而纯洁的一面，如《告雷何思先生文》中曾称"某与先生称师友年深"②。又如《铁华仙史》第一回中，"先生"对学生的突出表现给予了肯定，发出"二子其勉之！我为尔师，亦自惶愧"③ 的感慨，则表现出了师生之间的平等精神。

　　至于《见闻随笔》卷十五《打师》一节中提到的教师因学生不好好学习"薄加嗔责"，结果学生还要"打还"，④ 以及《醒世姻缘传》三十三回中学生"狄希陈"多次愚弄塾师的情况，一般在蒙学教师身上发生的比较多，但不能代表师生关系的主流现象。

① 薛洪绩、李伟实、王粹刚：《明清文言小说选》，湖南人民出版社 1981 年版，第 632 页。
② 徐柏容、郑法清：《钟惺散文选集》，百花文艺出版社 1997 年版，第 223 页。
③ 封云山人：《铁花仙史》，春风文艺出版社 1985 年版，第 10 页。
④ 蔡春：《历代教育笔记资料》（清代部分），中国劳动出版社 1993 年版，第 183 页。

（二）教师的教学管理

明清文学作品中反映有关教师教学管理的情况一般都为私塾教师的教学管理情况，就内容而言，包括对学生学习情况的检查（一般以"会课"的方式检查）、对学生学习行为的要求（如读书、写字、坐姿的要求等）、管理学生的方式方法等。这些情况，又多见于对村学、义学等私塾学校的反映材料中，而且，很多情况下管理都不是很理想。《西湖二集》中有关教师管理的一段描述：

> 一群村学生，长长短短，有如傀儡之形；数个顽皮子，吱吱哇哇，都似虾蟆之叫，打的打，跪的跪，哭啼啼，一般阎王拷小鬼。走的走，来的来，乱嚷嚷，六个恶贼闹弥陀。吃饭迟延，假说爹娘叫我做事；出恭频数，都云肚子近日有灾。①

看了这段材料，给人的感觉不像是教学场景，倒像是课外活动场景。此种情形非为纯属虚构，因为明清时期，"绝大多数小学都是一校一师，极少数是一校二师或一校四师的"②。明清时期私塾教育在教学上还没有形成一种科学化的管理体系，这样的师资配置，要让教师既教好学又能管好学生确实有点难，难免时常发生像这样混乱的教学局面，也就难免有教师采取体罚的管理方式了。这些情况还见于《快心编》第九回：

> 扯去书馆中，坐不上半日，只等先生转了背，原去玩了。若不要拳弄棍，做这般大家伙，便去敲块瓦屑儿，与众学生弹勋勋，拉鸡坑。若先生撞见，便东跳西跳。捉来打了几下，便放声大哭。哭个不停，搅的你耳根边好不清静。

还有《官场现形记》第一回，"为这上头，也不知捱了多少打，罚了多少跪……"③ 的叙述也说明了教师在管理上一些力不从心而不得不经常

---

① 周清源：《西湖二集》，浙江文艺出版社1985年版，第50页。

② 吴宣德：《中国教育制度通史》（第四卷），李国钧、王炳照主编，山东教育出版社2000年版，第315页。

③ 李宝嘉：《官场现形记》，山西人民出版社1993年版，第9页。

对学生施以体罚的现象。体罚也因此成了教师管理学生最有效的方法之一。但也有一些教师或滥竽充数，或散漫懈怠，对学生听之任之，像《歧路灯》第二回中叙述的"专一奉承东翁，信惯学生"的这类教师则成了不负责任的教师形象。

至于教师对学生学习情况的检查，前已提及，主要通过对对子、背诵及讲解文章、"会课"等方法。如《红楼梦》第八十一、八十二回中，塾师"贾代儒"对贾宝玉学习情况的检查就是通过让其讲解一篇文章来检查的。这类材料在文学作品等资料中比较多见，不再详尽陈述。

第三节 世俗生活中的教师：明清文学 作品中教师的日常生活与社交

"道"原初指一类协商性的知识，后来就成了评判天地间一切行为合法性的最高标准。它不仅具有了"敬威性"，同时也有了一定的规范效应。"道"的传播要靠"师儒"来完成，因此，"师"早期以"道"的化身存在，并以成为圣人为理想追求。它们永远或者说必须是完美无缺的，是"美"的化身。

事实上，不论哪一位教师，都是食人间烟火的凡夫俗子，"传道授业"是他们的生活，"油盐酱醋"同样也是他们的生活。后者也表现着他们的师道精神。所谓圣人形象，只不过是从他们的诸多世俗相中概括抽象出来而已。明中期以后以描写世俗生活为主题的人情小说等文学作品中，包含着丰富的有关教师世俗生活的资料，通过这些资料，我们可以认识当时条件下教师生活中的形象。

一 世俗生活中的教师"众生相"

明清文学作品中的"教师"大概有这样几类：一类是品行高洁、学识渊博的教师；一类是学识不高，但品行不坏的教师；一类是迂腐性教师；还有一类教师就是无赖恶师。如《歧路灯》第三回中对塾师"娄潜斋"的评价是这样的："这潜斋品行虽甚端方，性情却不迂腐"，"娄潜斋"是一个学识渊博的人，这种有学识、品行端方却不迂腐的形象代表了正统观念支配下的教师形象。像这样有学识、品性高雅的教师还有如《赛红丝》中的"宋古玉"、《梅花缘》中的"王龙溪"以及其他才子佳人小说作品中的教师。

而在《牡丹亭》中，塾师"陈最良"不是一个学识渊博的教师，也不是一个无赖恶师。他的品行虽近迂腐，却无不良之处。类似的教师形象还有《三刻拍案惊奇》第十一回中的塾师"林森甫"，学识虽然不算很高，却有着见义勇为的高尚精神，他能将辛辛苦苦一年才挣得的八两馆金，去救因债轻生的"妇人"。

迂腐型教师是明清文学作品中较为常见的一类教师形象。这类教师是从社会转型和由此引起的人生价值观念转变过程中析离出来的一类教师形象。作为迂腐的教师本身来说，他们并没有什么过错，错就错在在商品经济的冲击下，人们不再把"仕进"作为判断人生成功的唯一标准了。注重对现实生活的体验，注重现世的享受是明清人对日益"货币"化社会的第一回应，这也是市民文化兴起的前兆，在这样一种"新"的文化氛围中，固守一种旧的文化信念自然会被看成是一种"迂"。"迂腐"的文化性格和人格特征为什么还会在日益兴起的市民文化中顽固存在，就在于新兴起的市民文化还没有上升到社会主流文化的层次。如作为进士出身的塾师"刘知州"，之所以在遭到别人对他及学生的嘲讽时，大叹"吁嗟！是所以正道之不行也"，[1] 并且责骂学生"汝不依先生之正道，乃耻市井之笑谈。彼市井之小人也，不知圣贤之学，所以见行正道者反以为异"。[2] 就在于他坚信的是儒家的正统信念。对于新兴起的小市民文化，"刘知州"压根就没有接纳，也不认可。正因如此，他才认为耻笑他及学生的人是"市井小人"，是"不知圣贤之学，所以见行正道者反以为异"的一类人。[3]

又如《绿野仙踪》第七回中，当"先生"的作品受到少年才子"冷于冰"的指点批评时，"先生"大怒，"用手将桌子一拍，大吼道：'汝系何等人，乃敢毁誉古今，藐视大儒……'"[4] 次日清晨，当"冷于冰"离开时，"先生"又在房中鼓盆而歌，还怕"冷于冰"不知其隐意，特派学生告知"冷于冰""昔儒悲欲见孔子，孔子不见，取瑟而歌，使之闻之"

① 天笑才子：《快心编》，春风文艺出版社 1985 年版，第 199 页。

② 同上。

③ 同上。

④ 李百川：《绿野仙踪》，北京大学出版社 1986 年版，第 50 页。

的喻义。① 这位"塾师"之所以有如此之举，就在于他坚守的还是儒家"师道尊严"的传统信念。

"恶师"也是明清曾经存在过的一类教师。这类教师与明清荐馆的"关系化"有一定的关系。恶师最大的特征不仅仅是"误人子弟"、"蒙混馆谷"，在品行上存在一定的问题。如《合锦回文传》第三卷中的塾师"赖本初"通过"偷梁换柱"的手段，顶了"梁生"的馆，真是"极卑污苟贱"。他善用"诡计"，讨得东家和学生的欢喜，并且"偏喜与闻他家的俗事"，还与东家的"张养娘"私通。可以说哪一条都不符合"为人师范"的要求，不能算是个好老师。

《歧路灯》中的塾师"侯冠玉"不仅"因做生日，把一个学生吃得酒醉了……弄得不像体统"，而且还"在家下弄出过丑事，落了没趣"，他还在"各铺子前柜边说闲话"、"逛庙院看戏，谈说戏子的风流"、"玩赌博"等。这样的教师怎会不误人子弟？而《醒世姻缘传》中的塾师"汪为露"就更可恶了，"一年四季的学觌，上在考成，你要少他一分，他赶到你门上足足也骂十顿"，简直就是一个"泼妇"。他还抢种别人的土地，霸占邻居"侯小槐"的界墙。这还不够，他还悄悄地去到那住临街屋的小姓人家，听人家梆声，又勒索学生，在路上截打其他馆师等，无所不为。这些就是文学作品中反映出来的世俗生活中的恶师形象。和这种恶师稍有不同的另一类恶师还有《官场现形记》中的塾师"吴赞善"一类的人，是极势利贪财的小人像。

庸师是明清教师群体中的另一类教师形象。他们的特点就是"误人子弟"，此外也没什么大的毛病，如《赛红丝》第四回中的"常莪草"就是有个"背地求人，当前扯阔"的毛病，不存在将学生领到赌场、妓院等地的情况。像这样的教师形象描述还可在《照世杯》、《镜花缘》、《焚书》、《笑林广记》、《历代教育笔记资料》（明清卷）等作品中见到。

以上几类教师形象就是明清文学作品特别是小说作品中反映出来的世俗生活中的教师形象，虽然出自虚构，有作者的加工与润色，却都有一定的生活原型。他们或学识渊博，或才疏学浅；或忠厚廉洁，或贪鄙恶俗，在变革的世俗社会中彰显着教师群体的"众生相"。

---

① 李百川：《绿野仙踪》，北京大学出版社 1986 年版，第 50 页。

二　教师的社会地位

明清小学教师主要由秀才、退休官员等一类社会成员组成。原因是多方面的，在科举还处在社会运转的主导地位的情况下，秀才日益成为一个庞大的社会群体，如果没有官做，做馆师就成了"成本"最低的一种生活出路。

然而，事情并不那么简单。由于明清时期是中国人口增长的又一高峰期，"据人口史研究的大略估计，14世纪末，中国人口仅为六千五百万，至1600年是则已在一亿五千万左右，增长了一倍多"①。人口的快速增长，学生和科举录取名额的相对稳定，无疑使秀才向教师的转变有了难度，而要想上升为官员就更是难上加难。在秀才泛滥的情况下，秀才出身的教师怎能受到世人的爱惜和敬重？更何况明清政府本身对教师不重视，教师社会地位和生活待遇一降再降，尽管在明末出现过复兴师道的运动，但总体而言，其社会地位不容乐观。

（一）教师的整体社会地位状况

《型世言》第十三回中记载有一位"方方城先生"，先生一生无子，家事贫寒。他的一个学生"富尔毂"曾经在其有生之年看上了他的女儿。老师逝后，又趁此机会哄骗要挟师母将女儿嫁给他做妾。从其吊唁来看"富尔毂"的心态：

> 呜呼，先生！我之丈人。半生教书，极其辛苦。早起晏眠，读书讲经。腐皮蓝衫，石衣头巾。芋头须绦，俭朴是真。不能高中，金榜题名。一朝得病，呜呼命倾。念我小子，日久在门。若论近日，女婿之称。情关骨肉，往往泪零。谨具薄祭，表我微情。乌猪白羊，代以白银。呜呼哀哉，尚飨！

"富尔毂"对教师盖棺的评价是"真是一穷彻骨"。在祭文中，"富尔毂"不歌颂老师的功德也罢，还挖苦讥讽老师，强以女婿自称，要挟师母将女儿

---

① Ping-ti Ho, *Studies on the Population of China，1368–1953*（Cambridge，MA：Harvard University Press，1959），p. 246，转引自余英时《士与中国文化》，上海人民出版社2003年版，第529页。

做其妾，是对老师的一种公开欺辱。像这样从侧面反映教师社会地位低下的材料还有《生花梦》中学生家长谋害教师，图谋教师妻子的叙述。①

《笑林广记》中的《咬饼》、《问馆》以戏谑的方式呈现了教师社会地位的低下。在《咬饼》中，蒙师抢吃徒弟手中的饼，结果不慎咬了学生的手指，要学生告诉家长说是狗咬的。② 在《问馆》中一帮乞丐为新制的"竹筒"庆祝，每次饮酒都要说"庆新管酒干"，结果被一位正在"觅馆"的教师误听为"新馆"，所以就急忙向乞丐请求将他们的"旧馆"让给他的可笑之举③，也是反映教师社会地位不高的材料。

在官学教师中也同样有着因社会地位低下、政治抱负难以实现和受人戏弄的痛苦心理。《笑林广记》卷一《古艳部》中的《比职》将两同年"初中"的"翰林院教官"同"县令"的社会地位和影响作了比较：

> 甲乙俩同年初中。甲选馆职，乙授县令。甲一日乃骄乙语之曰："选吾位列清华，身依宸禁，与年兄作有司者，资格悬殊。他事不俱论，即选拜客用大字帖儿，身份体面，何啻天渊。"乙曰："你帖上能用几个字，岂如我告示中的字，不更大许多？晓谕通行，百姓无不凛遵恪守，年兄却无用处。"……甲曰："太师图章，名标上苑，年兄能无羡慕乎？"乙曰："弟有朝廷印信，生杀之权，惟吾操纵，视年兄身居冷曹，图章私刻，谁来惧你？"甲不觉词遁，乃曰："总之，翰林身价价值千金。"乙笑曰："吾坐堂时，百姓口称青天爷爷，岂仅千金而已耶！"④

尽管是以笑话的形式反映翰林院的官学教师在社会影响力和权力方面还不及九品县令的情况，但也能说明一定的问题。这一点还可以从《初刻拍案惊奇》卷二十七中，"王从事"（教官身份）因调官，夫人被恶人抬走卖给了"县宰"做了小老婆的不幸遭遇了解到，如果他们的社会地位很高，是政府的显要人员，这些事情恐怕就不会发生在他们身

---

① 参见娥川主人《生花梦》，北京师范大学出版社 1993 年版，第 25 页。
② 游戏主人：《笑林广记》，广州出版社 2001 年版，第 1 页。
③ 同上书，第 31 页。
④ 同上书，第 1 页。

上了。

（二）教师社会地位的三类对比

教师社会地位除了和一般社会群体相比不高之外，还存在教师群体内部的社会地位差异。不仅官学教师与私学教师之间的社会地位有差异，而且在经学教师与蒙学教师、八股先生与儒学教师之间也存在着很大的不同。

《歧路灯》第十一回中有这样一段叙述：

> ……嗣后子弟读书请先生，第一要品行端方，学问淹博。至于子弟读书之时，先叫他读《孝经》，及朱子《小学》，此是幼学入门根脚，非末学所能创见。……若是专弄八股，即是急于功名，却是欲速反迟；纵幸得一衿，也只是科岁终身秀才而已。总之急于功名，开口便教他破、承、小讲，弄些坊间小八股本头儿，不但求疾反迟，抑且求有反无；况再加一淫行之书，邪荡之语，子弟未有不坏事的。

在学生家长"谭孝移"看来，八股先生所教之学已属"末学"，八股先生也同样属于教师群体中的"末流"。他所主张和赞同的依然是儒学教育，认可的教师形象同样也是儒学教师。可见，八股先生在人们心目中的地位越来越不如儒学教师的地位高了。

蒙学教师与经学教师相比，蒙学教师的社会地位远不如经学教师的社会地位高，这无论是从实际的社会地位、生活状况而言，还是从二者在人们心目中的地位而言都是如此。如《读书作文谱·父师善诱法》中"唐彪"的一段叙述：

> 人仅知尊敬经师，而不知尊敬蒙师。经师束脩犹有加厚者，蒙师则甚薄，更有薄之又薄者。经师犹乐供膳，而蒙师多令自餐，纵膳亦亵慢而已矣。抑知蒙师教授幼学其督责之劳，耳无停听，目无停视，唇售舌敝，其劳苦甚于经师数倍。[①]

蒙师所付出的劳动确实比经师多得多，但为什么其社会认可程度远不

---

① 唐彪：《读书作文谱·父师善诱法》，岳麓书社 1989 年版，第 172 页。

及经师？原因在于，在当时人们的观念中，蒙师是学识非常低的一类老师，不仅他们所教的学生距离"功名"很遥远，就是他们本身也距离"功名"很遥远。在"科举功名"观念还是社会主流观念的情况下，他们自然很难得到社会的认同，甚至称不上是老师。地位之低下，生活之艰难可想而知。

对于官学老师与私学老师社会地位及生活状况的不同，《儒林外史》第二回中对塾师"周进"与学生家长和"周进"与县学"王举人"关系的描述可以了解到。先看塾师"周进"在家长眼中的地位。

周进，"年纪六十多岁，前任老爷取过他个头名，却还不曾中过学"。被顾老相公请作馆师，按照拜师的规矩，要备宴席招待"周进"，上座伊始，"众人都作过揖坐下。只有周（周进）、梅（学生家长请来陪宴的，作者注）二人的茶杯里有两枚生红枣，其余都是清茶。吃过了茶，摆两张桌子杯箸，尊周先生首席，梅相公二席，众人序齿坐下"。从"红枣"、"首席"这些字眼我们可以看出，私塾教师在观念和礼仪上还是受家长和普通老百姓尊重的。

再看关于"周进"（馆师）与"王举人"的一段描述：

> 那王举人也不谦让，从人摆了一条凳子，就在上首坐了。周进下面相陪……彼此说着闲话，掌上灯烛，管家捧上酒饭，鸡、鱼、鸭、肉，堆满春台。王举人也不让周进，自己坐着吃了，收下碗去。落后，和尚送出周进的饭来，一碟老菜叶，一壶热水。周进也吃了。叫了安置，各自歇宿。次早，天色已晴。王举人起来洗了脸，穿好衣服，拱一拱手，上船去了。撒了一地的鸡骨头、鸭翅膀、鱼刺、瓜子壳，周进昏头昏脑，扫了一早晨。

从这段描述中，我们发现"周进"不再那么"风光"了。社会地位与"王举人"显然有了很大的差距。可以看出，官学教师要比私学教师好得多。官学教师尽管在明清时不再"入流"，但在某种意义上还被以官员的身份看待，并且有一定的固定收入，而后者既没有稳固的生活保障来源，也没有官学教师那样的"殊荣"。

（三）在高声誉与低待遇之间

明清不仅在经济社会领域发生转型及发展，在学术思想领域也发生了很大的变动。从泰州学派的兴起到王学的兴盛，是晚明师道复兴的过程。这一运动看似师道与君道的争斗，实质上是传统的价值信念对新兴起的市民人生价值信念的否定。其否定的是通过商业货币手段混入"仕宦"阶层的路径，因为这一伟大使命，作为代表儒家学术正统权威的"师道"便自然担当了"操戈者"的角色。

但是，师道的复兴是否意味着教师实际社会境况的改变还很难说。从明嘉靖年间的程朱之学到明万历以后实学思潮的逐渐兴起，从康、雍、顺经宋之学的复兴再到乾嘉实学思潮的再度兴起的演变来看，学术的发展和师道的复兴从来就没有指向教师这一特定的阶层。① 师道的复兴实际上是以学术的流变和整个社会为其对象的，因此它的复兴代表不了教师实际社会地位的提升。这一点在明清文学作品中，尤其明清小说中反映的还是比较多的，如《一片情》第四回中"先生"对做馆师有一段自我心态的描写，透露出了做"教师"的无奈与悲叹：

> 那先生道："你不知先生高贵么？第一要趋承家长，第二要顺从学生，第三要结交管家，三者之中缺了一件，这馆就坐不成了，如何不微不贱？"②

三　教师的生活与社交

教师也是"世俗生活"中人，他们也要养家糊口，有自己的婚姻与感情，有自己的权利和义务。

（一）教师的生活收入来源

有学者认为，"与儒学教官不同，明代各类小学教师并不属于国家官僚队伍的一部分，因此，小学教师并不能享受国家提供给类似儒学教官的相应待遇"③。但这并不意味着他们什么"特权"都享受不到。明代政府规定小学教师（主要指社学、义学之类的小学教师，馆师则不算在内）享有"免除差徭"的权利。如明天顺六年（1642年）明英宗明令"每里

---

① 王俊义：《清代学术探研录》，中国社会科学出版社2002年版，第33—42页。

② 《一片情》，清初小说，仅存两本，转引自薛亮《明清稀见小说汇考》，社会科学文献出版社1999年版，第128页。

③ 吴宣德：《中国教育制度通史》（第四卷），李国钧、王炳照主编，第322页。

俱设社学，仍免为师之人差徭"①。看来教师的地位虽不"体面"，但相对于农民、手工业者，他们还属于"四民之首"。

　　清代教师的待遇按身份和官位进行划分，如国子监的教官有"正俸"、"恩俸"、"禄米"、"公费银"四种收入，而国子监八旗官学、算学馆的教习与助教、学正、学录一样，担负着教学任务，除了每月仅有的二两左右的"廪饩"外，没有任何俸禄。②对于没有"入流"的小学教师和私塾教师而言，就更谈不上什么国家"俸禄"，在这种情况下，"束脩"也就成了小学教师和私塾教师最重要的生活收入来源。"束脩"的高低取决于教师所在地、学校及学生家庭的经济情况，并且通常由聘请者担负。

　　明清文学作品对教师的收入状况和收入来源是如何描述的呢？《赛红丝》第一回中有这样一段叙述：

　　　　因想你兄弟宋古玉，饱学多才，又闲在家里。着人去请将来教裴公子，在裴公子得了明师，在你兄弟，得些束脩，也可少佐薪水，岂非两利之道。

再看《西湖二集》中的一段叙述：

　　　　从来道，人生世上，一读了这两句书，便有穷鬼跟着，再也赶他不去。龙友被这穷鬼跟得慌，夫妻二人计较道："如此贫穷，实难存济，不如开起一个乡馆来，不拘多少，得些束脩，将来以为实用之费，强如一文俱无，靠绩麻过日，有一餐、没一顿的。"

　　从以上两则材料中我们可以看出，私塾教师基本上是以束脩为主要生活来源的。这一点还可从《儒林外史》、《三刻拍案惊奇》等作品中查证，而《醒世姻缘传》三十三回中所称的秀才的"治生之本"可能是这一说法的最好的证明。"穷秀才"计划开书铺、当铺、布铺等，拾大粪，开棺

---

　　①　《明会典》卷十八。

　　②　李国钧、王炳照：《中国教育制度通史》（第五卷），山东教育出版社 2000 年版，第 58 页。

材店甚至通过走动结交官府以求"治生",然而与开学馆做教书先生相比,前面几种"治生"办法总有这样那样的不现实之处。《醒世姻缘传》三十三回中写道:

> 夜晚寻思千条路,唯有开垦几亩硕田,以笔为犁,以舌作耒,自耕自凿的过度,雨少不怕旱干,雨多不怕水溢,不特饱了八口之家,自己且还要心广体胖,手舞足蹈的快活。且更度脱多少凡人成仙作佛;次者亦见性明心。使那有利没害的钱,据那由己不由人的势,处那有荣无辱的尊。那官府衙役,大叔管家,除非他寻上我的门来算计作践,这是说不得的;却不是我寻上他的门去他的凌辱。所以千回万转总然只是一个教书,这便是秀才治生之本。

"束脩"作为明清小学及私塾教师的生活来源,其高低因与学生家庭经济情况相关性很大,因此不太稳定,再加上明清以来教师的待遇本来就很低,所以仅靠"束脩"养家糊口是很难的。这正是私塾教师不得不从事一些社会兼职活动来增加生活收入的原因,如种地、做媒人、会计、写对联或做医生、风水先生、算卦先生甚至做"枪手"等。

当然,仅靠"束脩"难以满足生活需求是对明清私塾教师整体收入状况而言,也有个别特殊情况,如《醒世姻缘传》中的塾师"汪为露"就是靠"束脩"发了家。但这种情况毕竟属于少数。有关私塾教师兼职的描述,在明清文学作品中还是比较多见。其中,做"媒人"是关于私塾教师描述最多的一类社会兼职现象,如《醒世姻缘传》第三十七回:

> 连赵完出来相见,他留了结状。连春元自进书房,去了一柄诗扇,一匣香墨,送他出来。他作揖称谢,甚有矩度。连夫人亦甚喜欢,就托了程乐宇(塾师)作伐。薛教授喜不自胜,择日下定,不必烦讲。

《三刻拍案惊奇》第五回:

> 会中看得一个济阳学秀才,姓高名贤宁,青年好学,文字都是锦

心绣肠，又带铜肝铁胆。闻他未娶，便捐俸着济阳学教官王省为他寻亲事。

《歧路灯》第四回中也有相关的描写：

> 潜斋（塾师）道："我斗胆与令爱说宗媒罢？"耘轩道："潜老作伐，定然不错。"问是谁家，潜斋道："耘老与孝移相与何如？"耘轩道："盟心之友，连我与程老都是一样的。"潜斋道："你二人结个朱陈何如？"耘轩道："孝老乃丹徒名族，即在祥符也是有名望的门第，我何敢仰攀？"潜斋笑道："这月老我做得成，你说不敢仰攀，他怕你不肯俯就。我从中主持，料二公也没什么说。"话犹未完，孝移已进门来。问道："你两个笑什么？"潜斋道："做先生的揽了一宗事体，东翁休要见责，少时告禀。"孝移已猜透几分，便不再问。

以上几则材料都是反映有关教师做媒人的情况，根据写书的时间及作品所反映的历史时期，我们可以判断明清私塾教师做媒人的情况还是比较多见的。教师做媒人从中能得到多少好处，《歧路灯》第九十回说：

> 惟有教书的好说媒，是最不可解的。人家结亲是大事，他偏在学堂里，看成自己是撮合山。男家打听女儿，他说曾经见过，真正出众标致；女家打听学生，他说是我的徒弟，再不然就说我曾给他看过课。三言两语，就想坐会亲酒的首席。

从这段材料中我们了解到，教师热衷于做媒人好像"就想坐会亲酒的首席"，除此之外也没什么好处可言。从上面提到的作品中也没有了解到教师做媒人有什么报酬提成之类的信息。那么，教师乐于做媒是为了什么呢？《警世通言》第十四卷中写道：

> 吴教授看那入来的人，不是别人，却是半年前搬去的邻舍王婆。原来那婆子是个撮合山，专靠做媒为生。

《歧路灯》第十三回也写道：

> 薛婆道："原是我家当家的卖过荞麦面窝窝，人就说我是薛窝窝家。如今不做这生意，街上人还不改口。前年县里老爷，赏了我一名差，单管押女人的官司。闲时与人家说宗媒儿，讨几个喜钱，好过这穷日子哩。"

从这两段材料我们了解到，明清时期媒婆说成一门亲事是有媒钱的，据此，我们可以推断，教师做媒人绝不仅仅是为了"坐会亲酒的首席"，他们同样也是为了得到一些媒钱之类的报酬。

除通过做媒人来增加生活收入外，教师（主要指秀才出身的私塾教师）还通过做医生、会计、收卖大粪、做枪手等来增加生活收入。如塾师"汪为露"不仅以"束脩"为主要生活来源，同时还放高利贷，买田置地来致富，《醒世姻缘传》第三十五回写道：

> 只因手里有了钱钞，不止于管家，且添了放利，收长落，放钱债，合了人摇会。……喜的那汪为露（塾师）对他妻子说道："有银子不该买地，费了人工，利钱且又淡薄，只该放债。这十分重的利息，不消费一些人力，按着日子送来，哪里还有这样赚钱的生意？"叫他婆子看小菜，留那送利钱的人吃酒。

而在《牡丹亭》第三十四出中，塾师"陈最良"失馆后便靠开药铺做医生谋生了。《儒林外史》第三十六回：

> 过了些时，果然祁太公来说远村上有一个姓郑的人家请他去看坟，虞博士（教师）带了罗盘去，用心用意地替他看了地。葬过了坟，那郑家谢了他十二两银子。虞博士叫了一只小船回来。

"虞博士"不仅做着馆师，有年均约三十两银子的"馆金"收入，同时还做着"风水先生"的行当。《绿牡丹》第五出《社集》中也提道：

> 我柳五柳请小谢坐馆，一向惹厌，谁知也有用处，沈翰林家会

考，难道真要我搜索枯肠？已吩咐他代做，现年在我家吃饭，怎敢不依？苍头，不要跟我，你把这拜匣且拿回家去。（末）笔砚在里面。（净）蠢材，等我先到会所，出过题目，你方送笔砚来，那时我便付题目与你带回，叫谢相公快些做完，趁送午饭来，就好传递。①

《歧路灯》第十一回也写了，"王中道：'平日也不知道，只是听人说，这先生会看病立方，也会看阳宅，也会看坟地，也会择嫁娶吉日，也会写呈状，也会与人家说媒。还有说他是枪手，又是枪架子'"。如果说作为塾师的小谢还能替学生考试的话，《歧路灯》中的塾师"侯冠玉"平日干的"行当"很多很多，可谓身兼数职。当然身兼数职的塾师并不多见，更多的情形是一身兼两职的情况。除以上社会兼职外，教师还通过写作诗文书启（《绿牡丹》第二十四出）和兼任会计（《儒林外史》第二回）等谋生。

（二）教师的爱情与婚姻

明清文学作品有关教师婚姻情况的资料比较多见，其中描述比较多的是教师（主要是秀才出身的有学识的青年教师）婚姻的浪漫。青年才秀教师总能得到年轻貌美女子的青睐，她们对秀才出身的馆师往往情有独钟，愿与之结为夫妻。如《警世通言》卷十四中的"吴教授"就得到了女鬼"李乐娘"的钟情，并最终结成了伉俪。《招提琴精记》中的"琴精"因青睐馆师"金生"，夜来登门，并与"金生""解衣共入帐中，曲尽缱绻之乐"②。不可谓不浪漫。《二刻拍案惊奇》卷十七中馆师"孟沂"与女鬼（生前是名妓）同样体验着"鱼水欢情"的缠绵。《聊斋志异》第六卷《小谢》中的馆师与二女鬼的曲折爱情经历，在二女鬼合体复生后与馆师结为了夫妻。还有第六卷《细侯》中的馆师"满生"也同样得到了名妓的爱慕，终经曲折后走向了婚姻的殿堂。《梅花缘》中的私塾教师"王龙溪"与"方素梅"彼此爱恋，并在经过一段悲欢离合的曲折后结为了伉俪。

"馆师"一类的教师在婚姻上真的有如此浪漫的情怀吗？对于以上信息资料的可靠性，还需要对这一时期的文学思潮作简单分析。

①　吴炳：《绿牡丹》，上海古籍出版社1985年版，第26页。
②　转引自薛洪绩、李伟实、王粹刚《明清文言小说选》，湖南人民出版社1981年版，第164—167页。

　　晚明，王学开始走向兴盛，"心理本体逐渐取代先验伦理本体"① 哲学思维转向，对文人的主要影响是文人自我意识的增强。文人的心理开始变得躁动，他们是否领悟了王学真精神是值得怀疑的。从文学思潮的发展看，一些文人为了迎合商业文化的日益冲击，对人的感性欲望给予了充分的肯定和认可，描写包括床榻之事在内的市民"俗"生活成为一种时髦。而文人对人性欲望放荡的肯定实际上是文人对传统礼教否定的最强音，他们在传统与现代的价值悖谬中诉求忘却名利、"抱得美人归"式的浪漫生活。这是一种消极回避式的生活诉求。在追求这种"隐居"式生活的境界中，"他们认为'色'是最适宜隐的，人们一见美色冶容，名利心便都淡了，于是名缰利锁顿可挣脱"②。因此，在他们看来，"英雄豪杰有一红粉佳人，便可以把臂入林，所以女色冶容，可以让人忘却世事，这便达到隐居的目的"③。正因为有如此心态，所以《春柳莺》第一回《弃浮云名馆求佳丽，游玄墓诗种错缘》中的秀才馆师"石秀"以将抱得美人归作为了坐馆的主要动机。④

　　前所提到的美人（女仙、女鬼、名妓、琴精等）青睐一贫如洗的秀才馆师的浪漫情怀，也正是晚明以来文人以上心态的一种反映。他们更看重的是"才子"的情怀而不是名利，如《聊斋志异》第六卷《细侯》中，馆师"满生"在"自顾不能适愿"的情况下依然得到了"声价颇高"的雏姬"细侯"的青睐。从"细侯"与"满生"的两次对话来看：

　　　　细侯蹙然曰："妾虽污贱，每愿得同心而事之。君既无妇，视妾可当家否？"生大悦，即叮咛，坚相约。细侯曰："妾归君后，当长相守，勿复设帐为也。四十亩卿足自给，十亩可以种黍，织五匹绢，纳太平之税有余矣。闭户相对，君读妾织，暇则诗酒可遣，千户侯何足贵！"

　　对于以"束脩"为主要家庭收入来源的教师而言，大多都不太富裕，

① 吴承学、李光摩：《晚明文学思潮研究》，湖北教育出版社 2002 年版，第 354 页。

② 同上书，第 364 页。

③ 同上。

④ 南北鹖冠史者：《春柳莺》，春风文艺出版社 1983 年版，第 3—5 页。

但他们却有着贤淑温和的妻子。如《雪月梅传》第二十七回中"严先生"不仅有一个相敬如宾的妻子，他们"设帐"于"府城"的馆师儿子严毅同样是"娘子卓氏亦甚贤孝"。又如《三刻拍案惊奇》第十一回中馆师"林森甫"同样有一个贤惠的妻子，"林森甫"将一年才挣来的八两馆金救了人，妻子非但没有埋怨，而且还与他有"同志"，可以说是一个善解人意的妻子。

但这并不意味着教师都有一个贤惠的妻子。《歧路灯》第三十九至四十四回中塾师"惠养民"的老婆"滑氏"就是家里的"主母"，不仅不太贤惠，还先后挑拨"惠养民"和其父兄分了家，还将"惠养民"挣来的馆金拱手送给了嗜赌成性的"小舅子"。尽管如此，"滑氏"对"惠养民"的看法仍是"你那圣人，在人家跟前圣人罢，休在我跟前圣人，你那不圣人处，再没有我知道的清"。嫁给"惠养民"在她看来，"如今这钱都是你教学挣的，我吃些也不妨，也不枉我嫁你一场。要不为这，我嫁你这秀才图啥哩，……"在后面的描写中，我们还了解到了塾师"惠养民"不太斯文的生活相：每次遇酒席，他总会借儿子的名义向东家索要一些苹果之类的水果带回家给老婆。为讨好妻子，还要"等黑了，街上认不清人时"给妻子买好吃的。

"一夫多妻"、"三妻四妾"是我国传统社会的一种婚姻现象。这一现象主要是对权贵阶层的男士而言，对于政治社会地位不显要的官学教师是否也有这样的"殊荣"呢？《醒世姻缘传》第二十五回中，"薛教授"十七岁补了廪，四十四岁除了贡，头一任被选了金乡的训导，第二任升了河南杞县的教谕，第三任升了兖州府的教授，八个月后，又升了衡府的纪善（学官名，为王府职官）。教官仕途还算顺利，其婚姻情况让我们从他与王员外的一段对话来了解。

"……今五十二岁，尚无子女……"，狄员外问："还是有子不举？还是从来不生？"薛教授道："自荆人过门，从来不曾生长。"狄员外说道："何不纳宠？"薛教授说："昨临来的时节，也只得娶了一人，但不晓天意如何哩。"

可见，官学老师是可以纳妾的。再从"薛教授"纳妾的目的来看，说明并非每一位官学老师都会纳妾，更多的是为了"续香火"才不得不做出这样的选择，况且，纳妾是以一定的经济实力为后盾的。对于生活待遇不高的明清教师而言，纳妾也并非很容易的事情，因此，并非每一位官学教师都会有"三妻四妾"的。

对于非官学教师而言，尤其是一贫如洗的塾师，纳妾可以说是很难的，如《型世言》第十三回中的"方方城"先生，一生无子，"止的妻子马氏生的一个女儿慧娘，家事贫寒"，到去世的时候都不曾"纳妾"。

（三）教师的社交生活

1. 师生交往

师生交往是教师社会交往的主要社交活动，除了上面已多次提及的师生教学上的交往活动形式外，师生之间还在日常生活、政治领域和婚姻等方面有着千丝万缕的社交关系。这些交往活动还是比较广泛的，如《歧路灯》第二回中记载，塾师"娄潜斋"三月同学生及其家长逛庙会的活动。《二刻拍案惊奇》卷二十六中学生救济老师的事情，都反映了师生教学关系以外的交往关系。而教师参与学生婚嫁活动的社交关系是明清文学作品中反映除教学关系之外最多的一种师生交往关系和社交内容。虽然不能说每一位老师都会有同样的经历，但至少反映了师生教学以外交往的广泛性。而关于政治领域的师生关系，《快心编》第十回中写道：

> 只因文官由科目出身，都有同年故旧，师生世谊，许多照应。同年中第一个是状元，便入翰林，就要把入阁的，其余也有在六部的，也有在科道的，也有在外做抚按的，也有做司道的。深相固结，就似骨肉一般。……若一人有事，同年老师等群起帮助，决不至黜败的日子。

这是在官本位的社会背景下，政治场域中的师生社交关系。为了维护共同的利益，师生在政治场域中往往能达成一种默契，他们相互维护、相互提携。当然，这种关系是对官学教师和已做了官的学生关系而言。其重要根源是明清时期的"考官连任制"，有的考官连任多达十次，使得师生之间容易形成朋党关系，考官也同时培植了个人势力。①

---

① 何怀宏：《选举社会及其终结——秦汉至晚明历史的一种社会学阐释》，三联书店1998年版，第230—232页。

2. 教师与学生家长的交往

明清文学作品中反映出来的有关教师的另一较多的交往就是教师尤其是塾师与学生家长的交往。他们除了在有关学生的婚姻问题上与家长有交往外，还与学生家长或切磋学问，或下棋，或游玩等。如《两交婚》第十及十六回、《飞花咏》第十一回、《赛红丝》第十一回、《醒世姻缘传》第三十七回及《歧路灯》第四回中都有以上情况的反映。私塾教师之所以与学生家长有着密切的交往关系，还在于私塾教师大多是住在学生家中教学的。如《歧路灯》第四回中：

> 却说碧草轩中，一个严正的先生，三个聪明的学生，每日咿唔之声不绝。谭孝移每来学中望望，或与娄潜斋手谈一局，或闲阖一韵。

3. 明清官学教师的社交活动

从有些文学作品中我们了解到，明清地方官学教师除了负责教学与管理学务外，还负责保举所在地县的"贤良"之才。如《歧路灯》第四回中的两位学师"陈乔龄"（副学正）与"周东宿"（县学教谕）有这样一段对话：

> （东宿）因问道："寅兄在此掌教多年，学中秀才，数那一个是文行兼优的？"乔龄道："祥符是个大县，这一等批首，也没有一定主儿。"东宿道："品行端方，数那一个？"乔龄道："他们都是守法的，况且城内大老爷多，他们也没有敢胡为的。"东宿道："萧墙街有个谭孝移，为人如何？"乔龄道："他在我手里膺了好几年秀才，后来拔贡出去了。我不知他别的，只知文庙里拜台、甬路、墙垣，前年雨多，都损坏了，他独立拿出百十来银子修补。我说立碑记他这宗好处，他坚执不肯。"
> ……乔龄道："他如今是拔贡，咱管不着他。"东宿道："表扬善类，正是学校大事，何论出学不出学。"

从这一则材料我们了解到，明清官学教师，尤其地方官学教师除负责教学工作外，还承担着为国家和社会保举优秀人才的职责和任务等。

第四节　价值中人：明清文学作品中教师的人生理想

《儒林外史》第二十五回中"马二先生"对人生价值追求有一段精辟概括，"人生世上，除了这事（指文章举业——作者注），就没有第二件可以出头。不要说算命、拆字是下等，就是教官、作幕都不是个了局。只是有本事进了学，中了举人、进士，即刻就光宗耀祖。这就是《孝经》上所说的'显亲扬名'，才是大孝，自身也不得受苦"。意思是说，从人的一生而言，不管做什么，只有最终奔向"仕途"，人生才能算是圆满的，否则就是欠缺的。

知道了这一点，我们便能理解在《笑林广记·上任》中：当丈夫"岁贡选教职，初上任"时，妻子却"进衙大哭"，说出"我巴得你到今日，只道出了学门，谁知反进了学门"的悲痛感慨。

明清时期，尽管有越来越多的读书人开始弃儒从商，但是在官本位价值观依然作为正统社会价值观的背景下，只有读书参加科举考试，获取官位才是人生正途，其他均算不上"正道"，即使从事经商成功了，也只能勉强算得上是"小家"，却不能称为"大家"，这正是为什么明清时期会出现商人向士人阶层靠近和转变的社会阶层流变的原因。

对于以教书为生的读书人，正如"马二先生"所言的，教书"毕竟不是个了局"。也正因为如此，在明清时期，"成为教师"并不是他们的人生奋斗目标，对教师而言，"教书只是读书的一个副业"[①]，是出于糊口之计，也是以"教"养"读"的一个上上之策，这样不仅可以勉强度日，还能维持读书生涯，其最终的人生理想则是跻身仕途。

一　教师的人生理想

"一箪食，一瓢饮，在陋巷，人不堪其忧，回也不改其乐。贤哉，回也！"[②] 颜回的这种"甘于寂寞，安贫乐道"的精神不仅是读书人生活的一种写照，也是古代教师精神的象征和概括。只要是"传道、授业"

---

① 刘云杉：《帝国权力实践下的教师生命形态：一个私塾教师的生活史研究》，《中国教育：研究与评论》2002 年第 3 辑。

② 《论语·雍也》。

的教师，似乎就应该"安贫乐道"，或者说只有具备这样一种精神才能称得上是为人师范。然而，教师毕竟不是神仙，正如《醒世姻缘传》三十三回中的穷秀才所说，"说这样话的圣贤毕竟自己处的地位也还挨的过日子，所以安得贫，乐得道。但多有连那一亩之宫，环堵之室，负郭之田，半亩也没有的，这连稀粥汤也没得一口呷在肚里，哪讨疏食箪瓢？这也只好挨到井边一瓢饮罢了，哪里还有乐处！"可见，能吃饱饭填饱肚子是教师最基本的生存目标。只有先达到了这一目标，才可能去追求他们的人生终极目标——跻身仕途。所以穷秀才治生策略的最后选择是做馆师，而不是什么开药铺、当铺、段铺、收卖大粪以及出入官府等。

"刘大鹏"是晚清时期的一个私塾教师，他在日记中对自己的人生理想做过这样的描述："予之幼时，即有万里封侯之志"，但他却久困场屋，屡考屡败，"年垂四十，身虽登科，终无机会风云，不得已而舌耕度日"①。

"刘大鹏"志在"万里封侯"，他没有也不愿意将塾师身份作为人生奋斗的目标，可是"刘大鹏"却偏偏做了近一辈子的塾师。"刘大鹏"是不幸的，他没有能够实现自己的人生目标，做塾师不是他的初衷，实属迫不得已。而有着同样人生价值诉求但结局黯然的教师却不在少数。

塾师"周进"同姐夫"金有余"去逛贡院，不想两次晕倒在贡院，一次哭得不省人事，一次大哭不止，"哭得人心凄惨"。姐夫一句"因他苦读了几十年的书，秀才也不曾作的一个，今日看这贡院不觉伤心起来"，道出了"周进"的"心事"②。当众人愿出银两为他"捐监"时，周进则"若得如此，便是重生父母，我周进变驴变马也要报效"，随即"趴了地下，就磕了几个头"③。周进的举止言行已明确表达他的人生目标诉求。

《西湖二集》卷三中，秀才出身的教师"甄龙友"曾和妻子有这样一段对话：

①　刘大鹏：《退想斋日记》，山西人民出版社1990年版，第198页。

②　吴敬梓：《儒林外史》，岳麓书社1988年版，第14页。

③　同上书，第15页。

　　甄龙友道："吾妻言之甚是有理，但我这般后生年纪靠做乡学先生过日，岂是男儿结果之场？"葛氏道："目今贫穷，不过暂救一时之急，此是接济之事，岂是结果之场？况做乡学先生虽不甚尊，还是斯文体面，不曾损了恁的。"

　　看来"甄龙友"同样没有将塾师身份定为人生的终极目标，他同样也不甘心以塾师身份终其一生。那么，"甄龙友"给自己设想的"男儿结果之场"是什么呢？从小说的后续描述中我们了解到，"甄龙友"是以被"授翰林院编修之职"而退出了读者的视线。"甄龙友"是志在"仕途"的人。

　　《梅花缘》第三出《延师》和第十三出《馆叹》中塾师"王龙溪"的两次独白也将其人生志向表露得清清楚楚。在《延师》中，王龙溪说，"幸父亲在日，有一八拜之交，……荐我方太守家课子，我想槐黄①尚远，株守无聊，正可借彼三冬之资，暂为六月之息"。而在《馆叹》中，他更加清晰地表达了他的人生志向，"算富贵，别有根芽。叹文人，贫病每交加。谢馆堂，从此干罢休。我待要，君恩压帽插宫花"。

　　在明清时期，对众多的教师而言，将"登科入仕"作为人生奋斗目标是完全可以理解的。从制度根源上讲，我国有着千年的"文官制度"传统。在这一传统的规约下，如果没有任何"资本"，要想实现从"平民"向"贵族"的阶层跨越，只能靠"科举"一途。但明清时期科举取额不见增多，而科考的路子却日益拥堵，被科举所淘汰的是多数人。极少数科举幸运者还需要在仕途征程中苦苦等待。对于"科举"无望者，他们可能选择"弃儒从商"，但因没有资本，也没有足够的勇气，所以，生存的压力是越来越大。除了"跻身仕途"，对于那些做着或者没有做馆师的穷秀才来说，人生好像没有丝毫翻身的机会。所以江宁"邓廷桢"在"童试"屡次失败后，给自己提得警言对联说："满盘打算，绝无半点生机，饿死不如读死；仔细思量，仍有一条出路，文通即是运通。"②尽管

---

　　① 即槐花黄，唐李淖《秦中岁时记》："进士下第，当年七月复献新文，求拨解，曰：'槐花黄，举子忙。'"因以槐花黄指举子忙于准备科举考试的季节。

　　② 徐珂：《清稗类钞》（二），第600页，参见何怀宏《选举社会及其终结》，三联书店1998年版，第320页。

考试录取的概率几乎为零，但"科举"仍是可能改变他们命运的唯一出路，这正是为什么有很多人考了一辈子"科举"的原因。

二　教师人生理想的实现与破灭

对于"依人门户度我春秋"的私塾教师而言，人生最大的圆满就是"跻身仕途"。像这样实现了人生价值的教师也有不少，如《型世言》中的塾师"林森甫"、《三刻拍案惊奇》中的"陆仲含"、《西湖二集》中的"甄龙友"、《赛红丝》中的"宋古玉"、《歧路灯》中的"娄潜斋"及《红楼梦》中的"贾雨村"，等等，他们都最终进入了仕途，算得上是实现了最理想的人生目标。

和他们一样幸运的教师并不多，大多数教师都是以教职终其一生，如《绣像闺门秘术》中的"华童"（第三回）、《型世言》中的"方方城先生"（第十三回）、《醒世姻缘传》中的"汪为露"（第三十三回）、《赛红丝》中的"常裁草"（第五至九回）、《官场现形记》中的"老太爷"（第八回），等等，就是"科考"场上的不幸者。对于他们，做教师是"求其次"的人生选择，虽然还算"体面"，且属于"斯文"一派，但在人生价值的实现程度上多少是一些"缺憾"。

如果考"科举"一点希望都没有，加上又什么都不能做，那么能保住教师的位子也算是荣幸的。看看下面两则材料：

> 饥急于名，饱急于乐，口腹急于身体，欲不教学何可得？且教学则无大官之望，亦无长在仕途之望，不唯官闲，而心亦闲，可以一意读书也。①
>
> 昔儒之教小学生有数益。足下清才而为蒙士授书，一可熟读正字，一可检容炼心。"蒙"卦六象，《学记》一篇，切磋究之，有时行宦学之用。宁当以荏苒流落为叹？二作大雅流音，锵尔明堂之瑟也。②

---

① 袁宏道：《答梅客生》，转引自马美信《晚明小品精粹》，复旦大学出版社1997年版，第26页。

② 汤显祖：《玉铭堂尺牍·与门人廖仕沂》，转引自《宋明清小品文集辑注》，第316页。

在前一则中，"袁宏道"不仅将做教师看成一种谋生的手段，也看成是一种修身养性的方式。后一则中同样将做教师看成是一种通过读书修身养性的方式。二者都将做教师作为生活的一个目标来追求。

能对"学而优则仕"的人生价值观做出超越的教师不多，也需要很大的勇气，如《警世通言》卷十四中的"吴教授"在经历了"一举不中"的打击和一段人鬼婚姻经历后，终于"看破红尘"出了家，这固然是对传统人生价值观的超越，何尝不是他人生的一种无奈和遗憾。

第五节　文学作品、作者与教师

有关明清教师的资料多集中在明清小说、戏曲、笔记体资料、笑话及小品文一类的明清文学作品中。就某一类型的文学作品而言，其反映教师信息的形式和体裁偏向有所不同，如小说类作品主要以晚明以来至清中期的人情小说、才子佳人小说及有反理学倾向的中长篇批判性小说为最。从作品有关描写教师的具体内容而言，则主要以教师的世俗生活为侧重点，涉及教师的教育教学、教师的日常生活、教师的婚姻状况、教师的生活收入与社会兼职，以及教师的人生价值观等内容。

一　描写教师的明清人情小说作品分析

明清小说既是明清文学作品的最高成就，也是各类文学体裁中反映教师状况最多最成功的一类作品，主要以明中晚期以来的"人情小说"为最。所谓人情小说"就是描写社会生活之作，即完全取材于当时的社会现实，是出于文人的独立创作"①。《醒世姻缘传》是人情小说代表作之一，该作品以当时的官场生活及家庭生活为描述内容，涉及的社会角色比较复杂，而教师是其着笔描写的重要社会角色之一。在该书的三十三回、三十五回、三十七回等章节内容中，作者花了大量的篇幅刻画了一个擅长教八股又无赖十足的私塾教师形象——"汪为露"。对于塾师"汪为露"的刻画，作者不是通过一个层面来描写，而是通过从"汪为露"的出身、"汪为露"的教学、"汪为露"与邻里的关系、"汪为露"的德行及其与其他教师的关系等多个层面来刻画了一个世俗生活中的教师立体形象。

---

① 参见西周生《醒世姻缘传》，上海古籍出版社 1981 年版，前言，第 2 页。

作者对"汪为露"的刻画既是对当时市民化教师形象的成功塑造，同时也在某种程度上反映了作者对教师的复杂心理与态度，以上两点可以从《醒世姻缘传》成书的时代背景和作者西周生的人生价值观中寻求答案。

《醒世姻缘传》成书于清顺治年间，所叙述的故事时间段为明英宗正统至宪宗成化年间。① 作者以官场和家庭生活为切入点，意在反映在商品经济日益兴起的背景下，新兴起的市民文化和市民意识对社会各个领域的影响和冲击。他所刻画的塾师"汪为露"只是这一潮流影响下的教师阶层的一个代表。"汪为露"的种种行迹表现出世俗化的小市民形象，其与正统的教师形象相去甚远。在具体的描述手法上，不免有作者的夸饰之处，但"汪为露"这一形象代表了当时社会形态转变过程中，人生价值观发生转变的教师形象。然而作者本人对"汪为露"式的教师虽不是完全否定，但也不看好。这一点从第三十五回"汪为露"受到罚砖五万，送学修尊经阁应用"的惩罚后，作者的评语就能说明，"……汪为露才觉得没趣。可见：半截汉子好做，为人莫太刚强；若是见机不早，终来撞倒南墙②。表面上看是作者对"汪为露"式教师的否定，但实质上，作者想否定的是理学观念支配下的社会行为方式。这从作者在书中对人的欲望的充分肯定可以见出。遗憾的是，作者又不是一个彻底的反理学主义者，从他给小说人物因果报应式的情节安排可以发现，作者受理学思想影响至深。

谈到人情小说有关教师的叙述，还需要对另一部人情小说《歧路灯》及其作者李绿园进行必要的分析。和其他以反映世俗生活为主题的人情小说相比，《歧路灯》中有关教师的信息含量、教师角色的类型和数量都是同类其他作品所不能及的，像"娄潜斋"、"惠养民"、"智周万"、"侯冠玉"、"陈乔龄"、"周东宿"、"巫氏"等都是该作品中所描述的教师形象。

"娄潜斋"是李绿园极为肯定的教师形象。在他看来，学识渊博，有儒家正统思想观念，举止温文尔雅却不"八股"的教师才是"人之师

---

① 关于《醒世姻缘传》的成书时间存在一定的争议，参见张俊《清代小说史》，浙江古籍出版社1997年版，第48页。

② 西周生：《醒世姻缘传》，上海古籍出版社1981年版，第523页。

表"。"娄潜斋"正是具备了这一素质要求。在作品中，作者李绿园借学生家长"谭孝移"之口评价塾师"娄潜斋"是"今之古人"①，是"品行甚是端方，性情却不迂腐"②的一类人。"惠养民"则是比较"俗气"却又让人"同情"的一类教师形象，在作者的眼中大凡不过一个教书匠，算不上什么"品性高雅"之辈。

如果说"惠养民"只是作者不大看好的一类教师形象的话，那么"侯冠玉"和"智周万"可能就是作者反感且看不起的一类教师形象了。"侯冠玉"和"智周万"既没有过硬的学问功底，也没有树立起正统的儒家人伦价值观念。他们是市民文化影响下的一类"小市民"意识，同时又"八股"气息浓重的教师形象代表。又如私塾教师"侯冠玉"。侯冠玉一方面"学究"气息浓厚，极看好"八股"考试；另一方面他又吊儿郎当，领学生逛赌场和妓院，自己还在"家下弄出过丑事落了没趣"，在李绿园看来是属于"不伦不类"的一类教师形象。"智周万"与"侯冠玉"相比，品性上稍好一些，但都属于一类教师。"巫氏"是作者塑造出来的启蒙教师形象，也是唯一的女性教师角色。而"陈乔龄"和"周冬宿"则是作者所反映出来的官学教师形象，前者为"副学正"，后者为"县学教谕"。

仅《歧路灯》一部作品对教师这一个社会阶层的描写可谓"周全"而"详细"。不难看出作者李绿园是一位知识面广、写作视野开阔、社会洞察力敏锐的知识分子。那么，作者李绿园为什么要花这么大的气力在一部作品中塑造那么多类型的教师呢？还需要我们对作者本人做简要分析。

李绿园是河南汝州宝丰县人，康熙四十六年（1707年）生，原籍河南新岸，祖父李玉琳是个秀才，父亲是农村有识之士。康熙三十年（1691年）豫西大饥，全家外出逃荒，流落到一个叫宋家寨的小村子里，并且靠祖父教书安了家。李绿园三十岁中乾隆元年恩科举人，此后十年中"未博春官一第"③，晚年仅在贵州思南府作过一任知县，告老还乡后在老家新安县北冶镇教过书。李绿园的一生可以说是"漂泊流离"。尽管中过

---

① 李绿园：《歧路灯》，中州书画社1980年版，第16页。
② 同上书，第21页。
③ 同上书，序言，第7页。

举人，做过知县，但是按照正统的儒家价值观标准评判，其人生还不算是"大显"。生活中的李绿园做过一段时间的小学教师，其祖父也是靠教书养家糊口，可以说是个"教师世家"了。正因为以上出身背景和生活阅历，李绿园才不惜笔墨大量描写和记叙了明清各类教师的教书育人和生活状况。他对教师的分类是按照正统的儒家教师观作了不同类型的划分，这也与他深受"程朱理学"的熏陶不无关系，而他自己也是一个卫道气味十足的儒者。从这个意义上讲，他眼中的教师以儒家的"君子—小人"价值判断标准依次分类就不足为奇了。

李绿园对教师状况的反映基本上是客观的，这一方面与他有过教师生活体验有关系，另一方面也与他注重写实的写作风格有一定的关系。《歧路灯》可以说是康、雍、乾时期的一幅"清明上河图"，他所反映的有关教师的状况也成为研究这一时期教师的宝贵资料。

至于《三言二拍》中有关教师的信息，如《警世通言》卷十四中的"吴教授"、《初刻》卷二十七中的"王教授"和卷二十九中的私塾教师"张忠父"、《二刻》卷二十二中的私塾教师"蔡元中"和卷三十中的馆师"韩生"等都是作者描述的教师形象代表。对于这些教师，作者基本是持价值中立的态度进行描述，因此，可以判断作者冯梦龙和凌濛初对教师是持同情态度的，原因在于他们两人的人生目标也在仕途。尽管两人都曾久困场屋（冯直到五十六岁才考取岁贡生，六十一岁才得以入仕，任福建寿宁知县；凌濛初大约到四十岁才以副贡选授上海县丞[①]），但他们从未或者说很少怀疑过科举制度本身的合理性。他们的作品实际上是主"情"的，这似乎与理学精神不太相吻合，事实上，他们只是想以"情"作为教化天下的手段，主"情"却又不至于宣"淫"是他们著作所把握的一个"度"。纵"情"纵"欲"不是他们的写作目的，他们让无节制的纵"情"纵"欲"者受到因果报应的惩罚无不说明了他们的思想观念和价值立场。因为以上原因，他们才对这一制度的"宣教者"和"推行者"——教师没有太多的怨言和否定态度。在他们的作品中，他们否定的不过是庸师一类的教师，如《醒世恒言》卷七中描述的私塾教师"陈先生"才是作者不看好的教师形象。这一点在冯梦龙《古今谭概》的"迂腐部·小引"中的一段叙述也可以证明：

---

① 沈金浩：《论"三言"、"二拍"的科举观与门第观》，《明清小说研究》2000 年第 4 期。

天下事被豪爽人决裂者尚少，被迂腐人耽误者最多。何也？豪爽
人纵有疏略，譬诸铅刀虽钝，尚赖一割；迂腐则尘饭土羹而已，而彼
且仍以为有学有守，有识有体，背之者为邪，斥之者为谤，养成一个
怯病，天下以至于不可复，而犹不悟。哀哉！①

可以看出，作者对于思想迂腐的人，包括迂腐型教师在内是反感的，
而这又是与冯梦龙受李贽童心思想和阳明心学思潮的影响有着很大的关
系。② 至于前面所提到的"王教授"、"吴教授"之类的教师，作者则是
持肯定和同情态度的。因为他们代表着作者心目中教师的正统形象，正因
为如此，作者让"王教授"在经历一段妻离子散的生活后又重与妻子团
聚③，也让"吴教授"也有了一段浪漫的婚姻经历④。

作为拟话本小说，《三言二拍》有迎合市民口味的创作意向，但该作
品某种程度上也是对当时社会生活的真实写照。作为文学创作者，他们创
作的一个前提是他们自身对当时社会生活的深刻体验和认识。教师角色之
所以能成为他们描写的社会角色之一，就在于他们自己大多做过教师。他
们对教师的生活有一定的体验和了解，如冯梦龙在升任福建寿宁知县之前
就以贡生的身份担任了三年丹徒县的训导。⑤

像这样有着教师生活体验的作者还有如《八洞天》的作者徐述夔、
《型世言》的作者陆人龙、《歧路灯》作者李绿园、《梅花缘》作者任璇、
《聊斋志异》的作者蒲松龄等。因为有着做教师的生活体验，所以教师就
不可避免地成为他们着重描述的对象之一，而且，他们对教师，尤其私塾
教师普遍有着同情的心理。这也正是作者对他们所肯定的"教师"人物
安排"跻身仕途"人生大好结局的原因。

二 描写教师的明清才子佳人小说及批判讽刺小说作品分析

除了人情小说外，还有明末清初盛行的才子佳人小说和清中叶出现的

---

① 橘君辑注：《冯梦龙诗文》，海峡文艺出版社1985年出版，第4页。
② 参见左东岭《王学与中晚明士人心态》，人民文学出版社2000年版，第664页。
③ 参见《初刻拍案惊奇》卷二十七。
④ 《警世通言》卷十四。
⑤ 左东岭：《王学与中晚明士人心态》，人民文学出版社2000年版，第655页。

批判讽刺小说也包含大量有关教师信息的资料。这里以《聊斋志异》、《儒林外史》和《红楼梦》为例作简要说明。

《聊斋志异》的作者蒲松龄曾在其著作中多处描写到有关教师的情况，如卷二的《张诚》、卷三的《胡氏》、卷六的《绛妃》、《小谢》等。蒲松龄之所以青睐于描写私塾教师，是因为他本人曾经做了大半生的私塾教师，他对私塾教师的生活和命运有一个相对比较清晰的了解。他本人不仅对私塾教师的生活很同情，同时也对一心想通过读书获取功名的人表现出了同情的心理。正因如此，他让有学识的私塾教师不是婚姻美满，就是科场得意。而这些塾师人生理想的实现在某种程度上也可以看作是蒲松龄生活愿望的达成。

与蒲松龄不同，《儒林外史》的作者吴敬梓花大量篇幅描写教师的心绪不在于单纯反映教师的某些生活情况，而是在于刻画一个个被"八股"奴化了的八股迷形象。他笔下的教师"周进"、"马二先生"已经不是他所同情的对象，而是他所讽刺和嘲讽的对象。从"周进"和"马二先生"的生活经历，我们看到的是他们的可怜和可悲，然而，他们的可悲不是某个教师的可悲，而是整个社会的悲剧。这才是《儒林外史》作者吴敬梓花大力气描写教师的真实目的。吴敬梓是科举制度的怀疑者和批判者，他之所以对那些仍对"八股"充满幻想的人不屑一顾，就在于他对现有的科举考试制度的合理性产生了质疑，对"八股迷"式教师的否定只是对科举制度否定的一种表现方式。

吴敬梓之所以有这样的心态与其出身背景有一定关系。吴敬梓出身名门望族，曾祖父和祖父两代人中间就有六人中进士，其中榜眼、探花各一名。他的父亲吴霖起是康熙年间拔贡，做过江苏赣榆县教谕。而吴敬梓本人在康熙六十一年（1722 年）考取秀才后生活开始走下坡路，这与他豁达、"慷慨好施"的性格不无关系。① 中晚年吴敬梓的日子过得不像先辈那样逍遥。科场的失利、人情的冷漠、世情的荒唐、官场的腐朽、教官的迂腐都是吴敬梓经历或亲临着的生活。这些生活经历使吴敬梓感受到了人世间的"真情冷暖"。然而，作者却将造成这一现状的"罪魁祸首"归咎于"科举制度"。这样一来，揭示"科举"的虚伪性、欺骗性、不公正性和荒唐性就自然而然地成了《儒林外史》不可避免的主题内容。这可能

---

① 详见吴敬梓《儒林外史》前言，人民文学出版社 1958 年版。

是吴敬梓对代表"八股迷"式教师——"周进"、"马二先生"不十分看好，而对"不随流俗"、"不慕名利"的"杜少卿"等教师形象赞同和认可的原因。

而曹雪芹笔下的私塾教师"贾雨村"却是以另外一种方式表达了作者对社会的看法和人生价值观。"贾雨村"的一生历经做贾府的私塾教师、跻身仕途再遭遇仕途沦落的转变过程。对于"贾雨村"的生活经历，作者曹雪芹自始至终没有做过任何直接的和否定的评论，但是"贾雨村"人生经历本身却隐含着作者的良苦用心和人生价值观。

"贾雨村"的人生经历是诸多做秀才出身馆师教师人生经历的代表，"读书—做官"是他们最为简单的人生规程，除此，没有别的人生理想。做教师是生活所迫，不是他们的初衷和人生"落脚"。"贾雨村"是一个"流俗"之辈，作者之所以没有像《醒世姻缘传》、《歧路灯》、《赛红丝》等作品的作者一样，对教师做出鲜明的好恶价值判断，就在于作者曹雪芹揭示的不仅仅是某一类社会阶层的社会流变过程，他的目的在于揭示一种整体的社会制度、社会形态的没落和演变。一种社会制度或者说社会形态的日趋没落，意味着游动在这种社会形态和社会制度下的所有的维护者也必将日益走向没落。"贾雨村"的没落代表着有着"贾雨村"式人生理想和人生规程的教师的必然没落。他们的没落正是旧有制度和"科举"规制下的传统社会形态没落的象征之一。"贾雨村"是庸俗的，是作者所蔑视和不屑一顾的一类人，这一理解需要对小说整个情节的把握才能得出。这也是曹雪芹与其他作者在塑造教师这一群体形象方面的不同之处。

三　描写教师的明清戏曲类作品分析

除了小说体裁的明清文学作品对教师有大量的描写外，明清戏曲类文学作品也包含有关教师情况的描述信息，这里以《牡丹亭》、《绿牡丹》和《梅花缘》为例作简要说明。

《牡丹亭》是汤显祖的代表性作品之一。《牡丹亭》以"柳生"和"杜丽娘"的爱情为主题，同时，根据故事情节需要，作者塑造了塾师"陈最良"这样一位教师角色。塾师"陈最良"是一位已近六十岁的老秀才，是主人公"杜丽娘"的家庭教师。陈最良也是传统礼教的拥护者和代言人。通过他的教诲，要将"杜丽娘"培养成知书达理、温文尔雅的女子。这也是封建礼教思想影响下对女性人格的普遍诉求。然而，在陈最良的教学中，小姐"杜丽娘"对"关关雎鸠"的解释（关了的雎鸠，尚然有洲渚之兴，可以人而不如鸟乎！）却表达了"小姐"对"情"的追求，同时也暗示了作者汤显祖对"情"的关怀，而对传统礼教的反感。汤显祖到底是怀着什么样的心态来塑造"陈最良"这样一个教师形象的呢？书中多处曾用"腐儒"一词形容教师"陈最良"，说明作者对"陈最良"是反感的，但是从"陈最良"坐馆—失馆开药铺—充黄门奏事官的人生规程来看，显然，作者又不是一个纯粹的"教师"反对者。他所反对的只是传统礼教的"维护者"。这样的人生规程同样也反映了作者汤显祖入世的人生态度和矛盾的人生价值观念，他一方面反对礼教秩序下的权势贪欲和政治黑暗，另一方面却又寄希望于这一社会秩序。这从《牡丹亭》第八出《劝农》一节中可以了解到他的政治抱负和人生理想依然没有跳出儒家仁政理想。

　　汤显祖的思想与其所处的时代和个人家庭背景是有一定的关系的。汤显祖出身于一个文人士大夫家庭，十四岁进学，二十一岁中举。但因与张居正不和，在张居正在位期间曾一直名落孙山，直到张退位后，汤才得以跻身仕途，并且先后任南太常博士、南礼部主事、徐闻典史、遂昌县令等官职。[1] 汤显然是传统观念影响下的儒士，他对未来的政治设想是美好的，但是美好的政治设想与他在现实生活中遭受到的政治打击反差太大，使他又不得不对曾有的人生价值观念产生些许怀疑。再加上，受王阳明心学思想的影响，汤显祖在人生价值观上有从积极入世逐渐转向消极避世的转变过程。但这一转变并不代表汤不再具有"关心天下"、"忧国忧民"的人生态度，他只是面对晚明官场的黑暗现实，才出现既想"明哲保身"，又不甘愿放弃大丈夫"以天下为己任"的矛盾心理。他的这一矛盾心理同样也体现在他对教师"陈最良"的低调评价和大好人生结局的安排上。

　　《绿牡丹》是明末的又一部优秀戏曲作品，作者吴炳在家庭背景方面与汤显祖有相似之处，都出身于书香门第，都有着很好的文化修养，都对政场和科场的黑暗表示不满。[2] 与汤显祖不同的是，吴炳在书中塑造的私

---

　　①　详见郭英德《明清传奇史》，江苏古籍出版社1999年版，第147页；左东岭《王学与中晚明士人心态》，人民文学出版社2000年版，第602页。

　　②　吴炳：《绿牡丹》，前言，第1—2页。

塾教师"谢英"是作者所同情和肯定的教师形象。塾师"谢英"那种在生活上的寄人篱下与他所表现出来的才情横溢的对比，表达了作者对有真才实学，品性高洁但生活不济的教师的同情和肯定。而对那些没有真才实学，凭关系和金钱行走于科场的公子哥们则痛恨无比，这从书中他让那些由教师"谢英"代笔的公子哥们出丑的情节安排可以见出。

《梅花缘》中的"王延睿"（号龙溪，又叫王龙溪）既是这一部戏曲的主人公，同时也是作者塑造出来的私塾教师形象。"王延睿"是个饱学的秀才，父母双亡，家境比较贫困，经父亲生前好友的推荐，做了退职太守"方莹"之子"方清润"的家庭教师。从穷困不济到做家庭教师以教养读，再到"中会元"，后又"得授礼部侍郎"。"王延睿"的人生最终还算"得意"。

很显然，才华横溢和品行高雅的塾师"王延睿"是作者比较认同的教师形象。作者同情和理解"王延睿"作为家庭教师的那种不能实现人生理想和生活不济的痛苦，也对"王延睿"最终步入仕途的人生结局相对比较满意。从作者背景和作品情节判断，"王延睿"实际上就是作者本人的写照。"王延睿"的人生经历包含着作者的人生经历和理想诉求，而"王延睿"人生理想的实现暗示着作者人生理想的替代性实现。

在《梅花缘·标目》的作者自白中我们了解到，作者任璇人生坎坷，"年近四旬，学穷万卷，凤池（凤池就是凤凰池的简称，禁苑中池沼，魏晋南北朝设中书省于禁苑，掌管机要，接近皇帝，故称中书省为凤凰池。权重于尚书，唐以后指宰相之职，此处指地位显赫的官职——作者注）未入"。① 未入仕前，任璇做着私塾教师，过着"以教养读"的读书生活。四十岁以后中举人，仅做了一任知县，这与作者从主人公口中说出的"压帽插宫花"的人生抱负相去甚远。

《梅花缘》的创作虽然受《牡丹亭》等作品风格的影响明显，但在对教师的态度上却有所不同。任璇对他所塑造的教师形象持完全肯定的态度，或者说，作者所肯定的教师形象应该是才华横溢、品行高雅，志在仕途显达的一类教师群体，也反映了作者的人生价值标准。

以上文学作品既是当时社会变革的产物，也是作者本人对人生践行和反思的产物。作品中的教师大多为私塾教师，同时也包括官学教师。他们

---

① 任璇：《梅花缘》，贵州人民出版社1988年版，第1页。

的人生经历、人生理想和价值观念或者是作者本人的人生经历和价值观念写照，或者是作者对当时教师人生经历和人生价值的一种态度和价值评判。无论属于哪一类，都是有关明清教师世俗生活方面的宝贵材料。这些资料让我们"看"到了明清"草根教师"人生的酸甜苦辣。

第六章

清末民初(1862—1918年)教师
群体近代化历史演进考略

第一节　教师群体近代化之萌芽：教会
学校与洋务学堂中的教师

一　萌芽期教师群体形成背景

19 世纪 60 年代，经历两次鸦片战争以后，中国闭关自守的封闭局面被西方列强打破，西方文化伴随着浮海东来的西方商品和机器一同进入了中国。随着中国半殖民地化程度的逐渐加深，中国社会也发生着深刻变化。经济领域里，自给自足的小农经济受到资本主义市场体系的深刻影响而陷入逐渐解体的境地，新兴资本主义的生产方式在沿海沿江开埠通商口岸发展起来。政治领域里，君主专制制度随着小农经济的没落而受到不同程度的冲击。在西方商品潮水般地冲击下，儒家传统的伦理观念在西学东渐与西力东侵的趋势面前，也不可避免地受到挑战。教育领域里，旧有教育体系伴随着经济领域里的冲击而相应发生裂变。以私学、书院、官学为载体的原有教育制度被迫做出改变，教育目标与教学内容也发生了相应的变化。教会学校的涌入以及晚清学堂的兴办便是这一趋势下的产物。[①] 1862 年，以京师同文馆的创立为标志，中国教育开始走向近代化，萌芽状态的近代教师群体也由此开始出现。

---

① 张立程：《西学东渐与晚清学堂教师群体研究》，中国人民大学 2006 届博士论文。

二　萌芽期教师群体的来源

(一)　教会学校师生

晚清中国教育近代化过程中新式教师的出现,始于传教士在华创办的教会学校。1807 年马礼逊来华传教,成为基督新教来华传教第一人。他提出创办马六甲书院的计划,获得印度、英国、美国的捐款赞助,1818年,英华书院建立,从而拉开了晚清传教士兴办教会学校的序幕。鸦片战争的爆发,暴露了清王朝的外强中干,日益没落的晚清帝国终于向外开放了关闭许久的国门。在被迫签订的一系列不平等条约中,清政府同意外国人在华修建教堂,创办学校、医院,传教士的活动不再受到清王朝的诸多限制。这样,传教士们在华获得了更大的自由,与之相关的教会学校先后建立。并且随着传教活动的开展,尤其是 1860 年《北京条约》允许外国人到内地传教、游历后,教会学校开始在内地出现。

在洋务运动开办的早期,教会学校依然以传教为主,向学生灌输西方教育的目的仍然是培养传教士,虽然学校数量和学生人数不少,但初等教育居多。光绪三年(1877 年)初,已设有 347 所学校,收容学生达 5916人。[1] 1877 年,在华传教士召开的第一届大会上成立的"学校与教科书委员会"(即益智书会),成为指导推动在华教会学校工作的组织机构。自此,教会学校获得了进一步发展的空间。教会学校日益深入内地,甚至塞外边疆等地也出现了传教士的身影。办学层次也逐渐提高,初等学校、中等学校乃至高等学校和大学,均如雨后春笋纷纷出现。就数量而言,光绪十六年(1890 年),教会学校已达到 1041 所,学生人数也增至 16836 人。[2] 教会学校于此时成为近代新式学校的重要组成部分,在教会学校中教授学生的教师群体也不断扩大。[3] 这些学校还将中国传统习俗与儒家文化纳入教会学校的教学内容与管理体系中,在传播基督教义的同时,由外籍教师采用班级授课制以及当时比较先进的教学内容、教学方法,向学生传授西方天文、地理、历史以及《圣经》等课程,

---

① *Records of the General Conference of Protestant Missionaries of China*, 1877 (Shanghai, 1878), pp. 480, ff.

② 见 1922 年 11 月《新教育》第五卷第四期之"全国基督教会学校学生理念增进表"。

③ 王树槐:《基督教教育会及其出版事业》,台北《"中央研究院"近代史研究所集刊》1971 年第 2 期。

同时，学校也聘请了饱学之士讲授四书五经等中国传统儒学，他们是中国本土最早的异于传统书院、官学教师的教师。尽管他们人数极为有限，所授内容不外乎四书五经及纲常伦理，但处在以近代教育体制管理下的教会学校里，与外籍教师频频接触，其身份地位和思想观念自然有些不同。①

19 世纪 70 年代以后，教会学校发展很快，对教师的需求也明显增加。特别是教会学校所特有的西学课程，人员的补充除新入华的西方人外，主要靠教会学校的毕业生。据文会馆的一个统计，从 1876 年文会馆首届学满九年的学生毕业起到 1899 年共有毕业生 119 人，其中在教会学校做教习的有 82 人，占毕业生总数的 70% 左右。其他教会学校毕业生做教师的现象也很普遍。因此，可以毫不夸张地说，教会学校是中国近代第一批西学师资的养成所。②

教会学校创办的初衷是为了满足传教士发展教徒的需要，但客观上却将近代形式的教育引入中国，引发了中国近代教育意识的觉醒。因此，严格意义上说，中国最早具有近代化特征的教师实际上是西方文化登陆中国后，创立教会学校的师生们，他们以传播基督教理、发展教徒为教育目的，以教会学校作为宣传西方宗教文化和世俗文化的重要阵地，在传播异域文化的教学过程中最先使用了具有近代意义的教学内容、教学方法等。

（二）洋务学堂教师

从 19 世纪 60 年代起，清政府中的洋务派开始把地主阶级改革派向西方学习的口号从思想变成了行动。他们创办了中国近代教育史上第一批新式学堂，派遣了最早的官费留学生，培养了中国第一批新型人才。与传统教育相比，这些无疑是新生力量，虽然力量有限，但终究给僵化的传统教育打开了缺口。中国近代教育正是以 1862 年洋务学堂——京师同文馆的创立为标志而产生的，中国本土教师群体近代化的历程也正式从这里起步。

在屡次的外交失败后，清政府意识到"查与外国交涉事件，必先识

---

① 见张立程《西学东渐与晚清学堂教师群体研究》，中国人民大学 2006 届博士论文。
② 何晓夏、史静寰：《教会学校与中国教育近代化》，广东教育出版社 1996 年版，第 291 页。

其性情。今语言不同，文字难辨，一切隔膜，安望其能妥协！"①　为适应日益频繁的中外交涉，也出于开展洋务运动对人才的需要，洋务派创办了京师同文馆、上海广方言馆以及广州同文馆等一系列语言学堂。但是随着洋务运动的开展，培养军事工业、民用企业所急需的科技人才以及经营管理人才，也成为当务之急。因此，在洋务学堂中，西方自然科学、史地、天文以及国际公法等方面的知识，越来越多地成为学生学习掌握的主要内容。由于洋务学堂源于欧风美雨，在它们出现之时中国本身并没有合格的师资，不得不借材外域。所以洋务派初期创办的学堂西学方面课程的教师，最初聘任外国教师。以京师同文馆为例，先后共聘请过 80 余位教习，其中外国教习 50 余位，中国教师 30 余位。又如近代我国第一所海军制造学校——福州船政学堂，1866—1873 年期间共有 51 名外国人在其中担任一定教学工作。

晚清新式学堂教师群体中的另一构成要素，乃是从传统书院、各级官学中分化出来的传统士人。洋务派"中学为体，西学为用"的文化教育方针注定无论旧式教育如何改革，其宗旨仍以传统教育的纲常大义为核心，因此，在洋务学堂的课程设置当中都无一例外地有修身、读经、作文等传统经学内容。这些课程的保留必然导致新式学堂中讲授经学的传统士人不在少数。

随着洋务运动的开展，洋务知识分子对西学的认识逐渐深入，知识分子中通晓西方语言文字、自然科学知识者越来越多，因此，在学堂招生规模扩大后，越来越多地开始聘任掌握一定近代科技知识的中国人来担任，这些人逐渐在新式学堂教师数量上占了优势，客观上扩大了本土近代教师群体的范围。由此，洋务学堂教师与教会学校教师共同构成了最初的新式教师群体。

（三）留学生

两次鸦片战争期间，曾出现过一些零星自发的留学行为，留学生基本是教会学校的学生，他们在传教士的撮合下成行。倡导由政府派遣出国留学人员是在洋务运动开始以后，这一时期的留学教育主要是派遣留美幼童和留欧学生两个方面。作为中国政府派出的首批留学生，1872 年出发的留美幼童虽因培养目标与培养措施上难以克服的矛盾被中途撤回，但即使

---

① 　舒新城：《中国近代教育史资料》（上册），人民教育出版社 1961 年版，第 115 页。

是这些未完成学业的留学生，仍然成为了近代中国科技、实业、管理等领域的一支重要力量。根据他们的职业分配情况统计，他们中有 5 人回国后从事了教师职业。作为留欧学生，他们的派出主要是以海军实业的发展为目的的。这三批留欧学生学成归国后，不光在海军实业上发挥了重大的作用，就教育而言，他们中的一些人在近代海军教育方面也起到了非凡的作用。例如严复曾担任北洋水师学堂总教习和总办达二十余年，蒋超英、魏瀚也曾分别担任江南水师学堂和广东黄埔水师学堂总办，其余担任各水师学堂教习者则比比皆是。

三　萌芽期教师群体的知识结构

（一）传统儒学与经世实学

在教师群体的各种来源当中，无论其所授课程是西方近代学科还是中国传统经学，他们所受的启蒙教育都或多或少地与传统儒学有关。一般而言，晚清教师均受过不同程度的传统儒学教育。在学堂中担任经学、作文、文学、伦理学等课程的教师如此，担任自然科学课程如算学、格致（即物理）、天文、地理等科的教师亦是如此。从京师同文馆开始，传统经学在洋务学堂中便占有十分重要的地位，即使在晚清随着新式学堂的大量兴办，近代自然科学的相关内容在学堂课程设置方面的比例越来越高的趋势下，中学的地位虽然逐渐旁落，但依然占有一席之地。①

这种情况与洋务派教育的宗旨乃是"中体西用"息息相关，洋务学堂的学生除了要学习西方军事科技和应用技术方面的西学课程外，还要花费相当的精力学习传统中学的相关内容，"以重本务"，"既使内外通贯，亦以娴其礼法，不致尽蹈外洋习气，致堕偏诐"。② 因此，在洋务学堂中，中国教师一般都具有较为深厚的儒学功底。甲午战争以后，中国新式学堂开始普遍设立，在百日维新期间达到高潮。此时的新式学堂里，课程设置上均"兼习中西"，即"内讲中国文学，以研经义、国闻、掌故、名物，则为有用之才；外求各国科学，以研工艺、物理、政教、法律，则为通方

---

① 见张立程《西学东渐与晚清学堂教师群体研究》，中国人民大学 2006 届博士论文，第 82 页。

② 朱有瓛主编：《中国近代学制史料第 1 辑》（上册），华东师范大学出版社 1983 年版，第 304 页。

之学"。① 如天津中西学堂头等、二等学堂的课程设置中,都设汉文教习,讲读经史之学和《圣谕广训》,但章程中明文规定,"汉文不做八股式帖,专做策论,以备考试实在学问经济"。② 可见,随着洋务学堂的纷纷举办,西学已经登堂入室,开始与中学并驾齐驱,在某些专门学堂中甚至超过了中学,成为主要的授课内容。但传统儒学的内容却并未立即消失,具备传统中学知识的教师依然占据很大的比例。

晚清教师群体另一背景乃是萌生于北宋,形成于明清之际,以经邦济世为治体的关乎国计民生的经世实学。晚清的经世实学是在近代中西文化冲突融会的历史大变局中出现的一种特定文化形态,是近代中国人应对世变的学术。嘉、道以降,清朝国势日衰,内忧外患,接踵而至。面对危局,一批以"治平"为己任的文人学士和开明官绅,极力提倡和重振经世致用的学风,以探求纾解民困、匡救时艰的良策,遂使久已湮灭的经世实学迅速复兴。第二次鸦片战争的失败使清朝统治者和士大夫们深感"创巨痛深",因此"人人有自强之心,亦人人为自强之言"。一批主张采西学的有识之士掀起了一场以"求强""求富"为目标的洋务运动。这一以"师夷智"为新内涵的经世运动,不仅给经世实学注入了新内容,也将晚清经世实学思潮推向高潮。

从晚清学堂教师群体身上,也能看到经世致用思潮在同光年间的发展变化。随着甲午惨败,民族危机的空前严重,经世思潮影响了越来越多的知识分子。在西学浪潮的冲击下,知识分子只有适应时代的要求,使儒学自身做出相应的调适,主动吸纳西艺、西政的相关内容,才能够使儒学获得再次发展的空间。作为知识分子重要组成部分的学堂教师群体,在其学术背景与知识结构当中,反映了这种学术的融合与发展变化。从清末新式学堂的课程设置以及教师的授课内容来看,天文、地理、格致等实学内容逐渐成为"新学"的主要内容,经学所占的比重和内容则逐步降低。

(二) 西学

"西学"作为西方文化体系的代名词,包括西方哲学、社会科学和自

---

① 汤志钧编:《康有为政论集》(上册),中华书局1981版,第271页。

② 朱有瓛主编:《中国近代学制史料第1辑》(下册),华东师范大学出版社1986年版,第493页。

然科学三部分。西学东传在中国近代以前便已存在。明末，西方传教士来华传教，西学随之传入中国。西学与传统实学在某些方面的融合，使得经世致用传统在明末清初得以发扬光大。虽然西学东传的进程因中国的闭关自守而暂时陷于低潮，但并未完全消亡，在天文舆地及数学方面，许多学者及知识分子延续了此类西学在中国的传播发展，为西学再次进入中国提供了适宜的学术氛围与生存土壤。

鸦片战争以后，国门洞开，西学如潮水般涌入中国，西方语言文字、天文、地理、军事、制造、物理、化学、历史、社会等方面的知识逐步成为士大夫群体无法回避的新式学问。洋务运动前后出现的新式知识分子群体，其知识结构除了以儒学为中心的诗书礼乐、经史子集外，在"中体西用"的模式下，开始逐步接受和形成了以西方科学为核心的先进的知识体系。近代的自然科学如数学、化学、格致学（物理）、医学、工学、矿学，乃至近代的人文科学如法律学、商学、政治学、经济学、军事学等，都不再是陌生的知识，而成为了新式知识分子赖以安身立命的学问。学堂教师群体也不再讳言西学，相反，许多教师已经开始主动应变，在继承经世实学传统的基础上，汲取西学的营养，其学术背景中西学所占的比例逐渐扩大。洋务运动时期，京师大学堂中除李善兰、邹伯奇等少数自幼精研数学、地理等自然科学的教习外，其他中文教习大多研究经史等传统中学，外国教习当中教授语言文字的居多。上海、广东的同文馆、广方言馆莫不如此，而且数学、地理也更多地反映着传统实学的内涵。随着西学东渐的不断深入，西学范围的不断扩展，西学内容的日益广泛，西学的内涵与外延均有相当程度的进展。晚清兴学热潮兴起后，西学日益成为学堂课程设置的主要依据与内容，西学的种类也不断扩大，其内涵也日见深刻。

四　萌芽期教师群体的活动

（一）教师的教学活动

教师的本职工作是从事教学，教书育人，这一时期的教师群体也不例外。相较清代 1862 年之前的旧式教师群体，这一时期，教会学堂和洋务学堂教师在教学活动中有了很大的改进。教会教师首先引进了较先进的教学内容，也采用了比较科学的教育教学方法。在教育内容方面，除了进行中国古典经籍和《圣经》的讲授外，还增添了许多近代自然科学课目，重视科学技术教育成为这一时期教会学校教师教学活动的特点。在授课方式上，教会学校还引入了班级授课制，这是中国教育制度史上的一次革命性变革。在教学方法上，教会教师们也做了改良，他们一改中国传统教育中死记硬背、囫囵吞枣、不求甚解的不良做法，采用提问、谈话、讲解、阐发等多种形式对教学内容进行解释，要求学生能在理解的基础上加以掌握。[①] 此外，受基督教教义以及西方民主平等思想影响，教会教师还特别注意师生关系的"爱"与"平等"，努力营造师生关系的和谐与融洽。新式学堂中，根据"中学为体，西学为用"的指导思想，在教学内容上，以学习"西文""西艺"为主；在教学方法上，改变了传统学风，注重教学中理论与实践的结合，很多学校都安排有实践性课程，有些还建立了实习制度。在教学组织形式上，普遍采用分年课程计划，确定了学制年限，采用班级授课制，突破了传统的进度不一的个别教学方法。这些学堂中，严格规定了教师职责，教师的主要活动就是通过传授知识，使学生掌握近代西学方面的各种知识，从而在思想上受到熏陶，为国家和民族而服务。

（二）教师的社会活动

作为教会学校，教育的主要目的在于传教，因此，教会学堂教师的本职是以传教士的身份进行传教。这也是他们的主要社会活动。此外，在教会学校的倡导下，1877 年 5 月举行了在华基督教传教士大会，在会议上决定成立"学校与教科书委员会"，负责教会学校教材的编写工作，此后教会学校教师在"学校与教科书委员会"的领导之下，积极开展了翻译、编辑教科书的活动。

在洋务学堂中，因为富国强兵的需要，传授西学，成为孕育近代教科书的源头。[②] 学堂开设的西学课程，需要大量的教科书作为传授科技知识的依据和参考。但在当时，中国并无此类图书。因此，直接翻译西书成为洋务学堂的普遍做法。随着新式学堂的日益发展，直接翻译的西方教科书不再能满足师生的需要，因此许多教师开始了自编教科书的尝试。国人自编教科书早在 1893 年便已出现。1893 年，潘慎文、谢洪赍译《八线备

①　李国钧、王炳照总主编，金林祥主编：《中国教育制度通史》（第六卷），山东教育出版社 2000 年版，第 387 页。

②　王建军：《中国近代教科书发展研究》，广东教育出版社 1996 年版，第 29 页。

旨》，王亨统编《地理问答》，李德安著《地势略解》和周保璋编著的《童蒙记诵》。《童蒙记诵》分为上下篇，内部结构按天文、地理、人事、刑政、六艺、文学、史事等二十余门类。这是一本属于传统性质的启蒙读本，还算不上严格意义上的近代教科书。《教科书之发刊概况》对其评价是四个字："不合体裁。"尽管并不合乎新式教科书的体裁，但可贵的是已经迈出了自编教科书的第一步。[①]

作为萌芽阶段的近代教师群体，虽然在培养上依旧因循旧制，并没有确立独立、专门的师资培养机构，但他们突破了传统旧式教师来源、知识结构上的单一，开始在一定程度上具备自己的近代化特征。此外还需说明的是，这一时期教师身份并没有从官师一体的传统国家管理体制中走出来，教师职位还是以政府官员身份为依托。所以说，清末洋务时期的教育改革实践仅是让教师群体迈出了近代化的第一步，其真正获得制度上的保障、开始制度化地发展则是在 1902 年，在实行新政以求自救的清政府颁布了我国首个学制之后。

第二节　教师群体近代化之发展：清末新政背景下教师培养制度的转折

一　发展期教师群体形成的背景

1901 年，内外交困中的清政府决定实行新政，以求自救。在新政举措中，以废科举、兴学堂为主要内容，通过改书院为学堂，广遣留学生大力发展近代教育。新学堂及留学教育的发展又推动了新学制的诞生。1902 年，清政府颁布《钦定学堂章程》（壬寅学制），建立了中国近代第一个学制。1904 年，清政府又颁布了《奏定学堂章程》（癸卯学制）。在壬寅学制的基础上，癸卯学制将师范教育正式纳入学制系统，按照该学制规定，纵向分初等、中等、高等教育三级，横向分普通、师范、实业三个独立的教育系统。师范教育首次被独立出来成为专门培养师资的机构，自此各学堂师资始有来源于我国师范学校者，教师群体的近代化开始有了制度上的保障。

---

① 见张立程《西学东渐与晚清学堂教师群体研究》，中国人民大学 2006 届博士论文，第 103 页。

二　发展期教师群体的来源

(一)　教会学校毕业生

至20世纪初期，早期的教会教育已经取得了一定的成就，基督教传教士甚至在上海组织召开在华基督教传教士大会，并在会后成立了"学校与教科书委员会"。1890年"学校与教科书委员会"更名为"中华教育会"，成为教会教育统筹机构。由此，教会教育有了更进一步的发展，相较1900年之前迅速发展初等教育，1900年后教会中高等教育有了很快的增长。1900年，教会开始兴办大学，据1912年调查统计："授高等学问者有三十所，中有九校命名为大学。"[①] 传教士在中国设立大学的目的是要培养能够效忠教会的各个领域的中国领袖人物，培养中国未来之教师是其手段之一。如圣约翰大学校长，美国圣公会牧师卜舫济曾说"在我们的学校内，我们训练中国未来的教师和牧师"，"使他们成为中国未来的领袖和指挥者，给未来的中国施加最强有力的影响"。[②] 在教会大学有目的的培养下，教会学校毕业生们很大一部分从事了教职。在清末新政背景下设立的京师大学堂师范馆，作为晚清首个国立师资机构，建立之初，由于中国缺乏办新学的人才，因此朝廷仍然任命美国传教士丁韪良为总教习。他就职后，即从当时一些教会学校选择了一批毕业生到京师大学堂任教。例如山东的文会馆一下子就有刘永锡、于志坚、仲伟仪、王长庆等8名毕业生为丁韪良选中，分别担任京师大学堂的数学、物理和化学科教习。[③] 再以开办较早的教会大学东吴大学、沪江大学毕业生为例，至1926年，开办于1901年的东吴大学共毕业学生232人，其中从事教职者97人，占总数的41.8%；开办于1904年的沪江大学共毕业学生152人，其中从事教职者71人，占总数的46.7%。[④] 这些为数不少的教会毕业生们大力补充了这一时期我国新式教师群体。

[①] 董宝良：《中国教育史纲》(近代之部)，人民教育出版社1990年版，第337页。

[②] 同上书，第338—339页。

[③] 何晓夏、史静寰：《教会学校与中国教育近代化》，广东教育出版社1996年版，第294页。

[④] 按董宝良《中国教育史纲》(近代之部)，人民教育出版社1990年版，第345页"教会大学学生之出路"表计算。

（二）留学生

这一时期除师范毕业生充任教师之外，清政府还广派留学生，利用外国教育资源为本国培养师资。1904 年颁布《奏定学堂章程》，其中以法令的形式专设了《任用教员章程》，关于大学堂及高等学堂教员师资的规定将高等学堂、大学堂任教人员资格限制在本国大学堂选科、分科、通儒院毕业者或外国相应学堂毕业的留学生范围内。而是时中国国内尚未有一所近代意义的大学，所以只有归国留学生真正符合《奏定学堂章程》中高等教育师资的规定。一时间国内大学堂和各高等学堂纷纷致电驻美使臣梁诚，指名道姓地请其代为罗致留学生回国任教。如 1904 年 7 月 1 日京师大学堂的电文是："现需格致科教学，闻吴猛舟、陆耀廷、胡栋朝，留学美国，博学侠肠，肯代聘定，七月来京，月修百两。"① 类似的函电还有许多，这从侧面说明当时国内高等学堂、大学堂已吸引了一批归国留学生，如留日学生范源濂、曹汝霖、章宗祥等先后在京师大学堂、京师法政学堂任教。由此，晚清高等教育师资中，留学生们觅得了一席之位。

1894 年甲午战争的爆发以及失败引发了朝野上下的反思，向日本学习，走维新强国之路成为民族自救的希望，具有政府导向性的留日热潮由此引发。1898 年，康有为进呈《日本变政考》、《请派游学日本折》等奏折，以说明"日本变法立学，确有成效。中华欲游学易成，必自日本始"。② 1901 年 6 月，两江总督刘坤一、湖广总督张之洞第一次会奏变法事宜，奏请令各省分遣学生出洋游学，分习文武两途及农工商等专门之学，并指出应专派若干人入师范学堂，专习师范，回国后充小学、中学教师。在康有为、张之洞等的策动下，1898—1906 年，清政府出台一系列鼓励留学日本的政策。1905 年废除科举后，广兴学堂的又一波浪潮卷来，师资短缺问题再次凸现，政府谕令各省："各省学堂之不多，患不在无款无地，而在无师，应请旨切饬各省多派中学已通之士，出洋旧学，分习速成师范和完全师范"，③ 一时间留学生无论官费还是自费者均大增。日本因其毗邻中国，成为大批中国留学生的理想选择，据统计，1898—1911年 14 年间，留日学生多达 45066 人。这些留日学生大多进入了师范速成

① 罗香林：《梁诚的出使美国》，台北文海出版有限公司 1983 年版，第 272 页。

② 汤志均编：《康有为政论集》（上册），中华书局 1981 年版，第 250 页。

③ 舒新城：《中国近代教育史资料》（上册），人民教育出版社 1961 年版，第 64 页。

科，学成归国后，成为近代师资的主要来源。从当时全国专门学堂、各种实业学堂和优级师范学堂教员资格统计中发现，以这三类学堂教员为例，1907年，留学生出身者280人，占教员总数的17.5%。到1909年，留学生出身者增至753人，占教员总数的26.1%。^① 这只是中等以上学堂，中等以下学堂的主持人和教员中，留日学生也占有相当大的比例。

（三）师范生

清末维新运动期间，维新人士开始注意到培养教师的问题。1896年，梁启超著《变法通议》，其中有一节就是《论师范》。他认为：师范是群学之基，教师是学子之根核，革旧习，兴智学，必以立师范学堂为第一义。^② 他指责当时聘请外国人担任教师有五大缺点，主张自办师范学校，培养本国教师。清末办得最早的公立师范学校是盛宣怀于1896年在上海创办的南洋公学中的师范院。1902年，湖广总督张之洞于武昌创办湖北师范学堂，并附设东路小学堂。课程除普通学外，另加教育学、卫生学、教授法、学校管理等科，派武昌知府梁鼎芬为监督，聘任日本师范教员一人为总教习，这是清末最早的官办中级师范学堂。不过，在颁布壬寅学制以前，师范教育没有形成系统。

《钦定学堂章程》，即壬寅学制颁布后规定，于高等教育段的大学堂内，附设师范馆，修业三年，毕业后充任中学堂教习；中等教育段的中学堂内，附设师范学堂，修业四年，造就小学堂教习。同年，京师大学堂附设师范馆正式成立。师范馆的学生毕业后成绩优良的，给予担任中小学教师的文凭。这是中国国立高等师范教育的开端。不过壬寅学制未及实施即被废止，随后清政府又颁布《奏定学堂章程》，即癸卯学制。癸卯学制中，将师范教育与普通教育分设，使之自成一个独立系统，并将师范教育分成优、初两级。优级师范学堂的目的是培养初级师范学堂及中学堂教员、管理员，初级师范学堂目的是培养小学师资。

癸卯学制公布以后，师范教育制度没有大的变更，只有小的改动。1907年，颁布《女子师范学堂章程》，规定在府、州、县设立初级女子师范学堂，为女子小学堂培养教习。女子师范学堂附设女子小学堂及蒙养院各一所，供师范生实地练习教学。这是中国女子师范教育的开端。此外，

---

① 王奇生：《中国留学生的历史轨迹》，湖北教育出版社1992年版，第269页。

② 陈学恂：《中国近代学制史料第一辑》（下册），人民教育出版社1986年，第980页。

1911 年，由于要求加速普及教育，急需小学教员，学部奏准在初级师范学堂内设临时小学教员养成所和单级教员养成所。

癸卯学制实施以后，我国的近代教育体制初步建立。在政府号令下，各省府州县相继成立各级师范学堂，这些措施直接促成了教师群体在数量上的激增和在规模上的显著扩大。教师队伍中师范毕业生的数量逐年增长。据统计，1907 年，全国各省中小学教员共计 36974 名，其中师范毕业者 13728 人，占 37.13%；到 1909 年，全国中小学教员 84684 名，师范毕业者 41063 名，占 48.49%，两年时间增长了 11 个百分点，充分体现了师范教育的发展速度。[①]

（四）改良塾师

在新学制颁布并实施之后，纳入国家学制范围的师资培养开始走向正规化、近代化历程。但是新教育的兴办并不是一蹴而就的，由于经费、师资短缺，阻力重重，"顾以中国现时力量及人民程度，而欲大兴教育，广设蒙小学堂，恐无此量数之经费，亦无此数量之教员，则莫如先就旧有之数百万私塾而改良之……变旧习为新法，化私塾为学堂，为今日过渡时代之简易办法"，[②] 乃决定对私塾进行改良。在此情况下，上海绅商首先点燃了私塾改良的星星之火，设立私塾改良总会，并于 1906 年 6 月颁布了《上海私塾改良总会章程》。针对塾师的改良措施主要包括：基于师资缺乏的现实困境，采取对原有塾师甄别改造的办法，合格者留职，不合格者斥退，有希望改造者送师范传习所或夜课班进行培训，以期通过短期培训获得合格塾师。[③] 并规定"另筹经费，设立师范讲习所。请师范讲习所数人按期轮流与会所，与各私塾教员及有志教育诸友研究教育之理、教授之法，并补习算学、舆地、历史、理科、体操各普通学，以扩新知而补不足"。[④] 到 1910 年，清政府也颁布了《改良私塾章程》，对改革进行了规范，确立甄别和轮训塾师为改良塾师的主要方法。在这些章程的规范、引导下，塾师除了学习各门新课程外，还学习了教授法、管理法等

---

① 学部总务司：《光绪三十三年分第一次教育统计图表》，1907 年；《宣统元年分第三次教育统计图》，1909 年。

② 舒新城：《中国近代教育史资料》（上册），人民教育出版社 1981 年版，第 101—102 页。

③ 《上海私塾改良总会章程》，《大公报》1906 年 4 月 23—24 日。

④ 朱有瓛：《中国近代学制史料》（第二辑上册），华东师范大学出版社 1987 年版，第 332 页。

近代教育理论知识。在经过这些学习培训后，改良塾师们在知识结构、教学方法诸方面都开始发生转型，素质得到了提高，开始逐步转变为新式教师。

清末私塾改良还是取得了一定的成效，随着改良私塾的增多，改良塾师们在初等学校师资中也占有了一定份额。以北京地区为例：光绪三十三年（1907）下学期，京内私塾能按简易小学课程办理者仅有 12 处，学生仅 300 人，而未经改良者，不舍倍徒。因筹给名誉金奖励之，颇著奇效。至三十四年（1908）上学期查得各处改良私塾共 42 处，学生 1000 余人，下学期增至 89 处，学生 2200 余人。宣统元年（1909）末，京内私塾之改良者已有 172 处，学生达 4300 余人。[①]

1912 年，清政府垮台，清末的私塾改良也随之中断，但是近代私塾改良活动并未结束。从全国范围看，在随后的时间里，时断时续又出现了几次私塾改良高潮，其中包括后面提到的 1915—1920 年民国期间的私塾改良运动。

三 发展期教师群体的知识结构

在清末新政，建立起我国首个学制的背景下，教师知识结构上除具备了中西学兼备的特征之外，又增加了新的特点，即随着中国社会经济结构的变革以及新式教育的产生，中国近代教育科学开始萌芽。[②] 这一时期的近代教师群体首先接触到的是从传统经史之学中分离出来的基础学科教育学。留学生、师范生都是清末新政的产物，加之这一时期留学生，尤其是占多数的留日学生，大多进入了师范速成科，接受了国外较为先进的教育科学。而师范生作为癸卯学制的产物，他们的课程设置包括公共科、分类科、加习科。其中加习科分为十科：人伦道德、教育学、教育制度、教育机关、美学、实验心理学、学校卫生、专科教育、儿童研究、教育演习，学生可自由选学五门，毕业时要提交论文一篇。改良塾师则通过师范传习所、简易师范馆、夜课班进行培训，已接受教育科学相关的知识。可见，学制确立后，教育科学知识已经成为国家对于理想教师群体的任职要求。

---

① 郭秉文：《中国教育制度沿革史》，商务印书馆 1922 年版，第 82 页。
② 田正平：《留学生与中国教育近代化》，广东教育出版社 1996 年版，第 148 页。

虽然这一阶段教师群体知识结构组成中，教育科学知识已初现端倪，但是不管留学生还是师范生，在其童蒙时代都接受过严格的传统教育，中等教育或是高等教育阶段又接受了西学方面的训练，如此形成了中西杂糅的知识结构。对于旧式文人来说，此阶段仅有少数塾师接受过改造，这些改造过的塾师初具西学特征，大部分旧式文人在知识结构上还是以传统旧学为主。因此，这一阶段新式教师知识结构各异，作为教师必备的教育科学知识尚未成为教师群体知识结构的主流。

四　发展期教师群体的身份与活动

在教师身份认定上，由于此阶段仍处晚清时期，即便是新政之后，政府对于教员身份的认定还是以品级官职而论。新政后对教师身份的首次明确见于1903年颁布的新定《学务纲要》，此纲要规定：学堂教习既列为职官，当有任期，或三年一任，或二年一任，或视该学堂毕业之期为一任。[①] 1905年，政务处奏请特设学部时，再次提到教员的身份问题，建议把各省学堂所聘之教习"作为官职，别以品秩，判以正副，重以礼貌，优以请薪……列入官籍之中"。[②] 1907年，《学部奏定师范奖励义务章程折》中，规定了国家对优级师范学堂及初级师范学堂毕业生的奖励，如对优级师范学堂毕业生中"考列最优等者，作为师范科举人，以内阁中书尽先补用，并加五品衔……俟义务年满，以应升之阶，分别京外，分部分省，遇缺即补"。对初级师范学堂毕业生中"考列最优等者，作为师范科贡生，以教授用，并加六品衔……俟义务年满，以应升之阶尽先补用"。虽是传统使然，但这些将教师身份列入官籍的规定还是表明，教师身份在清末新政的背景下并没有实质性的变化，教师这一职业身份依旧不具独立性可言。

清末新政背景下的教师们，逐渐走出了传统教学僵化、落后的教学模式，开始将教育科学知识应用于学制规范下的学校课堂，在各级、各类学堂中开始出现教学工具、实验课堂、实习制度等。

这一时期的教师还延续了编辑、翻译教科书的教学辅助工作，其中最具成效的是诸多有经验的教员们在商务印书馆编译所所长蔡元培组织下，

---

① 舒新城：《中国近代教育史资料》（上册），人民教育出版社1961年版，第207页。
② 同上书，第271页。

编辑、翻译教科书，"此商务印书馆编辑教科书之发端也"。① 此外还有文明书局同样聘请了大都出国考察过师范教育，回国后也都在学堂中供事，平日教学又都具有丰富的教学经验的教师进行教科书的编写。文明书局、商务印书馆会聚了教育界的精英教师，因而能够取得成功。同时，编辑教科书成为教育界尤其是学堂教师除教学之外的一项重要活动。正是由于教师的参与，清末教科书编辑才能够蔚为壮观、百花齐放，推动学堂教学的近代化，进而促进整个知识界的近代化。②

　　除了编辑教科书作为教学的辅助工作外，教师们还亲自参与教育改革。如前所述，清末新式教育的推行，是在清政府经历甲午惨败以及八国联军侵华，清政府被迫宣布改革、实行新政的背景下出台的。从一开始便面临无人可用的窘境。因此，清政府只能把制定近代学制、举办新式学堂、编辑教科书的希望寄托在学成回国的留学生群体身上，因而在学务处、学部以及各省学务公所、劝学所等教育机构当中任用了大量的留学生以及师范毕业生。③ 通过参与学部与各省府州县学务公所、劝学所，充任谘议官、视学官、学务公所总董、劝学员等，学堂教师群体为教育改革的推进出谋划策并亲自加以实践，从而参与到参政议政的社会活动中。

　　在与教育相关的活动之外，学堂教师中，接受过西方民主自由革命思想熏陶的激进者还走向社会，自觉地肩负起社会改革与革命的历史任务，向广大学子、民众宣传革命思想，培养革命骨干，发动群众，为武装起义准备条件。有后人回忆保定崇实学堂教员的革命宣传时，曾这样写道："我那时正是崇实中学的学生。因为他们四位先生担任的都是主要课程，教的成绩又都很好，同学们对他们的信仰都很高，所以宣传的效果很大。我有一次到郝仲清先生住室去问功课，他拿出《民报》来让我看。我翻阅了一下，非常喜欢，问他能不能让我拿去细看一两天。他说可以。但是嘱咐我说：'这是犯禁的书，要谨慎一些，先不要让一般的同学看。'我如获至宝，像偷着看父兄不让看的小说那样，一两天就看完一册，又去换

---

① 蒋维乔：《编辑小学教科书的回忆》，载《商务印书馆九十周年》，商务印书馆 1987 年版，第 61 页。

② 见张立程《西学东渐与晚清学堂教师群体研究》，中国人民大学 2006 届博士论文。

③ 同上。

别的。"① 这样，普遍化的革命取向在教师群体中开始形成，并进而通过教师将革命思想灌输给学生，从而促成了整个学界的普遍革命化倾向。

总之，自 1901 年始，清末教师正式踏上了近代化的历程，在制度的保障下，近代教师群体在数量上、质量上都大有改观，获得了一定的发展。但是受政府及社会性质的制约，教师队伍在来源、知识结构以及身份认定上还没有完全走出旧有教育的窠臼，如来源混杂，知识结构杂糅、教师这一职业不具备身份上的独立性等。教师群体摆脱这些旧疾还需要依托于社会的进步，其近代化的真正完成则是在 1912 年中华民国成立之后。

第三节　教师群体近代化之完成：中华民国时期教师培养制度的完善

一　完成期教师群体的形成背景

1912 年中华民国成立，作为性质上完全不同于专制王权的政权，政治上的民主共和奠定了教育民主化改革的基础，开辟了中国资产阶级教育发展的新时代。南京临时政府以及北洋军阀执政时期，在蔡元培先生的领导下，为了敦促各地迅速恢复正常教学秩序，并在革除清末教育落后性的前提下，为全国教育提供指导意见，教育部相继公布了《普通教育暂行办法》、《师范教育令》、《师范学校规程》、《高等师范学校规程》等一系列教育规章法令。在针对北洋军阀政府的专制统治和复古主义逆流的斗争中，思想文化领域兴起的新文化运动为教育界带来了新的生机，他们倡导引进和学习的西方先进的文化教育对当时中国的教育产生了很大的冲击，至 1919 年五四运动开启中国现代教育的全方位展开，资产阶级对改革教育进行了短期的尝试，完成了中国教育的近代化。

二　完成期教师群体的身份

中华民国成立后，教师群体的近代化最初、也是最重要的举措体现在教师身份的变革上。南京临时政府教育部于 1912 年 1 月 19 日颁布《普通教育暂行办法》，对传统学校教育从制度上进行了一系列的初步改造，其

---

① 刘仙洲：《辛亥革命前后保定革命运动回忆录》，《辛亥革命回忆录》（第 1 集），文史资料出版社 1961 年版，第 375 页。

中最重要的改造即是以"旧时奖励出身一律废止。初高等小学毕业者，称初高等小学毕业生。中学校、师范学校毕业者，称中学校、师范学校毕业生"的第 14 条规定废除了旧时毕业生奖励出身的办法，彻底改变了教师这一职业依附于官僚系统的局面，使得民国时期的教师从旧时的准官僚，变成了资本主义国家的雇员或一般社会公职。就此，教师这一身份具备了其独立性，完成了清末民初教师群体职业身份的近代化。

三　完成期教师群体的来源

(一) 师范生

中华民国成立后，在南京临时政府及之后北洋军阀执政的北京政府时期，均由蔡元培先生担任教育总长。在他的主持下，教育部通过《师范教育令》、《师范学校规程令》、《高等师范学校规程令》等一系列法令的颁布，对清末制定的师范教育制度进行了以下重大调整：从前的优级师范学堂改为高等师范学校；初级师范学堂改为师范学校，临时及单级两种小学教员养成所改为小学教员讲习所，民国四年（1915 年）十一月又改为师范讲习所；高等师范学校改为国立，初等师范学校以省立为原则，民国四年（1915 年）又取消简易科，由此建立了新的师范教育制度。

这些法令规定了各级师范学校的培养目的，入学资格，以及师范生待遇及义务效力年限等。当时已明文规定师范教育以造就各级各类学校教员为目的。[①] 其中"师范学校、高等师范学校学生免纳学费，并由本学校酌给校内必要费用。依前项规定外，得收自费学生"[②]，"公费生免纳学费，并由学校给膳宿费"。"学生因第五十三条及第五十四条事故退学或自行告退，在公费者应令偿还学费及给予各费，在自费者应令偿还学费；但得酌量情形免其一部或全免之"[③] 等规定，在以公费生制度保障了师范学校生源的基础上，利用自费生制度及赔偿制度减轻国家了负担，扩大了师范生生源。除了保障师范学校生源，这些师范教育法令还延续了清末师范教

---

①　在《师范教育令》中，规定"师范学校以造就小学教员为目的"；女子师范学校"以造就小学校教员及蒙养院保姆为目的"；在《高等师范学校令》中规定"高等师范学校以造就中学校、师范学校教员为目的"。见舒新城《中国近代教育史资料》（中册），人民教育出版社 1961 年版，第 708—710 页。

②　舒新城：《中国近代教育史资料》（中册），人民教育出版社 1961 年版，第 701 页。

③　同上书，第 713 页。

育中毕业效力义务的规定，在其基础上制定了师范毕业生义务服务年限政策，具体规定如"本科毕业生应在本省高等小学校及国民学校服务，其期限受毕业证书之日起算：第一部公费生七年，半费生五年，自费生三年；第二部生二年。女子师范学校本科毕业生应行服务之期限：公费生五年，半费生四年，自费生三年；第二部生二年"。[①] 并规定"无正当理由改任教师以外的服务者，则偿还全部公费及学费"。对女子师范教育而言，相比清末《女子师范学堂章程》中女子师范教育仅限于初级师范学堂的规定，民国初年的女子师范教育在民国八年（1919年）教育部颁布《女子高等师范学校规程》后获得了更大的发展空间。此外，在1914年，袁世凯所定的《教育纲要》中，提出了高等师范区制，划区设立高等师范学校，于是在1912—1918年期间按计划先后开办了北京、南京、武昌、成都、广东、沈阳六所高等师范学校。虽然高等师范分区制在穷兵黩武、财政拮据的军阀统治时期并没有很好地实施下去，但是它一定程度上刺激了西南等内地不发达省份教育的发展，为谋求全国中学师资的均衡发展做出了贡献。自1912年中华民国成立至1919年五四运动开启中国现代教育的全方位展开为止，在改良教育方面，政府采取了一系列改革措施，其间虽有北洋政府控制下的传统教育回潮，但总体上这些措施对发展师范教育、提高师范教育质量、保证师范生毕业出路、充实和稳定中小学教师队伍都起了一定作用。对于教师群体的构成而言，随着师范教育的完善及发展，越来越多的师范毕业生们走上教师岗位，成为了近代教师群体的主体。

（二）改良塾师

中华民国成立后，继续清末改良余热，在全国范围内，时断时续又出现了几次私塾改良高潮，从民间发轫的近代私塾改良运动逐渐走上了政府主导下的法规化道路。如1912年民国政府教育部制定《整理私塾办法》、1914年教育部出台《整理教育方案草案》、1915年袁世凯制定《教育宗旨令》和《特定教育纲要》等。

这一些法规法令中对于塾师的改良主要是通过组织塾师进入师范讲习所学习，提高其业务素质；考核认定塾师资格，确保质量；制定实施一系列奖惩制度等途径进行的。通过塾师改造，小学教师队伍整体水平直接得

---

① 舒新城：《中国近代教育史资料》（中册），人民教育出版社1961年版，第713页。

到了提高。在初等教育完成近代化的过程中，占据初等教师相当份额的塾师们也相继完成了其近代化。

（三）留学生、教会学校毕业生

清末留学日本热潮退去之后，中国近代留学教育跨进了一个新的时期，这个新时期以美国退还部分庚子赔款吸引留学生为其肇端。[1] 1908 年美国国会参、众两院联合批准《豁免中国部分赔款》的法案，将庚子赔款所得以接收派遣留学生的方式退还给中国，同年 10 月，清政府外务部初步提出了派遣留学生赴美留学的办法。1909 年 7 月，外务部、学部《会奏为收还美国赔款遣派学生赴美留学办法折》详细规划了具体派遣办法。1909 年 10 月，第一批庚款生程义法、金涛、梅贻琦等 47 人赴美，以后按照规定年年选派，又形成了一个庚款生留美的热潮。至民国成立初期，这批留学生们学成归国，其中一部分归国留学生也充实到教师队伍中来，如梅贻琦等，甚至成为教育界之奇葩。民国成立之后，1912 年蔡元培等 7 人发起成立留法俭学会，1916 年 10 月教育部订定《选派留学外国学生规程》十条等，这些举措进一步推动了留学生数量的增加。这些留学生回国后，积极参与到政府教育改革中来，广泛研究国外教育理论，向国内介绍各国教育制度及国外著名教育家的思想；很多新教学方法被引进并得到实践，如单级教授法、五段教学法、设计教学法等。这些活动在一定程度上带动了民初教师群体的近代化。

同时，20 世纪初开始大力发展的教会大学，此时已取得显著成效。1926 年 3 月出版的《民锋》杂志对教会大学毕业生职业的跟踪调查统计显示，相对而言，在各行各业中，从事教师职业是教会大学毕业生的主要出路。这些毕业生们同样成为了组成我国近代教师群体的一部分。[2]

四 完成期教师群体的知识结构

根据民初教育宗旨，教育部制定公布的《师范学校规程》、《高等师范学校规程》、《师范学校课程标准》、《高等师范学校课程标准》等法令，对于师范学校课程设置做了规定，在原有读经、习字、外国语、数学、体

---

① 田正平：《留学生与中国教育近代化》，广东教育出版社 1996 年版，第 97 页。

② 这一时段各教会大学毕业生在教会大学及其他学校中从事教学工作的情况可参见董宝良《中国教育史纲》（近代之部），人民教育出版社 1990 年版，第 345 页。

操、物理、化学等具体学科之外，还添加了教育课程，以心理学、论理学之要略、教育理论、哲学、教授法、保育法、教育史、教育制度、学校管理、学校卫生、教育实习作为各级师范学校各部学生兼修课程，此外，在每门学科中还包括教授法，即各科教学教法，如国文教授法、习字教授法、英语教授法、历史教授法，等等。上面开设的教育课程差不多涉及了当时教育科学的所有分支，这从教育学科的建设来看，意义非凡，在一定程度也反映着教育科学发展的水平。从教师知识结构的发展来看，教育科学的发展使得培养学生从师知识及技能成为可能。作为教师群体主要来源的师范生基本完成了知识结构的近代化。

对于塾师而言，经过改良，他们在教学方法方面逐渐抛弃了旧时以背诵为主的方法，考虑到儿童身心发展、学习兴趣等方面的问题，开始采用新的教学方法。归国留学生、教会毕业生加入到教师队伍中后，更是以其全新的国外教育理论、方法等知识为这一时期教师群体注入了新鲜的近代化血液。由此，民初的教师群体在知识结构方面达到了科学化。

这一时期的教师，受"义务效力年限"、教育宗旨等政府教育法令条文的约束，无论是师范生还是塾师、留学生、教会毕业生等，在进入学校后，大都以教学作为其专门职业，安心育人，教师群体活动基本趋于一致，并且开始固定下来。

在晚清新式教育、师范教育的基础上，民国初期的教师群体在近代化之路上取得了成功，作为过渡期间的教师群体的近代化真正得以完成。1918 年后，全国教师群体中尽管依旧存在少量代表传统、外国教会势力的私塾先生、教会教师，但此时的国家已经建立起了以国家为主导力量的师范教师制度，彻底改变了清末之前师资问题上政府功绩与民间力量相互杂糅的局面。师资培养正规化的同时，教师群体完成了其近代化，走上了正规化、本土化、现代化之路。此后的教师既不同于 1862 年之前传统社会性质中的教师，也不同于 1862—1918 年中国社会过渡期间的教师。他们远离了前者的落后，同样也抛弃了后者在过渡时期表现出的混乱与复杂，开始表现出作为新型职业群体的现代性，在此后的人才培养、文化传播、推动社会前进的过程起到了重要作用。

第四节　清末民初教师群体发展演变特征及社会影响分析

一　清末民初教师群体演变特征分析

清末民初教师群体近代化历史的演进是近代中国社会进步和教育发展在推进过程中的一个缩影，这种演进过程以教师群体来源、知识结构的更新及身份地位、群体活动的变化为特征，以社会的政治革命、经济变革、文化鼎新和教育转型为诱因，是社会变迁与教育变迁交互作用的结果。

从清末民初教师群体来源来看，清末民初新旧交替的历史时期，新旧教育的更替过程中教育资源的再分配虽然对既往的利益格局形成了冲击，如学堂取代塾学使科举时代的教读之士面临着生存的困难和压力等，但总体上看，在新式知识分子不断加入到近代教师群体中的同时，不管是被动还是主动，传统士子仍然有机会在新体制下获得立足之地。在清政府的政策引导下，他们通过进入学堂或留学国外，得以完成身份转换，成为学堂教员，甚而直接由塾师身份转变为教员身份，在教育领域中仍然占有一定位置。而通过教会学校、洋务学堂、近代师范学校等的培养，越来越多的新式知识分子产生，他们不断地充实到教师队伍中来，形成了教师群体中的"新势力"——近代教师。总之，在政府的有效举措和积极努力下，传统教师与新式知识分子因共同的事业走到一起，形成了一个新旧交织、成分繁杂的职业群体——中国近代教师群体，体现了社会转型期事物的复杂性和多样性。随着新式教育的推进，教师队伍中的传统势力由强到弱，新兴力量由弱到强，直至"新陈代谢"过程完成，教师群体最终实现了自身的转型。

从清末民初教师群体知识结构来看，这一职业群体由于构成的多样性，其知识结构在演变过程中具有新旧交织、成分繁杂的特征。传统儒学作为上千年传统社会的文化代表，最初独占着文化教育领域，是教师群体知识结构的唯一组成部分，但随着社会的转型以及教育的变革，近代西方文化渗透到社会生活的方方面面，并逐渐占据了文化教育领域半壁江山。因此，不论是新式学堂培养出来的师资还是传统士子，他们在知识结构上已经不同于过去传统的学官、塾师，除了知道孔孟圣道外，还对新学、西学知识有了初步的了解；除了传统的记诵学习方法外，还知道了用图解、模型、仪器等进行教学的方法。近代教育科学知识在教师知识结构中也以异军突起之势占领了领先位置。知识结构由原来的单一逐渐向多元转化，尽管各部分教师的知识结构在中西学比例上也存在一个角力的过程，不同时期各有偏重，但从整体来看，基本上具备了中西学兼备的知识结构特征。

从清末民初教师群体身份地位来看，职业地位的转变是教师近代化历史演进过程中最为彻底的。由清代依附于官僚系统"亦官亦师"的身份到中华民国成立之后颁布法令从制度上确立了教师职业的合法地位，从而彻底改变了教师这一职业依附于官僚系统的局面，也使得教师身份具备了独立性。这是因为政府制度层面对于教师职业身份的规约，同时这也说明制度层面的变革在政府主导、自上而下的社会改革中是最易进行的。

从清末民初教师群体活动变化来看，1862 年之前的教师群体，其最初的活动仅仅围绕科场，教师职位只不过是进军仕途过程中不得已的选择。这种表现与传统社会政治、文化等紧密相符。但是随着社会的变革，教师群体中逐渐有越来越多的新式知识分子加入，他们成为了思想最为活跃的一部分社会变革力量。这一群体的思想相应地反映到其行为中来，参与社会事务、发动学生进行社会变革以及进行学校教学工作共同组成了这一时期的教师群体活动。与社会变革相适应，在共和体制的国家形成之后，教师职业正式纳入国家制度范畴，有了法律化的职业定性之后，教师群体的活动也得以规范，教学活动成为了他们最主要的活动。从这种变化中可以看出，不同思想意识及知识结构支配着教师群体活动的复杂多变。恪守传统、思想保守者效忠政权，以统治者意志唯其马首；思想开明、采纳西学者主动学习新知识，顺应时代潮流；锐意求新、追求进步者，矢志革命，热心于社会活动，种种行为，不一而论。各种行为相互对立、冲突、融合，共同消融着彼此的矛盾冲突，形成一致的合力，那便是努力与时代的节奏合拍，适应时代对教育教师的要求，共同推动着中国新教育的进步。

二　清末民初教师群体影响分析

教育近代化方面，清末民初教师群体是中国教育近代化过程中形成并发展起来的一个重要职业群体。所谓中国教育的近代化，是指一种历史过程。即是说，它指的是与几千年来自给自足的农业经济基础和君主专制政体相适应的传统教育，逐步向与近代大工业生产和资本主义发展相适应的近代新式教育转化演变的这样一个历史过程。换句话说，它指的是近代资本主义兴起之后，通过多次的教育改革，学习、借鉴西方教育经验，改造、更新传统教育，努力赶上世界先进教育水平的历史过程。这个过程，既体现在教学内容、教育制度、教学方法和手段等物化层次方面，也更深刻地反映在诸如教育理论、教育思想，以至于教育观念、社会心理、价值取向等精神、思想和心理层面。[①] 作为清末民初教育改革的中坚力量，教师群体比其他人更早地接触到近代教育科学方面的新理论、新思想，在教学内容、教育制度、教学方法和手段等物化层次方面以及教育理论、教育思想以至于教育观念、社会心理、价值取向等精神、思想和心理层面主导着教育近代化的进程和发展方向。

社会近代化方面，作为近代新式知识分子群体中极为重要的组成部分之一，教师群体在占有文化资源方面具有一定优势，代表着当时社会最为先进的文化。在西学传播方面起到了传播主体的信息源和文化交流的桥梁作用，促进了中国人思想观念的近代化。在社会变革方面，虽无力影响国家决策，但教师群体利用其固有的优势与特长——近代知识信息的持有者，在力所能及的范围内，冲破限制与束缚，积极参与社会改造及革命活动，对于促进人们的思想观念、知识结构和社会心态的转变具有积极的作用，也在一定程度上推动了中国社会的近代化历程。

如葛兆光在《思想史研究课堂讲录》中所言，福柯认为历史"处处呈现了断裂和非延续性，连续性并不存在，它只是一种理性的后设，思想和知识的变化是'权利'和'知识'的互相关系，历史并没有什么规律，并非一个连续的过程，充满了权利和知识的互相纠缠与联系"。[②] 对于教师群体的历史演进来说，旧事物的消失和新事物的发展在特定的环境、特定的时期同台上演的现象同样存在，教师队伍的近代化并非在政府教育改革一声令下之中一蹴而就，而是在群体来源、知识结构、社会活动等方面经历了各种因素、力量的纠结与角力。

---

①　田正平：《中国教育近代化丛书·总前言》，广东教育出版社 1996 年版，第 7—8 页。
②　葛兆光：《思想史研究课堂讲录》，生活·读书·新知三联书店 2006 年版，第 59 页。

参考文献

一　古典文献类

《论语》，中华书局 1980 年版。

《汉书·艺文志》，北京图书馆出版社 2003 年版。

《唐会要》，上海古籍出版社 1991 年版。

《全唐文》，山西教育出版社 2002 年版。

张廷玉撰：《明史》，中华书局 1974 年版。

《明会典》，四库全书本。

俞汝辑：《礼部志稿》，四库全书本。

黄佐：《南雍志》，台湾伟文图书出版社有限公司 1976 年版。

黄儒炳：《续南雍志》，台湾伟文图书出版社有限公司 1980 年版。

《吏部职掌》，四库全书本。

赵尔巽等撰：《清史稿》，中华书局 1976 年版。

李国详、杨昶主编：《明实录类纂》（北京史料卷），武汉出版社 1992
　　年版。

《明实录》，上海书店 1985 年版。

《清实录》，中华书局 1986 年版。

《皇朝经世文编》，沈云龙主编：《近代中国史料丛刊》第 74 辑，文海出
　　版社 1973 年版。

特登额等编：《钦定礼部则例》，道光二十四年本。

《钦定大清会典》，台湾商务印书馆 1986 年版。

《钦定大清会典事例》，台湾商务印书馆 1986 年版。

《钦定六部处分则例》，光绪十八年上海图书集成印书局印。

《钦定学政全书》，沈云龙主编：《近代中国史料丛刊》第 13 辑，台北文

海出版社 1968 年版。

张友渔、高潮主编：《中华律令集成》（清代卷），吉林人民出版社 1991
　　年版。

龙文彬纂：《明会要》，中华书局 1956 年版。

《续文献通考》，商务印书馆十通本。

《清朝通志》，商务印书馆十通本。

《清朝文献通考》，商务印书馆十通本。

《清朝续文献通考》，商务印书馆十通本。

《皇朝政典类纂》，载沈云龙主编《近代中国史料丛刊续辑》第 88 辑，台
　　北文海出版社 1974 年。

《碑传集》，载沈云龙主编《近代中国史料丛刊》第 93 辑，台北文海出版
　　社 1973 年版。

《续碑传集》，载沈云龙主编《近代中国史料丛刊》第 99 辑，台北文海出
　　版社 1973 年版。

《碑传集三编》，载沈云龙主编《近代中国史料丛刊》续编第 73 辑，台北
　　文海出版社 1980 年版。

《碑传集补》，载沈云龙主编《近代中国史料丛刊》第 100 辑，台北文海
　　出版社 1973 年版。

文庆、李宗昉等纂修：《钦定国子监志》，北京古籍出版社 2000 年版。

《康熙政要》，清宣统铅印本。

二　古代文集著述类

王守仁：《王阳明全集》，上海古籍出版社 1992 年版。

孙承泽：《春明梦余录》，上海古籍出版社 1993 年版。

徐珂：《清稗类钞》，中华书局 1985 年版。

赵翼著，王树民校点：《廿二史札记校证》，中华书局 1984 年版。

郑晓：《今言》，中华书局 1984 年版。

王世贞：《弇山堂别集》，中华书局 1985 年版。

张瀚：《松窗梦语》，上海古籍出版社 1986 年版。

沈德符：《万历野获编》，中华书局 1959 年版。

陆粲、顾起元：《庚巳编·客坐赘语》，中华书局 1987 年版。

陈其元：《庸闲斋笔记》，中华书局 1989 年版。

陆以湉：《冷庐杂识》，中华书局 1984 年版。

余继登：《典故纪闻》，中华书局 1985 年版。

陈康祺：《郎潜纪闻初笔·二笔·三笔》，中华书局 1984 年版。

陈康祺：《郎潜纪闻·四笔》，中华书局 1984 年版。

顾潜：《静观堂集》，清雍正十年桂云堂刻本。

郑满：《勉斋先生遗稿》，清康熙刻本。

姚镆：《东泉文集》，明嘉靖刻本，清修本。

张夏：《雒闽源流录》，清康熙二十一年刻本。

张问达辑：《王阳明先生文钞》，清康熙二十八年致和堂刻本。

李乐：《见闻杂记》，上海古籍出版社 1986 年版。

王士禛：《古夫于亭杂录》，中华书局 1988 年版。

周辉：《金陵琐事》，明万历三十八年刊本。

邵之棠：《皇朝经世文统编》，光绪二十七年本。

诸晦香：《明斋小识》，道光刻本。

方大琮：《铁庵文集》，《四库全书》本。

《古今图书集成》，民国二十三年中华书局影印出版。

张履祥：《杨园先生全集》，陈祖武校点，中华书局 2002 年版。

周清原：《西湖二集》，人民文学出版社 1989 年版。

宋起凤：《稗说》，收入《明史资料丛刊》第二辑，江苏人民出版社 1982
　　年版。

袁采：《袁氏世范》，影印文渊阁《四库全书》本。

冯班：《钝吟杂录》，影印文渊阁《四库全书》本。

魏校：《庄渠遗书》，明嘉靖刻本。

石天基：《训蒙辑要》，光绪二十四年重刻本。

黄佐：《泰泉乡礼》，《四库全书》，上海古籍出版社 1987 年版。

叶春及：《石洞集》，影印文渊阁《四库全书》本。

黄淮：《黄文简公介庵集》，《四库全书存目录》影印，民国二十七年永嘉
　　黄氏排印《敬乡楼丛书》本。

李诩：《戒庵老人漫笔》，中华书局 1982 年版。

梁章钜：《归田琐记》，中华书局 1981 年版。

吴炽昌：《客窗闲话·续客窗闲话》，文化艺术出版社 1988 年版。

冯时可：《雨航杂录》，《钦定四库全书》本。

陈舜系：《乱离见闻录》，收入《明史资料丛刊》第三辑，江苏人民出版社 1982 年版。

叶永盛：《玉城奏疏戚畹杀师疏》，收入《丛书集成新编》，台湾新文丰出版公司 1985 年版。

张应俞：《江湖奇闻杜编新书》，百花文艺出版社 1992 年版。

李延昰：《南吴旧话录》上海古籍出版社 1985 年版。

褚人获：《坚瓠集》，《笔记小说大观》本。

蒲松龄著，路大荒整理：《蒲松龄集》，上海古籍出版社 1986 年版。

戴震：《戴东原集》，四部丛刊本。

朱察卿：《朱邦宪集》，《四库全书存目丛书》，影印明万历六年朱家法刻增修本。

钱谦益：《列朝诗集小传》，上海古籍出版社 1983 年版。

易宗夔：《新世说》，上海古籍书店 1982 年影印本。

吴炽昌：《客窗闲话·续客窗闲话》，文化艺术出版社 1988 年版。

沈鲤：《覆行十四事疏》，见《礼部志稿》，四库全书本。

唐鉴：《唐确慎公集》，四部备要本。

陈玉辉：《陈先生适适斋鉴须集》，康熙十七年刻本。

唐彪：《读书作文谱·父师善幼法》，岳麓书社 1989 年版。

天然痴叟：《石点头》，内蒙古人民出版社 1986 年版。

张伯行：《小学集解·小学辑说》，中华书局 1985 年版。

戴名世：《种杉说序》，见《潜虚先生文集补遗》上海图书馆藏。

陈尧：《梧冈文正续两集合编》，《四库全书存目丛书》，影印清康熙五十一年陈世辑钞本。

寇天叙：《涂山先生集》，《四库全书存目丛书》，影印明嘉靖寇阳刻蓝印本。

沈鲤：《义学约》，见《养正类编》，《正谊堂全书》本。

吴宽：《匏翁家藏集》，"四库明人文集"本，上海古籍出版社 1991 年版。

王廷相：《雅述》，《四库全书存目丛书》影印明嘉靖刻本。

刘大鹏著，乔志强标注：《退想斋日记》，山西人民出版社 1990 年版。

叶梦珠：《阅世编》，上海古籍出版社 1981 年版。

叶盛：《水东日记》，中华书局 1980 年版。

钱泳撰：《履园丛话》，清代史料笔记丛刊，中华书局 1979 年版。

余治：《得一录》，同治八年得见斋刊刻本。

郑板桥：《郑板桥集》，上海古籍出版社 1983 年版。

王筠：《教童子法》，见《灵鹣阁丛书》，光绪二十一年元和江氏刊本。

任兆麟：《任氏家塾规条十则》，见《有竹居集》，嘉庆年间刻本。

陈芳生：《训蒙条例》，《檀几丛书二集》，清刊刻本。

崔学古：《幼训》，《檀几丛书二集》，清刊本。

顾炎武：《顾亭林诗文集》，中华书局 1983 年版。

陈宏谋：《养正遗规》，《续修四库全书》本。

吕留良：《吕晚村先生文集》，《续修四库全书》影印复旦大学图书馆藏清
　　雍正三年吕氏天盖楼刻本。

陶正清：《陶晚闻先生集》，清光绪七年刊《海虞三桃先生集合刻》本。

陈宏谋：《培远堂偶存稿》，民国二十年铅印本。

津门佟氏：《士庶备览》，清光绪十八年刻本。

汪辉祖：《佐治药言》，清光绪刻本。

丁日昌：《抚吴公牍》，光绪三年刻本。

陆深：《俨山集》，四库明人文集丛刊，上海古籍出版社 1993 年版。

唐鉴：《唐确慎公集》，光绪元年刻本。

全祖望：《鲒埼亭集·外编》，四部丛刊本。

李德林：《定颍记事》，道光六年刻本。

黄淳耀：《陶庵集》，清光绪五年重刻本。

周凯：《内自讼斋杂刻》，周氏家刊本。

蒋德钧：《求实斋丛书》，光绪十七年湘蒋氏家刻本。

徐栋：《牧令书》，道光戊申年刊本。

王韬：《王韬日记》，咸丰九年三月十七日条。

柳宗元：《柳河东集》，商务印书馆 1958 年版。

吕温：《吕叔和文集》，康熙钞本。

三　方志家乘类

李铭皖等修：《苏州府志》，清光绪九年刊本。

晏端书等纂：《续纂扬州府志》，清同治十三年刊本。

汪士铎等纂：《续纂江宁府志》，光绪六年刊本。

张亘等纂修：《芮城县志》，民国十二年铅印本。

韩垌等纂：《洪洞县志》，民国六年铅印本。

杨世英等修：《安泽县志》，民国三十一年铅印本。

马步蟾修、夏鑾纂：《徽州府志》，清道光七年刊本。

李無逸等纂：《虞乡县新志》，民国九年石印本。

赖昌期总修：《阳城县志》，清同治十三年刊本。

杨笃纂修：《长沙县志》，清光绪二十年刊本。

冯煦等纂：《金壇县志》，民国十年铅印本。

王之哲等纂：《岳阳县志》，民国二年刊本。

孔兆熊、郭蓝田修，阴国垣纂：《沁源县志》，民国二十二年刊本。

虞承业编，（清）马振文等增修：《偏关志》，清道光年间刊。

宗源瀚等修，周学濬等纂：《湖州府志》，清同治十三年刊本。

李培谦监修：《阳曲县志》，民国二十一年重印本。

宋如林等修：《松江府志》，清嘉庆二十二年刊本。

王秀文等修：《许昌县志》，民国十二年石印本。

刘德昌修：《商邱县志》，民国二十一年石印本。

史澄等纂：《广州府志》，清光绪五年刊本。

郑伦斌等纂：《惠州府志》，清光绪七年刊本。

张时徹等修：《宁波府志》，明嘉靖三十九年刊本。

张元忭等纂：《绍兴府志》，明万历十五年刊本。

刘應钶修：《嘉兴府志》，明万历二十八年刊本。

宋奎光撰：《宁海县志》，明崇祯五年刊本。

任弘烈编辑：《泰安州志》，民国二十五年铅印本。

祝王羽修：《罗田县志》，明嘉靖二十一年修本。

林则徐等修：《广南府志》，清光绪三十一年重抄本。

范承勋等修：《云南府志》，清康熙三十五年刊本。

李正儒创修：《藁城县志》，明嘉靖十三年刊本。

弘治《吴江县志》，《中国史学丛书三编》，台湾学生书局 1987 年版。

万历《漳州府志》，《中国史学丛书三编》，台湾学生书局 1987 年版。

正德《新乡县志》，天一阁藏明代方志选刊，上海古籍书店影印。

嘉靖《安溪县志》，天一阁藏明代方志选刊，上海古籍书店影印。

嘉靖《隆庆志》，天一阁藏明代方志选刊，上海古籍书店影印。

嘉靖《惠安县志》，天一阁藏明代方志选刊，上海古籍书店影印。

嘉靖《内黄县志》，天一阁藏明代方志选刊，上海古籍书店影印。

嘉靖《沔阳志》，天一阁藏明代方志选刊，上海古籍书店影印。

嘉靖《磁州志》，天一阁藏明代方志选刊，上海古籍书店影印。

嘉靖《威县志》，天一阁藏明代方志选刊，上海古籍书店影印。

刘德弘、杨如樟等修：《涿州志》，清康熙十六年刻本。

姜师闵等纂修：《景宁县志》，明万历十六年刻本。

曹一麟纂修：《吴江志》，明嘉靖四十年刻本。

崔维嶽等纂修：《宿州县志》，明万历二十四年刻本。

唐臣等纂修：《真定府志》，明嘉靖二十八年刻本。

林致礼等纂修：《西宁县志》，明万历二十年刻本。

周宗智纂修：《金华府志》，明成化十六年刻本。

周诗等纂修：《江宁县志》，明万历二十六年刻本。

庐熊纂修：《苏州府志》，明洪武十二年刻本。

黄骅等纂修，张启宗等增修：《六合县志》，明万历二年刻本，四十三年
　　增刻本。

胡谧纂修：《河南总志》，明成化二十二年刻本。

陈道修、黄仲昭纂：《八闽通志》，明弘治四年刻本。

刘文徵修：《滇志》，明天启五年刻本。

王懋德等纂修：《金华府志》，明万历六年刻本。

唐胄修：《琼台志》，明正德刻本。

尹继善、黄之隽等纂修：《江南通志》，清乾隆元年刻本。

李熙龄等纂修：《广南府志》，清道光二十八年刻本。

陈伯陶等纂修：《东莞县志》，民国十六年铅印本。

金元烺等修，夏子鍚纂：《再续高邮州志》，清光绪九年刻本。

吴坤修、何绍基纂：《重修安徽通志》，清光绪七年刻本。

卢蔚猷、吴道镕：《海阳县志》，清光绪二十六年刻本。

郭晋、管粤秀：《太谷县志》，清乾隆六十年刻本。

张淑渠、姚学瑛：《潞安府志》，清乾隆三十五年刻本。

沈家本、荣铨：《重修天津府志》，清光绪二十五年刻本。

常恩、邹汉勋等所纂修：《安顺府志》，清咸丰元年刻本。

许应荣、童范俨等编修：《临川县志》，清同治九年刻本。

王维新等修，涂家杰等纂：《义宁州志》，清同治十二年刻本。

周淦、方胙勋等纂修：《重修灵宝县志》，清光绪二年刻本。

杨虎城、邵力子等纂修：《续修陕西通志稿》，民国二十三年铅印本。

胡之鋘等修，周学曾等纂：《晋江县志》，清道光十年刻本。

陈元其、熊其英等纂修：《青浦县志》，清光绪五年刻本。

李景峰、陈鸿寿等纂修：《溧阳县志》，清光绪二十二年刻本。

高植、沈锡三等纂修：《德化县志》，清乾隆四十五年刻本。

鲁鼎梅修，王必昌纂：《德化县志》，清乾隆十一年刻本。

杨受廷等修，马汝舟等纂：《如皋县志》，清嘉庆十三年刻本。

曹允源、李根源纂：《吴县志》，民国二十二年铅印本。

吴馨、姚文枬等纂修：《上海县续志》，民国七年铅印本。

陈思修，缪荃孙纂：《江阴县续志》，民国十年刻本。

潘镕、沈学渊等纂修：《萧县志》，清嘉庆二十年刻本。

杨士骧、孙葆田等纂修：《山东通志》，民国四一七年本。

欧阳英等纂修：《闽侯县志》，民国二十二年本。

何绍章等修，吕耀斗等纂：《丹徒县志》，清光绪五年刻本。

潘守连等纂修：《新修南阳县志》，清光绪三十年刻本。

沈传义修，黄舒昺纂：《祥符县志》，清光绪二十四年刻本。

梁悦馨等修，季念诒等纂：《通州直隶州志》，清光绪元年刻本。

安维峻等纂修：《甘肃全省新通志》，清宣统元年本。

蒋启勋、赵佑宸等纂修：《续纂江宁府志》，清光绪七年刻本。

许瑶光、吴仰贤等纂修：《嘉兴府志》，清光绪五年刻本。

曾国荃、王轩等纂修：《山西通志》，清光绪十八年刻本。

卞宝第等纂修：《湖南通志》，清光绪十三年刻本。

梁培煐等纂修：《贺县志》，民国二十三年刻本。

杨霁、陈兰彬等纂修：《高州府志》，清光绪十六年刻本。

葛振元等纂修：《沔阳州志》，清光绪二十年刻本。

王枚：《续修睢州志》，清光绪十八年刻本。

王幼侨：《续安阳县志》，民国二十二年刻本。

夏敬颐等纂修：《浔州府志》，清光绪三十二年刻本。

韩志超、何云诰等纂修：《光绪蠡县志》，清光绪二年刻本。

怀荫布修，黄仁等纂：《泉州府志》，清乾隆二十八年刻本。

江峰青、顾福仁等纂修：《嘉善县志》，清光绪二十年刻本。

歙县《新馆鲍氏著存堂支谱》，清刊本。

歙县《许氏世谱》，清刊本。

休宁《西门汪氏宗谱》，清刊本。

山东黄县《太原王氏族谱》，清宣统六年刊本。

《义门陈氏宗谱》，聚原堂刊本。

绍兴《山阴安昌徐氏宗谱》，清光绪十年刊本。

苏州《陆氏莳门支谱》，清光绪十四年刊本。

苏州《彭氏宗谱》，清同治六年刊本。

金坛《金沙庄氏宗谱》，清光绪四年刊本。

慈溪《鞍山郑氏重修宗谱》，清光绪三年刊本。

诸暨《暨阳虞氏宗诸》，民国元年刊本。

《上海曹氏族谱》，民国十年序刊本。

苏州《吴中叶氏族谱》，清宣统三年刊本。

慈溪《师济沈虱氏宗谱》，民国二年刊本。

四 小说戏剧类

冯梦龙：《醒世恒言》，珠海出版社 2002 年版。

冯梦龙：《警世通言》，珠海出版社 2002 年版。

冯梦龙：《喻世明言》，珠海出版社 2002 年版。

凌蒙初：《初刻拍案惊奇》，珠海出版社 2002 年版。

凌蒙初：《二刻拍案惊奇》，珠海出版社 2002 年版。

梦觉道人：《西湖浪子（辑）·三刻拍案惊奇》，北京燕山出版社 1987
年版。

汤显祖：《牡丹亭》，岳麓书社 2002 年版。

吴炳：《绿牡丹》，上海古籍出版社 1985 年版。

陆人龙：《型世言》，三秦出版社 2006 年版。

周清源：《西湖二集》，浙江文艺出版社 1985 年版。

天笑才子：《快心编》，春风文艺出版社 1985 年版。

天花藏主人：《赛红丝》，春风文艺出版社 1987 年版。

南北鹍冠史者：《春柳莺》，春风文艺出版社 1983 年版。

闭户先生：《鼓掌绝尘》，春风文艺出版社 1983 年版。

天花藏主人：《飞花咏》，春风文艺出版社 1983 年版。

天花藏主人：《两交婚》，春风文艺出版社 1985 年版。

笠翁先生原本，铁华山人重辑：《合锦回文传》，北京师范大学出版社 1993 年版。

封云山人：《铁花仙史》，春风文艺出版社 1985 年版。

天花藏主人：《画图缘》，春风文艺出版社 1985 年版。

娥川主人：《生花梦》，北京师范大学出版社 1993 年版。

佚名：《绣像闺门秘术》，中央民族学院出版社 1994 年版。

西周生：《醒世姻缘传》，上海古籍出版社 1981 年版。

唐彪：《读书作文谱·父师善诱法》，岳麓书社 1989 年版。

李汝珍：《镜花缘》，昆仑出版社 2001 年版。

陈郎：《雪月梅传》，华夏出版社 1995 年版。

李绿园：《歧路灯》，中州书画社 1980 年版。

游戏主人：《笑林广记》，唐可省译注，广州出版社 2001 年版。

李百川：《绿野仙踪》，北京大学出版社 1986 年版。

张南庄：《何典》，工商出版社 1981 年版。

蒲松龄：《聊斋志异》，天津古籍出版社 2002 年版。

吴敬梓：《儒林外史》，岳麓书社 1988 年版。

曹雪芹、高鹗：《红楼梦》，人民文学出版社 1982 年版。

李宝嘉：《官场现形记》，山西人民出版社 1993 年版。

五　今人著述类

璩鑫圭、童富勇、张守智编：《中国近代教育史资料汇编·鸦片战争时期教育》，上海教育出版社 1990 年版。

高时良编：《中国近代教育史资料汇编·洋务运动时期教育》，上海教育出版社 1992 年版。

汤志钧、陈祖恩编：《中国近代教育史资料汇编·戊戌时期教育》，上海教育出版社 1993 年版。

陈学恂、田正平编：《中国近代教育史资料汇编·留学教育》，上海教育出版社 1991 年版。

朱有瓛等编：《中国近代教育史资料汇编·教育行政机构及教育团体》，上海教育出版社 1993 年版。

璩鑫圭、唐良炎编：《中国近代教育史资料汇编·学制演变》，上海教育出版社 1991 年版。

璩鑫圭、童富勇编：《中国近代教育史资料汇编·教育思想》，上海教育
　　出版社 1997 年版。

朱有瓛主编：《中国近代学制史料》（1—4 辑），华东师范大学出版社
　　1990 年版。

陈学恂主编：《中国近代教育史教学参考资料》（上、中、下），人民教育
　　出版社 1987 年版。

陈学恂主编：《中国近代教育文选》，人民教育出版社 1983 年版。

陈学恂：《中国近代教育史大事记》，上海教育出版社 1981 年版。

舒新城编：《中国近代教育史资料》（上、中、下），人民教育出版社
　　1961 年版。

孟宪成：《中国古代教育史资料》，人民教育出版社 1961 年版。

李国钧、王炳照主编：《中国教育制度通史》，山东教育出版社 2000
　　年版。

顾明远主编：《中国教育大系——历代教育制度考》（下），湖北教育出版
　　社 1994 年版。

陈宝良：《明代儒学生员与地方社会》，中国社会科学出版社 2005 年版。

陈谷嘉、邓洪波主编：《中国书院史资料》，浙江教育出版社 1998 年版。

杨学为总主编：《中国考试通史》，首都师范大学出版社 2004 年版。

王德昭：《清代科举制度研究》，（香港）中文大学出版社 1984 年版。

杨布生：《岳麓书院山长考》，华东师范大学出版社 1986 年版。

刘秀生、杨雨青：《中国清代教育史》，人民教育出版社 1994 年版。

尹选波：《中国明代教育史》，人民教育出版社 1994 年版。

陈学恂、周德昌主编：《中国教育史研究·明清分卷》，华东师范大学出
　　版社 1995 年版。

孙培青主编：《中国教育史》（修订版），华东师范大学出版社 2000 年版。

孙培青、李国钧主编，金林祥分卷主编：《中国教育思想史》（第 3 卷），
　　华东师大出版社 1995 年版。

王炳照、阎国华总主编，田正平分卷主编：《中国教育思想史》（第 6
　　卷），湖南教育出版社 1994 年版。

王铁军：《教育现代化论纲》，南京师范大学出版社 1999 年版。

褚宏启：《教育现代化的路径》，教育科学出版社 2000 年版。

田正平主编:《中国教育近代化研究丛书》,广东教育出版社 1996 年版。

何晓夏、史静寰:《教会学校与中国教育近代化》,广东教育出版社 1990
年版。

丁钢、刘琪:《书院与中国文化》,上海教育出版社 1992 年版。

陈元晖、尹德新、王炳照编著:《中国古代的书院制度》,上海教育出版
社 1981 年版。

邓洪波编著:《中国书院章程》,湖南大学出版社 2000 年版。

池小芳:《中国古代小学教育研究》,上海教育出版社 1998 年版。

陈瑞、方英:《十户之村不废诵读——徽州古书院》,辽宁人民出版社
2002 年版。

郭齐家:《中国古代的学校和书院》,北京科学技术出版社 1995 年版。

徐梓、王雪梅编:《蒙学要义》,山西教育出版社 1991 年版。

张学强:《拒斥与吸收——教育视域中的理学与佛学关系研究》,巴蜀书
社 2002 年版。

陈永明:《现代教师论》,上海教育出版社 1999 年版。

吴霓:《中国古代私学发展诸问题研究》,中国社会科学出版社 1996
年版。

尹德新主编:《历代教育笔记资料》,中国劳动出版社 1992 年版。

瞿葆奎、李涵生、马立平选编:《教育学文集·教师》,人民教育出版社
1991 年版。

朱汉民、江堤:《千年讲坛——岳麓书院历代大师讲学录》,湖南大学出
版社 2003 年版。

田建荣:《中国考试思想史》,商务印书馆 2004 年版。

熊承涤:《中国古代教育史料系年》(明清卷),人民教育出版社 1985
年版。

尹选波:《中国明代教育史》,人民出版社 1994 年版。

王国维:《观堂集林》,中华书局 1959 年版。

梁启超:《中国历史研究法》,上海古籍出版社 1998 年版。

陈寅恪:《隋唐制度渊源略论稿》,中华书局 1963 年版。

张海鹏、王廷元:《明清徽商资料选编》,黄山书社 1985 年版。

邢永福主编:《雍正朝内阁六科史书·吏科》,广西师范大学出版社 2002
年版。

许大龄：《清代捐纳制度》，哈佛燕京学社 1950 年版。

王庆成编著：《稀见清世史料并考释》，武汉出版社 1998 年版。

朱瑞熙主编：《白鹿洞书院古志五种》，中华书局 1995 年版。

赵园、张凤珠：《明清之际士大夫研究》，北京大学出版社 1999 版。

王庆成编著：《稀见清世史料并考释》，武汉出版社 1998 年版。

谢国桢：《明清之际党社运动考》，中华书局 1982 年版。

张仲礼：《中国绅士》，上海社会科学院出版社 1991 年版。

张仲礼：《中国绅士的收入》，上海社会科学院出版社 2001 年版。

［美］高彦颐：《闺塾师》，李志生译，江苏人民出版社 2005 年版。

冯尔康：《清代人物传记史料研究》，天津教育出版社 2005 年版。

朱维铮：《中国经学史十讲》，复旦大学出版社 2002 年版。

刘捷、谢维和：《栅栏内外》，北京师范大学出版社 2002 年版。

吴承学、李光摩：《晚明文学思潮研究》，湖北教育出版社 2002 年版。

余英时：《士与中国文化》，上海人民出版社 2003 年版。

邓志峰：《王学与晚明的师道复兴运动》，社会科学文献出版社 2004 年版。

龚鹏程：《中国文人阶层史论》，兰州大学出版社 2004 年版。

徐茂明：《江南士绅与江南社会（1368—1911 年）》，商务印书馆 2004 年版。

艾永明：《清朝文官制度》，商务印书馆 2003 年版。

张杰：《清代科举家族》，社会科学文献出版社 2003 年版。

张显清、林金树等：《明代政治史》（上、下），广西师范大学出版社 2003 年版。

薛洪绩、李伟实、王粹刚：《明清文言小说选》，湖南长沙出版社 1981 年版。

李洵、薛虹：《明清史》，辽宁人民出版社 1985 年版。

李铁：《中国文官制度》，中国政法大学出版社 1989 年版。

张海鹏、王廷元：《明清徽商资料选编》，黄山书社 1995 年版。

陈戍国：《中国礼制史》（元明清卷），湖南教育出版社 2002 年版。

李乔：《中国的师爷》，商务印书馆国际有限公司 1995 年版。

马美信：《晚明小品精粹》，复旦大学出版社 1997 年版。

齐裕焜：《明代小说史》，浙江古籍出版社 1997 年版。

张俊:《清代小说史》,浙江古籍出版社 1997 年版。

徐柏容、郑法清:《钟惺散文选集》,百花文艺出版社 1997 年版。

何怀宏:《选举社会及其终结——秦汉至晚明历史的一种社会学阐释》,
生活·读书·新知三联书店 1998 年版。

葛兆光:《思想史研究课堂讲录》,生活·读书·新知三联书店 2005
年版。

林岗:《明清之际小说评点学之研究》,北京大学出版社 1999 年版。

郭英德:《明清传奇史》,江苏古籍出版社 1999 年版。

薛亮:《明清稀见小说汇考》,社会科学文献出版社 1999 年版。

柴剑虹、李肇翔:《中国古典名著百部》,九州出版社 2001 年版。